KB053026

사치열병

LUXURY FEVER by Robert Frank

사치 열병

과잉 시대의 돈과 행복

LUXURY

Money and Happiness in an Era of Excess

FEVER

로버트 H. 프랭크 지음 | **이한** 옮김

미지북스

감사의 말

초고에 대해 유익한 논평을 해준 필립 쿡^{Philip Cook}, 게리 콕스^{Gerry Cox}, 브루스 피츠제럴드^{Bruce Fitzgerald}, 톰 길로비치^{Tom Gilovich}, 크리스틴 고스^{Kristin Goss}, 벤 허말린^{Ben Hermalin}, 셜리 케이건^{Shelly Kagan}, 엘런 맥콜리스터^{Ellen McCollister}, 브루스 니콜스^{Bruce Nichols}, 데니스 리건^{Dennis Regan}, 래리 사이드먼^{Larry Seidman}, 라파 새거린^{Rafa Sagalyn}에게 감사드린다. 또한 웨스턴 온타리오대학교에서 열린 정치 경제학 워크숍, 예일대학교의 법 이론 세미나, 러셀 세이지 재단 세미나, 그리고 기부센터 교수 세미나에 참여하게 된 것에도 기쁜 마음을 표현하고 싶다. 그리고 제러미 츄아^{Jeremy Chua}, 에런 차테르지^{Aaron Chatterji}, 라지브 다스^{Rajib Das}, 줄피 칸^{Zulfi Khan}, 나자 마리노바^{Nadja Marinova}, 루팔 파텔^{Rupal Patel}, 리사 셰노우다^{Lisa Shenouda}, 지오르지오스 블라미스^{Giorgios Vlamis}, 앤드리아 와서만^{Andrea Wasserman}의 헤아릴 수 없을 만큼 값진 연구 지원에 대해서 감사드린다.

LUXURY
FEVER

Money and Happiness
in an Era of Excess

일러두기

1. 저자의 주석은 이 책 말미에 '후주'로 두었고, 본문 바로 아래쪽에는 옮긴 이의 주석을 두었다.
2. 원서에서는 야드-파운드법으로 표기된 단위를 한국 독자들이 읽기 편하도 록 모두 미터법으로 바꾸어 표기하였다.

1장

돈 잘 썼다?

LUXURY
FEVER

내가 1980년에 산 프로판 그릴*은 몇 년에 걸쳐 서서히 고장 나기 시작했다. 맨 처음 고장 난 건, 조잡한 기계식 불꽃 발전기로 가스에 불을 붙이는 점화 버튼이었다. 그릴에 불을 붙이는 일은 이제 섬세한 작업이 되었다. 먼저 가스를 켜고, 몇 초간 기다린 후에, 성냥을 안으로 던진다. 너무 빨리 던지면 버너 아래에 닿기 전에 꺼져버린다. 가스를 켠 후 너무 오래 기다리면 작은 폭발을 일으키게 된다. 두 번째 문제점은 가스가 나오는 부분이 중간부터 녹이 슬기 시작했다는 것이다. 그 때문에 요리가 놓인 중심부인 그 조그만 영역에는 엄청난 양의 열이 집중되지만 다른 부분에는 열이 거의 가지 않게 되었다. 그래도 그 뜨거운 부분에 골고루 닿도록 재빨리 뒤집고 돌리는 수고를 하면 꽤 훌륭한 치킨과 작은 스테이크 정도는 만들어 먹을 수 있었다. 그러나 커다란 생선을 굽는 것은 이제 불가능해졌다.

내 그릴의 여러 문제점들은 분명히 수리될 수 있는 것이었지만 나는 수리할 생각이 전혀 없었다. 수리 비용이 내가 처음에 그릴을 샀던 가격인 89.95달러를 초과할 것이 확실했기 때문이다. 그래서 내키진 않았지만 새 그릴을 사기 위해 시장으로 나갔다.

여러분이 시장을 최근에 둘러보았다면 선택 가능한 상품의 종류

---

* 프로판 그릴 밑에서 불을 바로 쬐어 불판 위에 놓인 음식을 요리하는 기구.

가 10년 전과는 크게 달라졌음을 알 것이다. 10년 전 내 희미한 기억으로는 물품 보관용 수납장이 있고 선반이 양쪽에 달린 제품 정도가 있었을 뿐이다. 그러나 이런 장식물들이 달려 있어도 그 가격은 최대 수백 달러 정도에 불과했다. 오늘날의 바이킹 프론트게이트 프로페셔널 그릴 같은 것은 정말이지 아예 있지도 않았다.

이 그릴은 천연가스나 프로판가스를 연료로 사용하며, 적외선 감지 회전식 바비큐 그릴이 장착되어 있어, 40명의 손님을 위하여 0.53 제곱미터 불판 표면에 9킬로그램 무게의 칠면조를 천천히 완벽하게 불에 굽는다. 또한 "1.5킬로와트* 화력의 버너와, 풍부한 숲의 향미로 음식을 숙성시키는 방수 목재 서랍장을 활용하는" 훈제 시스템을 내장하고 있다. 상단 그릴 옆에는 화구 수가 2개인 보조 가스레인지가 있다. 2.25킬로와트 화력만 내는 주방에 있는 보통 가스레인지와 달리, 이 가스레인지는 4.5킬로와트 화력을 낸다. 이것은 주로 짧은 시간 동안 고열을 가해야 하는 요리를 만들거나, 가마솥의 물을 빨리 끓게 하는 데 유용하게 쓰인다. 쓰촨식** 돼지고기 요리를 뒤뜰에서 하는 식사에 간절히 올리고 싶었다면, 손님들은 막 들이닥치려 하는데 요리 준비를 너무 늦게 시작한 감이 있고 요리해야 할 옥수수가 40이삭이나 남아 있다면, 바이킹 프론트게이트는 당신에게 필요한 추가적

---

* 그릴의 화력 비교 우리나라에서 현재 시판되는 가스오븐레인지 버너의 화력은, 회사와 제품마다 조금씩 차이는 있지만, 대구大口의 경우 3킬로와트 정도이고 오븐은 전체 12킬로와트 정도이다.
** 쓰촨식 요리 중국 남서쪽 방면, 양쯔 강 상류에 있는 쓰촨四川 성의 요리는 향신료를 많이 써 향이 강하고, 맵기로 유명하다.

14

인 힘을 준다. 장비 전체가 반짝반짝 빛나는 스테인리스 스틸로 만들어진데다 에나멜과 놋쇠 빛깔 광택이 나고, 너비는 2.1미터에 달한다.

바이킹 프론트게이트 프로페셔널 그릴의 카탈로그를 보면, 운송 비용과 수수료를 제외한 가격이 5,000달러다. 그만큼 돈을 낼 용의가 없다면, 그보다 싼 모델들도 많이 있다. 예를 들어 제작사가, 『포브스Forbes』와 『베너티 페어Vanity Fair』에서 4쪽에 걸쳐 광고를 한, 스테인리스로만 되어 있는 베버스테픈 서밋 그릴은 3,000달러밖에 하지 않는다. 그리고 가로 0.45미터, 세로 0.6미터 크기의 상단 그릴과 화구 수가 1개인 보조 가스레인지 정도면 괜찮다고 생각하는 구매자들을 위해 프론트게이트는 "멋진 가격에 프로의 요리를 만들 수 있는" 모델을 1,140달러에 제공한다.

프론트게이트 제품은 가장 기본적인 기능만 남긴 모델이라도 우리 대부분이 10년 전에 꿈꿨던 것보다 훨씬 더 많은 기능을 제공한다. 그리고 정말로, 매년 팔리는 1,200만 개의 숯불 겸용 가스 그릴은, 아마 내가 새로 살 그릴까지 포함해서, 아직 700달러 미만인 제품들이다.[1] 그러나 2,000달러가 넘는 그릴은 지금 시장에서 결코 드문 제품이 아니다. 오히려 그 반대로, 그 정도 가격의 그릴은 "연 매출이 12억 달러인 이 산업에서 가장 빠르게 성장하고 있는 부문"[2]이다.

가스 그릴 산업의 소비 패턴spending pattern 진화는, 최근 수십 년 동안 벌어진 광범위한 변화의 일부다. 오직 가장 구경거리가 되는 사례들만 매체의 관심을 끌기 때문에, 이런 변화들에 대해 대중이 받은 인상은 오도된 것일지도 모르겠다. 예를 들어 최근의 한 전형적인 기사에서 『뉴욕 타임스New York Times』는 서른두 살의 저지시티* 은행가인 앨런 윌직이, 자신과 동생이 이제 막 햄프턴스에 지은 사치스러운 중세 풍의 성에 대해 이야기하는 인터뷰를 실었다.

Q: 이 성을 짓는 데 거의 1,000만 달러가량 들었지요. 왜 그토록 화려한 걸 지었습니까?

A: 짓고 싶었으니까요. 그건 마치 세계에서 가장 큰 이렉터 세트*를 갖는 것과 같죠. 2억 달러짜리 은행을 사나, 200억 달러짜리 은행을 사나 드는 노력은 같습니다. 집도 마찬가지죠. 책임 있게 건사할 능력만 있다면 가장 큰 집을 사는 게 낫지요. 우린 14달 동안 1,300제곱미터짜리 집을 지은 겁니다. 우리가 많은 재밌는 것들이 딸린 750제곱미터짜리 집을 지었다고 해서 다를 바가 뭐가 있겠습니까?

Q: 당신의 수영장에는 수중 음악 감상 시스템이 있고, 실내에도 실외에도 온수 욕조가 설치되어 있고, 테니스코트, 금빛 테두리의 거울에, 갑옷상도 6개나 있군요. 당신의 성에 장난감이나 볼거리를 하나 더한다면 뭘 넣고 싶으세요?

A: (잠시 생각하다) 아무것도 추가할 게 없습니다. 우리가 더 넣고 싶은 게 있었다면, 이미 넣었겠죠.[3]

월직 같은 사람들의 소비 습관은 대다수의 사람들의 경험과 너무

---

* (앞쪽) 저지 시티 미국 뉴저지 주 북동부에 있는, 뉴욕과 가까운 항구 도시.
* 이렉터 세트Erector set 어린이용 조립 완구 상표.

동떨어져 있어서 독자들의 삶과 거의 관련이 없어 보일지도 모르겠다. 그리고 슈퍼리치*의 소비는 사실, 수십 년 전에 비해 매우 높은 수준이기는 하지만, 전체 소비에서는 여전히 작은 부분만을 차지한다. 그러나 그들의 구매 행태는 처음 드러나 보이는 것보다 훨씬 더 중요하다. 왜냐하면 그들이 중위 소득 가구, 심지어 하위 소득 가구의 소비 패턴에 침투하여 변화를 일으키는 선도력으로 작용하기 때문이다. 최상층의 폭주적인 소비 패턴은 바이러스가 되어, 정도는 다르지만 우리 모두를 사로잡은 사치 열병을 낳았다.

따라서 뉴스거리가 되는 것은 슈퍼리치의 맨션이기는 하지만, 그보다 더 뉴스 가치가 있는 사실은 오늘날 미국에서 지어지는 집은 1950년대 집에 비해 평균 2배가 넓다는 것이다. 그리고 비록 25만 달러나 되는 12기통 람보르기니 디아블로**의 표시 가격^{sticker price}이 사회 비평가들의 손가락질을 받지만, 더 자세히 관찰해보면 오늘날 미국에서 판매되는 자동차의 평균 가격 자체가 22,000달러를 넘어섰고 이는 10년 전보다 75퍼센트나 증가했음을 알 수 있다.

당신이 소득 등급 중 어디에 속하든, 다른 사람들의 행동에는 영향 받지 않는다고 아무리 생각하든 간에, 소비 환경에서 일어난 최근 변화의 효과로부터 당신은 자유롭지 못했던 것이다. 그들은 당신이

---

* 슈퍼리치^{superrich} 순 자산이 최소 3,000만 달러, 한화로 약 280억 원 이상인 사람. 한 마디로 부자들 중에서도 특히 부자인 사람.
** 람보르기니 디아블로^{Lamborghini Diablo} 20세기를 대표하는 스포츠카. 이탈리아 자동차 회사 람보르기니가 1987년 크라이슬러에 인수된 뒤 개발한 모델로, 람보르기니 최초로 사륜구동이 채택되었다.

결혼식이나 생일날 줘야 하는 선물의 종류나, 기념일 저녁 만찬에 써야 하는 돈의 액수, 좋은 학교가 있는 동네의 집을 사기 위해 지불해야 하는 집값, 가족이 사고로부터 상대적으로 안전하길 원할 경우 몰아야 하는 차의 크기, 아이들이 졸라댈 스니커즈의 종류, 자녀가 졸업 후 장래가 보장되려면 다녀야 하는 대학, 특별한 일을 기념하기 위해 준비해야 하는 와인의 종류, 구직 면접에 갈 때 입어야 하는 옷의 종류에 영향을 미친다.

어떤 입장에서는, 우리가 구매하는 물품들이 최근 업그레이드된 것은 우리가 좀 더 생산적이고, 따라서 더 부유해졌다는 사실을 보여주는 좋은 징표라고 할지도 모른다. 우리가 모는 차들은 예전보다 더 빠르고 더 호화로운 장비를 갖추었을 뿐만 아니라 더 안전하고 더 신뢰할 수 있는 것이 되었다. 그리고 비록 사회 비평가들이 현대 기기에 붙어 있는 가외의 장식을 풍자할지라도, 그들 중 누가 현재 가지고 있는 기기를 20년 전에 가지고 있던 것과 바꾸겠는가? 비록 돈으로 행복을 살 수 없다는 데 동의한다고 하여도, 우리 중 대부분은 돈이 많으면 많을수록 좋다는 생각을 굳건하게 유지하고 있다. 예를 들어 미국에서 이루어진 한 조사에서 사람들에게 삶의 질을 가장 높여줄 한 가지 요소를 뽑아보라고 했을 때, 가장 많은 답변은 "더 많은 돈"[4]이었다.

그러나 우리의 현재 소비 패턴에는 어두운 면도 있다. 경제적 서열에서 최상층에 있는 사람들은 살림살이가 극적으로 좋아졌지만, 미국의 중위 소득 가구는 지난 20년 동안 사실상 아무것도 나아진 바가 없고, 아래의 절반은 실질 임금이 10퍼센트 이상이나 감소하는 고통을 겪었다. 영국에서도 유사한 변화가 일어났으며, 이런 패턴은 다른 나라에도 확산되기 시작했다. 중위나 하위 소득 가구는, 소득은 그대로이거나 감소하는데 더 높은 소비 수준을 따라가기 위해서 저축을 줄이거나 빚을 급격히 늘리게 되었다. 그 과정에서 미국의 개인 저축률은 꾸준히 떨어졌으며 이제는 다른 주요 산업 국가 어디보다도 훨씬 더 낮은 수준에 이르렀다. 개인 파산 신청은 어느 때보다 많다.

오늘날 사치스러운 물품들을 쉽게 살 수 있는 사람들에게도 지불해야 하는 대가는 있다. 우리 모두 —— 부유하든 가난하든 상관없이 해당되지만 특히 부유한 사람들 —— 는 예전보다 직장에서 더 많은 시간을 보내고 있으며 휴가는 더 짧아졌다. 가족, 친구들과 더 적은 시간만을 보내고 있다. 그리고 자고, 운동하고, 여행하고, 독서하는 등 심신을 유지하는 데 도움을 주는 많은 활동들에 쓸 시간이 더 적어졌다. 저축률은 계속 하락해 우리의 경제 성장률이 낮아졌으며, 점점 더 많은 수의 가정이 은퇴 후 지금 삶의 수준을 유지할 수 있을지 염려하게 되었다. 전체 소비에 비해 사치품 소비가 4배나 더 빨리 증가하고 있는 시대에, 우리의 고속도로, 다리, 물 공급 시스템과 그 밖의 다른 공공 기반 시설은 악화되어 생명을 위협하고 있다. 공원과 거리는 점점 더러워지고 있으며 더 혼잡해지고 있다. 가난과 마약 중독 문제는 더 심각해지고 있으며, 폭력 범죄율은 몇몇 시에서는 사상 최고점에서 최근 내려오긴 했지만 여전히 높은 수준을 유지하고 있다. 점점 더 많은 비율의 중위 소득과 상위 소득 가구들은 철벽으로 둘러쳐진 지역 공동체 뒤에서 은신처를 찾고 있다.

이런 경향에 대해 염려해야 하는가? 만약 그렇다면, 우리가 할 수 있거나 해야만 하는 일이 있는가? 우리는 오랫동안 사회 비평가들의 투덜거림을 듣는 데 익숙해져 있었는데, 내용인즉슨 우리가 어떻게 해서든 조금이라도 다른 방식으로 돈을 쓸 수만 있다면 사회 전반이 얼마나 더 좋아질지에 대한 것이었다. 그리고 실제로, 적어도 슈퍼리치들이 쓰는 돈을 더 나은 용도에 쓸 수 있다는 건 상식인 것 같다. 아리스토텔레스 오나시스*의 요트인 크리스티나호에 있는 높고 둥근 의자는 버터처럼 부드러운 —— 그리고 충격적으로 비싼 —— 향유고래의 음경 포피로 만든 커버가 씌워져 있다. 그 배의 수도꼭지는 순금으로 만들어졌으며, 수영장에 있는 스위치를 올리면 모자이크 타일로 된 무도장이 수영장 위로 깔리고 스위치를 내리면 다시 접혀 들어간다. 크리스티나호는 오나시스와 라이벌인 또 다른 선박왕 스타브로스 니아르코스^{Stavros Niarchos} 사이의 값비싼 전투에서 오나시스가 니아르코스를 능가하기 위해 사용한 일제 사격 중 하나에 지나지 않았다. 니아르코스의 요트는 114.3미터의 아틀란티스호였는데, 이 배를 설계한 조선^{造船} 전문가는 오나시스의 배보다는 최소한 15미터는 더 길어야 한다는 명시적인 지시를 받았다. 두 사람의 보트를 좀 더 작게 만들어서 아낀 돈으로 배고픈 아이들에게 학교 급식을 제공하는 것이 더 나았으리라는 점에 진심으로 의문을 가지는 이가 있을까?

그러나 오직 극단적인 사람들만이, 돈이 현명하게 쓰이지 않고 있다고 관료들이 판단하면 그 돈을 몰수할 권한을 정부에게 주고자 할 것이다. 보수주의자들이 올바르게 상기시켜주었듯이, 오나시스나

---

* 아리스토텔레스 오나시스^{Aristotle Onassis} 그리스의 선박왕.

니아르코스 같은 사람들로 하여금 그토록 어마어마한 부를 축적할 수 있도록 해준 바로 그 인센티브가 새로운 수백만의 고용을 창출하고 전반적인 번영의 수준을 극적으로 끌어올리기도 하기 때문이다. 부자들이 계속해서 기꺼이 열심히 일하고 위험을 감수하도록 해야만 우리의 생활 수준이 계속 높아질 수 있다면, 때때로 그들이 바보 같은 일에 돈을 쓴다고 해서 정말로 문제가 될 게 무언가?

사회 비평가들이 현재 우리의 소비 패턴에 대해 이야기하는 모든 것들은 논지를 제대로 짚는 데 계속 실패하고 있다. 우리가 살고 있는 세계가 완벽하지 않다는 것은 흥미로운 주장이 아니다. 진짜 질문은 상황을 낫게 만들 **실용적인 방법**이 있느냐 하는 것이다.

내 주장의 중심 전제는 그 질문에 대한 답이 분명한 "예"라는 것이다. 우리가 지금 패턴보다 훨씬 좋아할 만한, 시간과 돈을 쓰는 대안적인 방법들이 있을 뿐만 아니라, 그러한 상태에 이르는 단순하고도 실용적인 방법도 존재한다.

이 주장의 첫 번째 부분은 다른 사람들이 이미 많이 개진했던 것이다. 그러나 과거의 사회 비평가들은 돈을 어떻게 쓰는 것이 최선인가에 관한 자신들의 직관과 개인적인 편견에 주로 의존했다. 반면에 나의 접근은 인간 복지human well-being의 결정 요인에 관한 광범위한 과학 문헌에서 나온 증거들을 검토하는 일에서 출발한다. 다수의 주의 깊은 연구들이, 물질적인 재화의 전반적인 증가는 우리의 정신적·육체적 복지에 측정할 수 있는 아무런 이득도 가져오지 않는다는 것을 시사해준다. 더 큰 집과 더 빠른 차가 우리를 더 행복하게 해주지 않는 것으로 보인다. 다른 연구들은 추가적인 소비가 더 오래도록, 건강하고 행복한 삶을 살게 해줄 수 있는 다양한 범주들을 규명해준다. 예를 들어 우리가 돈과 시간을 교통 혼잡을 완화하는 일이나, 가족과 친구들과 함께 보내는 데나, 도시의 공기와 물을 깨끗하게 하는 일에 쓴다면 삶의 만족도가 높아지는 것을 기대할 수 있다.

내 주장의 더 참신하고 도발적인 부분은, 다른 중요한 가치를 훼손하지 않고서도 그러한 변화를 실제로 달성할 수 있다는 것이다. 우리는 관료적인 위원회에 어떤 구체적인 소비 유형이 낭비적인가 판단할 권한을 줄 필요가 없다. 개인과 기업에 대해 이렇게 저렇게 하라고 자세히 지시하는 규제를 할 필요도 없다. 자기를 부인하는 고통스러운 행위를 할 필요도 없다. 재능 있고 근면한 사람들이 새로운 부를 창출하도록 이끄는 인센티브를 불구로 만들 위험을 떠안을 필요도 없다. 그리고 우리가 현재 향유하고 있는 경제적·사회적 자유 중 어느 것도 축소할 필요가 없다. 내가 제안하는 것은 그런 위험을 안는 조치가 아니라, 현재 우리의 소비 인센티브를 간단히 수정해서, 좋은 삶에 대한 우리 각자의 비전이 합당하기만 하다면, 그 내용이 무엇인지에 관계없이 그것을 더욱 온전하고 효과적으로 추구할 수 있게 하는 조치다.

언뜻 보면 터무니없는 주장 같다. 즉각 떠오르는 질문은, '더 나은 생활 조건을 그토록 쉽게 달성할 수 있다면 왜 이미 그렇게 하지 못했는가'이다. 더 짧은 시간만 일하고 가족과 더 많은 시간을 보내서 더 행복해진다면, 비록 그러한 선택이 더 작은 집에 살며 덜 비싼 차를 모는 것을 의미한다고 해도, 왜 당장 그렇게 하지 않나? 주당 노동 시간이 30시간이면서도 흥미로운 직업은 그리 많지 않기 때문이라는 쉬운 대답은 그에 대한 답이 되지 못한다. 왜냐하면 고용주들이 현재의 주당 노동 시간에 만족하고 있다고 해도, 우리 중 많은 수가 그런 직업을 원한다면 그에 맞추어 직장의 일을 조직할 수밖에 없는 압력을 받을 것이 분명하기 때문이다.*

지난 수십 년 동안 소위 자발적 검약 운동**은 좀 더 소박하고 덜 서두르는 생활 양식lifestyle을 받아들이면 우리가 행복해질 수 있다고 하면서 소비 수준을 낮추라고 촉구하는, 자조自助법에 관한 인기 있는 책 십여 권을 출간시켰다. 이런 책들이 빠른 속도로 판매되고 있다는 사실은, 그 저자들이 상당한 수의 독자들에게서 공감을 얻어냈음을 시사한다. 그들의 낙관적인 메시지는, 더 편안하고 스트레스도 없는 생활 양식은 결심하기만 하면 우리 것이 될 거라는 내용이었다. 필요한 일은 우리의 욕구appetite를 통제하는 일이 전부라고.

그러나 이 주장들이 순진할 만큼 낙관적인 견해임을 알게 된다면, 회의주의자들을 용서하게 될 것이다. 뭐라 해도 사람들은 항상 상황을 개선할 길을 찾아 헤매왔다. 더 소박한 생활 양식을 받아들이는 것만으로 정말로 더 행복해진다면, 그 점을 알기 위해 자조 매뉴얼을 들출 필요는 분명히 없어 보인다. 만약 그랬다면 그 교훈은 우리 문화의 공유된 지혜로 늘 내려왔을 것이다.

---

* 노동 시장의 수요-공급의 원칙에 따라 노동 공급자, 즉 노동자가 임금 대신에 여가를 선호한다면 임금은 줄어들고 여가 시간은 늘어나게 될 것이라는 뜻이다.
** 자발적 검약 운동voluntary simplicity movement 단지 물질적 생활 수준을 낮추는 것이 아니라 복잡하고 긴박한 삶의 리듬과 구조를 단순하고 느긋하게 바꾸자는 취지의 운동. '자발적 단순성 운동'이라고도 한다.

우리가 이전 어느 때보다 더 많은 시간 일하고 더 많은 물품을 산다는 사실은, 현 상태를 옹호하는 이들이 현재의 소비 패턴은 그 모든 외관상의 단점에도 불구하고 우리가 진실로 원하는 바를 보여주는 것이 분명하다고 결론짓게 한다. 물론 더 큰 집에 살면서도 가족들과 더 많은 시간을 보낼 수 있다면 멋진 일일 것이다. 그러나 선택을 해야만 하는 상황에서 우리는 큰 집을 압도적으로 선택하는 것 같다. 이것은 강력한 반박이며, 사회 개혁가들은 이 질문에 설득력 있는 답변을 내놓기 전에는 계속 현 상태의 옹호자들과의 토론에서 질 수밖에 없는 운명에 처해 있다.

그러나 가장 열성적인 자유 시장주의자^{free-marketeer}도 오래전부터 알고 있었듯이, 합리적이고 정보에 밝은 사람들의 개별적인 선택을 합산한 것이, 그들이 전체의 관점에서 승인할 상태와 항상 일치하지는 않는다는 것은 명백한 진실이다. 가장 명확한 사례는 환경 오염을 초래하는 행위다. 수백만의 자동차 운전자들이 로스앤젤레스에 자발적으로 차를 몰고 일하러 간다는 사실이, 그로 인해 생기는 도시를 뒤덮는 스모그를 승인했음을 의미하지 않는다. 오히려 그와는 반대로, 카풀이나 버스를 타는 불편함을 감수하는 개인도 차를 몰았을 경우와 같은 정도로 더러운 공기를 결국 마시게 될 것이기 때문에 많은 도시에서 스모그 현상이 과도하게 발생한다. 그 불편함은, 만일 다른 모든 사람들도 **카풀을 하거나 버스를 타도록** 만들 수 있다면, 감수할 가치가 있을 것이다. 왜냐하면 그럴 경우 우리는 훨씬 더 깨끗해진 공기를 얻게 되기 때문이다. 그러나 개인은 오직 자신의 선택만을 통제할 수 있고 다른 사람들의 선택까지 통제할 수는 없다.

개별 소비자로서 우리가 직면하는 인센티브도 이와 정확히 유사한 방식으로 문제를 일으킨다. 디트로이트의 17세 고 3 소년인 테렐 가너는 졸업반 무도회senior prom에 신고 갈 875달러짜리 악어가죽 신발 한 켤레를 사기 위해 파트타임으로 몇 달 동안 일해서 번 돈을 저축했다. 많은 사회 비평가들은 가너가 복잡한 마케팅 수법에 속았다는 이유로 그런 소비에 반대한다. 그러나 수요가 너무나 많아서 그런 신발을 파는 디트로이트의 소매업자들은 광고할 필요조차 느끼지 못한다. 가너의 선택은 그 신발이 강력한 효과를 창출하리라는 점을 그가 올바르게 인식했다고 보는 경우 더 잘 이해된다. "제가 (졸업 파티 장소의) 문을 열고 들어가는 순간, 펑하는 소리가 나는 것 같았죠."[5] 가너가 "그 신발의 신비스럽고 폭발적인 매력"을 묘사하면서 말했다.

이 매력은 그의 구두가 다른 이들이 신은 구두에 비해 상대적으로 돋보이지 않았다면 존재할 수 없다. 가너에게는 자신과 다른 이들이 같은 종류의 구매 결정을 내리게 되면 결과적으로 누군가 군중에서 돋보이고자 할 때 훨씬 더 많은 돈이 들도록 만든다는 점을 걱정해야 할 아무런 이유가 없다. 그러나 가너는 고소득의 직업을 가지게 될수록 새로운 신발과 비슷한 효과를 얻는 데 드는 비용이 직업상의 위신에 비례한다는 점을 깨닫게 될 것이다. 예를 들어 디트로이트의 변호사 토머스 마셜은 3,000달러짜리 신발을 포함해서 현재 10켤레의 악어가죽 신발을 갖고 있다. 야구 선수 세실 필더는 26가지 색상의 수백 켤레의 신발을 갖고 있다고 말한다.[6]

아이러니한 것은, 각 사회 집단 내에서 모두가 다 같이 신발에 조금씩 돈을 덜 쓴다 해도, 군중 속에서 돋보이는 사람들은 계속 돋보이게 될 것이라는 점이다. 그리고 그처럼 같은 결과를 내면서도 신발에 아낀 돈을 다른 데 쓸 수 있으므로, 사람들은 그러한 변화를 선호할 좋은 동기를 얻게 된다. 그러나 각 개인은 자신이 신발에 쓰는 돈의 액수만 선택할 수 있을 뿐, 다른 사람이 얼마나 쓸지는 선택할 수 없다. 마찬가지로, 오나시스와 니아르코스는 두 사람 모두의 요트 길이가 조금 더 짧았다면(어쨌거나 그렇게 긴 배를 정박시킬 수 있는 선창은 찾기가 힘드니까) 더 좋았을 것이다. 그러나 그 둘은 모두 각자 자신의 요트 길이만을 선택할 수 있었을 뿐, 상대방 요트 길이는 선택할 수 없었다.

애덤 스미스Adam Smith가 찬양한 보이지 않는 손 —— 전체로서의 사회는 개인이 개방된 시장에서 자신의 이익을 추구할 때 가장 잘된다는 주장 —— 은, 각 개인의 선택이 다른 사람에게 아무런 부정적인 결과를 가져오지 않는다는 가정에 의존하고 있다. 그러나 천연두에 걸린 아이가 유치원의 다른 아이들에게 부정적인 결과를 가져오는 것처럼, 심지어 가장 평범한 개인의 선택도 다른 사람에게 부정적인 결과를 가져오는 경우가 흔하다. 내가 무게가 2,700킬로그램이나 나가는 스포츠 다목적 차SUV를 산다면 나는 다른 사람이 교통사고에서 사망할 확률을 높이게 된다. 그리고 그 과정에서 나는 다른 사람들에게 내 선택이 없었을 때 골랐을 차보다 더 육중한 차를 사도록 인센티브를 창출한 셈이다. 취직 면접에 맞춤 양복을 입고 나가면, 다른 사람이 그 직장을 잡을 확률을 낮춘다. 그 과정에서 나는 다른 사람들이 면접에 입고 갈 옷에 쓰려고 원래 계획했던 수준보다 더 많이 돈을 쓰게 하는 인센티브를 만들었다. 내가 매일 직장에서 추가로 한 시간 더 머물러 있으면, 내 승진의 기회는 커진다. 그러나 그 과정에서 나는 다른 이의 승진 전망을 감소시키게 되고, 그럼으로써 나의 행동이 없었더라면 선택했을 시간보다 더 긴 시간을 직장에서 일하게 하는 인센티브를 창출한다. 이런 종류의 상황에서 개인의 소비 결정은 감염의 원인이 된다.

그리고 이 상황은 결코 예외적인 경우가 아니다. H. L. 멩켄H. L. Mencken은, 부자란 동서보다 1년에 백 달러를 더 버는 사람이라고 정의한 바 있다. 그리고 상당한 증거가 멩켄의 관찰이 갖는 지혜를 확인해준다. 1년에 40,000달러를 버는 사람은 행복할 수도 불행할 수도 있지만, 그는 직장 동료가 60,000달러를 벌 경우보다 35,000달러를 벌 경우에 자신의 삶의 물질적 수준에 만족할 가능성이 훨씬 더 높다.

대학을 갓 졸업했던 젊은 시절에 나는 네팔의 시골에서 평화봉사단Peace Corps의 일원으로 자원 활동을 했다. 내가 묵었던 방 한 칸짜리 집은 전기도 들어오지 않았고, 난방도 되지 않았으며, 실내에 화장실이 없는 것은 물론이거니와 수돗물도 나오지 않았다. 그 지역의 식사는 음식의 종류가 변하는 일이 거의 없었으며, 고기는 거의 구경도 못했다. 비록 네팔에서의 내 생활 조건이 처음에는 좀 충격이긴 했지만, 내 경험에서 가장 두드러진 부분은 매우 빠른 기간에 그 모든 것들이 정상으로 보이게 되었다는 점이다. 내가 한 달에 받았던 40달러의 급여는 당시 머물렀던 동네의 마을 사람들 대다수보다 높은 소득이었으며, 나는 그 돈을 받으며 최근에야 다시 느낄 수 있었던 부유하다는 기분을 누렸다.

다른 사람들이 갖지 못한 것을 나는 갖고 있다는 이유로 만족을 느낀다는 사실을 그토록 생생하게 의식했던 적은 네팔에 머물렀던 기간을 제외하곤 없었다. 그러나 비록 그곳의 생활 조건에 내가 완전히 만족하고 있었다고는 해도, 내가 같은 조건에서 미국이나 다른 부유한 국가에서 살아야 한다면 지독하게 가난하다고 느꼈을 것이다. 그랬다면 내 삶의 환경이 공동체의 표준에 미치지 못한다는 점을 뼈저리게 느끼지 않는 날이 단 하루도 없었을 것이다. 네팔에서는 필요하다고 느끼지 않았던 것들을 미국에서는 필요하다고 느꼈을 것이다.

공동체의 소비 표준이 높아질 때 소비해야 한다는 압박감을 경험하는 사람들은 가난한 사람만이 아니다. 사람들은 어느 소득 수준에 속하건, 자기보다 더 많이 소비하는 사람들이 나타나면 새로운 욕구를 느끼게 된다. 스스로 의식하는 욕구가 변화되는 부분은 차치하고서라도, 우리의 소비 결정은 다른 사람들의 소비 수준이 소비의 선택지 자체를 크게 바꿔놓기 때문에 그것에 자주 좌우된다. 예를 들어 내가 낡은 프로판 그릴을 그것과 비슷한 것으로 바꾸고 싶다고 판매원에게 말했을 때, 판매원은 옛 모델이 이제 나오지 않는다고 대답할 것이고, 그 경우 나는 훨씬 더 많은 기능을 갖춘 그릴을 사야만 한다.

대부분의 사람들에게 5,000달러짜리 바이킹 프론트게이트 프로페셔널 그릴 같은 선택지의 진정한 중요성은, 그런 제품의 존재로 인해 1,000달러짜리 제품을 사는 일이 검소한 축에 드는 것처럼 느껴진다는 것이다. 더 많은 사람들이 이런 고가의 제품을 살수록, 나머지 사람들이 쓸 만한 야외 그릴이라고 생각하는 바를 규정하는 준거 틀은 불가피하게 계속 변하게 된다. 나는 내일 새로운 그릴을 사면서 1,000달러를 쉽게 쓸 수 있고, 대부분의 사람들은 내 행동을 이상하다고 생각하지 않을 것이다. 그러나 이보다 더 문제가 되는 것은, 그보다 5배나 많은 돈을 쓸 수는 기회가 제공되었기 때문에, 90달러짜리 가스 그릴을 교체하는 일에 1,000달러나 썼다는 점을 이상하게 생각하지 않게 된다는 것이다.

요약하자면, 우리가 필요하다고 느끼는 것과 구매 대상에 속한다고 생각하는 것들은 —— 어떤 지점을 넘어서면 거의 전적으로 —— 다른 사람들의 구매 선택에 의존한다. 최상층에 있는 사람들이 더 많이 소비하면, 그 바로 아래에 있는 사람들도 불가피하게 더 많이 소비하게 되며, 그런 식으로 파장이 경제 사다리의 아래쪽까지 미치게 된다. 그리고 이런 일이 벌어지면 한때는 충분히 제 기능을 했던 좀 더 소박한 유형의 제품들은 구매 목록에서 자주 제외된다.

우리의 현재 소비 패턴이 문제를 발생시키는 이유에 대한 이 진단은, 최소한 원리상으로는 현재의 소비의 쳇바퀴 속도를 늦추고, 그렇게 아낀 자원을 우리 삶에 더 많은 차이를 가져올 수 있는 다양한 용도에 쓸 수 있다는 가능성을 시사한다. 지금은 그저 이 가능성이 단순하고 고통 없는 하나의 방안으로 실현될 수 있다는 점만 말하려고 한다. 변화를 위한 나의 주장은 자기 이익*에만 근거한 순전히 실용적

---

* 자기 이익self-interest 이기심으로 주로 번역되나 여기서 저자는 사람들이 이기적이라는 가정을 하는 것이 아니라, 정책 변화가 국민들 각자의 자기 이익과 부합하는 경우에 그 목적을 훨씬 잘 달성할 수 있으리라는 점을 이야기하고 있으므로 "자기 이익"으로 번역했다. 롤스Rawls의 원초적 입장에서 당사자들은 자기 이익에는 관심을 갖지만self-interested 다른 사람의 이익에 대해서는 무사심disinterested 한바, 이는 다른 사람의 이익을 희생해서까지 자기 이익을 추구하는 이기적인 태도와는 다르다.

인 것이다. 그 주장은 사치재 소비가 방탕하다거나 퇴폐적이라는 사회 비평가들의 주장에 전혀 의존하지 않는다. 대신 우리가 직면하는 인센티브에 단순한 변화를 주는 것만으로 우리 모두가 더 오랫동안 건강하고 만족스러운 삶을 살 수 있다는 상세하고 설득력 있는 과학적 증거에 의존한다.

그러나 우리의 현재 소비 패턴을 바꾸는 일이 도덕적 차원과도 관련 있다는 점을 인정하지 않는 것도 실수일 것이다. 연방, 주, 지역 정부에서 예산의 균형을 달성하려고 서두르면서, 우리는 교량이나 고속도로 점검·보수를 위한 재정뿐만 아니라 가난한 이들을 위한 병원, 헤드 스타트 프로그램,* 무상 급식, 마약 중독자 재활 프로그램, 노숙인 쉼터, 그리고 시민들 중 가장 도움이 필요한 사람들의 삶을 좀 더 견딜 만한 것으로 만들어주는 수많은 다른 프로그램을 위한 재정도 대폭 삭감했다. 이 프로그램들은 효과를 제대로 내지 못하였거나 인센티브를 파괴하기 때문이 아니라, 단지 우리가 그 프로그램을 계속 운영할 돈이 없다는 이유로 삭감되었다.

그런데 1997년에 타결된 균형 예산 합의의 많은 부분은 이와 같은 프로그램의 대대적 삭감뿐 아니라 중상층 소득 가구를 위한 1,500억 달러에 이르는 세금 감면도 포함하는 것이었다. 일시적인 세금 감면에 따른 현재의 연방 예산 적자에도 불구하고, 자유 시장주의자들은 국회 안팎에서 합심해 상층 소득자들에게 세금의 반 이상을 더 줄

---

* 헤드 스타트 프로그램Head Start program 빈곤층의 취학 전 아동을 위한 교육 및 건강, 영양, 부모와의 관계를 광범위하게 지원하는 공적 프로그램.

여줄 소위 비례세*를 도입하기 위해 노력하고 있다. 무엇을 위해서? 5,000달러짜리 대신 10,000달러짜리 야외 그릴을 살 수 있기 위해서?

평균 납세자가 내는 세금 중 헤드 스타트를 비롯하여 궁핍한 사람들을 위한 프로그램들에 들어가는 돈은 적은 편이다. 그리고 많은 중상층의 커플이 단 하루의 디너파티에서 마시는 와인 값에 비하자면 훨씬 적은 편이다. 인류 역사에서 가장 부유한 국가에 살고 있는 우리는 어려운 처지에 있는 사람들에게 더 나은 기회를 제공하는 일을 줄일 것이 아니라 더 늘려야 한다. 그리고 우리가 살펴볼 바이지만, 이러한 조치를 취하기 위해 필요한 비용은 중간 계급과 상류 계급의 물질적 재화 소비액의 증가율을 조금 일시적으로 삭감하는 것만으로도 충당될 수 있다. 이렇게 정말 무시해도 될 정도인 비용만으로도 현 상태를 바꿀 수 있음을 안다면, 우리의 현재 정책은 더욱 더 옹호하기 어려워진다.

그러나 다시금, 나의 목적은 꾸짖는 것이 아니라 놀랍도록 새로운 일련의 가능성을 제시하는 것이다. 우리의 현재 소비 패턴이 상당한 수준의 낭비를 가져온다는 사실 속에 황금 같은 기회의 씨앗이 놓여 있다. 우리의 현재 소비 인센티브에 간단하고 쉽게 실현 가능한 조정만 가하면, 우리는 매년 엄청난 양의 돈을 더 버는 것만큼 부유해질 수 있다. 우리의 도덕적 정언명령과 노골적인 이익이 이토록 같은 방향을 향하는 경우도 역사에서 드물 것이다.

---

* 비례세flat tax 누진세와 달리 소득이 높은 사람에게도 동일한 세율을 적용하기 때문에 과세 대상이 되는 소득과 세액이 선형적인 비례 관계다. 일률 과세라고도 한다.

|

2장

사치 열병

LUXURY
FEVER

경제학자 소스타인 베블런^{Thorstein Veblen}의 과시적 소비^{conspicuous consumption}라는 용어는, 미국의 도금 시대^{Gilded Age} —— 대략 1809년부터 1차 세계대전 전까지 —— 의 극적인 과잉 소비에 영감을 받아 만들어졌다. 그 시대에 가장 두드러지게 활약한 사람들 중에는 철도 거물 코모도어 코르넬리우스 밴더빌트^{Commodore Cornelius Vanderbilt}의 후손들도 있었다. 1900년까지 그 가문은 맨해튼의 51번가와 59번가 사이에 호화로운 맨션 여덟 채를 지었다. 그중 57번가에 있는 집은, 방이 137개나 되는 것으로 미국 도시에서 당시까지 건축된 집 가운데 가장 큰 집이었다.[1] 밴더빌트 가문은 10개의 주요 여름휴가용 별장도 지었는데, 그중에는 코르넬리우스 밴더빌트 2세가 그의 아내 엘바에게 1892년에 생일 선물로 준 1,100만 달러짜리 로드아일랜드 주 뉴포트 시의 마블 하우스^{Marble House}도 포함된다.[2] (1890년대에는 건설 현장의 감독이 하루에 1.25달러를 벌었으며 보통 노동자는 시간당 2센트 이하로 고용되어 일했다.[3]) 방이 250개 있고 르네상스 양식의 대저택인, 조지 밴더빌트^{George Vanderbilt}의 노스캐롤라이나 주 애슈빌의 빌트모어 에스테이트^{Biltmore Estate}는 오늘날까지도 미국에서 지어진 가장 큰 개인 저택으로 남아 있다.[4]

슈퍼리치가 소비하는 이 실속 없이 거창한 것들에 대해 베블런은 "이 훌륭한 재화들의 소비는 부의 상징이기 때문에 그 소비는 존경받을 만한 일이 되었다. 반면에 이런 재화를 적절한 양과 질로 소비하지 못하는 것은 열등함과 무능의 표지가 되었다."[5]고 썼다. 베블런의 견해는, 다른 말로 하자면, 부자들은 자신이 단지 그 정도는 감당할 수 있음을 다른 이들에게 보여주기 위해 돈을 물 쓰듯 하는 일이 흔하다는 것이었다.

오늘날의 사치 붐

우리는 오늘날 사치 열병의 새로운 시대 한가운데 있다. 어떤 면에서는, 최상층의 소비는 이전보다 덜 화려하다. 왜냐하면 예전에는 부의 집중이 훨씬 심했기 때문이다. 예를 들어 존 D. 록펠러John D. Rockefeller 의 순 자산은 그 전성기에 전체 미국인 연간 소득 합계의 2퍼센트보다 많았다. 그에 비해 빌 게이츠William Gates의 4백억 달러 순 자산은 현재 국민 소득의 대략 0.5퍼센트 정도다.[6] 그러나 현재 국민 소득 역시 지난 세기보다 훨씬 더 늘어났고, 도금 시대의 가장 부유했던 이들보다 더 많은 자산을 가진 이들이 차고 넘친다. 훨씬 더 중요한 점은, 오늘날 최상층의 소비 붐이 대단히 많은 사람들에게도 영향을 미친다는 것이다.

도금 시대 대부분의 가정은 그들의 아이들을 적절하게 입히고, 먹이고, 재울 곳을 마련하느라 고군분투했다. 반면에 오늘날에 이런 필요는 매우 적은 일부 사람들을 제외하고는 더 이상 이슈가 아니다. 소득 수준 하위 20퍼센트에 속하는 사람들은 소득의 45퍼센트만 의식주에 쓰는데, 이는 1920년대와 비교했을 때 70퍼센트나 비중이 줄어든 것이다.[7] 대부분의 가정에게 현재의 경제적 도전은 그들이 필요한[need] 재화를 구하는 것이 아니라 원하는[want] 재화를 얻는 것이다. 그리고 이 범주에 속하는 재화는 그 사람이 상호 작용하는 사회 집단에 따라 달라진다. 어떤 사람들에게는 레크리에이션 차량*이 소중한 재산이다. 다른 사람들에게는 해변의 여름휴가용 별장이 그렇다. 그러나 인생의 어느 단계에 있든 간에 위로 올라가야 한다는 요구는 최대의 압력을 가하고 있다.

불행히도, 사전에 포장된 정부의 자료 중 어느 것도 현재의 소비 붐을 제대로 보여주지 못한다. 무슨 일이 일어나고 있는지를 느끼려면 갖가지 조각들을 모아 그림을 그려야 한다. 많은 경우 소비 붐은 현존하는 재화보다 더 크거나 더 나은 버전을 사는 현상이다. 즉, 우리는 그 이전에는 존재하지 않았던 물건들을 사고 있다. 그리고 다른 경우, 소비 붐은 우리가 이제껏 써왔던 재화의 가장 바람직한 버전을 사기 위해 이전보다 더 많은 돈을 쓰는 현상이다. 당분간은 소득 피라미드의 최상층에서 보이는 소비 행태에 초점을 맞추겠다. 그러나 이는 우리 사회의 최근 소비 패턴 변화에서 유일하게 중요한 부분이 아니고, 직접적인 효과의 측면에서 보았을 때 가장 중요한 부분도 아니다. 우리가 앞으로 보게 될 바이지만, 훨씬 더 중요한 것은 최상층의 증가한 소비가 나머지 경제 전반에 미치는 간접적인 영향이다. 그러나 이 책이 낭비에 관한 것이므로, 최소한 대충이라도 부자들의 소비를 살펴보아야 하겠다. 부자들의 소비야말로 거의 아무것도 달성하지

---

* 레크리에이션 차량 차량에서 숙식을 모두 해결할 수 있는 캠핑카.

못하는 지출의 가장 선명한 사례이기 때문이다.

파텍 필립 손목시계

세실 하벨은 노스캐롤라이나 주의 모어헤드 시에 사는 서른아홉 살의 변호사다. 그는 아내에게 선물 받은 17,500달러짜리 파텍 필립 손목시계를 자랑스러워한다. 헛돈을 쓰는 게 아닌가 하는 잠재적 고객들의 우려를 불식시키기 위해 파텍 필립사는 집안의 가보를 마련한다고 생각하도록 부추기는 광고를 내보낸다. "특출한 장인 기술 덕택에 각각의 시계가 고유한 작품입니다. 그것이 아마도 일부 사람들이 파텍 필립을 결코 실제로 소유한다고 볼 수는 없는 이유겠지요. 여러분은 단지 다음 세대를 위해 파텍 필립을 잠시 맡아두고 있을 뿐입니다." 이 홍보는 효과가 있는 것 같다. "일곱 살짜리 아들이 있는 하벨 씨는 그 시계를 가족 대대로 물려받는 유품이라고 생각한다고 말했다."[8]

그렇다고 해도 17,500달러는 너무 많은 돈이다. (이것은 도시의 4인 가구가 미국에서 빈곤층으로 공식적으로 분류되지 않기 위한 최소한의 연소득보다 더 많다.) 그런데도 하벨의 손목시계는 결코 파텍 필립사의 제품들 중 가장 비싼 축에 속하지 않는다. 파텍 필립의 가장 정교한 모델들이 더 비싼 이유는 보석이 박혔기 때문이 아니라 추가적인 복잡기^{complication}, 즉 복합적인 기계 작동 옵션을 포함하기 때문이다. 이 중에서 가장 정교한 것은 '시간 오차 감쇠 장치^{tourbillion}'인데, 그 장치의 본질은 중력의 왜곡 효과를 보완하기 위하여 매분마다 작동하는 자이로스코프*라 할 수 있다. (내가 가진 30달러짜리 배터리 동력 쿼츠 시계*는 중력의 영향을 받지 않고, 그래서 시간 오차 감쇠 장치가 필요 없다.)
복잡기 각각은 시계 값에 12만 달러의 비용이 추가된다.

파텍 필립사에서 이제껏 내어 놓은 제품 중 가장 정교한 것은
1989년산 캘리버다. 이 시계는 900개의 부품과 33개의 복잡기로 이
루어져 있다. 1989년산 캘리버는 회사의 창립 150주년을 기념해서 오
직 4개만 만들어졌다. 첫 번째 시계가 경매에서 270만 달러에 팔렸고,
남은 세 개는 더 높은 가격에 팔렸다. 1989년산 캘리버가 존재하지 않
는 세계에서는 손목시계에 17,500달러를 쓴다는 건 심하게 터무니없
는 일로 보일 것이다. 그러나 그보다 훨씬 더 비싼 모델을 포함하는
준거 틀에서는, 17,500달러의 손목시계 소유자가 웬만해서는 자신에
게 낭비벽이 있다고 보지 않는 이유가 쉽게 이해된다.

17,500달러 모델이 충분하지 않다고 생각하면서도 1989년산 캘
리버를 사기에는 좀 주저되는 사람들을 위해 파텍 필립사는 44,500달
러에 파는 한정판 모델을 내어 놓았다. 이 모델이 너무 불티나게 팔렸
기 때문에, 그 제품은 이월 주문**을 통해서만 구할 수 있을 정도였
다.[9] 파텍 필립을 비롯해 최소한 2,000달러가 나가는 고가의 시계 판
매량은 1997년 한 해에만 13퍼센트 증가하여 연간 11억 달러에 달하
게 되었다.[10] 그리고 이런 시계를 살 여유가 되는 사람들의 절대 숫자

---

* (앞쪽) **자이로스코프**gyroscope 수평 상태를 유지하기 위하여 팽이의 원리를 써서 고
  속도로 원반체를 회전시키는 장치.
* **쿼츠 시계**quartz watch 시간 분할 기능이 배터리로 발생시키는 수정의 진동에서 나오
  는 시계. 배터리로 구동되기 때문에 중력의 왜곡이 발생하지 않는다.
** **이월 주문** backorder 재고가 없어 다음 제품이 생산되기를 기다리면서 하는 주문.

가 한정되어 있다는 점을 감안하면 판매량의 그 같은 증가는 그 사람들의 숫자에 비례해 응당 기대할 수 있는 증가량보다 훨씬 큰 규모였다. 파텍 필립 및 그 유사 제품들이 시장에서 점점 많아지고 있다는 사실을 제외하고서도, 중상 계급의 구매자들 중 1,000달러 미만의 시계를 사는 사람은 점점 더 보이지 않게 되었다.

매진! 매진! 매진!

경제학 입문서의 표준적인 명제는, 모든 재화의 수요와 공급은 구매자가 지배적인 시장 가격에서 사고자 하는 양만큼 살 수 있는 균형을 향해 필연적으로 수렴하는 경향이 있다는 것이다. 따라서 부족^{shortage}은 그 수요가 빠른 속도로 증가하거나 공급이 빠른 속도로 줄어드는 경우에만 일어나는 이 법칙의 예외적 현상이다. 우리가 사치품 소비붐의 한가운데 있다는 사실의 가장 명백한 증거는, 사치재의 가격이 전례 없이 높은데도 불구하고 구매 대기자가 늘어서는 일이 점점 더 흔한 일이 되고 있다는 것이다.

하룻밤 묵는 데 750달러에서 1,800달러까지 드는 팜비치*에 있는 포시즌 리조트의 스위트룸은 몇 달 전에 이미 예약이 꽉 들어찬다.[11] 하룻밤 가격이 5,000달러인 아스펜**의 리틀 넬도 그렇다.[12] 1996년 당시 한 사람당 38,000달러였던 타보카 월드 투어의 총 84개

---

* 팜비치 미국 플로리다 주의 남동부에 있는 도시.
** 아스펜 미국 콜로라도 주에 있는 도시. 유명한 클래식 음악제가 열리는 곳이자 스

자리는 여행 시작 6개월 전에 이미 마감되었다.[13] 비용이 수십만 달러나 되는 휴가를 전문적으로 취급하는 여행 안내업자인 빌 피셔^{Bill Fisher}가 고객을 모시기 위해 특별히 전세를 낸, 카리브 해로 가는 1997년 크리스마스 시즌용 보잉 727의 일등석 역시 시즌 전에 다 팔렸다. 그 비행기는 "등받이가 완전히 뒤로 넘어가는 59석의 가죽 의자와, 기내 바, 그리고 세 시간의 비행 동안 오믈렛을 대령하는 요리사"가 특색이었다.[14]

살바토레 페라가모는 호화롭게 세부 장식이 된 가죽 구두의 판매를 단 여덟 켤레로 제한하고 있다.[15] 포르셰의 새로운 로드스터*인 박스터는 거의 향후 1년 치에 해당하는 구매 대기자 목록을 보유하고 있으며, 일부 중고 모델은 새로운 모델의 표시 가격보다 10,000달러의 웃돈을 얹어 판매하고 있다.

1997년에 150개로 한정 판매된 파텍 필립의 파고다 손목시계를 24,000달러에 산 사람은 바로 그 다음 해에 그것을 50,000달러에 팔수 있었다.[16] 5번가**에 있는 한 보석상은 20,500달러에 팔리는 까르띠에 탱크 프랑수아즈 손목시계가 모델마다 12개의 이월 주문이 밀려 있다고 말했다.[17] 요트 제작사들은 공장 주문이 엄청나게 밀려 있다고 했으며, 최근의 수요 급등으로 통상 새 것보다 상당히 낮은 가격으로 판매되는 중고 요트의 가격이 신상품이었을 때의 가격에 근접할 정도

키 휴양지.

* 로드스터^{roadster} 지붕이 없고 좌우 유리창도 없는 좌석이 두 개인 자동차.
** 5번가^{Fifth Avenue} 뉴욕에서 가장 번화한 거리. 맨해튼의 중앙 부분을 남북으로 뻗어나간 워싱턴 광장에서 북쪽의 할렘 강 근처에 이르는 대로다.

라고 전했다.[18] 포트로더데일*에서 열렸던 최근의 보트 쇼에서는 20개가 넘는 보트들이 1,800만 달러 이상의 가격으로 선보였는데, 5일 만에 모두 다 팔리고 말았다.[19] 프라다의 400달러짜리 회색 플란넬 팬츠는 석 달 치의 구매 대기자 명단이 쌓여 있다.[20] 많은 렉서스 중개인들은 표시 가격이 48,000달러 이상인 신형 LX 450의 SUV 모델에 대한 주문을 모두 다 처리하는 데 상당한 시간이 지연될 것이라고 전했다.[21] 심지어 14,000달러짜리 에르메스 켈리 백 역시 이월 주문을 통해서만 구매가 가능하다.[22]

구매 대기자가 늘어서는 일은 이 나라의 가장 값비싼 레스토랑들에서도 흔히 발생하는 일이다. 예를 들어 맨해튼에 있는 레스토랑 다니엘**은 한 달 전부터 예약이 차 있으며, 가장 인기 있는 시간대는 매달 첫째 날에 그달 치가 모두 매진되는 것이 보통이다.[23] 테이블이 42개밖에 없는 르 서크 2000***은 매일 수천 건의 예약 요청을 받는다.[24]

인트라웨스트****가 밴쿠버 외곽의 휘슬러 마을 개발 지구에 50만 캐나다 달러에 달하는 가격의 콘도미니엄을 제공하자, 90호실 모두가 1시간 반도 안 돼서 다 팔려버렸을 뿐 아니라 각 호실의 판매에는 예비 신청자가 세 명씩 딸려 있었다.[25] 1997년 중반 걸프스트림의

---

* 포트로더데일 미국 플로리다 주 남동부에 있는 도시로, 마이애마 북쪽에 있는 해안가 휴양지.
** 레스토랑 다니엘Restaurant Daniel 별 넷짜리 최고급 프렌치 레스토랑.
*** 르 서크 2000Le Cirque 2000 뉴욕에서 첫손에 꼽히는 프렌치 이탈리안 레스토랑.
**** 인트라웨스트 Intrawest 콘도형 호텔 등을 건설하는 회사.

고급 제트기 98대는 모두 이월 주문이 되었으며, 그중에서도 가장 인기가 좋았던 제트기 걸프스트림 V는 3,700만 달러 이상의 가격으로 팔려 나갔다.[26] 시그램의 최고 경영자 에드가 브론프만 2세는 걸프스트림 V에 대한 구매 대기자 명단에서 자신의 순번을 『티비 가이드[TV Guide]』의 전 소유주인 월터 아넨버거에게 팔아서 엄청난 이득을 챙겼다고 보도되었다.[27]

사치 소비 따라하기

미국의 사치 소비는 현재 전반적인 소비량 증가에 비해 4배나 빠른 속도로 증가하고 있다. 그리하여 사치재[luxury goods] ── 어떤 상품 범주에서, 이를테면 한 켤레에 200달러짜리 신발처럼, 특정한 가격 수준 이상인 재화로서 소매업 협회들에서 정한다. ── 에 대한 미국의 총 소비는 1995년에서 1996년 사이에 21퍼센트나 증가했다. 반면 같은 기간 전반적인 상품 판매는 단지 5퍼센트 증가했을 뿐이다.[28] 호화 여행(경비가 하루에 최소 350달러가 되는 여행)은 1990년에서 1995년으로 오면서 130퍼센트 증가했다.[29] 특급 호텔의 숙박률은 10년 전에는 69퍼센트였는데 이제는 76퍼센트에 달한다.[30] 고급 승용차(1996년 당시 가치로 30,000달러 이상으로 판매된 차)는 1996년에 미국에서 팔린 모든 차량 중 12퍼센트를 차지했다. 이는 1986년에 비해 7퍼센트나 증가한 수치였다.[31] 비록 억만장자들은 위와 같이 정의된 고급 차를 비롯한 다른 사치품의 구매자들 중에서 가장 두드러진 존재이기는 하지만, 최근의 큰 규모의 구매량은 구매자 가운데 엄청난 수가 소득이 여섯 자리 수가 못되는, 즉 몇 만 달러 정도임을 암시한다.

독일에서 나타난 고급 차 판매량의 변화는 고급 승용차 구매의 경향이 더 가속화되고 있음을 시사한다. 그리하여 아우디의 판매량은 1975년에서 1996년 사이에 53.6퍼센트, 포르셰는 26.3퍼센트, 메르세데스는 23.9퍼센트, BMW는 14.4퍼센트 증가했던 것이다.[32] 1997년에 미국의 차량 총 판매량은 3퍼센트 줄었지만 고급 차 판매량은 6.5퍼센트 늘었다.[33] 메르세데스는 1996년에 비해 1997년에 35퍼센트, 포르셰는 79퍼센트, BMW는 16퍼센트 더 많이 팔았다.[34]

고급 차 판매량에는 SUV 판매가 포함되지 않는다. SUV는 트럭으로 분류되기 때문이다. 표시 가격 중 많은 수가 30,000달러를 넘는 SUV의 판매량은 1990년 75만 대에서 1995년에 거의 150만 대까지 증가했고,[35] 특히 1995년 1월에서 1997년 10월 사이에는 260퍼센트나 증가했다.[36] 메르세데스, BMW, 렉서스, 인피니티, 링컨, 그리고 이제는 캐딜락까지 담긴 목록을 포함하는 새로운 고급 SUV 부문의 판매량은 1996년에서 1997년 사이에 세 배로 뛰었다.[37] 그리고 표준 크기의 SUV는 점점 더 흔한 것이 되어가고 있어서 많은 가정들이 시보레 서버밴과 포드 엑스페디션 같이 더 큰 대형 트럭으로 차를 바꾸게 되었다. 이 차들의 완비된 버전은 무게가 2,700킬로그램이 넘고 리터당 3.3킬로미터를 가며, 40,000달러 이상의 가격으로 판매된다. 이 차들 중 많은 수가 길이가 5.5미터를 넘어서, 많은 구매자들이 차고를 개축해야만 한다.

별장

우리가 사치 소비 붐 가운데 있다는 점을 알려주는 또 다른 사실은 지난 20년간 별장second home 소유자들이 급격히 증가했다는 것이다. 많은 리조트 동네에서 1년 동안의 거주율 감소가 이를 보여준다. 예를 들어 와이오밍 주의 잭슨 홀*의 1년간 거주율은 1980년의 83퍼센트에서 현재 50퍼센트로 내려갔다.[38]**

고급 차 판매량처럼 별장 판매 추세는 신기록을 올리고 있는 주요 스키 리조트의 주택 건축율과 함께 가속화되고 있는 것 같다. 한 전형적인 최고급 주택 건설 프로젝트에서 베일스 배철러 걸치 빌리지의 93개의 빌딩 부지가 평균 776,000달러에 팔려나갔다.[39] 콜로라도 주의 스노매스 빌리지에서는 아울 크릭 프로젝트가 최근 침실이 4개 있고, 3미터 높이의 천장과 석제 벽난로, 심랭 처리Sub-Zero 냉장고 그리고 바이킹 가스레인지를 갖춘 368제곱미터의 노르만 스타일*** 집을 평균 200만 달러에 팔아치웠다.[40]

휴가용 집 건설 붐은 결코 슈퍼리치에만 제한되는 현상이 아니다. 아이다호의 선 밸리 근처 엘크혼에 있는, 서너 개의 침실이 딸려

---

* 잭슨 홀 세계적인 스키 리조트가 3곳이나 있는 스키 휴양지.
** 별장 소유자는 그 지역의 거주자가 아니므로 별장 소유자의 비율이 높아질수록 거주율은 낮아진다.
*** 노르만 스타일Norman Style 노르만족의 잉글랜드 정복(1066년) 이후부터 고딕 건축이 시작될 때까지의 11~12세기의 건축 양식. 이 양식은 높은 측벽側壁, 장대한 신랑(神廊: 교회의 한가운데로 현관부터 성소까지를 가로지르는 복도), 목조 천장, 요소요소에 조각된 기하학적 무늬 등이 특징이다.

있고, 250제곱미터의 좀 더 소박한 주거 공간을 제공하는 집들은 54만 5천 달러에서 64만 달러 사이의 가격이 매겨졌다.[41] 그리고 심지어 상대적으로 가격이 낮았던 리조트 시장조차도 그 가격이 올라가고 있다. 예를 들어 최근에 지어진 48채의 연방 스타일* 타운하우스**인 펜실베이니아의 화이트테일 마운틴Whitetail Mountain은 28만 달러까지 가격이 올라갔다. "우리는 이 지역의 부동산 시장을 연구하느라 시간을 많이 보내지 않았어요." 개발자이자 화이트테일 스카이사社의 사장인 스테픈 K. 라이스가 말했다. "스키를 타는 고객들에게서 너무 많은 주문이 쏟아지는 걸 보고 그동안 쌓였던 수요가 많다는 것을 알았으니까요."[42]

대저택

우리 중 더 많은 이들이 휴가용 집을 사고 있을 뿐 아니라, 우리가 짓고 사는 주±거주지도 더 커지고 있으며 더 정교한 시설이 갖추어지고 있다. 예를 들어 『뉴욕 타임스』의 필자인 패트리샤 라이 브라운Patricia Leigh Brown은 실리콘 밸리의 한 CEO의 집에 있는 컴퓨터화된 전

---

* 연방 스타일Federal Style 1785~1820년에 미국에서 유행한 건축 양식으로, 관공서 건물에 많이 채택되었다. 형태상으로 로마의 신전 건축에 영향을 받은 신고전주의 건축과 유사하다.
** 타운하우스Townhouse 원래 영국, 아일랜드 등의 귀족이나 상원 의원 들이 의회 회기 중에 머물던 주거지(주로 수도나 대도시에 있다.)에서 비롯되었다. 미국에서는 테라스하우스라고도 하며, 저층의 고급, 대형 주택 단지를 말한다.

자 제어 시설을 이렇게 묘사했다. "가정부를 대신하여 야간 모드, 낮 모드, 집에 있을 때 모드, 집을 비웠을 때 모드가 있다. 집주인은 스코틀랜드에서 휴가를 즐기고 있든 직장에서 일하고 있든 상관없이 알람, 온수기, 에어컨, 전등의 세팅을 노트북에서 보내는 이메일로 바꿀 수가 있다. 문에 있는 조그만 카메라는, 마치 집에 상주하면서 주인에게 방문객의 도착을 알리는 늙은 집사처럼 방문객의 스냅 사진을 찍은 후 인터넷을 통해 집주인의 직장에 있는 컴퓨터로 보낸다."[43]

비록 가구당 인원수는 2차 세계 대전 이후 꾸준히 줄었지만, 그들이 사는 집 크기는 꾸준히 커졌다. 1950년에 미국에서 지어진 집들은 대충 100제곱미터인 데 비해, 1996년에는 180제곱미터 이상이었다.[44] 1975년에는 평균 2.5개 이상의 침실을 갖추고 있는 집이 20퍼센트였는데[45] 오늘날 지어진 집들은 거의 반에 달한다. 1996년에는 새로 지어진 집들 중 280제곱미터 이상의 면적을 가진 비율이 거의 14퍼센트에 달했다.[46] 전국주택건설인연합회National Association of Home Builders의 1986년 데이터에는 280제곱미터 이상의 자료 범주가 아예 존재하지도 않았다. 당시 가장 큰 집 면적 범주는 220제곱미터 이상이었기 때문이다. 1986년에는 새로 지은 집의 18퍼센트만이 220제곱미터 이상이었다. 10년 뒤에 그 비율은 30퍼센트가 되었다.[47] 애리조나 주 스콧데일의 건설업자인 래리 쿠시는 그가 건설 중인 집들 중 가장 큰 것은 552제곱미터인데, 이는 1993년에 비해 368제곱미터나 늘어난 크기라고 한다.[48] 뉴욕 교외의 신흥 고급 주택가에서 빠르게 생겨나고 있는 집들에 대해 예일대학교의 건축학과 알렉산더 가빈Alexander Garvin 교수는 말한다. "사람들은 그 집들을 맥맨션*이라고 하더군요."[49]

현재의 데이터 범주는 거주 면적이 920제곱미터 이상인 소위 트로피 주택의 건설이 폭발적으로 성장하는 사실을 은폐하고 있다. 예를 들어 비벌리힐스에서는 그런 집이 1994년에는 9채만 팔렸지만 1997년에는 17채가 팔렸다. 팜비치 근처 짧게 펼쳐진 플로리다 해변을 따라,[50] 2,100제곱미터에서 5,900제곱미터의 개인 주택이 지난 몇 년 사이 19채 지어졌다. 그리고 1996년 한 해에만 해도, 그 지역의 주택 22채가 천만 달러 이상으로 시장에서 사고팔렸다.[51] 정말로, 최근 몇 년 간 지어진 많은 맨션들은 1895년의 빌트모어 저택보다는 작지만 트로피 주택의 기준을 바꾸도록 위협하고 있다.

한 통계에 의하면, 마이크로소프트사의 회장인 빌 게이츠가 시애틀의 바로 동쪽에 있는 워싱턴 호湖의 호숫가에 4,140제곱미터의 집을 짓는 데 들어간 총 비용은, 수영장을 짓는 데 들어간 650만 달러를 포함해 1억 달러에 달한다고 한다. 주택 건설 비용을 측정할 때 건축업자들은 중간 계급의 고급 주택에는 제곱미터당 1,359달러, 초호화 주택에는 제곱미터당 2,174달러를 통상 기준으로 삼는다. 빌 게이츠의 맨션은, 제곱미터당 21,000달러가 넘는다.

마이크로소프트사의 공동 설립자 폴 앨런Paul Allen 역시 시애틀에 최근 6,800제곱미터 넓이의 집을 지었다. (앨런은 전용 헬리콥트에다 녹

---

* (앞쪽) 맥맨션McMansion 저택이라는 의미의 맨션mansion에 크다는 의미의 접두사 맥mc이 합쳐진 것으로, 주로 개발업자들에 의해 지어져 어디서나 볼 수 있는 특색 없는 대형 주택을 말한다. 1980년대 주식 시장 붐이 일면서 시작된 맥맨션 붐은 부동산 시장 침체로 최근 그 인기가 시들해졌다.

* 트로피 주택trophy home 경제적 성공을 과시하려는 의도에 맞추어 건설된 최고급 주택.

음 스튜디오와 영화관까지 있는 호화 요트 메두사^{The Medusa}의 소유주이기도 하다.) 오라클의 최고 경영자 로렌스 엘리슨^{Laurence Ellison}은 캘리포니아의 우드사이드에 93,000제곱미터 넓이의 4,000만 달러짜리 주택을 짓는 중이다. 심지어 경영자가 아닌 사람들도 이보다 약간 작은 규모이기는 하지만, 호화 주택 건설에 동참했다. 예를 들어, 마이크로소프트의 수석 프로그래머인 찰스 시모니는 길이가 18미터나 되는 실내 수영장이 있는 1,886제곱미터 집으로 얼마 전에 이사했다.

이들은 엄청나게 큰 집들이다. 예를 들어 폴 앨런의 집은, 대략 100명의 교수 및 행정직원의 사무실과 학생 600명이 매일 수업을 듣는 교실이 포함된 코넬대학교 존슨경영대학원 건물과 동일한 크기다.

집을 짓는 데 천만 달러 이상을 쓰는 사람들은 원하는 그대로만 하려고 원래 까다롭게 구는 경향이 있다. 그리하여 이런 종류의 집을 지을 때는 대부분 구체적인 구매자의 계획에 따라 맞춤형 건축을 하는 것이 전통이었다. 오늘날 사치 붐의 또 다른 징표는 수요를 예측해서 짓는 트로피 주택이 보이기 시작했다는 사실이다.[52] 예를 들어 1996년, 건설업자 앨빈 와인트라우브는, 구체적인 구매자가 없는데도 비벌리힐스에 1,200만 달러짜리 지중해 스타일 맨션 건설에 들어갔다.[53] 같은 해 건설업자 프랭크 맥키니는 플로리다 델레이 비치의 바다가 보이는 곳에 1,190만 달러짜리 대저택을 짓기 위해 땅을 파기 시작했다.[54] 이 개발업자들은, 바쁜 기업가들이 주택 부지를 고르고 2년여에 걸친 설계와 건설 과정을 검토하기에는 시간이 너무 없다고 설명한다.

주택과 같은 자산은, 심지어 부자 동네에서도, 최근까지만 해도 작은 규모로 여러 개 보유하는 것이 보통이었다. 많은 부유한 동네의 주택 소유주들이 이 같은 경향에 명백하게 역행하여 그들의 부동산에 인접한 땅을 사들여 주택의 규모를 키우고자 하는 것은 오늘날 사치붐에 대한 추가적인 증거다. 예를 들어, 소매 컨설턴트 릭 골드스타인은 1990년에는 뉴욕 주의 브리지햄프턴에 있는 1842년 건설된 농장 주택을 120만 달러에 산 다음, 그의 집 양쪽에 있는 이웃들에게 집을 팔라고 3년이나 설득했다. 좌우에 있는 집을 각 75만 달러에 사고 난 현재 그는 16,188제곱미터의 부동산을 가지게 되었다. "손님 숙소에서부터 잔디밭까지." 그는 자기 집을 그렇게 묘사한다.[55]

그런 종류의 거래는 점점 더 흔해지고 있는 것 같다.[56] 바이올린 연주자인 이츠하크 펄먼Itzhak Perlman은 이미 총 16,190제곱미터에 달하는 이스트햄프턴에 있는 부지 두 곳의 소유자인데, 1990년에 그와 인접한 부동산 14,160제곱미터를 새로 사는 데 220만 달러를 썼다. 소니 아메리카의 회장이었던 마이클 슐호프Michael Schulhof는 4,000제곱미터에 달하는 집을 1988년에 190만 달러에 샀는 데, 이후 1990년에 인접한 4,450제곱미터의 대지를 사는 데 875,000달러를 썼다. 디자이너인 오스카 드 라 렌타는 코네티컷 주 켄트 외곽에 있는 809,390제곱미터 넓이의 시골 은거처의 소유주인데, 1996년에 125만 달러를 주고 인접한 680,000제곱미터의 부동산을 샀다.[57] 그리고 맨해튼의 금융업자는 이웃에게 20만 달러를 주고 9.2제곱미터의 공간을 사서 막 침실을 확장한 참이었다. 이제 그는, 짐 모리슨의 불멸의 노랫말처럼, "다른 쪽으로 헤치고 나아갈Break on through to the other side"[58] 수 있게 되었다.

50

유람선

비록 차와 요트의 전반적인 판매량이 10년 전보다 1997년에 더 많았던 것은 아니다. 최근의 판매 수치는, 적은 수지만 훨씬 비싼 보트가 팔리고 있음을 보여준다. 예를 들어, 길이가 30미터가 넘는 유람선은 전 세계에 현재 5,000척이 있는데, 이는 10년 전의 2배다.[59] (그 소유주 중 반이 미국인이다.) 구입하는 데만도 수백만 달러가 드는 이런 유람선은 유지 보수에도 매년 150만 달러 —— 승무원 급여 50만 달러, 연료비 20만 달러, 보험료 10만 달러, 유지 보수비 225,000달러가 포함된다. —— 이상이 든다. 이 정도 크기의 배는, 4년마다 꼭 해야 되는 작업인 겉면 페인트칠에만 40만 달러가 든다.[60]

이런 경비에도 불구하고 대부분의 선주船主들은 1년에 요트를 단 몇 주 밖에 사용하지 않으며, 보유 기간은 대체로 2년을 넘지 않는다. (그 후에는 많은 선주들이 더 큰 배로 갈아탄다.[61]) 배 구입비의 기회비용을 포함하여, 선주들이 그 배에 실제로 타고 있던 시간에 지불한 비용은 시간당 10,000달러가 넘었다.

최고급 가전제품

모든 시대에는 그 시대를 나타내는 상징이 있다. 1950년대는 가정주부인 엄마였다. 1980년대는 포르셰 911이었다. 많은 동네에서 1990년대의 상징은 주방용 레인지였다. 표준적인 가정용 레인지는 화력이 2.3킬로와트 미만이지만, 영업용 레인지는 화력이 4.4킬로와트 이상이다. 바이킹 프론트게이트 프로페셔널 야외용 요리 그릴에 달린 화력이 센 보조 버너의 경우처럼, 이 능력은 중국 요리를 만들기 위해 고기를 휘저어 튀길 때 주로 유용했다.

그런 레인지를 산 많은 구매자들은 기술적인 사양仕樣 때문에 산 것이 아니라 멋진 외양 때문에 산 것이었다. "저는 아마 1년에 일곱 번 정도 요리를 할 겁니다. 나머지 시간에는 외식할 장소를 찾지요. 그렇지만 저는 7,000달러짜리 레인지를 가지고 있답니다." 캘리포니아에 거주하는 경영자인 캐럴 버넷이 말했다. "그건 부엌을 멋지게 만드는 그림과 비슷한 거라고 생각하시면 돼요."[62]

4.4킬로와트 버너를 장착한 레인지를 소유한 사람들이 많아지자 적어도 일부 구매자들이 다음과 같이 반문하는 것이 불가피해졌다. 왜 4.4킬로와트에서 멈추나? 왜, 정말? "자기 개에게 물린 사람"으로 언론에 난 적이 있는, 사이프러스 반도체Cypress Semiconductor CEO인 T. J. 로저스T. J. Rodgers는 최근에 10.3킬로와트 화력에 중국 요리용 팬, 할로겐 버너, 세라믹 피자 오븐이 장착된 레인지를 샀다.[63]

일부 논평가들은 하이엔드 가전제품*이 가격대가 그보다 낮은 모델들보다 마진이 높다는 것에 주목하여, 최근 몇 년 동안 고성능 제품이 급증한 것을 사람들을 꾀어 더 많은 돈을 쓰게 하는 제조업자의 영악한 마케팅 전략으로 묘사했다. 예를 들어, 『뉴욕 타임스』의 경제부 기자인 루이스 우치텔Louis Uchitelle은 제조업자들은 "수백만 소비자들이 기꺼이 또는 설득되어 추가로 돈을 내고 사려는 작은 도구gadget

---

* 하이엔드 가전제품high-end appliance 고가에 고성능의 가전제품.

나 추가 기기^{twist}를 덧붙인다. …… 이로 인해 인상된 가격 각각에는 추가 이윤이 들어가 있다."고 썼다.[64]

새롭고 개선된 모델을 처음으로 도입한 제조업체는 실제로 대부분의 경우 추가된 이윤 마진을 향유한다. 그러나 하이엔드 가전제품 붐의 주된 결과를 소비자에게서 생산자로 부가 이전되는 것으로 보는 견해는 오류다. 어쨌거나 현존하는 가전제품을 비롯한 생산품의 더 정교한 버전을 만드는 일에는 다른 용도에 사용될 수 있었던 실제 자원이 소요된다. 혁신을 시도하는 기업은 4.4킬로와트 버너를 제공하는 것이 주머니에 여분의 돈이 있는 소비자들을 끄는 좋은 방법이라는 점이 입증되었으므로, 점점 더 많은 수의 경쟁 업체들이 이 기능을 제공할 것이며 가격 프리미엄은 추가된 생산 비용과 균형을 이루는 수준과 더 가깝게 떨어지게 될 것이다.

시간이 어느 정도 흐르면 제품이 계속해서 더 비싼 기능을 구현하게 되는 것이 일반적인 패턴이다. 오늘날 하이엔드 모델^{high-end model}들은 내일의 기본 모델^{base model}이 되어 추가된 이윤 마진 없이 추가된 기능의 비용을 온전히 반영하는 가격으로 자리 잡을 것이다. 확실히 높은 이윤을 추구하는 생산자의 탐색은 이 역동적 과정에서 중요한 촉진제다. 그러나 주된 동인은 현존 제품보다 더 크고 더 차별화된 제품을 소유하고자 하는 소비자의 욕구다.

이 욕구가 점점 더 광범위한 현상이 되어가고 있다는 추가적인 증거는 최근 크리스마스 카탈로그에 고급 제품이 늘어나고 있다는 사실에서도 찾을 수 있다. 예를 들어 사치품 전문 잡지인 『롭 리포트^{The Robb report}』의 크리스마스판^刊은 61미터 길이의 전동 요트 상품들을 실어 놓았다. 이 상품들은 아직 건조 중이던 데다가 3,200만 달러라는 표시 가격에도 불구하고 진지한 주문 문의가 아홉 건이나 금방 들어왔다.[65] 윌리엄스-소노마*는 "4개월 이내의" 배달을 약속하는 13,000 달러짜리 주문 제작 영업용 레인지를 선보였다. 나이만 마르쿠스**는 70대의 새로운 재규어 컨버터블***을 하나에 80,000달러 이상으로 빠른 속도로 팔아치웠다. 빅토리아 시크릿은 해리 윈스턴Harry Winston이 디자인 하고 타이라 뱅크스가 모델을 선 300만 달러짜리 다이아몬드 드림 브라를 내놓았다.**** (그 전해에 클라우디아 시퍼가 모델을 섰던 다이아몬드가 박힌 미러클 브라 가격은 백만 달러에 불과했다.) 그리고 해머셔 슐레머Hammacher Schlemmer사가 고객들을 유혹해서 139,000달러짜리 바이오닉 돌핀을 사게 했다. 이 제품은 1인용 수중 기구인데, 46미터를 잠수하고 물속에선 시속 56킬로미터, 물 표면에서는 시속 136킬로미터의 속력을 낸다.[66]

성형 수술

성형 수술은 고성장하고 있는 사치 소비의 또 다른 분야다. 미국안면성형재건학회American Academy of Facial Plastic and Reconstructive Surgery는 소속 의

---

* 윌리엄스-소노마Williams-Sonoma 고급 주방 기구를 전문적으로 취급하는 소매업체.
** 나이만 마르쿠스Neiman Marcus 사치품 판매 전문 백화점.
*** 컨버터블convertible '변환할 수 있는'이라는 형용사에서 나온 말이며, 지붕을 접었다 폈다 할 수 있게 만든 차량을 뜻한다.
**** 빅토리아 시크릿Victoria's Secret과 타이라 뱅크스Tyra Banks 빅토리아 시크릿은 여성 의류 및 속옷 판매 업체이고 타이라 뱅크스는 미국 방송인이자 모델이다.

사들이 시술한 주름 제거 수술이 1988년에서 1993년 사이 178퍼센트 증가했다고 보고했다.[67] 1991년에는 200만 명에 가까운 성형 수술이 시술되었는데, 이는 10년 전보다 6배가 증가한 수치다.[68] 그리고 수요는 그 이후로 꾸준히 증가해오고 있다.[69]

성형 수술은 한때는 55살 또는 그 이상 나이를 먹은 여성들의 배타적인 전유물이었는데, 오늘날에는 성형 수술 고객의 점점 더 많은 부분을 남자들이 차지하고 있으며 그중 반 가까이는 30살에서 49살 사이이다.[70] 캘리포니아 주 산타모니카의 성형외과 의사 하워드 클래빈은 오늘날 주름 제거 수술 환자의 평균 나이는 44살이라고 전한다. "예전에는 주름 제거를 하러 오는 사람들은 육십 줄에 들어선 여성들이었죠. 지금은요? 60살까지 한 번도 주름살 제거 수술을 받지 않았다면 그 사람은 그 뒤로도 받지 않을 사람이죠."[71]

남자 환자들은 그들의 수술을 점점 젊은 사람 위주로 돌아가는 기업 세계에서 자기 자리를 지키기 위한 시도로 설명한다. "남부 플로리다의 49살 나이의 뉴스 캐스터가 젊은 사람들의 영역에서 경쟁력을 유지하며 살아남기 위해 주름살 제거 수술을 받았다. 그의 직업 현장에서는 외모가 **번듯한** 것이 좋다. 적어도 늙게는 보이지 않아야 한다."[72]

성형 수술에 대한 새 수요는 세월의 흔적을 지우고자 하는 욕구가 아니라 신체적 완전성의 이상에 부응하려는 욕구에 의해 추동되는 것으로 보인다. "그들은 코 수술과 목, 배, 엉덩이 지방 흡입술을 받으려고 미친 듯이 몰려든답니다." 뉴욕 병원의 성형외과 의사 로버트 구이다Robert Guida가 말한다. "그들은 돈이 생겼고, 전형적인 미국 남자 잭 암스트롱*처럼 보여서 더 많은 고객을 끌기를 바라지요."[73] 예를 들어 월 스트리트의 주식 중개인인 30살의 조지 카파노스는 최근에 받은 코 성형 수술을 다음과 같이 설명했다. "그리스인 코**가 사라져 기분이 더 편안해졌어요. 고객과 같이 앉아 있을 때엔 제가 100퍼센트 옳다는 기분을 느낀답니다." 그는 수술을 받기 전에는 소득이 매해 10~15퍼센트 증가했는데, 수술을 받고 난 다음 해에는 40퍼센트 증가했다고 말한다.[74] 아이오와 시의 성형외과 의사 존 캐너디는 예전보다 젊은 이 환자들에게서는 이전 세대에서 보지 못한 급박함을 느낀다고 한다. "하지만 놀랍지는 않아요." 그는 덧붙였다. "지금은 급박한 시대니까요."[75]

비록 많은 사람들이 소득이 높아지는 바람에 성형 수술을 받게 되었지만, 다른 이들은 짝을 찾으려는 희망에 이끌려 수술을 택한 것으로 보인다. 눈가의 잔주름과 늘어진 턱선은 대부분의 사람들이 같은 배우자와 평생을 지내던 시절에는 끔찍한 핸디캡이 아니었다. 그러나 모든 연령대에서 이혼율이 높아진 시대가 되자, 결혼 시장에 다시 나온 중년의 수는 신기록을 경신하고 있다. 그리고 그들 중 많은 이들은 성형외과 의사의 칼이 소위 자신들에게 필요한 우위를 가져다줄 것이라고 믿는다.

---

* 미국 남자 잭 암스트롱Jack Armstrong, All-American Boy 1933~1950년까지 라디오에 방송된 청소년 모험 이야기. 잭 암스트롱은 주인공으로 잘생기고 똑똑한 학생이다.
** 그리스인 코 코의 모양이 길고 곧으며 끝이 뾰족하게 생긴 것.

매력 프리미엄

현재 사치 소비 붐이 존재한다는 또 다른 명백한 증거는, 현존하는 제품 가운데 고품질의 버전을 얻기 위해서는 매우 높은 프리미엄을 얹어줘야 한다는 사실이다. 본질적으로 동일한 기능을 하는 제품의 경우에도 구매자들이 그 질에서 수많은 차별화가 존재하는 선택에 직면하는 일이 보통이다. 예를 들어 부동산 시장에서 같은 크기의 집이라도 프라이버시가 잘 보장되는 위치인지 여부, 건축적인 매력, 통근 거리 등의 다양한 특성에 따라 질이나 바람직함의 등급이 매겨진다. 편의상 이 가격 차이를 "매력 프리미엄^{charm premium}"이라고 부르겠다.

집은 한 장소에서 다른 장소로 쉽사리 옮길 수 없는 다른 많은 재화들처럼, 매력 프리미엄이 저소득 동네보다 고소득 동네에서 더 큰 경향이 있다. 어쨌거나 대부분의 사람들은 건축학상의 매력이나 광범위한 전망을 갖춘 집에서 사는 것을 선호하고 고소득 동네에서는 이런 바람직한 특성에 대한 호가^{呼價}가 자연스럽게 더 강하게 올라간다.

아내와 나는 몇 년 전에 이타카에서 일리노이 주의 에번스턴으로 이사 가는 문제를 고려하면서 이 현실을 깊이 실감한 적이 있다. 이타카는 뉴욕 주 북부의 작은 도시이고, 대학교수란 그 지역의 수수한 지역 경제 피라미드에서 꼭대기에 있는 것은 아니지만 그 한참 아래에 있는 것도 아니었다. 이와는 달리, 에번스턴은 미국에서 세 번째로 큰 도시 외곽의 부유한 교외다. 에번스턴과 그 북쪽에 이웃한 멋진 교외에는 대도시 시카고 전체에서 가장 부유한 경영자와 전문직이 많이 사는 곳이다. 아내와 내가 주의 깊게 복원시킨 멋들어진 1911년의 아츠 앤드 크래프트 스타일*인 이타카 집은, 건축적으로는 덜 흥미롭지만 나머지는 유사한 다른 집들보다 20퍼센트 정도의 매력 프리미엄밖에 얻지 못했다. 그런데 에번스턴이 이타카보다 훨씬 더 부유하긴 하지만, 우리가 이타카의 집을 샀던 돈에 아주 조금만 더 보태면 에번스턴에서도 같은 크기에 건축적으론 평범한 집을 살 수 있음을 알게 되었다. 그러나 에번스턴에서 이타카의 집과 같은 정도의 건축적인 매력을 가진 집을 사려면 사실상 3배의 돈을 지불해야 했다. 이런 매력 프리미엄 증대를 보여주는 최근 몇몇 사례들은 다음과 같다.

전망 프리미엄

　　　부동산 시장에서 매력 프리미엄의 중요한 한 차원은, 그 집이 물, 도시의 야경, 산이나 다른 경치를 얼마나 볼 수 있는 위치에 있느냐 하는 점이다. 증거들은 전망을 갖춘 집의 가격이 최근 몇 년 동안 급격히 상승하고 있음을 보여준다. 예를 들어, 구매자들은 지금은 물을 바라볼 수 있는 위치에 50 내지 100퍼센트의 프리미엄을 지불하고, 도시의 야경을 바라볼 수 있는 위치에는 20 내지 50퍼센트의 프리미엄을 낸다. 5년 전의 프리미엄 가격에 비해 각각 10퍼센트나 높아진 것이다.[76] 캘리포니아 주 뉴포트 해변의 신개발 지역인 펠

---

* 아츠 앤드 크래프트 스타일Arts and Crafts style　19세기 후반 영국에서 일어난 '미술 공예 운동Arts and Crafts Movement'의 정신을 따라, 기계 생산이 예술품의 질적 저하를 가져왔다고 보고 중세적 전통의 수작업 공예품을 활성화하는 데 공감하는 건축. 과도한 장식을 배제하고 기능에 충실한 공간과 동식물 형태에서 영감을 얻은 디테일이 특징이다.

리칸 힐에서는, 바다가 보이는 266개의 부지가 평균 백만 달러에 빠른 속도로 팔렸다. 바다를 볼 수 없는 몇 안 되는 부지는 60만 달러 가격인데도 개발업자가 파는 데 애를 먹었다.[77] 심지어 골프장도 전망이 좋을 경우 지금은 20퍼센트에서 25퍼센트의 프리미엄이 붙는다.[78]

위치 선택 프리미엄

부동산 시장에서 위치 선택에 붙는 프리미엄이 상승하고 있다는 추가적인 간접 증거는 구매자들이 더 큰 집을 짓기 위해 지금 그 자리에 있는 호화스러운 집을 기꺼이 허물고자 한다는 점이다. 1994년, 시카고의 변호사 마리오 치리냐니는 일리노이 주의 힌즈데일에 있는 235,000달러짜리 집을 사고 난 후 바로 철거했다. 그리고 더 크고 프랑스풍의 대저택을 짓는 데 백만 달러를 썼다. 힌즈데일의 주된 매력은 조용하고 나무가 줄지어 서 있는 거리와 시카고 시내에 21분 만에 갈 수 있는 열차 통근로다. 지난 10년간 힌즈데일의 4,500채의 집 중에서 10퍼센트 이상이 철거되고 더 큰 집이 지어졌다.[79] 캔자스 주 캔자스 시의 작은 교외인 미션 힐스 같은 곳도 예외가 아니었다. 1994년 이래로 14채의 집이 개축upgrade을 위해 해체되었다.[80]

부동산 중개업자들은 이런 집들을 "스크레이퍼*"라고 부른다. 실리콘 밸리의 동네들에서 그 집들은 특히 더 빠르게 거래되었다. 예를 들어 포스터 시에 있는 코니시 앤드 케이시 부동산의 사장인 로저

---

* 스크레이퍼scraper 사서 긁어내어 버리는 집.

리커드는 그의 중개인이 1996년에만 말 그대로 수십 채의 스크레이퍼를 팔았다고 말했다.[81] 인터넷망 제공업체인 아메리카 온라인^America Online: AOL^이 채 마무리도 못한 브라이언 핀커턴의 박사 학위 주제를 보고 140만 달러의 급여와 스톡옵션을 조건으로 실리콘 밸리 사무실의 임원직을 핀커턴에게 제안했을 때, 그는 워싱턴대학을 갓 졸업한 32살의 나이였다. 핀커턴은 그 후 아서턴에 있는 60만 달러짜리 스크레이퍼를 산 뒤에 친구들을 불러 놀기에 충분히 큰 집을 짓기 위해 철거했다.[82] "그 집은 확실히 살 만했지요." 핀커턴은 그가 허문 집에 대해 이야기했다. "전 단지 조금 더 큰 집을 원했을 뿐이에요."[83] 인튜이트*의 공동 설립자인 톰 프루 역시 아서턴에 있는 40,470제곱미터 넓이의 부지에 있던 1950년대 집을 철거하는 파티에서 "손님들은 안전모를 지급받았다. 사이버 남작의 의기양양함이 깃든 분위기였다. 프루 부인은 말했다. '우리가 제일 처음 한 것은 골프공으로 대형 전망창을 맞추는 것이었죠.'"[84]

때로는 철거되는 건물 자체가 건축 문화재인 경우도 있다. 예를 들어 4,000만 달러를 들여 93,000제곱미터에 달하는 일본식 시골 저택을 짓는 건축 허가를 우드사이드의 도시 계획과에서 받아내기 위해 오라클사의 CEO 로렌스 J. 엘리슨은, 원래 그 자리에 있던 줄리아 모건이 지은 집(윌리엄 랜돌프 허스트의 영지인 샌 시미온의 허스트 캐슬**)

---

* **인튜이트**Intuit 세금 관리 및 지불 관리 소프트웨어 개발·판매 업체.
** **허스트 캐슬**Hearst Castle 원래는 허스트의 개인 저택이었으나, 허스트사가 캘리포니아 주에 기부한 이래 캘리포니아 주립 역사 공원으로 지정되었다.

을 스탠포드대학교까지 항공기로 들어 나르기로 약속했다.[85]

울트라 프리미엄 와인의 가격

와인 시장은 매력 프리미엄 증대의 또 하나의 명백한 예다. 미국 전체 와인 소비량은 1986년에 정점을 찍은 뒤 약간 하락했지만, 병당 최소 14달러 이상으로 팔리는 울트라 프리미엄 와인의 판매량은 1980년 이래로 매년 23퍼센트씩 증가하여 1996년에는 340만 상자를 기록했다.[86] 수요가 이렇게 이동하자 상대 가격도 보조를 맞춰 나란히 이동했다. 펜실베이니아의 주택 건설 회사 사장이며 수집가인 브루스 톨은 다음과 같은 사실을 이야기했다. "제가 7년 전에 500달러에서 700달러를 주고 샀던 와인 상자가 지금은 가격이 5,000달러에서 7,000달러나 해요."[87]

『와인 스펙테이터Wine Spectator』의 경매 지수는 다양한 최고 생산자와 빈티지* 와인의 경매가에 기반을 둔 것인데, 1996년 한 해에만 40퍼센트 이상 올랐다.[88] 구매자들이 가장 많이 찾는 몇 안 되는 와인들의 가격 궤적은 훨씬 더 가파른 모습을 보였다. 이 그룹에 포함된 와인에는 서부 프랑스의 지롱드 강과 강어귀를 둘러싼 비탈에서 기른 포도로 만든 최고급으로 와인 등급을 받은 보르도 와인**이 있다. 예

---

* 빈티지vintage 와인의 재료가 된 포도를 수확해서 만든 해. 해마다 일조 시간, 강수량 등의 포도 농사의 기후 조건이 달라지므로 빈티지는 와인의 품질을 판단하는 데 중요한 요소가 된다.
** 와인 등급을 받은 보르도 와인classed growths of Bordeaux 보르도의 포도원 가운데 1855년 와인 등급 구분classed growths에 의해 최상급 와인으로 선정된 것.

를 들어 1989년산 샤토 라투르 750밀리리터짜리 한 병의 경매가는 1996년 4/4분기에 164달러로 45퍼센트나 뛰었다.[89] 그보다 아주 조금 더 나은 와인으로 간주되는 1990년산 샤토 라투르는 현재 병당 출하 가격 80달러의 5배인 400달러에 팔린다. 많은 감정가들이 전후 보르도 빈티지 중 최고로 여기는 1961년산 샤토 페트루스 한 병을 구입하려면, 2,696달러짜리 수표를 경매인에게 써줘야 한다. 최근의 한 경매에는 사상 최초로 한 상자에 수십만 달러짜리 와인이 나왔다. 1945년산 샤토 무통이 112,500달러에 팔렸던 것이다.[90]

캘리포니아산 최고급 와인은 보르도 와인보다는 가격이 낮지만 역시 수요와 가격이 비슷한 정도로 증가했다. 예를 들어 적게 잡아도 병당 100달러짜리인 헬렌 털리*의 나파 밸리 마르카생 카베르네 쇼비뇽**의 다음 출하품에 대한 구매 대기자는 4,000명에 달한다.[91] 털리는 콜긴-슈레이더 포도주 저장소Cellars에 보관될 카베르네도 만들었는데, 이 포도주 저장소의 주인은 12병들이 상자 하나에 원래 소매가의 11배인 5,800달러까지 제시했다고 한다.[92] 나파 밸리의 또 다른 저명한 생산업체인 오푸스 원Opus One의 전설적인 1987년산 카베르네 쇼비뇽은 1996년에 가격이 2배로 뛰었다.[93] 1996년에 오푸스 원은 가장 최근 상품인 카베르네 27,000상자를 출하한 지 6주 만에 모두 팔아치

---

* 헬렌 털리Helen Turley 미국의 유명한 와인메이커이자 와인 컨설턴트.
** 나파 밸리 마르카생 카베르네 쇼비뇽Napa Valley Marcassin Cabernet Sauvignon 나파 밸리는 미국 전체 와인 생산량의 90퍼센트 이상을 생산하는 캘리포니아 주에서도 최고급 와인을 생산하는 지역이고, 마르카생은 와이너리(와인 양조장) 이름이며, 카베르네 쇼비뇽은 포도 품종이다.

웠다. "6년 전에 10,000상자 파는 것보다 쉬웠어요." 그 회사의 마케팅 디렉터가 말했다.[94]

우리는 프리미엄 증류주premium spirit 시장에서도 유사한 패턴을 본다. 예를 들어 세련된 스카치위스키 애호가는 실질적으로 더 비싼 싱글 몰트위스키*를 더 선호하면서 전통 블렌디드 위스키**에 등을 돌렸다. 앨라배마 주의 버밍햄에 있는 더 캔틴 주점에서 인기 있는 싱글 몰트 스카치위스키는 발베니인데, 이 스카치위스키는 평균 10~15년 묵은 것이며 한 잔에 9.20달러에 팔린다.[95] 그러나 좋은 브랜디의 감정인들이 기꺼이 지불하고자 하는 가격에 견주면 싱글 몰트위스키의 가격도 초라해진다. 예를 들어 로스앤젤레스 빌트모어에 있는 버나드 주점에서 파는 1928년산 샹페 아르마냑 브랜디 한 잔은 현재 195달러까지 한다.[96]

프리미엄 시가

와인 시장과 마찬가지로 시가 시장에서 제일 큰 몫은 프리미엄 등급에 의해 결정되어왔다. 시가는 그 등급에 따라 한 개비에 3달러에도 팔리고 30달러 이상으로도 팔린다. 이 시가들은 쿠바에서 개발된 씨앗으로 기른 담배로 속을 채워 담뱃잎 반으로 말아 손으

---

* 싱글 몰트위스키single malts whisky 100퍼센트 맥아malt만을 증류한 위스키를 몰트위스키라 하는데, 이 중에서도 하나의 증류소에서만 나온 위스키를 싱글 몰트위스키라 부른다.
** 블렌디드 위스키blended whisky 죠니 워커같이 몰트위스키와 그레인위스키(곡류grain로 만든 위스키)를 섞어blended 만든 위스키.

로 싼 제품인 경우가 많다. 시가 판매의 전반적인 성장은 1992년 이래 10퍼센트에 못 미치나, 프리미엄 시가의 판매는 평균 40퍼센트 이상 성장했다.[97] 1996년 프리미엄 시가의 판매량은 1995년보다 거의 60퍼센트나 높은 수준이었다.[98]

비록 쿠바산 시가가 1962년 이래로 미국에서는 금지되었지만, 수요가 너무 많아서 코이바나 몬테크리스토 같은 프리미엄 시가를 암시장에서 매우 높은 가격이지만 흔히 구할 수 있었다.[99] 그러나 완전히 합법적인 시가도 엄청나게 비싸졌다. 예를 들어 파르타가스 150 돈 라몬* 한 대는 비벌리힐스 해밀턴의 시가 바에서 50달러에 팔린다.[100] 그 시가는 18년 묵은 카메룬산 담뱃잎으로 속이 싸여 있으며, 그걸 말았던 사람들이 번호를 매겨 놓았다. 맨해튼의 레스토랑 퍼트룬은 하루에 시가 판매로만 5,000달러 상당의 매출을 올린다.[101]

시가 산업 관측자들은 프리미엄 시가의 성공을 "생활 양식의 질과 시가 끽연을 관련시킨 것"에 돌린다.[102] 이 연결link은 『시가 아피시오나도Cigar Aficionado』** 같은 잡지에 의해 촉진되었다. 이 잡지의 표지에는 아널드 슈워제네거, 마돈나, 데미 무어 같은 유명 인사들이 시가를 피우는 모습이 실린다. 『와인 스펙테이터』를 발간하는 출판사에서 나오는 『시가 아피시오나도』는 1996년에 유료 구독자가 그 전해의 두 배인 40만 명이 되었다.[103]

---

* 파르타가스 150 돈 라몬Partagas 150 Don Ramon 파르타가스가 만들어진 지 150년을 기념하여 1995년 만든 한정판 시가.
** 『시가 아피시오나도』 시가 관련 잡지. 아시피오나도aficionado는 에스파냐어로 열성적인 사람이라는 뜻으로, 시가 아피시오나도는 시가광, 시가 마니아를 말한다.

프리미엄 시가 수요의 빠른 증가는 시가 흡연자들을 위한 배타적인 시설의 팽창을 가져왔다. 이 중 하나가 비벌리힐스의 그랜드 아바나 룸*이다. 밖에 아무런 간판도 달려 있지 않으며, 전화번호부에 올라와 있지도 않은데, 유명 인사들로 가득 채워진 회원 명단에는 대기자만 수백 명이다. 그곳은 클럽 회원들에게만 주어지는 열쇠로 작동되는 특별 엘리베이터를 통해서만 드나들 수 있으며, 회원들은 클럽에 들어갈 때 매번 2,000달러를, 그리고 매달 회원료로 150달러를 낸다. 클럽의 중심에는 유리벽으로 된 방이 있고, 그 방안에는 향나무로 만들어진 담배 저장 상자가 450개 있다. 회원들은 그 상자에 자신들의 시가를 넣어 70퍼센트 상대 습도와 섭씨 21도의 최적 환경에서 보관할 수 있다.[104]

그랜드 아바나 룸의 뉴욕 지점과 워싱턴 지점은 1997년 초반에 문을 열었고, 소유주인 해리 슈스터는 샌프란시스코, 댈러스, 라스베이거스에도 지점을 차릴 계획이다.[105] 시가클럽국제연합회International Association of Cigar Clubs의 로버트 랑섬에 따르면 그보다는 덜 배타적이지만 그와 유사한 시가 바들이 대부분의 대도시에 최근 개점했다.[106]

미국만 그런가?

세계의 사치재 공급업자들은 오래전부터 미국을 단연코 그들에게 가

---

* 그랜드 아바나 룸The Grand Havana Room 시가 클럽. 여기서 아바나는 쿠바의 수도이기도 하고 그곳에서 생산되는 시가를 뜻하기도 한다.

장 수익성이 좋은 시장으로 보았다. 그러나 미국은 사치재를 게걸스럽게 탐하는 욕구가 증가하고 있는 유일한 나라가 아니다. 일본의 인구는 미국 인구의 반에 불과하지만 미국의 사치재 소비량의 두 배를 소비한다.[107] 아시아, 유럽, 그리고 다른 지역의 대중지들은 증가하는 사치재 수요를 묘사하고 있다.[108] 심지어 러시아까지도 사치재 생산자들이 뜨겁게 경쟁하는 시장이 되었다. 예를 들어 롤스로이스는 모스크바에 첫 번째 대리점을 열었고, 메르세데스 벤츠는 러시아가 가장 빨리 성장하고 있는 시장이라고 설명했다.[109]

혼란스러운 변화

분산되어 있고 일화적이긴 해도 우리가 살펴본 증거들의 많은 부분은, 미국에서 소비되는 돈의 많은 부분이 점점 더 고급 재화와 고급 서비스로 흘러들어가고 있다는 널리 퍼져 있는 인상과 일치한다. 우리는 더 비싼 차를 몰고, 더 많은 휴가용 집을 사며, 디자인이 더 잘된 옷을 산다. 우리의 주거 공간은 더 커졌고 더 정교한 설비를 갖추게 되었다. 우리는 좋은 와인과 증류주를 마신다. 그리고 우리는 더 정교한 가전제품을 사들이고 있다. 우리 중 더 많은 이들이 그것도 예전보다 더 젊은 나이에 성형 수술을 받고 있다.

어떤 의미에서 이러한 변화는 두 세기 전 산업 시대가 개막하면서 시작된 패턴의 단순한 연장에 불과하다. 음식과 보금자리에 대한 근본적인 필요가 대체로 충족되고 있으므로 소득이 증가함에 따라 사치에 더 많은 돈을 쓰게 되는 것도 단지 자연스러운 일일 뿐이다. 그러나 혼란스러운 점은 사치 소비가 최근 몇 십 년 동안 계속 급격히 증가하고 있는 데 반해, 생산성과 소득 성장의 지배적인 추세는 그와 는 정확히 반대 방향으로 움직이고 있다는 것이다.

|

3장

왜 지금인가?

LUXURY
FEVER

지난 사반세기 동안 미국 경제는 느리게 성장했다. 1950년에서 1973년 사이, 일인당 실질 소득은 연평균 3퍼센트씩 상승하였지만 그 이후 그에 상응하는 기간 동안에는 그 반밖에 상승하지 못했다. 1995년 미국 중위 가구 소득은 34,100달러였는데, 이는 1990년 실질 소득에 비해 2퍼센트나 하락한 것이었다.[1] 그렇다면 왜 사치재에 대한 소비는 최근 수십 년 동안 그렇게 가파르게 성장했는가? 그 질문에 대한 대답은 평균 소득 수준은 느리게 성장했음에도 불구하고 소득 사다리의 꼭대기 근처에 있는 사람들은 예전에 없던 번영을 누렸다는 것이다. 다음 장에서 살펴보겠지만 최상위 고소득자들의 행동은 나머지 수백만 사람들의 소비 결정에 영향을 미쳤다.

미국 소득자 중 최상위 1퍼센트의 실질 소득은 1979년 이래 2배로 뛰었다.[2] 1995년, 미국 소득자 중 상위 1퍼센트에 들기 위해서는 그해의 달러 가치로 연간 15만 달러 이상을 벌어야 했다. 그 정도로 높은 소득을 올리는 사람들의 숫자는 1980년 통계 조사와 1990년 통계 조사 사이에 2배로 늘었다.[3] 1979년에 소득 백분위* 95점에 해당

---

* 백분위 특정 집단의 점수 분포에서 개인의 상대적 위치를 나타내는 점수. 어떤 일정한 점수에 대한 백분위란, 그 점수 미만에 놓여 있는 사례의 전체 사례에 대한 백분율을 말한다.

하는 부자들은 백분위 5점의 빈자보다 10배를 벌었다. 그런데 1993년에는 25배 이상을 벌었다.[4] 소득 피라미드의 제일 꼭대기 근처에 있는 사람들의 소득은 이보다 훨씬 더 극적이다. 예를 들어 미국의 가장 큰 회사들의 최고 경영자들은 1973년에는 노동자의 35배를 벌었는데 오늘날에는 200배를 벌고 있다.[5] 1997년에 디즈니사의 마이클 아이스너 Michael Eisner 는 스톡옵션으로 인한 소득을 포함하여 총 5억 6,500만 달러를 집으로 가져갔다.[6] 1997년, 포브스 400 Forbes 400 —— 미국에서 그해 가장 부유한 400명의 유명한 명단 —— 에는 억만장자가 170명이었는데, 1982년에는 전체 400명 중 억만장자는 13명뿐이었다.[7] 최소 백만 달러의 순 자산을 가진 미국인들은 1996년에 거의 5백만 명에 달했는데 이는 그 4년 전에 비해 2배로 늘어난 수다.[8] 1994년에 국세청IRS이 보고한 소득 신고에 따르면, 9.6퍼센트가 필요 경비를 뺀 총 소득으로 최소한 20만 달러 이상 벌어들였는데, 이는 1992년의 8.4퍼센트보다 증가한 수치다. 1970년에는 미국 가구 중 3.2퍼센트만 1996년의 달러 가치로 10만 달러 이상의 소득을 올리고 있었다.[9] 요컨대, 처음부터 많은 돈을 갖고 있었던 사람들은 지금은 상당히 더 많은 돈을 갖게 되었으며, 많은 돈을 가진 사람들 자체가 예전보다 훨씬 더 많아졌다.

오늘날의 사치 열병이 부분적으로 최상위 소득자들의 극적인 증가 때문에 생겼다는 것은 되풀이되는, 언론의 인기 있는 설명이다. "이 지역은 백만장자들을 쏟아냅니다." 실리콘 밸리의 한 거물 부동산업자가 자신이 고용한 중개인의 판매 기록을 설명하면서 말했다. 그 브로커는 단 한 달 만에 3억 달러어치의 부동산을, 그것도 대부분을 매도인이 요구한 가격 이상으로 팔아치웠다.[10] 고급 와인 시장도 부동산 시장과 마찬가지다. 고급 와인 가격이 급등한 것은, 미국 사람들의 미각이 더 세련되어졌기 때문이 아니라, 주머니에 갑자기 돈이 넘쳐나게 된 사람들이 사 재꼈기 때문이다. "월 스트리트 인간들은 와인 가격에 많은 영향을 미치고 있어요." 한 수집가가 와인 등급을 받은 보르도 와인의 가격이 치솟는 것에 대해 불평하면서 말했다. "그들은 연말에 보너스를 받는데 그게 시장을 망쳐요. 경매장에서 '저거 사면 좋아요?' 라고 묻는 사람 바로 옆에 앉아 있었다고요."[11]

월 스트리트의 회사들은 1997년에 총 81억 달러 이상, 일인당 평균 54,000달러 이상을 보너스로 줬다. 지급된 수표는 최종 승리자들을 위한 천만 달러짜리 이상부터 사무원을 위한 수천 달러짜리에 이르기까지 다양했다.[12] 월 스트리트 전문직 천 명이 받은 보너스가 대략 10억 달러를 넘어섰다.[13] 골드만 삭스 하나만 해도 1997년 30억 달러를 벌어들였으며 그중 대부분이 190명의 시니어 디렉터^{senior director}들에게 분배되었다. 비록 그들의 "현 급여"는 일반적으로 연간 400만 달러 미만이지만, 이 디렉터들 중 많은 수가 연봉의 거의 네 배에 달하는 돈을 보너스로 챙겨간다.[14] 위계 구조에서 한 단계 아래에 있는 골드만 삭스의 215명의 매니징 디렉터^{managing director}들은 1998년에 보너스로 150만 달러를 집으로 가져갈 것을 기대할 수 있었다.[15]

이들이 수표를 받아 챙긴 시기는 여러 분야에서 터져 나온 사치 소비와 긴밀하게 연관되어 있다. 예를 들어 뉴욕 지역의 외제 차 딜러들은 대부분의 차가 최대의 보너스 시즌인 12월에서 3월까지 판매된다고 전했다.[16] 1997년 겨울의 여러 달 동안, 코네티컷 주의 그리니치 근처의 프레이 포르셰는 엄청 쌓여 있던 911 터보의 재고를, 그것도

표시 가격 16만 달러나 그 이상으로 거의 다 팔아치웠다.[17]

최근 햄프턴의 여름철 임대 시장에 인 붐도 월 스트리트의 급등한 보너스에서 그 원인을 찾을 수 있다. "둘 다 상당한 돈을 벌고 있는 것 같은 20대 즈음의 젊은 커플이 방금 시 협동조합에 들었다면, 그들은 아마 여름휴가 동안 쓰기 위해 집을 60,000달러나 70,000달러에 빌릴 게 분명해요."라고 이스트햄프턴의 데이턴 할스테드 부동산 중개회사의 사장인 다이앤 사치가 설명한다.[18] 급등한 월 스트리트의 보너스는 또한 뉴욕에서 성형 수술의 수요가 증가한 것도 설명해준다. 뉴욕의 한 성형외과 의사는 현재의 상승 장세가 시작된 이래로 젊은 남자 주식 중개인에 대한 수술이 여섯 배로 늘었다고 전한다.[19]

중개인에게 기록적인 보너스를 안겨주었던 주식 시장의 붐은 전국 수백만 시민들의 부도 동일하게 증가시켰다. 예를 들어 1998년 중반 다우존스 지수의 평균은 20년 전에 비해 20배나 높았다. 수년 전과 비교해보아도 포트폴리오의 가치가 2배 이상 증가하였기 때문에 더 많은 가정이 BMW 540i 세단을 사기 위해 50,000달러라는 돈을 쉽게 내놓을 수가 있었다.

그런데 최근의 사치 소비의 성장에 대한 다른 설명은 전후 베이비 붐 세대의 인구 통계적 변화를 지적하는 것이다. 이 거대한 인구의 맨 앞줄에 있는 세대는, 전통적으로 제일 돈을 많이 버는 시기인 오십 줄에 들어섰다. 그리고 많은 수가 그들의 자녀들이 대학을 마치고 직장을 잡게 되자 추가 소비의 여력이 생기기 시작했다.

그러나 비록 이 인구 통계적 변화가 영향을 끼쳤다고는 해도 그것이 설명할 수 있는 것은 최근 사치 소비의 급격한 증가 중 작은 부분에 불과하다. 훨씬 더 중요한 것은 모든 인구 통계적 범주에서 최상위 소득자들의 소득이 비정상적으로 급격히 늘었다는 사실이다. 꼭대기에 있는 사람이 더 많이 벌면 더 많이 쓰게 된다. 그리고 그 추가 소비 중 극히 적은 부분만이 필수품 소비에 쓰인다. 왜냐하면 이런 사람들은 당연히 필요한 것이라고 말할 수 있는 모든 것들을 오래전에 얻었기 때문이다.

사치 열병과 소득 불평등

소득 분배의 양극화가 점점 심해지고 있는 것이 정말로 최근 사치재 소비의 급격한 증가에 대한 주요한 설명이라면, 소비 패턴이 어떻게 변해나갈지를 예측하려고 하는 사람들은 그런 불평등을 최근 심각하게 만들고 있는 힘을 들여다보아야 한다. 이 힘들은 무엇이며, 지속될 가능성이 높은가? 아니면 우리는 소득 사다리의 위쪽에서부터 아래쪽에 이르기까지 대체로 비슷한 비율로 소득이 증가하는 이전의 패턴으로 돌아가게 될 것인가?

비록 최근의 소득 불평등 증대에 관하여 많은 글들이 나왔지만 그 원인에 대해서는 상당한 의견차가 있다. 예를 들어 일부 논평자들은 부자 감세와 빈곤층을 위한 복지 축소와 같은 공공 정책의 변화를 언급한다. 다른 논평자들은 노동조합의 쇠퇴, 기업의 구조 조정, 해외 무역이 주는 충격의 증가*를 강조한다. 경제학자들은 교육, 훈련, 지능, 정력을 비롯하여 개인의 생산성에 영향을 미치는 요소들의 혼합

체인 "인적 자본"의 양과 인적 자본에 주어지는 보상률의 변화를 강조한다. 좌파 평론가들은 부자들이 그들의 세계에서 점점 경쟁을 배제하고 탐욕에 대한 사회의 금지를 해체하게끔 허용하는 시장의 불완전성을 언급하며 그보다 더 비관적으로 상황을 파악한다.

그러나 심지어 이 주장들이 대부분 진실의 일부를 담고 있다고 해도 그 모두가 무언가 본질적인 부분을 놓치고 있다. 예를 들어, 부자에 대한 낮은 세율은 의심할 여지 없이 소득 분배를 이전보다 덜 평등하게 만들었지만, 최상위 봉급생활자의 폭발적인 성장은 1996년에 시행된 주요한 감세 조치 이전에 이미 상당한 정도로 진행되고 있었다. 외국과의 경쟁 역시 어느 정도 영향을 미쳤을 수는 있지만 단지 지원 사격 정도에 그치는 것이었다. 다른 국가의 저임금 노동자들과의 경쟁이 미국의 가장 숙련도가 낮은 노동자들의 임금 증가 추세를 꺾었다고 하여도, 왜 외국과의 경쟁에 실질적으로 영향을 받지 않는 —— 치과 의사와 같은 —— 직종 내부에서도 불평등이 가파르게 증가하고 있는지를 설명해주지 못한다. 뿐만 아니라 많은 개발 도상국의 숙련 노동자들 —— 예를 들어 뭄바이의 소프트웨어 엔지니어 —— 과의 경쟁은 왜 미국 측 상대들이 빠른 급여 증가를 즐기는 것을 막지 못하였는지를 설명하지 못한다.

경제학적 통념이 주장하는 것처럼 교육, 훈련을 비롯하여 인적 자본을 구성하는 요소들이 급여 차이의 중요한 결정 요인임은 명백하

---

* (앞쪽) 무역 규모가 늘어나면 전체 국민 소득은 증가하나 비교 열위를 가지는 부문, 특히 미국처럼 자본이 풍부한 나라의 미숙련 노동에는 불리한 분배 효과가 생긴다.

다. 그러나 심지어 이런 요소들조차도 최상위 소득자의 최근 소득 증가를 설명해줄 수 없다. 왜냐하면 우리가 측정한 자료를 보면 오늘날 경제계의 슈퍼스타들이 그 이전 시대의 슈퍼스타들에 비해 훈련을 더 많이 받았다거나 지능이 더 높다고 할 수 없기 때문이다. 교육에 대한 보상률이 지난 15년간 증가했다는 몇몇 증거가 있기는 하지만, 이는 왜 소득 불평등이 대학 졸업자들 사이에서도 가파르게 증가했는지를 설명해주지 못한다.

소유와 탐욕에 대한 사회적 관용이 증가했다는 것 역시 기여 요인일 수는 있겠다. 그러나 1920년대와 1950년대에는 사람들이 소유와 탐욕에 대해 지금과 유사한 태도를 보였는데도 국민 소득의 훨씬 더 적은 부분만 최상위 소득자들에게 돌아갔다. 그리고 확실한 것 한 가지가 있다면, 소득 불평등은 결코 시장의 힘이 약해져서 초래된 것이 아니라는 사실이다. 반대로, 전 지구적·국내적 경쟁이 지금보다 격렬했던 적은 없었다.

승자 독식 시장의 확산

필립 쿡Phillip Cook과 나는 최근에 출간한 책에서 소득 불평등이 최근 급격히 증가한 이유 중 큰 부분이 우리가 "승자 독식 시장winner-take-all-market"이라고 부르는 시장의 중요성이 증대했기 때문이라고 주장했다. 이 시장은 성취*의 조그만 차이가 종종 경제적 보상의 어마어마한 차이를 발생시키는 곳이다.[20] 예능, 스포츠, 예술 시장에서는 이미 오래전부터 익숙했던 현상이 회계, 법, 언론, 컨설팅, 의료, 금융 투자, 기업 경영, 출판, 디자인을 비롯한 많은 전문직 시장에도 점점 침투하고 있다. 최근의 소득 불평등의 급격한 증대를 이해해서 미래의 소득과 소비 패턴을 예측하려면, 승자 독식 시장을 발생시키는 힘들을 간단히 살펴보는 일이 유용하다. (다음에 나오는 내용들은 『승자 독식 사회 The Winner Take All Society』에서 훨씬 더 자세하게 논의된 것들이다. 이 책을 읽은 독자들은 이 장을 생략하고 곧바로 4장으로 건너뛸 수도 있다.)

승자 독식 시장은 부분적으로는 기술이 이 지구상에서 가장 재능 있는 이들의 힘과 도달 범위를 크게 확장했기 때문에 확산되었다. 19세기 말에는 아이오와 주만 해도 1,300곳의 오페라 하우스가 있었고, 수천 명의 테너가 청중 앞에서 직접 공연하며, 많이는 아니라고 해도 어느 정도 적정한 벌이는 했다.[21] 오늘날 우리가 듣는 대부분의 음악은 미리 녹음된 것이지만, 대신 세계에서 가장 뛰어난 테너는 문자 그대로 동시에 모든 곳에 존재할 수 있게 되었다. 그리고 루치아노 파바로티의 마스터 음반을 콤팩트디스크로 한 장 더 찍어내는 일은 그보다는 명성이 덜한 테너의 콤팩트디스크 한 장을 더 찍는 것보다 비용이 더 들지 않기 때문에, 우리들 대부분은 지금 파바로티를 듣고 있다. 우리들 중 수백만 명은, 파바로티와 거의 차이나지 않을 정도로만 덜 잘하거나 덜 알려진 다른 가수가 아니라 바로 그의 노래를 듣기 위해 기꺼이 약간의 돈을 더 낼 의향이 있다. 이것이 바로 파바로티는 매년 수백만 달러를 벌어들이는 반면에, 그와 거의 같은 정도로 재능

---

* (앞쪽) 성취performance '일을 잘하는 정도'의 뜻이다.

있는 대부분의 나머지 테너들은 단지 살아남는 것조차 힘겨운 이유를 설명해준다.

비록 세상이 바뀌어가는 자세한 모습은 분야별로 다르겠지만 이야기의 핵심은 근본적으로 동일하다. 예를 들어 세무 자문 사업은, 예전에는 지역에 있는 소규모 전문가의 배타적인 영역이었다. 그런데 최근 몇 십 년간, 두 가지 서로 유사한 격변의 파도를 겪었다. 첫 번째 파도는, 파트타임의 비전문가에게 단순 반복 작업으로 많은 부분을 위임하는 법을 알아낸 H&R 블록^{H&R Block} 같은 전국 규모의 회계 프랜차이즈의 출현이었다. 그리고 그다음으로, 대중을 위한 세무 소프트웨어가 나왔다. 1인 자영업 세무사의 시대에서 프랜차이즈 시대로의 이동은 꼭대기로의 산업 이익 집중을 가중시켰지만, 그때는 아직 시장이 많은 수의 참여자들에게 괜찮은 벌이를 제공하고 있었다. 이와는 대조적으로 소프트웨어 시대에는, 가장 이해하기 쉽고 사용자 친화적인 소프트웨어를 개발하기 위해 개발자들이 격렬하게 경쟁하고, 시장은 그중 한 줌도 안 되는 승자들만을 선택한다. 그중 가장 눈에 띄는 승자는 인튜이트사의 터보 택스^{TurboTax}와 매킨택스^{MacInTax}다. 이 프로젝트들을 개발한 사람들은 비슷한 능력의 경쟁자들보다 아주 적은 정도로만 일을 더 잘 해낸 것에 불과할 수 있지만, 그 보상의 차이는 극적이었다.

이와 유사하게, 완고한 의뢰인을 대리해서 10,000달러짜리 소송을 진행하던 유능한 변호사는 집단 소송에 걸린 수십억 달러를 두고 벌이는 전투에 참여하는 팀을 이끌고 있다. 작은 회사의 연금 펀드를 관리해주던 유능한 자산 관리자는 이제 전 지구적으로 합병된 신탁 재산을 관리한다. 그리고 인쇄 매체가 수세기 전의 수백만 동네 이야기꾼들을 몇 안 되는 세계 최고의 이야기꾼들로 대체하는 것을 가능하게 했듯이, 전자 뉴스 서비스와 지역 인쇄 시설은, 오늘날 신디케이트를 구성한 적은 수의 칼럼니스트들이 수천 명의 지역 언론인을 대체하는 것을 가능하게 해주었다. 이런 변환들을 관통하는 공통점은 기술의 힘으로 최상위 직업인들이 그들의 시장에서 더 너른 범위의 더 이익이 많은 부분에서 일할 수 있게 되었다는 것이다.

이 모든 시장들에서 상대적인 성취의 조그만 차이가 소득에서 엄청난 차이를 초래한다. 매주 텔레비전 뉴스 패널로 나오고, 기업 초청 강연에 한 번 나가는 데 15만 달러를 받는 유명 칼럼니스트는 지역 신문사에서 그저 그런 월급을 받는 동료들과 거의 차이나지 않을 정도로만 조금 더 재능이 있거나 운이 좋았을 뿐인 경우가 흔하다. 이와 마찬가지로, 소가訴價가 수백만 달러인 소송에서 40퍼센트의 성공 보수금을 긁어모으는 집단 소송 변호사들은, 소가가 수만 달러인 소송을 다루는 변호사들보다 아주 조금만 더 유능한 경우가 흔하다. 그리고 글로벌 신탁 자금을 관리하며 수백만 달러를 버는 자산 관리자는 중소기업의 연금 펀드를 감독하며 품위를 유지할 정도의 대가만을 받는 업계 경쟁자보다 아주 조금만 더 많은 정보를 가지고 있는 것에 불과할 수도 있다.

경제적 보상이 성취 서열performance ranking에 의존하는 것은 물론 새로운 현상이 아니다. 새로운 점은, 최상위 직업인들이 더 넓은 시장에 참여하는 것을 막았던 장벽이 빠르게 침식되고 있다는 사실이다. 음악 산업에서 주된 동력은 숨 막힐 정도로 실제 음질이 같은 녹음 음악의 도래였다. 물리적 생산 기술의 변화는 다른 산업에서도 마찬가지로 중요했지만, 전체 그림의 작은 부분만을 설명할 뿐인 경우가 자주 있다.

많은 경우, 핵심적으로 중요한 변화는 소위 정보 혁명의 출현이었다. 지구촌에서는 각 분야의 최고 선수가 누구냐에 대해 예전에는 존재하지 않았던 시장의 합의가 생겨났고, 이 선수들에게 예전에는 없었던 기회를 창출해주었다. 중서부 지역에서 최고의 냉장고를 만들던 한 회사는 최소한 그 지역의 가전제품 시장에서는 자리를 확고히 보장받은 선수였다. 그러나 오늘날 세심한 소비자들은 점점 더 전 세계에서 몇 안 되는 최고의 제작사들의 가전제품을 구입하고 있다. 이런 통찰을 10년도 전에 했던 GE의 회장인 잭 웰치^{Jack Welch}는 경영진들에게 미국 시장에서 3등 안에 들지 못하는 제품을 생산하는 부문을 팔아치우라고 지시했다. 그리고 그 회사의 이후 실적은, 이 전략의 지혜를 의심할 수 없게 만들었다.

지구적 차원의 자유 계약 시대

최고 직업인들이 수백만 달러의 봉급을 벌기 위해서는, 고용주에게 그에 상응하는 가치를 창출해주는 것만으로는 충분치 않다. 피고용인의 서비스를 두고 벌어지는 고용주들 사이의 효과적인 경쟁도 존재해야 한다. 그러나 많은 시장에서 다양한 공식적·비공식적 규칙들이 그런 경쟁을 막았다.

예를 들어 대부분의 메이저 스포츠 리그에서는, 구단주들이 다른 구단주의 스타 선수를 빼가는 것을 방지하는 제한 협약을 유지했었다. 이 협약들은 1970년대 중반에 처음 도전을 받았으며 오늘날 선수들은 모든 메이저 프로 팀 스포츠에서 적어도 제한된 자유 계약권을 갖게 되었다. 운동선수들의 급여가 폭발적으로 증가하게 된 원인이 바로 이 장벽의 침식이었다.

프로 스포츠 구단주들과는 달리, 기업의 소유주들은 단 한 번도 다른 기업의 가장 재능 있는 직원을 빼가는 것을 금지하는 공식적 제재에 종속되어본 적이 없다. 그러나 비공식적인 규범이 실질적으로 동일한 효과를 내는 일이 흔했다. 이러한 규범하에서는, 기업 경영진은 그 기업의 직원들 중에서 뽑는 것이 거의 보편적인 관행이었다. 이로 인해, 당시에는 최고 경영자들이 지금보다 훨씬 적은 봉급만 받고도 계속 일하도록 만드는 것이 가능했다.

스카우트를 금지하는 기업 규범은 빠르게 침식되었다. 1984년에만 해도 애플 컴퓨터가 청량음료 마케팅 경력이 있는 사람을 새로운 최고 경영자로 고용했을 때, 기업 공동체는 다 같이 눈살을 찌푸렸다. 그러나 그때부터 기업 간 산업 간 경계는 점점 더 허물어지게 되었고, 기업 경영진을 비롯한 전문직들은 오늘날 프로 스포츠의 자유 계약 선수들과 다를 바가 거의 없게 되었다. 그리하여 1993년 4월, 루이스 거스너가 RJR 나비스코^{RJR Nabisco}를 떠나 IBM을 이끌게 되었을 때 아무도 놀라움을 표시하지 않았고, 그 후 IBM의 주가는 5배 이상 뛰었다. 뛰어난 경영진에게 그 수준에 맞는 급여를 주지 않는 기업은 공격적인 경쟁자들에게 그들을 뺏기게 된다. 미국의 선도 기업 중 CEO를 다른 회사에서 데려온 비율은 지난 20년 동안 거의 50퍼센트나 증가하였다.[22] 직원을 승진시켜 경영진으로 삼는 관행을 계속 따라온 기업들 내부에서도, 경영진의 봉급을 공개 시장에서 확립된 급여 수준에 맞추라는 압력이 점점 더 커지고 있다.

CEO는 자유 계약이 점점 더 표준 규범이 되어버린 유일한 예가 아니다. 수십 년 전 대부분의 노동자들은 일단 채용되어 대기업에서 경력을 시작하게 되면, 그들의 임금과 다른 고용 조건이 외부 시장의 우여곡절로부터 상대적으로 차단되리라고 합당하게 기대할 수 있었다. 그러나 최근 이루어진 여러 연구에 의하면, 심지어 제조업 노동자들의 임금조차 외부 노동 시장의 조건에 더 민감해지고 있다고 한다.[23]

확산되는 패턴

미래에 우리는 최근의 소득 불평등 증대가 감소되리라고 기대할 수 있는 것일까, 아니면 현재의 사치 소비 붐을 불러일으키고 있는 추세가 지속되리라고 생각해야 하는 것일까? 기술 측면에서 볼 때, 최고 수준의 성취자들이 더 너른 시장에 참여할 수 있도록 해준 힘은 줄어들 것이라 생각할 아무런 증거가 없다. 정보 혁명으로 고취된 모든 미디어들의 동원에도 불구하고 미국 가정의 대다수는 여전히 인터넷에 연결되어 있지 않다. 지난 십 년 동안 인터넷망이 깔린 가구 수가 두 자릿수 이상의 비율로 증가했음에도 말이다. 전 세계적으로 더 많은 사람들이 인터넷에 접속하게 되면, 재능 있는 생산자들이 멀리 떨어진 시장에 있는 사람들의 자리를 대체할 수 있는 능력은 거침없이 증가하게 된다.*

그러한 증가는 지구적 경쟁에서 남아 있는 얼마 안 되는 장벽을 제거할 것을 약속하는 자유 무역 협정이 계속 확산됨으로 인해 가속화될 것이다. 운송 기술이 계속 개선될 것이기 때문에 장거리를 건너오는 재화의 비용은 계속 하락할 것이다. 이 효과는 파운드당 달러 가치의 계속적인 상승으로 인해 재강화될 것이다. 예를 들어 컴퓨터에 속한 가치의 몫이 증가하는 것은 하드웨어 생산에 쓰이는 재료 때문이 아니라, 소프트웨어와 하드웨어를 운용하는 데 필요한 지적 자본 때문이다.

일부 산업에서는 성공적인 새 공식이 발견되고 증명되었지만, 아직 다른 시장으로 완전히 퍼져나가지 않았다. 예를 들어 스타벅스는 많은 대도시에서 수천의 지역 커피 소매업자들을 대체하였지만, 보더스 서점**도 들어서지 않은 뉴욕 주의 이타카 같은 작은 동네에서는 아직 프랜차이즈 가게를 열지 않았다. 이러한 승리 공식이 계속 확산됨에 따라 소득 차이는 더 커질 것으로 예상된다.

자동차 정비 사업 같은 경우에는, 승리 공식의 확산조차도 나타

---

* 실제로 이 책이 출간된 이후 미국 가정에서 인터넷 사용은 보편화되었고, 소득의 양극화도 더 심해졌으며, 소비 패턴의 추세 역시 지속되었다. 2000년대 이후의 시기까지 포함하여 갈수록 심화되는 미국 사회의 소득 불평등 현상을 다룬 책으로는 폴 크루그먼의 『미래를 말하다』(예상한 외 옮김, 현대경제연구원BOOKS)를 참조하라.

** 보더스 서점Borders Bookstore 국제적인 대규모 서점 체인.

나려면 먼 길을 가야 되는 것처럼 보인다. 자동차 수리는 전통적으로, 홀로 일하면서 모든 것을 다룰 줄 아는 기계공이 처음부터 끝까지 맡는 일이었다. 같은 사람이 문제를 진단하고, 부속을 빼고, 새로운 부속을 차에 장착했다. 이 업무 모델은, 고도로 숙련되고 경험이 많은 기계공이 정교한 전자 장비를 사용해서 무엇을 고쳐야 할지를 진단한 후 전통적인 자동차 기계공에 비해서는 상대적으로 미숙련인 전문 조수에게 할 일을 할당해주는 시스템에 점점 길을 내주게 될 것이다. 한 조수는 결함이 있는 부속을 제거하는 일만 한다. 다른 조수는 재고 창고에서 대체 부속을 가져온다. 다른 조수는 새로운 부속을 볼트로 조여 끼워 넣는다. 그리고 또 다른 조수들은 각각 엔진 오일이나 냉각수 교환, 운전대 교환을 비롯한 단순 수리 작업 각각에서 전문화할 것이다. 전통적인 차 수리 사업이 이 새 모델로 계속 대체되어감에 따라 이 산업 분야의 소득 분배는 세무 산업에서 본 것과 같은 경로를 따라 변화하여 소비 패턴에 유사한 영향을 끼치게 될 것이다.

더 극적인 변화의 잠재력을 안고 있는 산업은 온라인 소매업이다. 투자자들은 아마존 닷컴 같은 회사가 출판사로부터 소비자에게 책이 전달되는 방법을 완전히 바꿀 것이라는 쪽으로 내기를 크게 걸었다. 많은 유사한 노력들이 다른 산업에도 이미 벌어지고 있으며, 그 각각은 소규모 소매업자 다수를 쓸어버릴 잠재력을 갖고 있다. 쟁점은 이 변화들이 소득 분배의 비대칭성을 더 심화시킬 것인가가 아니라, 얼마나 심화시킬 것인가이다.

그러나 그중 아마도 가장 큰 변화는 최고 성취자의 고용에 대한 경쟁을 제약했던 장벽이 계속 붕괴되리라는 점이다. 예를 들어 경영

재능에 관한 시장에서 미국은 이 장벽이 대부분 사라졌지만 다른 많은 산업 국가에서는 여전히 견고하게 존재한다. 이는 독일과 일본의 최고 경영자들이 미국의 경영자들만큼이나 생산적이면서 왜 이들보다 상당히 적은 급여만을 받고 있는지를 설명해준다. 연봉 컨설턴트 그래프 크리스털Graef Crystal의 측정에 따르면, 독일과 일본의 CEO들은 노동자 급여의 100배가 아니라 25배 이하로만 벌고 있다.[24] 그런 나라들에서도 기업 내 승진을 통해 경영진을 뽑는 규범이 무한정 지배적인 관행으로 남아 있을 것이라 기대할 아무런 이유가 없다. 우리는 단일한 전 지구적 시장 경제를 향해 거침없이 이동하고 있으며, 혼다와 포드 경영진의 급여는 점점 수렴될 것이다. 미국의 패턴은 이미 영국에 퍼졌다. 영국에서는 1977년에는 상위 20퍼센트의 부자들이 하위 20퍼센트 빈자의 4배를 벌었는데, 이 수치는 현재 7배로 증가하였다.[25] 그리고 실질 소득을 기준으로 했을 때 영국의 가장 가난한 10분위는 1979년보다 13퍼센트나 나빠진 반면, 가장 부유한 10분위는 65퍼센트나 더 나아졌다.[26] 임금이 가장 높은 남성과 임금이 가장 낮은 남성 사이의 간극은 임금 통계가 처음으로 체계적으로 수집되었던 1880년대 이래로 오늘날 그 어느 때보다 많이 벌어져 있다.[27]

그러나 영국에서는 최근 소득 불평등 증대에도 불구하고, 소득 분배는 여전히 미국보다 상당히 평등주의적이다. 그리고 심지어 이런 나라들 내부에서조차 소득 불평등이 더 증대될 상당한 여지가 있다. 예를 들어 워싱턴 DC의 연구 그룹인 예산과 정책 우선순위 연구소Center on Budget and Policy Priorities의 1997년 연구에 따르면, 1996년 전국 상위 20퍼센트는 하위 20퍼센트보다 전국 평균 13배 미만을 번 데 비해, 소득 양극화의 선두주자인 뉴욕 주에서는 상위 20퍼센트는 하위 20퍼센트보다 20배나 많은 돈을 집으로 가져갔다.[28] (이 통계들은 뉴요커들의 상당한 규모의 자본 소득은 포함하지도 않은 것이다.) 평등주의적인 유타 주의 비율은 거의 영국과 같은 7배를 약간 넘는 수치에 불과했다.[29]

요컨대 미국과 영국에서 퍼져나가고 있는 시장의 힘은 계속 확산될 것이며, 꼭대기 근처에 있는 사람들이 채 가는 파이의 몫은 사다리훨씬 아래쪽에 있는 사람들이 지금의 생활 수준이라도 유지하기 위해 고군분투하는 바로 그 순간에도 계속 급격히 증가될 가능성이 높다. 그리고 소득 불균등의 지속적인 증대와 함께, 우리는 세계 자원의 점점 더 많은 부분이 사치재 소비에 쓰이는 것을 보게 될 것이다.

이게 문제인가? 많은 이들은, 사람들이 열심히 일하고 규칙을 준수하기만 한다면 자신들의 돈을 원하는 대로 쓰지 못할 이유가 무엇인가라고 반문한다. 나의 주장이 현재의 사치 소비 붐이 그 자체로 나쁘다는 이야기가 아니었다는 점을 서둘러 강조하고 싶다. 이 붐 덕택에 만들어진 세련된 제품들 중에서는 감탄할 만한 것들이 많이 있고, 역사적 패턴이 반복된다면 이 제품들에 구현된 새 기술들 중 많은 부분이 중위 또는 하위 소득 가구가 소비하는 재화와 서비스에도 사용될 것이다.

그러나 사치스러운 재화와 서비스의 생산에는 우리가 다른 곳에 사용할 수 있는 자원이 든다. 결국 이것은 균형을 잡는 문제다. 우리가 뒤로 물러서서, 우리의 돈을 갖고 살 수 있는 모든 것들을 고려해볼 때, 우리의 소비 패턴에 벌어지고 있는 변화가 개선改善을 의미한다고 말할 수 있을까? 우리는 지금보다 더 많은 것을 쉽게 가질 수 있는 것일까, 아니면 제품의 대가를 치르기 위해 중요한 것을 포기해야만 하는 것일까? 이제 이 질문들을 살펴보기로 하자.

—

4장

사치의 대가

LUXURY
FEVER

홍청망청 소비하게 된 것은 부자들만이 아니다. 중위 및 하위 소득자들도 점점 더 많이 소비해왔다. 이 변화의 주요한 동인은 슈퍼리치들의 높아진 소비 수준이었지만, 그들의 더 높은 소비 수준을 그들과 재력이 엇비슷한 부자들이 모방하면서 새로운 표준이 되었고, 이런 양상이 소득 사다리를 타고 아래로 계속 이어졌다. 그러나 비록 중위와 하위 소득 가구들의 소비량은 근래보다 훨씬 더 늘었음에도 불구하고, 이들의 소득은 증가하지 않았다. 미국의 중위 소득자는 본질적으로 1979년과 동일한 실질 소득을 올리고 있다. 그리고 소득 분배에서 하위 20퍼센트는 같은 기간 동안 실제로 10퍼센트나 소득이 줄어들었다. 그러므로 이 소비자들은 저축을 줄이거나 빚을 늘려서 돈을 댈 수밖에 없다. 미국의 개인 저축률은 1980년 이래로 40퍼센트나 하락하여 지금 대략 5퍼센트에 불과하다.[1]

급증하는 소비자 채무

소득 분배에서 하위에 속하는 미국인들은 처음부터 저축할 돈 자체가 많았던 적이 한 번도 없다. 그래서 이 사람들 대부분에게는, 소비에 추가적인 돈을 쓴다는 것은 그만큼 빚을 더 진다는 것을 의미한다. 카드 빚의 갑작스런 증가는 연간 소득이 25,000달러 미만인 사람들에게 벌어졌다.[2] DRI/맥그로힐DRI/McGrwa-Hill사의 연구 책임자인 데이비드 위스에 따르면, 10,000달러 이하의 소득 가구의 27퍼센트는 현재 소득의 40퍼센트가 넘는 카드 빚을 지고 있다. 50,000달러 이상을 버는 가구의 경우에는 5퍼센트만이 그 정도의 신용 카드 빚을 지고 있다.[3]

카드 빚이 가구 가처분 소득에서 차지하는 비율은 1989년 이래 대략 60퍼센트 정도에 달하고 있다.[4] 총 가계 부채는 1983년 개인 가처분 소득의 56퍼센트에서 1995년 초 81퍼센트로 증가했다. 1995년 주택 모기지 채무는 3조 1,500억 달러에 달했고, 소비자 분할 지급 대출*은 9천억 달러가 넘었다.[5] 그것은 통상적인 카드 이자율로 쳐서, 1년에 이자만 1천억 달러가 나가는 액수다.

이 증가한 소비자 채무는 은행 신용 공여의 확산으로 촉진되었다. 은행들은 1995년에 27억 개의 사전 승인된 신용 카드를 발급했다. 1995년 당시 18세에서 64세 사이의 모든 미국인에게 일인당 평균 17개의 신용 카드가 돌아갔다는 이야기다.[6] 『기네스북The Guinness Book of World Records』에 실린, 캘리포니아에 사는 중년 남성 월터 카바노프는 1995년에 유효한 신용 카드를 1,262개 가지고 있었다. 카바노프의 1995년 총 여신 한도액은 160만 달러였는데, 오직 한 군데에서만 신용 카드 발급을 거절당했을 뿐이다.[7]

---

* 소비자 분할 지급 대출Consumer Installment Credit 분할 지급 대출은 대출 기간에 고정 이자율을 적용하여 정기 분납으로 상환하는 대출인데, 소비자 분할 지급 대출에는 부동산 담보 대출, 자동차 구입 대출, 농민 대출 등이 포함되며 개인 소비의 동향을 파악하는 데 사용된다.

실제로 카드 발급 은행들은, 소비자들에게 빚을 떠안으라고 적극적으로 부추겼다. 나에게 신용 카드를 발급해준 회사는 매달 보내는 청구서에, 내가 신용 전력이 매우 좋기 때문에 "지급 유예"를 자유롭게 할 수 있다고 활기찬 어조로 써놓곤 했다. (다른 말로 하면 내가 17퍼센트의 이자를 내는 쪽을 자유롭게 선택할 수 있다는 말이다.) 다른 카드 회사는, 내가 신용 카드 대금을 다 지불하지 못하는 달마다 비행기 상용 이용자에게 주는 마일리지를 세 배로 늘려준다고 약속했다. 제너럴 일렉트릭GE은 현재, GE 리워드 마스터카드의 대금을 제때 다 갚으면 매년 25달러의 벌금을 물리고 있다.[8]

이런 움직임을 만들어내는 인센티브는 명확하다. 신용 카드 회사들이 4~5퍼센트의 이자율에 돈을 빌린 다음 카드 이용자에게 신용 대출을 해주면 17퍼센트 이상의 이자를 붙인다. 이런 가산 금리* 덕에 카드사는 1996년에만 125억 달러의 수익을 충분히 올릴 수 있었다.[9]

신용 카드 한도 때문에 여름휴가비를 쓸 수가 없는 사람들을 위해 신용 은행 MBNA는 현재 프린세스 크루즈**와 합작 투자하여 소비자들이 7일 동안 6개의 섬을 구경하고 그 대금을 무려 4년 동안 분할 납부할 수 있는 여행 상품을 내놓았다.[10] 그리고 중고차 대여 회사

---

* 가산 금리spread 스프레드spread는 원래 국제 금융 거래의 기준이 되는 '런던 은행 간 금리LIBOR'와 실제 금리의 차이를 뜻하는 용어다. 융자 계약에서 카드사가 4퍼센트의 금리로 돈을 빌려와 이용자에게 17퍼센트로 대출해주면 그 차이인 13퍼센트가 카드사의 수수료, 즉 가산 금리가 된다.
** 프린세스 크루즈Princess Cruise 유람선, 여객선 전문 업체.

인 제이호크 어셉턴스^{Jayhawk Acceptance}는 최근 사업을 다변화하여 유방 확대 수술을 비롯한 여러 성형 수술의 할부 판매 상품을 내놓고 있다.[11] 그 프로그램은 인기가 좋았고, 1997년 초 제이호크 어셉턴스는 매달 300명의 외과 의사들이 새로 그 프로그램에 영입되고 있다고 전했다.[12] 캔자스 주 미션 시의 메드캐쉬LP^{MedCashLP}는 이와 유사한 기획에 따라 성형 수술 선택 신용 카드를 35,000명의 잠재적 환자들에게 발급했다. 메드캐쉬 카드는 거의 22퍼센트에 달하는 이자율로 15,000달러까지 빚을 질 수 있도록 여신 한도를 늘렸다.[13]

이러한 신용 공여 때문에 많은 소비자들이 감당할 수 있는 범위를 넘어서 많은 돈을 쓰게 된다는 사실을 뒷받침하는, 일화적인 증거와 체계적인 증거 모두 광범위하게 존재한다. 90일 이상 연체된 신용 카드 채무액은 1994년에서 1996년 사이에 거의 2배로 뛰었다.[14] 신용 카드 연체율^{delinquency rate}은 1994년에서 1995년 사이에 44퍼센트 증가했다.[15] 익명의 채무자 그룹*은 샌프란시스코의 베이 지역^{Bay Area}에서만 일주일에 45개의 모임을 열고 있다.[16] 그리고 최근 『월 스트리트 저널^{Wall Street Journal}』이 실시한 여론 조사는 오늘날 응답자의 26퍼센트가 봉급을 타서 카드 대금을 치르기에 급급하다는 대답을 했다고 보도했는데, 이는 1989년의 20퍼센트에서 증가한 수치다.[17]

한 개인적 사례는 그 문제의 특징을 보여준다. 데버러 그로스는

---

* 익명의 **채무자 그룹**^{Debtor Anonymous Groups}　감당할 수 없는 빚을 지는 습성이 있는 사람들을 위한 12단계로 이루어진 치료. 재정 운용과 소비 습관의 개선을 꾀하는 그룹 치료다.

포트워스에서 일하는 26살의 비서인데, 1994년 한 장의 계약서에 서명을 했다. 그 계약서를 통해 그녀의 채권자는 연체된 카드 빚 4,500달러를 무이자의 월별 납부 채무로 새로 바꾸어주었다. 그 뒤 그녀는 1996년에 인공 유방 확대술을 위하여 제이호크 어셉턴스에서 새로 신용을 끌어 썼고, 이 채무 역시 매달 145달러의 할부 채무로 조정되었다. "너무 좋아서 믿을 수가 없었어요." 하고 그녀는 말했다. "삼사 년 지나서 제가 또 다른 걸 하고 싶을 때 그들이 또 신용 승인을 해주면 좋겠어요."[18]

파산 붐

뉴욕 주 시러큐스 시의 교사인 다이앤 커랜은 신용 카드 12개의 대금과 다른 대출로 진 빚이 27,482달러나 쌓였다. 월별 납부 금액이 그녀의 한 달 소득과 같아졌음에도 그녀에겐 계속 대출 권유가 쏟아졌다. 그녀는 새로 발급받은 신용 카드로 대출을 받아 기존 신용 카드의 대금을 납부하는 일이 자주 있었다. 새 신용 카드를 더 이상 발부받을 수 없게 되자 그녀는 마침내 파산 신청을 할 수밖에 없었다. "저는 10년 전에 누가 저를 멈춰주었더라면 하고 바라요." 그녀는 한탄하며 말했다.[19]

방금 파산 절차에서 빠져나온 사람들도 새 신용 카드를 발급받는 데에 아무런 어려움을 겪지 않는 일이 흔하다. 『월 스트리트 저널』의 최근 기사는 한 전직 주식 중개인을 다루고 있는데, 그는 "MBNA 신용 카드 한 장에 딸린 카드 빚 25,000달러를 포함하여 총 90,000달러의 채무를 지고 난 뒤 1992년에 파산을 선고받았다. 그는 지금 자동차 영업 사원으로 일하며 일 년에 100,000달러를 버는데, 125,000달러의 모기지 채무를 부담하고 있으며 총 여신 한도 15,000달러의 신용 카드 15개를 쓰고 있다."[20]

개인 파산 신청은 1994년에서 1995년 사이에 23퍼센트 증가했다.[21] 1996년에만 110만 명 이상의 미국인들이 파산을 신청했다. 이 수치는 그때까지 가장 높은 것이었으며, 1986년의 두 배였다. 이는 1996년에 미국 가구 중 백의 하나가 파산 절차를 거쳤음을 의미한다.[22] 파산 신청 건수는 1997년에 다시 더 증가해서 110만 건을 기록하였는데, 이는 70가구 중 하나에 해당한다.[23]

파산은, 예전에는 주로 한때 부자였다가 사업 투자로 큰 손실을 본 사람들이나 하는 것으로 여겨졌다. 그러나 파산을 신청한 사람들의 평균 소득 수준은 꾸준히 떨어지고 있다.[24] 13개 시의 개인 파산에 대한 연구에서 미국소비자연맹Consumer Federation of America은 파산법 7장* 에 따른 파산 신청자들의 세후 소득이 1996년에는 평균 신용 카드 채무액인 17,544달러보다 아주 약간 더 많은 평균 19,800달러에 불과했다고 보고했다.[25]

---

* 파산법 7장Chapter 7 Bankruptcy 파산법 11장에 따른 파산 절차는 그 실질이 회생 절차로 한국의 법정 관리 제도와 유사한 것이고, 파산법 7장에 따른 파산 절차는 회생의 가망이 없어서 아예 남은 자산을 당장 모두 청산하는 방식이다.

더 늘어난 노동 시간

우리의 소비 증가는, 저축을 더 적게 하고 빚을 더 많이 져서 이룬 것일 뿐 아니라, 우리가 가치 있게 여기는 다른 많은 것들을 희생한 결과이기도 하다. 노동 생산성이 꾸준히 증가하면 노동 시간이 짧아진다는 것이, 종래 역사에 따른 추정historical presumption이었다. 그리고 적어도 1950년대 이전 시대에는 실제로 그런 패턴이 나타났다.[26] 그러나 이 패턴은 계속되지 않았다. 1970년에 출간된 책 『괴롭힘 당하는 유한계급The Harried Leisure』에서, 스테판 린더Staffan Linder는 처음으로, 풍족해질수록 우리에게 더 많은 시간이 필요해진다는 패러독스를 환기시켰다. "생활의 템포가 점점 더 정신없이 빨라질 것이다."라고 그는 예측하며 "이 생활은 점점 더 희소해지는 시간을 경제적으로 쓰려는 주의 깊은 시도로 점철될 것이다."라고 말했다.[27]

린더의 돈에 관한 예측은 옳았다. 경제학자 줄리엣 쇼어Juliet Schor가 『과로하는 미국The Overworked America』에서 논했듯이, 주간 노동 시간의 궤적은 2차 세계 대전 이후 짧은 기간 동안만 감소하는 추세를 보이다가, 1960년대 말 이후부터는 다시 꾸준히 상승하는 추세를 보였다. 쇼어의 측정치에 따르면, 남성과 여성 모두 주간 노동 시간이 실질적으로 증가하였는데, 특히 여성은 1969년보다 1987년에 평균 22퍼센트를 더 일했다고 한다.[28]

쇼어의 연구 결과는 『삶을 위한 시간Time for Life』이라는 책에서 도전받았다. 여가 시간 분석가인 존 로빈슨John Robinson과 제프리 갓비Geoffrey Godbey는 1997년 출간한 이 책에서 쇼어의 연구를 광범위하게 논했다. 응답자에게 매주 또는 매달 얼마나 일했는가를 묻는 정부의 대규모 조사 결과에 의존하는 대신, 로빈슨과 갓비는 더 적은 수의 조사 대상자들을 상대로 매일매일 자세한 시간 연구 일기를 쓰게 해서 이를 활용했다. 이 일기에서 뽑아낸 자료에 기초해서 저자들은 미국인들이 실제로 20년 전보다 1985년에 조금 더 적은 시간을 일하고 있다고 주장했다. 부분적으로는 1985년의 조사 대상자들이 1965년의 대상자들보다 통상적인 근무 시간에 사적인 전화를 하거나 개인적인 볼일을 보는 경우가 많아졌기 때문이라고 그들은 설명한다.

로빈슨과 갓비의 연구도 많은 비판을 받았다. 예를 들어 쇼어는 그들의 자료가 그런 결론을 내게 된 까닭은, 그들의 기준 연도 표본이 모집단을 대표하지 못하는, 근무 시간이 긴 사람들을 많이 포함하고 있었기 때문이라고 지적한다. 쇼어는 그래서, 그 시간 일기는 모집단을 대표할 수 있는 표본이 채택된 1975년 이후에는 노동 시간의 감소를 전혀 보여주지 못한다고 설명한다.[29] 비슷한 맥락에서 데일 도튼 Dale Dauten은 애초에 시간 일기를 채워 넣을 충분한 시간이 있는 사람들의 행동에서 일반화된 결론을 이끌어내는 방법이 현명하냐고 묻는다. "그 교수들은 32퍼센트의 응답자들이 작년에 자수刺繡를 했다고 보고하는 한 조사를 인용합니다. 미국 남녀 세 명 중 한 명이 자수를 했단 말인가요? 이봐요, 자수와 관련된 케이블 채널조차 없단 말이요."[30]

노동에 쓰는 시간이 약간 감소했다고 주장하기는 해도, 갓비와 로빈슨은 오늘날 사람들이 과거보다 훨씬 더 시간의 압박을 받고 있다는 사실에는 동의를 한다. 그들은 또한 대부분의 사람들이 직장에서 보내는 시간이 1965년보다 늘어났다는 사실에도 동의하며 몇몇 중요한 범주 —— 교육 수준이 높고 고소득을 올리며 가족이 있는 노동자들 —— 의 경우 실 노동 시간 자체가 늘어났다는 점에도 동의한다. 후자의 사실은, 전문직과 경영직 중 극단적으로 긴 시간(주당 49시간 이상) 을 일하는 사람들의 비율이 1985년 이래로 37퍼센트 증가하였음을 보여주는 노동통계국Bureau of Labor Statistic의 자료와도 일치한다.[31]

비록 갓비와 로빈슨이 쇼어의 연구 결과에 도전한 유일한 인물은 아니지만,[32] 우리가 직장에서 더 많은 시간을 보내고 있다는 점은, 다른 다양한 자료들에 의해서도 뒷받침된다. 예를 들어 경제학자 폴 월리치Paul Wallich는 『사이언티픽 아메리칸Scientific American』에서 미국인의 여가 시간이 전후 시대에 생산성의 2배 증가에도 불구하고 꾸준히 감소했다고 보고하였다.[33] 1992년에 사회학자 로버트 우스나우Robert Wuthnow가 실시한 조사에서는 응답자의 66퍼센트가 5년 전보다 더 긴 시간 일한다고 답했다.[34] 1991년의 루이스 해리스 조사Louis Harris Survey 중 하나는, 미국인이 1973년보다 주당 거의 8시간을 더 일하고, 여가에 쓸 수 있는 시간은 37퍼센트 감소했다고 밝혔다.[35] 최근 한 갤럽 조사는 39퍼센트의 응답자들이 주당 45시간 이상 일하며, 8명 중 한 명은 60시간 이상 일한다고 밝혔다.[36] 그리고 노동통계국의 자료에 따르면, 오늘날 여성은 1976년보다 연간 233시간을, 남성은 연간 100시간을 더 일한다고 한다.[37]

실제 노동하는 데 쓰인 시간의 추세에 대한 논쟁은 의심할 여지 없이 계속 가열되겠지만, 현재 우리의 논의를 위해 더 중요한 쟁점인, 직장에서 보내는 시간이 더 늘어나고 있다는 점에 대해서는 광범위한 합의가 존재한다. 그리하여, 『월 스트리트 저널』의 가정과 일 관련 문제 전문 기고자 수 슈넬렌바거 Sue Schnellenbarger는 그 논쟁을 다음과 같이 요약하였다. "당신이 직장에서 보낸 모든 시간이 (가정과 공동체 생활에 일이 미치는 영향과 관련해서 더 중요한 측정치이기 때문에) '일'로 취급되어야 한다고 생각한다면, 쇼어 진영은 아마 당신 편이라고 할 수 있다."[38] 이 책의 나머지 내용 중 많은 부분에서 가정과 공동체에 일이 미치는 영향이야말로 우리의 초점이 될 것이기 때문에, 나는 이 견해를 취할 것이다. 비록 나의 실질적인 결론이 그 견해에 결정적으로 의존하는 바는 없지만 말이다.

직장에서 보내는 시간과 일 외의 다른 활동의 증가로 인해 잠자는 시간이 점점 줄어들고 있다는 사실을 연구 조사자들이 보고하는 것은 놀라운 일이 아니다.[39] 한 전국 여론 조사에서 10명 중 4명의 응답자들이 하루 자는 시간이 6시간 미만이라고 답했다.[40] 계속 바쁘게 지내는 것은 물론 좋은 일이긴 하지만, 만성적인 수면 부족은 많은 심각한 질병을 일으키는 요인이 된다는 신경 쓰이는 증거들이 있다.[41] 그리고 한 측정치에 따르면, 매년 대략 1,500명의 사망을 수반하는 약 10만 건의 교통사고가 운전대를 잡고 잠이 드는 운전자들 때문에 발생한다고 한다.[42]

가정과 일 연구소 Families and Work Institute에서 실시한 1996년 조사에 따르면, 노동자 중 40퍼센트가 노동 시간이 늘어남에 따라 개인적인 용건을 처리할 수 없다고 느낀다. 35퍼센트는 개인 시간이 부족하다는 불만을 말했고, 24퍼센트는 아이들과 함께할 시간이 없다고 불평했다.[43] 사회학자 알리 호스차일드 Arlie Hochschild가 최근에 낸 책 『시간

속박^{The Time Bind}』에 실린 사례 연구는 이런 추세를 생생하게 보여준다.⁴⁴ 비록 호스차일드가 많은 사람들이 가정에서 겪는 스트레스에서 벗어나기 위해 더 긴 노동 시간을 택하는 것처럼 보인다고 말하기는 했지만, 많은 사람들이 직장에서 더 오랜 시간 붙어 있게 되어 기분이 좋지 않다는 점을 보여주는 증거도 있다. 예를 들어 한 전국 여론 조사에서 응답자의 77퍼센트가 자신이 일중독자가 된 건 아닌지 걱정했다.⁴⁵

미국 노동자들이 유급 휴가 하루를 얻기 위해 일해야 하는 시간도 늘어났다. 예를 들어 보스턴에 있는 리서치 회사인 프리마크 디시즌 이코노믹스^{Primark Decision Economics}가 측정한 바에 따르면, 미국 노동자들은 1987년에는 22.4일을 일하면 유급 휴가 하루를 받던 데 비해, 1996년에는 23.9일을 일해야 유급 휴가 하루를 받는다.⁴⁶ 최근에 휴잇 어소시에이트^{Hewitt Associates}가 보고한 연구에 따르면, 미국에서 평균적인 신입 사원이 받는 연차 휴가는 10일로, 13개 산업 국가의 표본에서 꼴찌를 차지했다. 13개 국가 중 10곳은 초임 노동자에게 유급 휴가를 20일 줬으며, 오스트리아는 30일을 줬다.⁴⁷ 거기다가, 유럽 국가들이 일반적으로 미국보다 공휴일이 더 많다는 점까지 감안하면 차이는 더 벌어진다.

미국 노동자들이 노동 시간을 좀 더 줄일 수 있다는 징표들이 있다. 최근 갤럽이 회계원을 대상으로 실시한 전화 여론 조사에서, 25퍼센트의 노동자들이 거의 매일 상당한 스트레스를 경험한다고 말했으며, 12퍼센트 미만의 노동자들만이 직장 일에 그런 스트레스가 없는 편이라고 답했다.⁴⁸

노동자들이 겪는 스트레스가 주는 영향을 회사도 염려하고 있음은 분명하다. 그리하여 거의 40퍼센트에 달하는 고용주들이 최근 조사에서 노동자들의 스트레스 관리에 도움을 주고 있다고 밝혔는데, 이는 1985년보다 27퍼센트 증가한 수치다.[49] 그러나 그 스트레스 중 많은 부분이 바로 회사가 제공하는 노동 환경인 것 같다. 국제조사연구회사International Survey Research Corporation의 연구는 1998년에는 22퍼센트의 노동자가 해고를 자주 걱정한다고 답한 반면, 1995년에는 46퍼센트가 그런다고 답했다. 같은 연구는, 1988년에는 73퍼센트가 일을 잘하면 직장이 안정적이라고 느낀다고 한 데 비해, 1995년에는 반만 그렇게 느낀다고 했다. 그리고 44퍼센트의 노동자는 1995년에 작업량이 과도하다고 느꼈는데, 이는 1988년에 비해 37퍼센트 증가한 것이었다.[50] 또한 다른 조사는 직장과 가정의 요구에 균형을 맞추는 것이 남성의 74퍼센트, 여성의 78퍼센트에게 주된 압박감의 원천이 된다고 전했다.[51]

스트레스의 새로운 원인 중 다른 하나는, 작업장이 훨씬 좁아지고 있다는 것이다. 10년 전만 해도 새로 건축된 사무실 건물은 (건물의 로비, 복도, 휴게실의 1인당 몫을 포함하여) 노동자 1인당 약 23제곱미터의 공간을 제공해주었던 반면, 오늘날 1인당 공간은 약 18.4제곱미터에 지나지 않는다. 그리고 빠르게 증가하고 있는 부문인 텔레마케팅 노동자와 고객 상담원은 대체로 9.2제곱미터 이하의 공간에서 일해야 한다.[52] 어떤 지역에서는, 조건이 더 열악해서 그보다 더 좁고 붐비기도 한다. "말 그대로 사람들을 5.5~6.4제곱미터에 밀어 넣는 거죠."라고 전국적 규모의 부동산 회사 그룹의 회장인 패트릭 몰트럽

Patrick Moultrup이 불평했다. 이러한 공간 축소는 보통 개인 사무실을 없애고 대신 공간을 절약하는 큐비클*에 노동자들을 집어넣음으로써 달성된다.[53]

좁은 작업 공간과 함께, 미국 노동자들은 주차할 곳도 줄어들고 주차 공간도 좁아지고 있다. 샤론 더넘은 AT&T사의 인디애나폴리스 교외 사무실의 관리자인데, 자신은 주차 공간을 따로 할당받았기 때문에 출근해서 주차하는 일에 어려움이 없었다. 그러나 그녀는 최근 주차 공간을 할당받지 못한 동료 직원 한 명과 점심을 먹으러 나갔다가 비로소 사람들이 출근해서 매일같이 겪는 스트레스를 경험하게 되었다. "주차할 자리를 찾아 AT&T의 주차장을 뱅글뱅글 돌면 돌수록 12층짜리 오피스 빌딩은 점점 멀어졌다. '주차를 영영 못할 것 같았어요.' 하고 그녀는 불평했다. 점심시간에 밖으로 나가는 모험을 하는 것은 '주차 공간을 찾느라 점심시간의 대부분을 쓸 수 있는' 길임을 그녀는 알게 되었다."[54]

그런 상황은 점점 더 흔한 것이 되고 있다. 한 판매 대리인은 불평한다. "주차장이 어디나 초만원이에요. 고객을 만나러 갈 때면 주차 공간을 찾는 데만도 10분이 걸려요."[55] 일부 회사들은 추가로 주차 공간을 만들기 위해 주차 공간의 표시선을 바짝 붙여 새로 긋는 방식으로 대응했다.[56] 이렇게 하면 확실히 적어도 당분간은 주차 공간을 찾기가 더 쉽겠지만, 다른 유형의 스트레스를 가져올 수밖에 없다.

---

* 큐비클cubicle 큰 방 한쪽을 칸막이로 둘러쳐서 만든 좁은 방.

공공 영역의 희생

경제학자들은 공짜 점심은 없다는 말에 결코 싫증을 내는 법이 없다. 더 크고 정교한 소비재의 값을 지불하기 위해 우리는 다른 것들에 더 적은 자원만을 쓸 수밖에 없다. 방금 살펴본 이런 많은 사례들은 재화들 사이의 맞교환 관계*에 관한 것이었다. 예를 들어, 더 호화스러운 차를 사면, 직장에서 더 많은 시간을 보내고, 가족이나 친구들과는 더 적은 시간을 보내야 하는 비용을 치른다.

사치재 구입 비용에는 공공 영역 지출 삭감도 포함한다. 노인을 위한 의료와 소득 이전에 쓰이는 공공 지출이 높은 비율로 증가하는 부분을 제외하면, 지난 20년은 모든 종류의 공적 재화와 서비스가 전반적으로 축소되는 시기였다. 감축된 프로그램들 중 일부는 아마도, 처음부터 실시되지 말았어야 하는 것들도 있었을 것이다. 그러나 많은 수는, 돈 값에 상응하는 가치를 창출하는 프로그램들이었다.

정부 프로그램이 축소되려면 타당한 이유에 근거해야 한다. 즉, 가격표에 상응하는 가치를 생산하지 못한다는 이유에 근거해야 한다. 물론 그런 정부 프로그램이 많이 있다. 바로 떠오르는 예는 담배 재배업자들에게 지급되는 보조금이다. 그러나 정부에 대한 가장 확고한 비판자들도 동의하듯이, 다른 많은 프로그램들은 그 비용을 훨씬 초과하는 혜택을 준다. 그러나 오늘날 불모지가 되어버린 정치 담론에

---

* **맞교환 관계**trade-off 두 종류의 가치나 재화 사이에서 어느 하나를 많이 가지기 위해서는 다른 하나를 줄여야 하는 관계. 상충 관계라고도 한다.

서는 이 비용-편익 논의는 의제가 되는 일조차 드물다.

　　우리가 어떤 방법을 통해 계속 증가하고 있던 사치재 지출 비율을 줄일 수 있게 되었다고 해보자. 그렇게 아낀 돈을 공공 영역에서 가치 있게 쓸 용도가 있을까? 다음이 그 예 가운데 일부다.

깨끗한 식수

대부분의 미국인들은 지방 자치 단체의 상수도 시스템에서 물을 받아서 쓴다. 그런데 이들 중 많은 수가 20세기 초에 건설되었다. 이 시스템의 도관은 주철로 된 관에 땜납으로 이음매가 되어 있는 것이 보통이었다. 회주철 gray cast iron 은 보통 0.4에서 0.6퍼센트의 망간을 함유하며, 도관이 오래되고 녹슬어감에 따라 납, 망간을 비롯한 독성 금속 물질이 우리가 마시는 물에 침출된다. 뉴잉글랜드* 수도국 국장은 최근의 수도 시스템 보수 운영 repair operation 을 다음과 같이 묘사했다. "우리가 배수탑 standpipe 을 뜯어보면 푸딩과 같은 농도의 76센티미터짜리 물질이 들어차 있는 걸 봐요."[57] 한 측정치에 따르면, 약 4,500만 명의 미국인들이 잠재적 위험성이 있는 독성 금속과 살충제, 기생충이 들어 있는 수도 시스템을 사용하고 있다.[58]

　　어린이들은 특히 납에 민감한데, 납은 행동 장애나 학습 장애, 청력 상실, 성장 장애를 가져오는 뇌 손상을 불러일으킨다. 체내에 쌓인

---

* 뉴잉글랜드　미국 북동부 대서양 연안에 있는 지역으로 메인, 뉴햄프셔, 버몬트, 매사추세츠, 코네티컷, 로드아일랜드 등 6개 주에 걸쳐 있다.

고농도의 납은 심각한 증상을 일으키지만, 심지어 아무런 증상을 보이지 않는 어린이들에게도 잠재적인 손상을 입힌다. 그리하여 그러한 아이들을 대상으로 한 대규모 표본의 경우, 체내 납 농도가 상대적으로 높은 아이들이 상대적으로 낮은 아이들보다 표준 IQ 점수가 5점이나 떨어진다는 사실이 밝혀졌다.[59] 다른 연구는, 킬레이트 시약試藥으로 어린이들의 납 중독 수준을 낮추면 3명 중 2명은 IQ가 상당히 높아진다는 사실을 발견했다.[60] 미국 환경보호청EPA: Environmental Protection Agency에 따르면, 미국 어린이 170만 명의 혈액에 위험한 수준의 납이 쌓여 있다고 한다.[61]

어린이가 섭취하는 납 중 50퍼센트를 흡수하는 데 비해 성인은 8퍼센트만 체내로 흡수하지만, 납에 노출되는 것은 성인에게도 심각한 건강상 문제를 일으킨다.[62] 여기에는 불임, 고혈압, 근육통과 관절통, 소화 질환과 신경 질환, 기억 상실, 집중력 장애가 포함된다.[63] 성인의 납 노출lead exposure은 충동 조절 장애와 폭력적 행동과도 연결되어 있다.[64]

납의 독성이 갖는 효과에 대한 연구와 비교해볼 때, 망간에 대한 연구는 아직 널리 이루어지지 않은 편이다. 그러나 망간에 강하게 노출되면, 중추 신경계를 손상시켜 파킨슨병과 유사한 증상을 보이게 한다는 사실은 오래전부터 알려져 있었다.[65] 망간에 약하게 노출되면, 망간의 신경 흡수는 신경 전달 물질인 도파민과 세로토닌을 감소시키며 충동적 폭력을 비롯한 충동 조절 장애와 관련이 있다고 알려져 있다.[66]

수돗물에 함유된 독성 금속에 노출되어 생기는 심각한 결과는 전적으로 예방 가능한 것이다. 지방 자치 단체의 상수도 시스템의 도관과 부품을 교체하는 비용이 싼 것은 아니지만 할 만한 가치가 있는 투자다. 그런데도 많은 지역에서 그걸 할 돈이 없다고 주장한다.

공기 청정도 기준

1980년대 내내 유타 주 프로보 시의 평균적인 공기 청정도는 대체로 미국 환경보호청의 기준을 준수하는 수준이었다. 프로보의 대기 오염 대부분은 자동차와 시가 위치한 외딴 산*의 계곡에 있는 제강 공장 한 곳에서 나오는 것이었다. 1980년대 말 노사 분쟁으로 제강 공장이 13개월 동안 문을 닫았고, 그 덕분에 공기 청정도가 인간의 건강에 미치는 영향을 측정할 수 있는 자연스러운 실험이 이루어진 셈이 되었다. C. 아든 포프 C. Arden Pope 교수는, 브리검 영 Brigham Young 대학교의 환경 경제학자로, 프로보 시의 병원 세 곳의 진료 기록을 활용하여 공장 폐쇄 기간 이전, 당시, 이후로 나누어 호흡기 질환자 입원 수를 비교하였다. 그의 발견은 매우 인상적이었다. 공장이 운영 중인 기간에는 폐쇄 중인 기간보다 기관지염으로 입원한 환자의 수는 40퍼센트, 폐렴으로 입원한 환자는 17퍼센트 많았다. 취학 전 아동의 경우에는 그 차이가 더 컸다. 공장이 폐쇄된 기간에는 천식과 기관지염으로 입원하는 수가 공장 운영 중일 때의 반 밖에 되지 않았다.[67]

역학자疫學者들의 추정치에 따르면, 대기 오염으로 미국에서 연간

---

* 위새치 산맥.

약 50,000명이 사망한다. 이는 연간 자동차 사고 사망자 수보다도 많다. 이런 사망에 가장 중요한 두 가지 원인은 오존과 미세 먼지*다. 미국 주요 대도시 9곳을 대상으로 했던 한 연구는, 법적 허용치 내에서라도 대기 속의 오존 증가에 따라 사망률이 증가함을 보여주었다.[68] 그리고 6개 도시를 대상으로 한 연구는, 대기 중 미세 먼지 함유율이 가장 높은 도시(오하이오 주의 스튜번빌)는 함유율이 가장 낮은 도시(위스콘신 주의 포티지)에 비해 사망률이 25퍼센트나 높다는 것을 발견했다. 사실상 사망률 차이는 전부 폐암이나 심폐 질환에서 비롯된 것이었다.[69]

이런 연구 결과에 자극을 받아 환경보호청은 대기 중 오존과 미세 먼지 함유율 기준을 더 강화하는 안을 제안하였다.[70] 환경보호청의 추정치에 따르면, 더 엄격한 오존 규제 기준을 준수하면, 수백만 명의 폐활량 감소를 예방하고, 매년 14만 명 이상의 급성 호흡기 질환을 감소시킬 수 있다고 한다. 더 엄격한 미세 먼지 기준의 준수는 15,000명의 사망과 8,000명의 입원을 막는다. 환경보호청은 또한 더욱 엄격한 기준을 준수하는 총 비용이 대략 90억 달러가 되리라 추정하였다.[71]

환경보호청의 제안은 즉각 격렬한 정치적 논쟁을 불러일으켰다. 심지어, 보통은 환경 보호 입법의 열렬한 지지자였던 로드아일랜드 주 대표인 상원 의원 존 샤피조차 소리 높여 그 제안에 반대하였다. 샤피는 미세 입자와 오존이 현재와 같은 농도로 공기 중에 존재하면 심각한 건강 문제를 발생시킨다는 증거에 대해서는 의문을 제기하지

---

* 미세 먼지 검댕을 비롯한 미세한 입자.

않았다. 그의 견해는 그보다는 비용에 근거한 것이었다. 그는 예산 압박의 시대에 우리가 단순히 더 엄격한 공기 청정 규제를 따를 돈이 없다고 말하는 것처럼 보였다.[72] 그리고 1997년 7월 오클라호마 주 상원의원 짐 인호페와 루이지애나 주 대표인 존 브룩스는 환경보호청의 새로운 기준을 무효화시키는 법안을 발의하였고,[73] 하원에서도 같은 내용의 법안이 제출되었다.

쇠고기 검사

비록 균주菌株 대장균 O-157은 1982년에 과학자들이 처음으로 규명했지만, 사람들은 대장균 O-157에 대해 들어본 적이 거의 없었다. 그것이 서부 지역 4개 주에 있는 잭 인 더 박스 레스토랑에서 햄버거를 먹은 수백 명의 질병에 연루된 1993년 이전까지는. 이 사건으로 네 명의 어린이가 사망했다. 다른 사례에서는 오염된 물과 익히지 않은 야채까지 추적해보았지만, 감염의 주된 원천은 잭 인 더 박스 사례에서와 마찬가지로 기계로 간 쇠고기ground beef로 밝혀졌다. 모든 가축 중 2퍼센트의 창자에서 발견되는 대장균 O-157은 동물들에게 아무런 해가 되지 않는 것으로 보인다. 그러나 창자에 잔류한 박테리아가 가공 과정에서 고기를 오염시켜 인간에게 전달되면 큰 피해를 입힌다.

　　인간의 체내에 존재할 때 대장균 O-157은 자주 장 출혈을 일으킨다. 가장 심각한 합병증 중에는 장 천공,* 심장 마비, 폐부종, 발작,

---

* 장 천공intestinal perforation 장의 벽이 얇아져서 구멍이 뚫리는 것.

뇌졸중, 혼수상태, 기관 조직 괴사가 있다. 감염 사례 중 6퍼센트는 용혈 요독 증후군[HUS]이라고 불리는 질병으로 진행되어, 적혈구, 신장, 뇌를 손상시킨다.[74] HUS는 치사율이 4퍼센트가 넘고, 살아남은 사람들도 고질적인 신장, 심장, 신경 질환에 시달린다. 미네소타 주 공공보건국[Minnesota Department of Public Health]의 유행병학자인 마이클 오스트롬[Michael Osterholm]은 "음식으로 걸리는 병 중에 제가 HUS보다 더 두려워하는 병은 없답니다."라고 말했다.[75]

현재 매년 미국에서 대장균 O-157에 노출되어 20,000명이 감염되고 그중 200명에서 500명이 사망한다.[76] 만일 모든 쇠고기가 미국 식품의약국[FDA]의 규제를 엄격히 준수하여 도살되고 가공되면, 간 쇠고기를 통해 대장균 O-157에 사람이 노출되는 경우는 사실상 사라지게 된다. 그러나 이러한 규제를 관철시키려면 전국의 육류 가공 시설을 검사할 수 있는 현장 검사단이 필요하다. 그리고 최근 10년 동안 연방 검사관의 숫자는 증가하기는커녕 상당히 줄어들었다.

예를 들어 1981년 식품 가공 공장에 21,000건의 검사를 실시했던 식품의약국은 1997년에는 5,000건의 검사만을 실시했을 뿐이다.[77] 가공 단계에서 식품을 직접 검사하는 일을 중요하게 보완해줄 수 있는 것은 식중독[foodborne illness]이 발생했을 때 그 원인을 보고하고 추적하는 조직화된 시스템이다. 그러나 1997년 9월 현재까지도 12개 주는 그런 시스템 자체가 아예 없다.[78] 또한 식품 검사관들이 검사해야 하는 외국에서 수입된 식품들이 극적으로 늘어나, 식품 검사 능력도 하락해왔다. 미국의 식품 수입량은 1980년대 이래로 두 배로 증가했지만 식품의약국에 의한 수입품 검사 건수는 같은 기간 동안 반으로 줄

었다.[79]

소비자 감시 단체로 워싱턴에 본거지를 둔 정부책임성프로젝트*
가 최근 밝힌 바에 따르면, 일리노이 주의 스프링필드의 육류 가공 과
정 검사관은 1995년 4분기에 기대된 검사 업무를 수행할 수 없었던
경우가 17,577건에 달했다. 그 전해에 보고된 건수보다 4배나 많은 수
치였다.[80] 담당자의 부족은 최근 검사관 단 한 명이 하루 만에 시카고
지역 19개의 육류 가공 공장을 모두 검사해야 하는 사태를 낳았다.
"그 검사 업무를 다 해낸다는 건 전적으로 비현실적이에요."라고 미
국정부직원연합 산하 식품검사관지부전국협의회 National Joint Council of
Food Inspection Locals 의장인 데이비드 카니 David Carney 가 말했다.[81]

새로운 종류의 박테리아가 발생시키는 병의 심각성에 비추어볼
때, 육류 도축 시설을 비롯한 식품 가공 공장에 대한 더 엄밀한 검사
는 훌륭한 투자다. 그러나 예산 감축 때문에 검사 건수를 줄일 수밖에
없을 때 그 상황이 말하는 분명한 메시지는, 거기에 투자할 돈이 우리
에겐 없다는 것이다.

공교육과 교원의 처우

공립 학교 교사를 직업으로 선택하는 사람들은 그 중요한 동기로 급

---

* 정부책임성프로젝트 Government Accountability project 직장에서의 표현의 자유 진작, 내
부 고발자의 보호, 시민 운동의 활성화를 통하여 정부와 기업의 책임성을 도모하는
결사체인데, 그중에는 식품과 약품의 안전 보장을 위한 활동도 포함되어 있다.

여를 언급하는 법이 거의 없다. 그렇다고 해서 이것이 교사의 급여가 중요하지 않음을 의미하지는 않는다. 어쨌거나 교사들도 다른 사람들 만큼이나 사는 데 돈이 필요하다. 그리고 여느 공립 학교 관리자가 증언하듯이, 교사의 급여가 다른 지역이나 직장에서 받을 수 있는 수준에 비해 너무 심하게 떨어질 때, 자격을 갖춘 교사들을 새로 충원하는 일은 훨씬 더 힘들어진다.

교사들은 지난 수십 년 동안 급여가 상대적으로 크게 하락했다. 그리하여, 초등학교와 중등학교 교사의 초임 급여 평균은 1963년 대학 졸업자 초임 급여의 118퍼센트에서 1994년에는 불과 97퍼센트로 하락했다.[82] 그리고 그 기간 동안 직업으로 교사를 선택하는 사람들의 SAT 점수 평균도 꾸준히 하락해왔다.[83]

더 나은 자질을 갖춘 교사들은 우리의 아이들이 얼마나 잘 배우는지에 중대한 차이를 가져온다. 예를 들어, 최근 한 연구에서, 경제학자 수잔나 뢰브Susanna Loeb와 마리앤 페이지Marianne Page는 교사들의 급여가 지난 30년 동안 다른 분야의 그와 비슷한 자질을 가진 이들의 급여와 상응하는 수준을 유지하기만 했어도, 학생들의 퇴학률은 현재보다 8.4퍼센트 낮아지고 대학 입학률은 4퍼센트 높아졌을 것이라고 추정했다.[84]

어린이들은 또한 규모가 큰 학급에서보다 작은 학급에서 학습 효과가 더 높다. 연구자들은 테네시 주의 고등학교 학생 6,000명 이상을 추적하여 작은 학급(학급당 학생 수 13~17명) 학생의 성취도와 큰 학급(22~25명) 학생의 성취도를 비교했다. 그들은, 예를 들어, 2학년 학생들 중 작은 학급 학생의 61퍼센트가 SAT 점수 전국 평균 이상인 데 비해, 큰 학급 학생들의 경우에는 그 비율이 52퍼센트에 그쳤음을 발견했다. 수학 과목의 경우에도 이 수치는 각각 76퍼센트와 68퍼센트였다.[85]

1996년 9월, 교수와 미국 미래에 관한 전국위원회National Commission on Teaching and America's Future는 "미국의 미래를 위한 대담한 목표"를 제안했다. "10년 이내에 — 그러니까 2006년까지 — 우리는 미국의 모든 학생들에게 천부적 교육권에 상응하는 바를 제공할 것이다. 학생들의 성공을 위하여, 능력 있고, 관심도 많으며, 자질 있는 교사의 가르침을 조직할 것이다."[86] 이것은 가치 있는 목표다. 그러나 이 목표를 달성하기 위해서는 우리가 지금 교사의 급여로 지출하고 있는 돈보다 훨씬 많은 돈을 써야 한다. 그런데 모든 지역에서 그럴 돈이 없다고 말하고 있다.

다리와 공공 도로 점검 보수

유예된 점검 보수는 미국 도로와 다리에 만연한 문제다. 예를 들어 일리노이 주의 맥헨리 카운티에서는 국가가 점검 보수하는 공공 도로highway 중 에누리 없이 3분의 1이 "부서지고, 금이 가 있으며, 재포장 기한이 한참 지난 상태다."[87] 이 도로들은 공식적으로 "보수 대기*"로 분류되어 있다. 이는 그 도로들이 현재의 상태에 이르기 훨씬 이전에 마땅히 보수되었어야 한다는 의미다. 미국 연방도로국Federal Highway

---

* 보수 대기in backlog 밀린 일.

Administration의 수치에 따르면 전국적으로 주요 도로와 공공 도로의 50 퍼센트 이상이 보수 대기 상태다.[88] 그리고 최근 미국 교통부Department of Transportation는 연방 정부가 건설하고 관리하는 다리 중 교체와 보수가 필요한 보수 대기 대상을 처리하려면 총 840억 달러가 든다고 하였다.[89]

공공 도로와 다리의 점검 보수가 보수 대기 상태에 이르게 되면 총 비용은 급격히 증가하기 시작한다. 그리하여 일리노이 주 교통국 공무원인 윌리엄 유스커스에 따르면, 도로 노후화의 초기 단계에서는 "이차선 도로를 때우고 재포장하는 작업은 킬로미터당 78,000달러에서 94,000달러로 해낼 수 있다."[90] 그러나 이 보수 작업을 2, 3년 미루면 재포장 비용은 킬로미터당 156,000달러에서 172,000달러까지 치솟는다. 보수가 그보다 더 미뤄지게 되면 포장鋪裝된 면 밑이 빠르게 침식되기 때문에, 완전히 제거해서 교체해야 할 지경에 이르고, 그 작업의 전체 비용은 공사 과정에서 훼손되고 파손되는 풍광을 고려하지 않더라도 킬로미터당 468,000달러에서 530,000달러까지 들게 된다.[91]

유예된 점검 보수는 다른 비용도 발생시킨다. 도로에 움푹 팬 곳은 파괴적인 결과를 초래한다. 나는 몇 년 전 보스턴의 고속도로freeway 위를 운전하면서 이를 실감했다. 내가 적시에 도로에 난 커다란 구멍을 알아채고서 피하지 못했기 때문에 앞 타이어와 림이 부서졌고, 부서진 타이어와 림을 교체하는 데 200달러나 들었다. 터져버린 타이어와 훼손된 바퀴와 축, 구부러진 프레임, 일그러진 앞면, 부서진 소음기muffler, 뒤틀린 서스펜션* 시스템을 비롯한 여러 문제들 때문에 미국 도로에 움푹 팬 곳은 매년 차량 한 대당 평균 120달러의 손해를 발생

114

시키고 있다.[92]

이러한 손해는 유예된 점검 보수의 유일한 비용도 아니며 가장 중요한 비용도 아니다. 움푹 팬 도로와 낡은 다리는 위험하기도 하다. 예를 들어 1987년 4월 5일, 뉴욕 주 고속도로 상의 교각 사이 길이가 150미터인 다리가 갑자기 붕괴하여 차와 트랙터 트레일러 4대가 그 아래 스코하리 크리크*로 추락했다. 모두 합쳐 10명이 목숨을 잃었고, 그 이후 뉴욕 주는 불법 행위에 의한 사망 손해 배상 소송을 화해로 종결하기 위해 1명당 98,000달러에서 470만 달러에 달하는 돈을 보상금으로 냈다.[93] 당시 스코하리 크리크 위의 다리는 앞으로도 계속 보수 대기 상태에 있을 전국의 수천의 다른 다리와 마찬가지로 보수 대기 상태에 있었다. 어느 누구도 붕괴되는 다리와 움푹 팬 도로로 야기될 심각한 사고가 얼마나 있을지 미리 알 수는 없겠지만, 그런 사건이 적게 일어나지 않을 것은 확실하다.

철도 건널목 역시 심하게 방치된 상태다. 예를 들어 연방철도국 Federal Railroad Administration이 수행한 최근 연구에 따르면, 162,000곳의 도로-철도 건널목 중 3분의 1 이상이 5년이 넘도록 한 번도 점검을 받지 않았다고 한다.[94] 자주 이루어지는 안전 검사는 개선된 경보장치가 필요한 고위험 건널목을 파악하는 데 도움을 주어 인명을 구한다. 그리하여 오하이오 주는 강도 높은 안전 검사 캠페인을 최근에 시작하여 도로-철도 건널목 사고로 인한 사망을 연간 45명에서 13명으로 줄

---

* (앞쪽) 서스펜션suspension 자동차에서 차체의 무게를 받쳐주는 장치.
* 크리크creek 하천.

였다.[95] 그러나 대부분의 주에서는 검사가 계속 지연된 상태로 방치되어 있다.

왜 우리의 도로, 다리, 철도 건널목을 더 잘 점검 보수하지 않는가? 일리노이 주의 교통국 공무원에 따르면 공공 도로에 대한 연방 보조금이 줄어든 것이 이런 상황에 부분적인 책임이 있다. 그리고 문제는 점점 더 심각해지고 있는 것 같다. 일리노이 주에 교부되는 연방 공공 도로 재정은 1990년부터 1997년까지는 매년 평균 5억 7,200만 달러인 데 비해, 1997년에서 2002년까지의 기간 동안에는 평균 4억 8,200만 달러에 그쳤을 뿐이다.[96] 간단하게 말해서, 공공 도로와 다리의 점검 보수에 지출하고 있는 돈이 줄어들고 있는 것은 정부 예산 균형의 압력 때문이다.

그러나 적시에 다리와 고속도로를 점검 보수하는 것은 훌륭한 투자다. 심지어 우리가 감소된 차량 손괴, 부상, 사망으로부터 얻는 이득을 무시하더라도, 이 투자는 지극히 높은 수익을 안겨준다. 1998년에 의회가 통과시킨 공공 도로 일괄 법안은 비록 소중한 진보이긴 하지만 너무 작고 너무 늦은 조치에 불과하다.

마약 중독 치료와 예방 프로그램

미국 도시들에서 1980년대에 시작한 크랙 코카인의 유행은 말 그대로 수십만 명의 목숨을 앗아갔다. 또 다른 수십만 명은 1990년대부터 꾸준히 사용자가 늘어나기 시작한 헤로인이나 메스암페타민 같은 마약에 중독되었다. 마약 중독으로 인해 발생되는 연간 비용은 수천억 달러로 추정되어왔다.[97] 이 비용에는 마약 중독자와 판매자가 저지르는 범죄로 야기된 손해, 많은 마약 중독자들이 일할 수 없는 상태에 빠졌거나 일하려고 하지 않아서 얻지 못한 소득, 직장에서 마약을 복용하여 초래된 생산성 손실, 불법 마약 공급자를 체포하고 기소하고 구금하는 데 드는 비용을 포함한다. 이 비용에는 마약 중독자들과 그 가족들이 겪는 고통과 괴로움은 전혀 포함되어 있지도 않다.

그러나 그중에서도 가장 심각한 문제는 마약 중독자인 부모에게서 태어난 아이들이 받는 정서적·신체적 손상이다. 이 문제는 빈민가를 먼저 타격했고, 다른 곳에서도 점점 더 빈번하게 벌어지고 있다. 예를 들어 최근의 한 연구는 캔자스 주 위치토의 아기들의 대규모 표본 집단 중 18퍼센트가 출생 시에 이미 코카인 양성 판정을 받았음을 밝혀냈다.[98] 위치토에서 이 연구가 이뤄졌을 당시 정상 체중 유아에 드는 평균 병원비가 3,700달러였음에 비해, 마약에 노출된 유아의 병원비는 평균 15만 달러에 달했다.[99] 더구나 치료비 지출을 지체할 경우 이 아이들에게 주의력 결핍 장애, 행동 장애, 학습 장애 등의 발병을 유발함으로써 비용은 훨씬 심각한 규모가 된다.

그러나 슬프게도, 중앙 정부와 지방 정부 모두 반복적으로, 이러한 손해를 줄이는 데 너무나 효과적인 것으로 입증된 마약 중독 상담 및 치료 프로그램에 대한 재정을 지급하지 않고 삭감해왔다. 이 프로그램들이 적절한 재정 지원을 받은 여러 산재한 사례들을 모아보면, 그것은 놀라울 정도로 성공적인 투자였음이 드러난다. 예를 들어, 아칸소 주의 리틀록에서는 포괄적인 마약 남용 예방 프로그램이 마약에 중독된 임산부의 저체중 아기 출산을 80퍼센트나, 그리고 마약 관련 범죄 건수를 37퍼센트나 감소시켰다.[100] 미시시피 주 해티즈버그의 드림DREAM 프로젝트는 십대의 음주에 초점을 맞추었는데, 이 프로젝트 시행으로 21세 미만자의 음주 운전으로 인한 체포 건수를 45퍼센트나 감소시켰다.[101]

마약 남용 예방 프로그램은 효과가 있을 뿐 아니라, 특히 그 프로그램이 결과적으로 지출을 막아줄 어마어마한 비용에 비추어 볼 때 값싸기도 하다. 예를 들어, 랜드연구소Rand Corporation의 연구는 코카인 남용 예방 및 치료 프로그램 재정 1달러당 법 집행 및 의료비 재정 7달러를 절약한다고 추정했다.[102] 그러나 우리는 계속해서 이러한 프로그램을 실시할 돈이 없다고 한다.

우리가 미국에서 보고 있는 패턴은, 정도에는 차이가 있지만 유럽 및 다른 지역에서도 나타나기 시작한 현상과 같은 종류의 것이다. 이 모든 나라에서 국민 소득의 점점 더 많은 부분이 소비에 쓰이고 있으며, 그리고 그 모든 나라에서 예산 부족으로 필수적인 공공 서비스가 점점 더 위협받고 있다.

현재의 소비 패턴이 최선인가?

애덤 스미스의 『국부론Wealth of Nations』이 1776년에 등장한 이래로, 자유 시장주의 경제학자들은 소비자와 회사의 이기적 행위가 보이지 않는 손에 의한 것처럼 사회 자원의 최적 배분을 낳는다고 주장해왔다. 그러나 이들과 견해를 달리하는 사람들은 현재의 우리 소비 패턴이 정말로 이런 설명을 만족시키는지 충분히 질문을 던질 만하다.

자유 시장주의자들은 한결같이, 사람들이 더 적은 시간 일하기를 선호하고 파텍 필립 손목시계를 덜 사길 바란다면, 자유롭게 그렇게 할 수 있다고 대답한다. 같은 이유로, 사람들은 공기와 물을 깨끗이 하는 데 더 많이 지출할 정치가에 자유롭게 투표할 수 있다. 그럼에도 사람들은 계속 다르게 선택했다. 자유 시장주의자들은, 소비자들은 자기들에게 좋은 것은 각자가 제일 잘 알며, 사람들이 현재의 지출 조합을 선택했다는 사실이야말로 현재의 소비 패턴이 최선의 것이라는 가장 강력하고 적절한 논변이라고 말한다. 이것은 설득력 있는 주장이다. 사실, 우리의 현재 시스템에 대해 많은 비판자들이 이해하는 것보다 더 강력하다.

그리고 아마도 궁극적으로 4.5킬로와트의 버너가 달린 레인지를 소유하는 즐거움이 주말에 일해야 하고 오염된 음식과 물을 마셔야 하고 안전하지 못한 도로와 다리 위로 여행하는 것을 보상하고도 남을 만큼 큰 것이라는 주장이 심지어 사실일지도 모른다. 그렇다고 우리가 단순히 신념의 문제로 이 결론을 받아들인다면 어리석은 것이다. 훨씬 더 신중한 방법은, 소비와 인간 복지 사이의 관계에 관한 최선의 활용 가능한 증거를 검토하는 것이다.

5장

돈으로 행복을 사는가?

LUXURY
FEVER

돈의 노예가 되는 것은 막다른 골목으로 향하는 것이다. 왜냐하면 돈은 지속되는 행복과 평화를 결코 가져다줄 수 없기 때문이다.

빌리 그레이엄[Billy Graham]

돈으로 행복을 살 수 없다고 말하는 사람은 쇼핑할 곳을 모르는 사람이다.

익명

4장에서는 약간 더 작은 집과 약간 덜 비싼 집에 만족한다면, 우리가 살 수 있는 유용한 것들이 매우 많다는 것을 살펴보았다. 많은 사회 비평가들은 우리가 돈을 달리 썼더라면 더 나았을 것이라는 점을 자명한 사실로 간주한다. 이와는 다른 해석 —— 현 상태의 옹호자들이 강하게 선호하는 해석 —— 에 따르면, 추가적인 물질적 재화에서 얻는 즐거움은 다른 분야에서 필요한 희생을 보상하고도 남는다고 한다. 인생은 맞교환 관계로 가득 차 있으며, 자기 자신의 돈이 걸려 있는 사람들이 맞교환 문제를 가장 잘 풀 수 있다고 그들은 말한다.

이 장에서 우리의 목표는 이 경쟁하는 해석들 중, 어느 것이 활용 가능한 증거에 의해 가장 잘 지지되는지를 가려보는 것이다. 현 상태의 옹호자들이 옳다면, 적어도 미국에서 현재 향유하고 있는 풍요의 수준을 달성한 후라 할지라도, 물질적 재화를 추가로 축적하는 것이 만족을 계속 상당히 증가시켜준다는 점을 보여주는 증거들을 발견하게 될 것이다. 그러나 우리가 볼 바와 같이 행동 과학자들은 풍요의 문턱 수준threshold level이 일단 달성되면, 그 나라 사람들의 평균 복지 수준은 물질적 소비재의 총량과 거의 무관하다는 사실을 발견했다.

무엇이 우리를 행복하게 만드는가?

사람을 만족하게 만드는 원천source은 수세기에 걸친 토론과 논쟁의 주제였다. 행복은 부, 권력, 낭만적 사랑, 꾸준히 나아지는 골프 점수에서 오는가? 아니면 오래가는 진정한 행복은, 많은 이들이 주장하듯이, 자아 바깥에 즉 다른 사람을 돕거나 종교적으로 헌신하는 삶에서 오는가?

철학자들은 심지어 행복이 그 자체로 인간의 중요한 목표인지에 대해서도 의문을 던져왔다. 그리하여 로버트 노직*은 우리가 소망하는 어떤 경험도 모방하여 그대로 경험할 수 있는 "경험 기계experience machine"에 연결될 수 있는 기회가 있다고 상상해보라고 한다. 이 기계는 "위대한 소설을 쓰고, 친구를 만나고, 흥미로운 책을 읽는다고 생

---

* 로버트 노직Robert Nozick 미국의 자유 지상주의Libertarianism 철학자. 저서에는 『아나키에서 유토피아로Anarchy, State, and Utopia』(남경희 옮김, 문학과지성사)가 있다.

각하고 느끼게 해준다. 이 모든 시간 당신은 전극이 뇌에 부착된 채로 액체 탱크 안에서 떠 있다.[1] 당신은 사회적 지위와 직업에 상관없이 모든 사람들이 만족스럽다고 생각하는 거대한 경험 도서관에서 원하는 경험을 고를 수 있다. 당신은 기계가 꺼지는 휴지기 동안 스스로 경험 내용을 재고再考해보고 재조정하는 프로그래밍을 자유롭게 할 수 있다.

기계가 작동하고 있는 동안 그 기계가 가져다주는 경험은 완벽한 가상 세계를 구성한다. 주관적으로는 실제 일어나고 있는 것과 똑같이 느끼게 된다. 노직은 이 기계를 사용할 수 있는 기회가 주어졌을 때 그 기계에 연결하겠느냐고 묻는다.

노직은 기계 사용에 강력한 매력이 있음을 인정한다. 그러나 노직은, 그 기계로 겪을 경험이 얼마나 즐겁든 간에 그 제안을 거절할 더 강력한 이유가 있다고 논한다. "우리는 특정한 방식으로 존재하기를 바라며 특정한 종류의 인간이기를 바란다. 탱크 안에서 부유하는 사람은 무규정의 형체 없는 덩어리에 불과하다. 그 탱크 안에서 오랜 시간을 보낸 사람을 두고 어떤 사람인가 묻는 질문에는 아무런 답을 할 수 없다. 그는 용감한가, 친절한가, 지적인가, 재치 있는가, 사랑스러운가? 문제는 단지 그가 어떤 사람인지 말하기 어렵다는 정도가 아니라, 전혀 말할 방도가 없다는 점이다. 기계에 연결되는 것은 일종의 자살이다."[2]

노직의 생생한 사고 실험은 행복을 느끼는 것이 인생의 유일한 목표라고는 말하기 매우 어렵다는 논지를 납득시킨다. 그리고 그것은 그 시민이 얼마나 행복한가에 의해서만 사회를 평가해서도 안 된다는 점을 상기시켜준다. 아마도 그 이야기의 가장 중요한 점은, 왜 자유가 그토록 중요한 가치인지를 강조해준다는 것이다. 좋은 삶이 무엇인가에 관하여 경쟁하는 관념이 수없이 많은 현실에서는, 아마도 우리 사회 제도에서 바랄 수 있는 최선은 각자에 맞는 삶을 살아가기 위한 가능한 가장 광범위한 선택의 자유를 부여하는 것일지도 모른다.

경제 제도가 이 과업에서 어느 정도나 성공했는지를 어떻게 평가할 것인가? 근본적인 정치적 자유를 보장하는 근대 민주주의의 맥락에서 그 접근법은 대부분의 경제학자들에게는 단순히 경제의 재화와 서비스의 총 가치를 측정하는 문제로 받아들여졌다. 그리고 그들은, 이 총합이 국민 소득과 본질적으로 동일하다고 보며, 따라서 일인당 국민 소득 최대화에 봉사하는 경제야말로 그 시민의 이익에 가장 잘 봉사하는 경제라는 추정을 명시적 또는 묵시적으로 깔고 있다.

이 견해는 경제학자가 아닌 사람들이 흔히 생각하는 것만큼 멍청하지는 않다. 비판자들은 음식이나 보금자리 같은 재화의 추가 생산뿐 아니라, 오염 통제 시설, 도난 경보기, 마약 치료 상담 서비스의 추가 생산 역시도 국민 소득을 증대시킨다는 점을 지적하면서 인간 복지의 측정 기준으로서 국민 소득을 맹공격했다.[3] 그러나 경제학자들도 무엇을 생산하는지가 중요하다는 점을 잘 알고 있다. 그들은 원칙적으로 국민 소득 지수가 범죄, 환경 오염, 줄어든 여가, 교통 혼잡 등 삶의 질을 반영하는 요소를 고려하여 조정하면 개선될 수 있다는 데 동의한다.

국민 소득에 대한 다른 비판은 국민 소득이 가족 내에서 이루어지는 일의 가치를 무시한다는 것이다. 예를 들어 어떤 남자가 그의 회계원과 결혼하면 그녀가 하는 회계일은 그대로인데도 국민 소득은 하락하게 된다. 그런 불평에 대해 경제학자들은 가족 내에서 수행되는 일의 가치를 측정하도록 국민 소득을 충분히 조정할 수 있다고 한다.

비판자들은 세련된 광고가 실제로 필요하지도 않는 재화와 용역을 사도록 조종할 때에도 국민 소득이 증가한다고 불평한다.[4] 그러나 경제학자들이, 사람들은 자주 어리석거나 잘 모르는 상태에서 돈을 쓴다는 사실을 인식하지 못하는 것은 결코 아니다. 그들은 이 세계가 불완전하다는 데 동의한다. 그러나 그렇다고 해서 어떤 재화를 생산할지 결정하는 권한을 정부에 맡길 때 우리가 더 나아진다고 할 수 있는가? 집단 관리 경제의 불행한 경험은 그 대안을 거의 지지해주지 않는다.

국민 소득을 국가 복지의 측정치로 활용하는 방법의 명백한 단점에도 불구하고, 경제학자들은 그렇게 하는 것에 몹시 매력적인 특징이 있다고 생각한다. 즉, 더 높은 국민 소득은 사람들이 각자에게 좋은 삶을 추구할 수 있는 자원을 더 가지게 됨을 의미한다는 것이다.

국민 소득이 국가 복지의 좋은 측정 지수라는 경제학자들의 믿음은 행복만이 중요하다는 견해에 근거를 두고 있지 않다. 그렇다고 행복이 중요하지 않다는 견해에 근거를 둔 것도 아니다. 오히려 그 반대로, 행복이 실제로 측정될 수 있다면, 대부분의 경제학자들은 부유한 나라의 국민들이 가난한 나라의 국민들보다 더 행복하리라고 예상할 것이다. 그리고 시간이 흐르면서 소득이 점점 증가하는 환경에서는 사람들은 평균적으로 과거보다는 현재에 더 행복하게 될 것이다.

경제학자들과는 달리 심리학자와 다른 행동 과학자들은 시장 거래가 인간의 만족을 증진시키는 정도에 관하여 선입견이 적은 편이다. 그들은 인간의 만족^{human satisfaction}을 측정하고 그것에 영향을 미치는 요소들을 규명하는 접근법을 택한다. 경제학자들이 (돈을 더 많이 가지면 선택지가 넓어지기 때문에) 돈으로 만족을 산다고 단순히 추정하는 데 반해, 심리학자들은 만족에서 개인차를 측정하여 이 차이들이 소득 및 다른 요소의 차이에 어떻게 연관되어 있는지를 조사하려고 한다.

주관적 복지 측정하기

경제학자들은 통상적으로, 행복^{happiness}이 아니라 효용^{utility}이라는 용어를 쓴다. 이에 상응하는 심리학 문헌의 용어는 주관적 복지^{subjective well-being}다. 이는 전반적인 삶의 만족에 대한 복합적인 측정치를 의미한다. 현재의 논의를 위해서는, 두 표현 모두 만족^{satisfaction}과 대충 같은 말로 보아도 놓치는 바가 거의 없을 것이다.

　　다른 사정이 동일하다면, 부정적 정서^{emotion}보다 긍정적 정서를 훨씬 더 많이 경험하는 사람은 주관적 복지 수준이 높은 경향이 있다. 그러나 경험하는 정서의 잔고와 주관적 복지의 전반적인 수준 사이의 관계는 단순하거나 결정론적이지 않다. 비록 사람은 특정한 순간에 좋은 기분을 느끼든 나쁜 기분을 느끼든 둘 중 하나여야 할 것처럼 보이지만, 강한 긍정적 정서와 강한 부정적 정서를 동시에 경험하는 일이 사실 가능하다.[5] 실제로 신경 과학자들은 긍정적 느낌^{feeling}과 부정적 느낌이 대체로 독립적인 두 개의 신경망에 의해 지배된다는 점,[6]

그리고 이 두 부류에 속하는 정서들은 서로 강하게 연결되어 있는 것은 아니라는 점[7]을 알게 되었다.

전형적으로 행복한 사람은 빈번하고 강렬한 긍정적인 감정affect과 미약한 수준의 부정적인 감정을 경험한다. 이와는 대조적으로 전형적으로 불행한 사람은 강렬한 수준의 부정적 감정을 빈번하게 경험하고 긍정적 감정을 미미한 수준으로 드물게 밖에 경험하지 못한다. 높은 수준의 긍정적 감정과 부정적 감정 모두 경험하는 사람은 변덕스럽거나 심하게 감정적인 이로 묘사된다. 반면에 둘 다 낮은 수준으로만 경험하는 사람은 냉정한 사람으로 불린다.[8]

이들 정형stereotype에도 불구하고, 개인의 전반적인 행복이나 삶의 만족 수준은, 긍정적·부정적 감정의 빈도나 강도와 완벽한 상관성이 없다. 긍정적인 정서를 더 많이 경험하는 사람들은 스스로를 행복하다고 말하며 삶의 만족도도 높다고 보고할 가능성이 높다. 그러나 그런 정서를 경험한 많은 사람들이 자기 삶이 불만스럽다고 말하여 경험 기계 안의 삶의 질에 대한 노직의 회의주의를 확인시켜준다. 더군다나 긍정적 감정을 더 많이 경험하지 못하는 사람들 중 상당한 비율이 높은 수준의 삶의 만족도를 보고했다.

따라서 긍정적이거나 부정적 느낌의 누계 이외에 다른 요소가 사람들의 삶을 평가하는 데 작용하는 것 같다.[9] 그렇다 하더라도 심리학자들은 부정적 감정과 긍정적 감정 사이의 전반적인 잔고가 삶의 만족에서 중요한 구성 요소이며, 우리 중 대부분이 불행한 느낌보다는 행복한 느낌을 선호한다고 추정하는 것은 별로 논쟁할 거리가 되지 못한다.

심리학자들은 삶의 만족을 다양한 방식으로 측정한다. 단연코 가장 인기 있는 방식은 사람들에게 간단히, 얼마나 행복하냐, 얼마나 만족하고 있냐고 물어보는 것이다.[10] 예를 들어 사람들은 "모든 것들을 고려했을 때, 요즘 전반적으로 당신의 삶에 얼마나 만족하십니까?" 같은 질문에 수량적 척도^{numerical scale}로 답하기를 요청받거나, "당신의 삶을 전반적으로 보았을 때, 당신은 (a) 매우 행복하다, (b) 꽤 행복하다, (c) 행복하지 않다 중 어디에 속합니까?" 같은 질문을 받는다.

다른 접근법은 그들이 다음 문장에 동의하는 정도를 물어봄으로써 긍정적인 감정의 빈도와 강도를 측정하는 것이다.

좋은 일이 생기면, 그것은 나에게 강하게 영향을 미친다.
재미있을 것 같다는 이유만으로 무언가를 하는 경우가 자주 있다.
원하는 것을 얻었을 때 나는 흥분되고 활기차게 된다.
어떤 일을 잘 하고 있을 때 나는 그 일을 계속하는 것을 즐긴다.[11]

어떤 이는 이런 문장에 흔쾌히 동의하지 못하는 사람들이 설마 있으리라고 생각하지 못한다. 그러나 많은 사람들이, 다른 이들은 매우 보람 있다고 느끼는 상황에 놀라울 정도로 반응을 하지 않는다. 사람들이 위와 같은 문장에 동의하는 강도는, 매우 긍정적인 감정을 측정하는 일관되고 신뢰할 만한 자료임이 드러났다. 높은 수준의 부정적인 영향도 이 문장들에 동의하지 않는 정도와 일관되게 연관되어 있다.

좀 더 최근에 신경 과학자들은 긍정적 감정과 부정적 감정을 측정하는 뇌파 자료도 사용했다. 좌측 전전두엽 부분에 상대적으로 더 활발한 전기적 활동을 보인 피실험자들은, 앞서와 같은 문장에 강력한 동의를 표할 가능성이 높았다. 반면에 우측 전전두엽에서 상대적으로 더 활발한 전기적 활동이 나타난 사람들은 이 문장에 동의하지 않을 가능성이 훨씬 더 높았다.[12] 좌측 전전두엽 부분은 신경 전달 물질인 도파민 수용체가 풍부한 곳인데, 도파민 수용체의 높은 밀집성은 긍정적인 영향과 상관성이 있음이 독립적으로 입증되었다.[13]

이 측정 수단들 중 어느 방법을 택해서 파악된 것이든, 높은 만족 수준은 우리 대부분이 복지의 징표라고 여기는 관찰 가능한 다양한 행동의 전조前兆다. 예를 들어 스스로 행복하다고 여기는 사람들이나 좌측 전전두엽에서 상대적으로 활발한 전기적 활동성을 보이는 사람들은,

친구들에게서 행복하다는 평가를 받을 가능성이 크고
친구들에게 사교 활동을 먼저 제의하는 경향이 있었으며
도움을 요청할 때 더 잘 들어주며
결근을 덜 하고
직장에서 분쟁에 덜 휘말리며
젊은 나이에 죽을 가능성이 낮고
자살을 시도할 확률이 낮으며
정신과 상담을 구할 가능성이 낮았다.[14]

스스로 행복하다고 여기는 사람들은 "자신에게 초점을 덜 맞추

며, 덜 적대적이고 덜 폭력적이다. …… 그들은 또한 다른 사람들을 더 사랑하고, 용서를 더 잘하고, 더 잘 믿고, 더 활기차며, 더 결단력 있으며, 더 창조적이다."[15] 스스로 불행하다고 하는 사람들은 잦은 두통, 소화 불량, 빠른 심장 박동, 어지럼 등 다양한 신체적 고통 증상을 호소할 가능성이 높았다.[16]

사람들이 스스로 보고한 주관적 복지 수준의 다양한 측정치는 시간이 지나도 정(+)의 상관관계를 보였다.[17] 예를 들어 8달의 간격을 두고 시행된 한 쌍의 조사에서, 한 조사에서는 "행복하지 않다."고 하고 다른 조사에서는 "매우 행복하다."는 식으로 하나의 극단적 범주에서 다른 극단으로 바뀐 응답자는 2퍼센트 미만에 불과했다.[18]

이런 설문 응답에서 관찰된 일관성은, 뇌파 측정치에서 나타난 일관성보다 그 정도가 뚜렷했다. 피실험자 대부분이 미국 대학생으로 구성된 한 표본 연구에서, 신경 생리학자 리처드 데이비드슨Richard Davidson은 (좌측 전전두엽 부분에서 높은 수준의 전기적 활동성이 측정되는 것처럼) 한때 매우 긍정적인 감정을 기록했던 사람들은 한 달 후에도 비슷하게 높은 수준을 기록하는 경향이 있었음을 발견했다. 데이비드슨은 높은 수준의 부정적 감정을 보인 피실험자들도 그 부정적 상태가 마찬가지로 안정적임을 관찰하였다. (데이비드슨은 두 조사 모두에서 표본 가운데 한 피실험자 —— 잠시 미국을 방문하고 있었던 티베트 승려 —— 가 다른 어떤 피실험자보다 높은 수준의 긍정적 감정을 보인 것에 흥미를 갖고 주목했다.)

정신 건강 전문가들이 응답자들을 인터뷰해서 매긴 등급은 응답자 스스로 보고한 주관적 복지 수준과 상관성이 매우 높았다.[19] 스스로 행복하다고 묘사한 사람들은 최근의 경험에서 더 많은 긍정적인 사건을 기억하고 더 적은 수의 부정적인 사건만을 기억했다.[20] 그리고 주관적 복지의 다양한 측정치는 좋고 나쁜 인생 경험에도, 심리 치료에도 예상된 방식으로 반응했다.[21] 예를 들어 사랑하는 사람의 죽음을 최근에 겪은 사람은 채택된 측정 방식과는 상관없이 주관적 복지가 급격히 감소되는 것으로 나타났다.

　간단히 말해서, 심리학자들이 주관적 복지라고 부르는 것은 실재하는 현상으로 보인다. 주관적 복지의 다양한 방식에 따른 경험적 측정치들은 높은 일관성, 신뢰성, 유효성을 보인다.[22] 나아가, 주관적 복지 수준을 높여주는 사회 질서는 그 실현 과정에서 같은 크기의 해악을 끼치지 않는다면 좋은 것으로 평가되어야 한다는 점이 분명해 보인다. 사람이나 사회의 유일한 목표가 가능한 가장 높은 수준의 주관적 복지를 달성하는 것뿐이라고 말하는 것이 아님을 다시 한 번 강조하고 싶다. (철학자들이 묻기 좋아하는 것처럼, 만족하는 돼지보다는 차라리 만족하지 못한 소크라테스가 되고 싶지 않은가?) 다음 장에서부터 전개되는 논증은, '주관적 복지의 증가는 다른 중요한 가치를 양보하지 않은 채 달성될 것이라는 조건하에서 개선으로 평가된다.'는 명제만을 요구할 뿐이다.

　이 논증의 첫 번째 실질적인 단계를 이제 밟아보자. 그것은 주관적 복지와 소득 사이의 관계에 대한 평가다. 산업 세계 전반에 걸쳐 평균 소득은 지난 수백 년 동안 급격히 증가했으며 우리가 소비하는 재화와 용역의 양과 질도 그에 비례해서 증가했다. 우리는 그 때문에 훨씬 더 행복해졌는가?

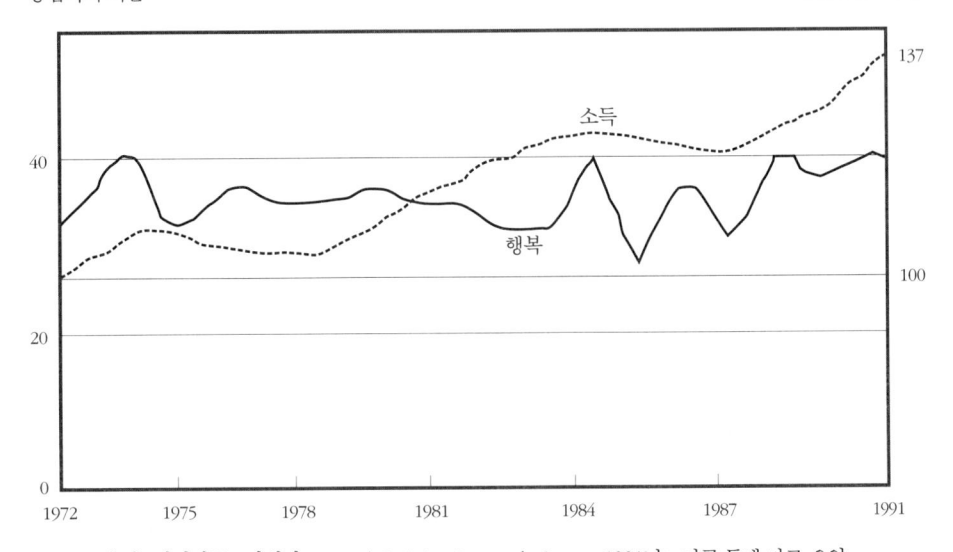

"매우 행복하다."고 답한
응답자의 비율

미국의 일인당 실질 GDP
(1972년＝100)

출처: 전미여론조사센터National Opinion Research Center, 1991년: 미국 통계 자료 요약
집Statistical Abstract of the United States, 1997년.

소득과 주관적 복지

주관적 복지에 대한 광범위한 과학 문헌에서 핵심적인 발견 중 하나
는 소득 수준이 최소한의 절대치 문턱을 넘어서게 되면 경제가 상당
한 정도로 성장하더라도 한 나라 안에서 평균적인 만족 수준은 시간
이 지나도 매우 안정적인 경향이 있다는 사실이다. 예를 들어 위 그래
프는 "모든 것을 고려했을 때 당신은 근래에 매우 행복하다, 꽤 행복
하다, 별로 행복하지 않다 중 어디에 속한다고 생각하십니까?"라는
질문에 "매우 행복하다."고 답한 미국인들의 비율을 그래프로 나타낸

134

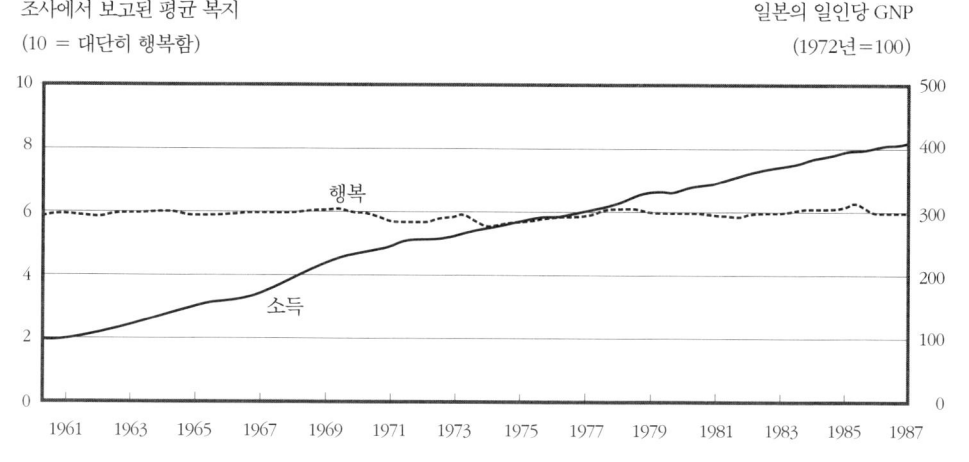

조사에서 보고된 평균 복지
(10 = 대단히 행복함)

일본의 일인당 GNP
(1972년=100)

출처: R. Veenhoven, *Happiness in Nation*, 1993; International Monetary Fund.

것이다. 비록 일인당 실질 소득은 134쪽 그래프의 맨 왼쪽 시기에서 맨 오른쪽 시기로 가면서 39퍼센트 증가했지만, 스스로 매우 행복하다고 여기는 사람들의 비율은 그 기간 동안 오히려 약간 하락하였다.

　물론 소득과 그 돈을 이용해서 살 수 있는 물질적 재화 이외의 다른 요소들이 만족 수준에 영향을 미친다. 어쩌면 그 기간 동안 소득 증가의 큰 영향이 있었지만 다른 부정적인 영향 때문에 상쇄되었는지도 모른다. 그러나 평균 만족 수준은 다른 나라들에서나 다른 기간에서도 모두 평균 소득 수준의 변화에 반응하지 않는 것으로 드러났다. 예를 들어 위 그래프에서 나타나듯이 일본 응답자들이 보고한 평균 만족 수준은 1958년과 1986년이 본질적인 차이가 없다. 이는 일본의 일인당 국민 소득이 그 기간 동안 5배나 뛰었음을 감안할 때 특히 충격적인 발견이다.

자동차와 가전제품 보유의 측면에서 1950년대 일본은 오늘날 다른 많은 개발 도상국과 실질적으로 다를 바가 없었다. 그러나 앞의 그래프에 나타난 패턴을 기반으로 추론하여 사람들이 얼마나 가난하든 똑같은 정도로 만족한다는 결론을 내릴 수는 없다. 오히려 그와는 반대로 대부분의 주의 깊은 연구는 극단적으로 낮은 절대 소득 수준에서는 절대 소득과 주관적 복지 사이에 전 기간에 걸쳐 명백한 관계를 발견하였다. 그러므로 대부분의 사람들이 최소한의 적절한 주거지와 영양을 제공받지 못하는 나라에서는 소득의 전반적인 증가가 주관적 복지의 유의미하고 영속적인 개선을 가져왔다는 사실은 놀랍지 않다.[23] 같은 맥락에서, 평균 만족 수준은 부유한 나라에서보다 극단적으로 가난한 국가에서 상당한 정도로 낮다.[24]

여기서 우리의 관심은 이미 풍요의 수준을 넘어선 나라들에서 소비액의 차이가 국민 복지에 얼마나 영향을 미치느냐다. 그리고 그런 나라들에서는, 평균 만족 수준이 시간이 지남에 따라 증가하는 소득과 유의미한 상관관계가 없다.

"그런대로 괜찮은" 생활 수준을 위해 필요한 소득

심리학 문헌의 두 번째 접근법은 실제 절대적 소득 수준과 그런대로 괜찮은 생활 수준을 달성하는 데 필요하다고 생각되는 소득 수준 사이의 관계를 조사하는 것이다. 예를 들어 갤럽 여론 조사는 수년 동안 응답자들에게 다음과 같은 질문을 던졌다. "4인 가족이 이 지역에서 생활을 꾸려나가기 위해 필요한 최소한의 돈은 얼마인가?" 응답의 중앙값은 해가 지남에 따라 절대적인 크기가 꾸준히 증가하였다. 그러나 그 응답 중앙값을 일인당 가처분 소득에서 차지하는 비율의 측면에서 보면, 이런 증가 추세가 대부분 사라졌다.*

　동일한 패턴이 수많은 다른 조사에서도 발견되었다. 예를 들어 유진 스몰렌스키Eugene Somlensky는 뉴욕 시 노동자가 "최소한의 안락minimum comfort"을 위해 필요하다고 본 예산의 응답치가 20세기 초부터 현재까지 대략 일인당 평균 국민 소득의 절반 정도에 머물러 있었음을 발견하였다.[25] 리 레인워터Lee Rainwater는 1950년부터 1986년까지 이루어진 조사에서 "생활을 꾸려나가기 위해 필요한 소득"은 일인당 국민 소득과 같은 비율로 증가했음을 보고했다.[26] 그리고 버나드 반 프라그Bernard Van Praag와 아리에 캅테인Arie Kapteyn은 유럽의 자료에서 유사한 패턴을 발견했다.[27]

대부분의 사람들은 더 많은 돈을 가지면 더 행복해질 것이라고 생각한다는 점은 확실하다. 존 케네스 갤브레이스John Kenneth Galbraith가 말했듯이 "부를 얻어서 유리한 점이 따르지 않는 경우란 없으며, 반대 견해가 종종 제기되기는 하지만 보편적인 설득력을 가질 만큼 입증된 적

---

* 즉, 필요하다고 생각하는 최소한의 돈의 절대적 크기가 계속 늘어나긴 했지만, 그것이 가처분 소득에서 차지하는 비율은 일정했다는 것이다.

은 없다."[28] 그러나 우리는 더 많이 가지게 될수록 더 많이 필요하다고 느끼게 되는 것 같다. 우리의 일인당 실질 소득은 1958년에 갤브레이스의 『풍요로운 사회 The Affluent Society』가 출간되었을 때보다 거의 2.5배나 높다. 그런데 왜 돈을 더 많이 가지고 난 후의 실제 경험은 우리의 기대에 못 미쳤던 것일까? 그에 대한 하나의 대답은 앞으로 살펴볼 바와 같이, 사람은 새로운 기준에 적응하기 때문이라는 것이다.

· 6장 ·

|

오래 가는 이익

LUXURY FEVER

행동 과학자들은 풍요의 문턱 수준이 일단 달성되고 나면, 모든 나라에서 삶의 평균 만족 수준은 일인당 소득과는 본질적으로 무관하다는 사실을 발견하였다. 이 발견의 중요성을 곰곰이 생각해본 사회 과학자들 중 일부는 적어도 세계에서 가장 부유한 나라의 사람들에게는 부의 추가적인 축적이 아무런 쓸모 있는 목적에도 기여하지 못한다고 결론 내렸다.[1]

언뜻 보기에 이 결론은 놀라운 것임에 틀림없다. 왜냐하면 우리가 4장에서 살펴보았듯이, 추가적인 부를 사용해서 할 수 있는 유용한 일들이 매우 많아 보이기 때문이다. 환경이 조금 더 깨끗해지거나, 더 많은 시간을 쉴 수 있거나, 일상의 자질구레한 일들 중 일부를 하지 않게 되어도, 정말로 더 행복해지지 않는단 말인가? 적어도 원칙적으로, 가장 부유한 나라의 사람들은 이런 추가적인 선택지들을 가지고 있으며, 이런 일들이 그들의 전반적인 복지에 측정할 수 있는 아무런 효과도 주지 않는다는 것은 놀라운 일일 수밖에 없다.

이 장에서 나는, 이와는 다소 다른 결론을 뒷받침하는 증거를 설명하고자 한다. 즉, 더 많은 부를 가진다는 것은, 특정한 방식으로 그 부를 소비할 때에는 좋은 일이 된다. 핵심적인 통찰은, 우리가 대부분의 물질적 재화량의 전반적인 증가에 재빨리 적응하는 것처럼 보일지라도, 특정한 범주에서 우리의 적응 능력이 좀 더 제한되며, 그 범주에 추가적으로 돈을 쓰는 것은, 따라서, 복지에서 상당하고도 지속되는 개선을 이루어내는 것처럼 보인다는 점이다.

적응

변화된 환경에 적응하는 인간의 능력은 우리 종의 가장 놀라운 능력 중 하나다. 이 능력은 생물학적인 기능에서부터 세포 수준에서의 분자적 변화까지 포괄한다. 예를 들어 동공이 자동 확대되는 변화, 망막의 광화학적인 변화, 그리고 뇌의 시각 피질의 신경 변화들이, 실제 물리적인 광도가 백만 가지 이상의 요소로 변화하는 환경에서도 대동소이하게 볼 수 있게 해준다.[2]

적응력은 전체 유기체의 차원에서도 여전히 인상적이다. 자동차 사고를 당했다고 가정할 때 죽겠는가 아니면 사지 마비 환자로 살아남겠는가를 물었을 때, 대부분의 사람들은 확신에 차서 차라리 죽겠다고 대답한다. 그래서 우리는 심각한 장애를 입은 사람들이 그 사고의 결과로 대단히 파괴적인 우울함과 방향감 장애의 시기를 겪는 것에 놀라지 않는다. 그런데 우리가 예상하지 못하는 것은 이러한 사고의 희생자들 중 많은 이들이 새로운 환경에 적응하는 정도와 그 속도다. 1년 이내의 기간에 많은 사지 마비 환자들이 장애가 없는 사람들이 느끼는 기분과 정서를 거의 동일한 정도로 느낀다고 말한다.[3] 맹인, 지체 장애인, 기형 장애인들은 사람들 대부분이 상상하는 것보다 환경이 자신들에게 부과한 제약에 훨씬 더 잘 적응한다는 증거도 있

다.[4]

우리는 손실뿐 아니라 이득에도 재빨리 적응한다. 뉴욕 주 로또 광고는 1등에 당첨되면 삶이 얼마나 달라질지 상상하는 구매자를 보여준다. ("회사를 사서, 상사를 해고해버리겠어.") 실제로 로또에 당첨된 사람들은 보통 그들에게 행운이 찾아오고 난 뒤 수주일 동안은 기대되었던 극도의 행복감이 밀려오는 것을 경험했다고 한다. 그러나 몇 년 뒤에 이루어진 추적 조사는, 이 당첨자들이 전보다 더 행복하지는 않은 ── 그리고 정말로 어떤 면에서는 덜 행복한 ── 경우가 자주 있음을 보여주었다.[5]

요컨대, 우리의 비상한 적응력은 왜 비참한 가난의 물질적인 결핍 상태만 벗어나게 되면 절대적인 생활 수준이 그다지 영향을 미치지 않는지를 설명하는 데 도움이 된다. 이 해석은, 외국에서 살아보았거나 많은 곳을 여행한 사람들이 느낀 인상과도 일치한다. 그들은 남들보다 앞서려는 몸부림이 보통 수준의 부가 있는 사회에서나 부유한 사회에서나 거의 동일한 심리적 효과로 작용하는 것처럼 보인다고 이야기한다.[6]

이러한 관찰 결과들은, 우리의 최초의 소비 붐의 명백한 낭비성에 화가 난 사회 비판가들에게 좋은 먹잇감을 제공해준다. 그러나 이 비판가들 중 많은 이들은 적응력이란 양날의 검이라는 점을 일반적으로 간과하고 있다. 적응력은 왜 더 큰 집과 더 빠른 차가 우리를 더 행복하게 해주지 않는지를 실제로 설명해주는지도 모른다. 그러나 더 많은 돈으로 살 수 있는 것들을 가지지 않는 데 온전히 적응할 수도 있고, 더 많은 돈을 벌기 위해 겪어야 하는 불쾌한 일에도 온전히 적응할 수 있다면, 도대체 뭐가 문제인가? 아마도 사회 비판가들이 단순히 헛다리를 짚고 있는 것인지도 모른다.

그러나 절대적인 생활 수준이 문제되지 않는다고 결론 내리는 것은 증거를 심각하게 오해하는 것이다. 자료가 말하고 있는 바는, 국민 소득이 증가해도 사람들이 추가적으로 번 돈을 측정된 만족이 유의미하고 지속적으로 증가되는 방식으로 쓰지 않는다는 것이다. 그러나 여전히 절대 소득이 만족에 영향을 미치면서도 이 자료와 양립 가능한 두 가지 경로가 있다. 하나는, 사람들이 그들을 더 행복하게 만들 수 있는 다른 방식으로 돈을 쓸 수도 있지만 여러 가지 이유로 그러지 않았거나 그럴 수 없었다는 해석이다. 우리가 앞으로 살펴볼 증거들은 이 가능성을 강력하게 지지한다. (현재로는 이 증거들이 야기하는 주목하지 않을 수 없는 질문 —— 만일 사람들이 더 행복해질 수 있는 방식으로 돈을 쓸 수 있었다면 왜 실제로 그러지 않았는가? —— 에 답하는 일은 미뤄두기로 하자.)

두 번째 가능성은, 주관적 복지의 측정이 비록 우리가 의식적으로 알고 있는 경험을 추적하는 합당하게 좋은 방법이긴 하지만, 그것만이 우리에게 중요한 모든 것은 아닐지도 모른다는 것이다. 예를 들어 두 평행 우주가 있는데, 하나는 우리가 지금 살고 있는 세계와 같고 다른 하나는 모든 사람들의 소득이 두 배인 세계가 있다고 상상해보자. 당신은 이 두 세계 모두에서 중위 소득자로서 한 우주에서는 연간 소득이 10만 달러고, 다른 우주에서는 20만 달러라고 가정해보자. 이제 당신이 이 두 우주에서 똑같이 행복하다고 느낀다고 가정해보자. (그리고 이 가정은 우리가 여태까지 살폈던 증거들과 양립 가능하다.) 그리고 마지막으로, 더 부유한 우주에 있는 사람들이 유독성 폐기물로 부터 환경을 보호하는 데 돈을 더 많이 써서, 더 행복하지는 않다 하더라도 더 건강하고 더 장수하는 삶을 모두가 누린다고 해보자. 두 번째 세계에서 사는 것이 더 낫다는 점에 의문이 있을 수 있는가?

나의 요지는, 비록 주관적 복지에 관한 최근의 과학 연구가 인간의 만족에 기여하는 요소들에 관하여 우리에게 이야기해줄 것이 많다고 하더라도 그 분야의 가장 열정적인 과학자조차 그 연구들이 최종적인 결론을 확정짓는다고 말할 수 없다는 점이다. 실제로, 소득의 전반적인 증가가, 현재 방식으로 측정되는 주관적 복지에 많은 영향을 끼치지 않는, 더 나은 것을 위한 변화를 촉진하는 경우를 생각해보기란 쉽다. 물론 우리는 소득의 전반적인 증가가 그런 식으로 작용할 것이라고 단순히 추정해서는 안 된다. 그러나 그러한 가능성에 눈을 감아서도 안 될 것이다. 국민 소득의 성장이 일반적으로 좋은 것인가 또는 좋은 것이 될 수 있는가는 증거로 판단할 문제다.

사실 증거의 풍부한 부분이 이 질문에 관련되어 있다. 이 증거의 명백한 메시지 중 하나는 어떤 지점을 넘어서면 많은 유형의 물질적 재화 소비의 전반적인 증가는 주관적 복지의 영속적인 증가를 가져오지 않는다는 것이다. 다시 평행 우주 비유로 돌아가서, 두 사회가 한 가지만 다르고 모든 면에서 같다고 상상해보자. A 사회에서는 모든 사람들이 400제곱미터 집에서 사는 반면, B 사회에서는 모두가 300제곱미터에 불과한 집에 산다. 만일 두 사회가 서로 완전히 고립되어 있다면, 주관적 복지의 평균 수준에서 유의미한 차이를 심리학자와 신경 과학자들이 구별할 수 있으리라는 아무런 증거도 존재하지 않는다. 그보다는, 두 사회가 적절한 집 면적에 대한 각각의 지역적 규범을 발전시켜왔을 것이며, 따라서 각 사회의 사람들은 그들의 집과 다른 삶의 측면에 대해 동일한 정도로 만족할 것이라고 기대할 수 있다.

더군다나 우리는 B 사회보다는 A 사회의 구성원이 되는 것을 선호할 다른 중요한 이유가 없다. 어쨌거나 A 사회의 더 큰 집은 더 오래 살게 해주지도 질병에 덜 걸리게 해주지도 않으며, B 사회의 구성원에 비해 다른 어떤 유의미한 이점을 제공해주지도 않는다. 넓은 한계 범위 내에서는 집 크기의 전반적인 증가에 적응하는 인간의 능력은 실질적으로 완전하다는 생각이 든다.

물론, 300제곱미터 대신 400제곱미터 면적의 집을 지으려면 실제의 자원이 들어간다. 다르게 표현하자면, 모두에게 400제곱미터 면적의 집을 짓는 사회는 그 대신에 300제곱미터 집을 짓고 그렇게 남긴 상당한 자원으로 다른 것을 생산하는 일에 쓸 수도 있었다. 따라서 다음과 같은 질문이 생긴다. 인간 복지에서 영속적인 개선을 낳는 방식으로 이 자원을 소비하는 대안적인 길이 있는가?

만일 가능한 모든 다른 변화에 적응할 수 있는 우리의 능력이 큰 집에 대한 능력만큼이나 크다면, 이 질문에는 "예"라는 답이 나올 것이다. 그러나 앞으로 살펴볼 바와 같이 우리의 적응 능력은 영역에 따라 상당히 달라진다. 환경 소음* 같은 몇몇 자극에 우리는 의식의 차원에서는 상대적으로 빠르게 적응할지 모르나, 우리의 신체는 수년간

---

* 환경 소음environmental noise 교통 수단, 산업 시설, 오락 시설에서 발생하는 소음으로, 지속적인 생활 환경을 이룬다.

소음에 노출되고 난 뒤에도 눈에 띌 정도로 계속 반응한다. 시간이 흘러도 적응하지 못할 뿐 아니라 더 민감해지는 자극도 있다. 다양한 생화학적 알레르기 유발 항원이 그 예들이지만 더 거시적 차원에서도 같은 예를 찾을 수 있다. 예를 들어 같은 사무실에서 일하는 천박한 사람 때문에 괴로워지는 데는 2주가 걸리지만, 수개월간 같이 지내고 나면 그 인간 때문에 괴로워지는 데는 2초도 걸리지 않게 된다.

우리가 어떤 자극보다는 다른 자극에 더 온전히 적응한다는 관찰은, 한 범주에서 다른 범주로 자원을 이동시킴으로써 인간 복지에 지속하는 변화를 가져올 수도 있다는 가능성을 연다. 앞으로 살펴볼 내용은 이것이 추상적인 가능성에 그치지 않는다는 증거들을 요약한 것이다.

주관적 복지를 위한 소비

이 증거를 살펴보는 편리한 방법은, 가상적인 두 사회 중 어느 것을 택할지를 결정하는 일련의 사고 실험을 해보는 것이다. 두 사회는 동일한 수준의 부를 가지고 있지만 소비 패턴은 다르다. 다시 한 번, 사람들이 400제곱미터의 집을 가진 A 사회와 300제곱미터 집을 가진 B 사회를 가정해보자. 내가 이 집 면적 수치를 사용하는 이유는 둘 다 현재 미국의 평균적인 주택 면적보다는 넓기 때문이다. 따라서 현재 실제로 살고 있는 집보다 더 작은 집으로 이사하는 경우를 상상하지 않고 A와 B 사회를 생각해볼 수 있게 된다. 만일 독자가 현재 살고 있는 집이 300제곱미터보다 넓다면 B 사회의 300이라는 숫자를 현재 살고 있는 집 면적으로 바꾸고, 거기에 백을 더한 것을 A 사회의 집 크기라고 생각하면 된다. (예를 들어 현재 500제곱미터 집에서 살고 있다면 B 사회는 500제곱미터 집, A 사회는 600제곱미터 집에 사는 사회가 된다.)

각각의 경우에, B 사회의 주민들은 더 작은 집을 지었기 때문에 아낀 돈을 생활 조건에 구체적인 변화를 가져오는 다른 일에 쓸 수 있게 된다. 그리고 각 경우에 우리는 그런 변화가 삶의 질에 어떻게 영향을 미치는지에 대하여 증거들이 이야기하는 바를 질문하게 된다.

어느 사회를 선택할 것인가?

주민들이 400제곱미터 집을 소유하고, 교통 혼잡 때문에 출퇴근이 차로 1시간 걸리는 A 사회인가, 아니면 300제곱미터 집에 살면서 빠른 교통 체계로 15분이면 통근하는 B 사회인가?

이 두 사회 간의 유일한 차이점은 주택 건설과 교통에 자원을 달리 배분했다는 점이다. B 사회의 주민은 더 큰 집을 지을 자원을 출퇴근의 성격을 바꾸는 데 썼다. 더 작은 집을 지어서 아낀 자원이 충분해서 고속의 대중교통 수단뿐 아니라 기초 요구 사항에 근거한^{as-needed basis} 자동차의 유동성*을 더 높여준다고 해보자. 그리하여 B 사회의 주민으로서 당신은 차를 포기할 필요는 없다. 추가적인 유동성이 필요한 날이면 직장에 차를 타고 갈 수도 있고, 필요할 때 택시를 탈 수도 있다. 매일의 더 짧은 통근 시간을 위해 B 사회의 사람들이

---

* 유동성flexibility 필요할 때에는 평소보다 더 빨리 이동할 수 있는 여지.

희생해야 하는 유일한 것은 오직 A 사회에 주어진 추가적인 바닥 면적 뿐이다.

이 선택을 마주한 합리적인 사람은, 각 선택지의 혜택과 비용에 관한 활용 가능한 증거를 살펴보고 싶을 것이다. 더 작은 집에서 사는 심리적 비용에 관해 보자면, 만일 당신과 다른 모든 사람들이 300제곱미터 집에 산다면 당신의 주관적 행복은 모두가 400제곱미터 집에서 사는 경우보다 적다고 믿을 어떤 근거도 없다. 물론 B 사회에서 A 사회로 옮기면 사는 공간이 더 넓어졌다는 생각에 처음에는 기쁘고 심지어 흥분할지도 모른다. 그러나 머지않아 당신은 큰 집에 적응하게 될 것이고 단순히 더 큰 집을 표준으로 생각하게 될 뿐이다.

B 사회에서 A 사회로 옮긴 사람은 또한 처음에는 교통 혼잡 때문에 '늘어난 통근 거리' 때문에 스트레스를 받게 될 것이다. 시간이 지나면서 이 스트레스에 대한 그의 의식적인 느낌은 감소할지 모른다. 그러나 여기에 중요한 구별이 있다. 더 큰 집에는 본질적으로 온전하게 적응한 것과는 달리, 새로운 출퇴근 패턴에는 단지 부분적으로만 적응했을 뿐이다. 활용 가능한 자료들은 심지어 매우 긴 적응 기간을 거치는 경우에도 대부분의 사람들이 혼잡한 출퇴근길을 경험할 때마다 괴로워한다는 것을 명백히 보여준다.[7]

이런 측면에서 교통 혼잡에 노출되는 효과는 소음처럼 불쾌한 자극에 노출되는 효과와 유사하다. 지속적이고 꾸준한 수준으로 배경 소음이 증가할 경우 시간이 흐르면서 덜 불쾌한 일로 받아들여지지만, 그럼에도 불구하고 이런 소음에 계속 노출되면 지속적인 혈압 상승을 가져온다.[8] 만일 소음이 시끄러울 뿐만 아니라 간헐적이기도 하다면, 사람들은 적응 기간이 많이 지난다 해도 여전히 불쾌함을 의식하게 되며 중추 신경계의 손상이 더 확연해진다.[9] 이 패턴은 예를 들어 집 근처에 소음이 심한 고속도가 새로 개통된 사례 연구에서도 발견되었다. 고속도로가 개통된 지 4달 후 이뤄진 설문 조사에서 21퍼센트의 주민들이 소음 때문에 괴롭지 않다고 말했지만, 1년 뒤에 다시 같은 질문을 받았을 때에는 16퍼센트만 괴롭지 않다고 답했다.[10]

소음에 노출되는 다양한 유형 중에서도 최악의 것은 시끄럽고 간헐적인 데다가 예측도 불가능한 소음에 노출되는 경우다. 실험실에서 시끄럽고 불규칙한 소음에 노출된 피실험자들은 스트레스의 생리적 증상을 보였을 뿐만 아니라 행동으로 드러나는 증상도 겪었다. 피실험자들은 좌절감을 주는 과업에 대처하는 인내심이 적어졌고, 주의와 집중을 요구하는 과업 수행력에 눈에 띄는 손상을 보였다.[11]

예측 불가능한 소음이 특히 더 스트레스를 주는 이유는 피실험자가 통제력의 상실을 경험하기 때문이라는 가설이 설득력이 있다. 심리학자 데이비드 글래스David Glass와 그의 동료 연구자들은 이 가설을 독창적인 실험을 통해 확인하였다. 이 실험은 피실험자를 두 집단으로 나누어 녹음 테이프에서 나오는 예측 불가능한 소음에 노출시켰다. 한 피실험자 집단은 녹음기에 대해 아무런 통제권을 갖지 못했고, 다른 피실험자 집단은 스위치를 꺼서 테이프를 정지시킬 수 있었다. 그러나 이 두 번째 집단은 실험자가 그들이 테이프를 멈추지 않는 쪽을 선호한다는 말을 들었고, 대부분은 전해 들은 실험자의 의사를 존중했다. 소음에 노출된 뒤 이어진 과업에서 스위치를 통제할 수 있었던 피실험자들은 교정 작업에서 다른 집단보다 실수가 60퍼센트나 적

었으며, 어려운 퍼즐을 풀려는 시도도 4배 이상 많았다.[12]

교통 혼잡을 겪으며 통근하는 일은 많은 면에서 지속적인 배경 소음 노출보다는 시끄럽고 예측 불가능한 소음 노출과 더 닮았다. 교통 지체는 예측하기 힘들며, 통제할 방도는 거의 없고, 또한 다른 이들보다 자기 시간이 더 소중하다고 생각하는 작자들에게 새치기 당하는 일은 도무지 익숙해지지 않는다. 많은 과학 문헌이 계속 교통 혼잡을 겪으며 운전하는 일이 초래하는 수많은 스트레스 증상을 보고하고 있다.

이 문헌들 중 한 부류는 도시 버스 운전사의 경험에 초점을 맞추고 있다. 그들은 보통의 운전자들보다 교통 혼잡 스트레스에 더 많이 노출되기도 하지만, 이 스트레스에 적응할 기회도 더 많은 사람들이다. 다른 직업을 가진 노동자들과 비교했을 때, 버스 운전사들은 훨씬 더 높은 결근율, 위장 장애, 두통, 불안증 같은 스트레스 관련 질환을 경험했다.[13] 많은 연구들은, 다양한 대조 집단에 비해 버스 운전자들의 고혈압 수치가 매우 높다는 것을 밝혀냈다. 이 대조 집단에는 버스 운전사들이 이전에 다른 일을 했을 때의 수치도 들어간다.[14] 추가적인 연구는 버스 운전사들의 아드레날린, 노르아드레날린, 코르티솔 같은 스트레스 호르몬 수치가 높다는 점을 밝혀냈다.[15] 그리고 한 연구는 아드레날린과 노르아드레날린의 증가는 도시 버스 운전사들이 참아내야 하는 교통 혼잡의 수준과 강한 정의 상관성이 있음을 발견하였다.[16] 전체 도시 버스 운전사 중 절반 이상이 이런저런 의료 장애로 인해 정년보다 일찍 은퇴한다.[17]

매일 교통 혼잡을 겪으며 한 시간이 걸려 통근하는 일은 도시 지역에서 하루 종일 버스를 운전하는 일보다는 아마도 스트레스가 덜할 것이다. 그러나 이 차이는 정도의 차이일 뿐 종류의 차이는 아니라는 점에는 의문의 여지가 없다. 관련 연구들은 교통 혼잡을 겪으며 통근하는 일이, 집이나 직장에 도착했을 때 정서상·행동상 결함을 초래하는 경우가 흔함을 밝혀냈다.[18] 교통 혼잡도가 낮은 시간에 차로 통근하는 직장인들에 비해 교통 혼잡도가 높은 시간에 통근하는 사람들은 짜증을 느낄 가능성이 훨씬 더 높았다.[19] 그리고 통근 거리, 시간, 속도, 그렇게 통근해온 기간은 수축기와 확장기 혈압 상승과 정의 상관성을 보였다.[20]

통근 스트레스가 계속되면 면역 기능도 떨어지고 수명도 줄어든다.[21] 15분 정도로 짧은 시간 동안 교통 혼잡을 겪는 것조차도 혈당과 콜레스테롤의 유의미한 증가와 혈액 응고 시간의 단축과 연관되어 있었다. 이 모든 요소는 심혈관계 질환과 정의 상관관계를 가지고 있다. 자동차로 통근하는 일은 또한 다양한 암 발병률을 높이고 그중 특히 폐암의 발병률을 높이는데, 이는 아마도 매연에 심하게 노출되기 때문인 것으로 판단된다.[22] 통근 거리가 길어질수록 이런 병들을 비롯한 질환에 걸릴 가능성이 높아지며,[23] 버스나 지하철로 통근하는 사람들은 자동차로 통근하는 사람들보다 발병률이 그보다 훨씬 낮았고,[24] 아예 통근을 하지 않는 사람들은 발병률이 그보다 더 낮았다.[25] 마지막으로, 교통사고가 초래하는 사망과 보상의 위험도 통근 거리가 늘어날수록 높아졌으며 대중교통 이용자보다 차로 통근하는 사람에게 더 높게 나타났다.

요컨대, 교통 혼잡을 겪으며 긴 거리를 통근하는 일은 지속적이고 상당한 비용을 수반하는 것으로 보인다. 그렇다면 우리는 신경 심리학자들이 A 사회의 주민들에게 더 높은 수치의 코르티솔, 노르에피네프린, 아드레날린, 노르아드레날린 같은 스트레스 호르몬을 발견하리라고 확신할 수 있다. A 사회의 사람들이 B 사회의 사람들보다 더 낮은 삶의 만족도를 보일 것이라는 점을 검증하는 실험이 수행된 바는 없다. 그러나 운전자들이 통근하는 동안 경험하는 좌절과 스트레스를 스스로도 안다고 말하는 경우가 흔하다는 사실에 비추어 보면, 전통적인 방식으로 측정된 주관적 복지는 A 사회에서 더 낮을 것이라는 추측이 설득력이 있다. 설사 통근 스트레스의 부정적 효과가 의식 차원으로까지 떠오르지 않는다고 해도, 그 영향으로부터 벗어나고자 소망할 강력한 이유가 있다.

활용 가능한 증거의 힘에 비추어 볼 때, 합리적인 사람에게는 B 사회를 선택할 강력한 이유가 있고, B 사회를 선택하지 않을 이유는 아무것도 없다. 그러나 이 증거에도 불구하고 미국은 꾸준히 A 사회로 향하고 있다. 미국에서는 집의 규모는 계속 커지면서, 평균 통근 시간은 계속 점점 더 길어지고 있다. 미국 교통부에 따르면 통근 시간은 1983년에서 1990년 사이에 7퍼센트 늘어났다.[26] 연방도로국은, 교통 혼잡으로 인해 늘어나는 운전 시간이 1985년에는 27억 시간이었는데, 2005년에는 119억 시간이 될 것이라고 추정하였다.[27]

다음에 나오는 몇 개의 사고 실험들은 물질적 재화와 다른 활동을 추구하는 자유 시간의 조합이 상이한 두 사회 중 하나를 고르는 문제다. 각 사례는 자유 시간의 구체적 용도를 정하고, 자유 시간을 써서 그런 활동을 한다고 상상하면 매력적이라고 생각하는지를 묻는다.

(매력적이지 않다고 생각하는 사람들은 그 시간을 써서 할 수 있는 다른 활동을 생각해보아도 좋다.)

어느 사회를 선택할 것인가?

주민들이 400제곱미터의 집에서 살고 매일 운동할 시간이 나지 않는 A 사회인가, 아니면 300제곱미터 집에 살면서 매일 45분씩 운동할 시간이 나는 B 사회인가?

다시 우리는 동일한 기회의 목록에서 생긴 상이한 패키지를 가진 사회를 상정한 것이다. B 사회의 주민들은 더 큰 집을 지을 수도 있었지만, 대신에 매일 그만큼 더 적은 시간만 일해서 운동할 시간을 남긴다. 이전의 사례에서와 마찬가지로, 우리는 두 사회 간에는 다른 관련 있는 차이점은 아무것도 없다고 가정한다. 그리고 우리가 운동을 일보다 본질적으로 더 즐겁지도 덜 즐겁지도 않은 활동이라고 생각하는 사람이라고 가정해보자.

앞서의 논의에서 B 사회에서 더 작은 집에 산다고 해서 주관적 복지의 어떠한 감소도 발생하지 않는다는 전제를 주어진 것으로 가정하였다. 그렇다면 남은 유일한 질문은 운동할 추가 시간이 복지의 유의미한 증가를 가져올 것인지 뿐이다. 그리고 이 질문에 대해 증거는 더할 나위 없이 명확하다.

예를 들어 수많은 연구들이 정기적인 에어로빅 운동이 가져오는 생리적·심리적으로 긍정적인 효과를 입증하였다.[28] 운동을 하는 사람들은 더 자주 매우 긍정적인 느낌을 경험하며 면역 시스템의 기능도 좋은 경향이 있다.[29] 운동하는 사람들은 또한 기대 수명이 더 길며, 심장병, 뇌졸중, 당뇨병, 고혈압 같은 다양한 질병으로 고생하는 경우도 더 적다.[30]

이러한 관계가 인과적이라는 증거는, 운동 프로그램에 무작위로 배정된 피실험자들의 신체적·심리적 복지가 개선되었다는 사실로 뒷받침된다.[31] 예를 들어, 중등도의 우울증moderate depression으로 진단받은 사람들 중 무작위로 에어로빅 운동 프로그램에 배정된 사람들은 심리 치료를 받은 사람들에게 맞먹을 정도의 회복률을 보였으며, 두 집단 모두 통제 집단과 비교하여 상당히 더 나아졌다.[32]

일부 비판가들은, 많은 연구에서 발견된 심리적 혜택은 운동 그 자체 때문에 생긴 것이 아니라 일상사의 경험에서 잠시 벗어나게 해줬기 때문에 생겼을지 모른다고 우려를 표명했다. 한 연구에서는 자원자 중 한 집단은 에어로빅 운동 프로그램에 넣고 다른 집단은 취미반에 넣었는데, 이 연구는 그럴 가능성도 있음을 뒷받침했다.[33] 두 집단 모두 기분이 주목할 만한 개선을 보였다. 그러나 일상사에서 벗어나는 것만으로는 운동 실험의 효과를 다 설명할 수 없다. 왜냐하면 기분 개선 효과는, 운동 집단에서 유의미한 정도로 더 크게 나타났기 때문이다. 그 집단은 여섯 가지 기분 지표 모두가 개선되었으며, 두 지표만 제외한 나머지 모든 지표에서는 개선의 정도가 크고 통계적으로 유의미했다.

심지어 걷기처럼 상대적으로 가벼운 운동 프로그램의 경우에도 유의미한 생리적·심리적 성과가 있었다. 예를 들어 한 실험에서는 폐경기 이전의 여성들 중 일부를 무작위로 감독관이 있는 걷기 집단에 배정하였는데, 이들은 심박수와 혈압이 두드러지게 감소했으며, 걷지 않은 집단에 비해 자존감이 상당히 개선되었다.[34]

규칙적인 운동이 심리와 신체에 미치는 유익한 효과에 대한 강력한 증거에도 불구하고, 그리고 모두가 더 큰 집에서 살 때 삶의 만족에서 눈에 띄는 증가가 없다는 증거에도 불구하고, 모든 합리적인 사람들이 A 사회가 아니라 B 사회를 필연적으로 선택하리라고 주장하기는 어렵다. 실제로 많은 사람들은 운동을 너무나 싫어해서 운동을 하지 않기 위해 물질적 재화를 기꺼이 포기할 정도다.

이런 사람들 중에서도 많은 이들은 잠시 동안만이라도 운동 프로그램에 참여할 수밖에 없는 상황에서 운동을 해보면 마음이 변할 것이다. 왜냐하면 비록 사람들이 운동을 처음에는 불쾌한 경험이라고 말하고 특히 그들이 너무 빨리 너무 많은 것을 달성하려고 시도할 때에는 더욱 그렇지만, 대부분의 사람들은 결국 운동에 빠르게 적응해서 운동이 즐겁다고 생각하게 된다. 그러나 이런 지식도 일부 사람들이 B 사회가 더 낫다고 생각하는 마음을 돌려놓지 못할 수도 있다. 만일 당신이 그런 사람들 중 하나라면 운동 말고 당신이 좋아하는 일상 활동이나 다른 활동들을 할 시간이 더 많이 생기는 것으로 B 사회를 생각해보라.

어쨌거나 시간이 없다는 것은 더 운동하기를 바라는 사람들이 가장 자주 대는 이유임은 사실이다. 랜싱예방의학미시간센터^{Michigan Center for Preventive Medicine in Lansing}의 공동 이사인 존 로비슨^{Jon Robison}은 운동 계획이란 처음부터 따를 수 없는 운명에 처해 있다고 한다. 왜냐하면 너무 빼곡한 매일의 스케줄에다 운동 1시간까지 쑤셔 넣는 것으로 시작했다가, 결국 그 시간을 내지 못해 그만두는 사태로 끝나버리기 때문이다.[35] 그러나 우리가 재화를 얻기 위해 직장에서 일하는 시간을 줄인다면 여분의 시간을 쉽게 낼 수 있다. 우리가 그렇게 선택하는 경우 더 건강하고, 오랫동안, 만족스러운 삶을 살게 된다고 증거가 확실하게 보여준다. 그러나 나라 전체로 보아 미국은 점점 더 적은 시간만 운동하며 더 많은 시간을 직장에서 보내고 있다.

어느 사회를 선택할 것인가?

주민들이 400제곱미터 집에 살면서, 친구를 만날 시간이 한 달에 하루 저녁밖에 없는 A 사회인가, 300제곱미터 집에 살면서 한 달에 네 번을 친구와 보낼 수 있는 B 사회인가?

이 질문은 다시금 어느 쪽 시간 활동이 주관적 복지에 긍정적인 영향을 끼치느냐의 문제로 귀착된다. A 사회의 주민들은 더 많은 시간을 일하기 때문에 더 큰 집을 지을 수는 있지만 친구와 어울릴 시간은 적다. 그리고 여기서도 증거는, 모두가 더 큰 집을 소유했을 때 생기는 이득은 작은 데다 금방 사라져버리는 데 비해 더 깊은 사회적 관계의 결과는 심대하고 지속적이라고 시사한다. 활발한 사회적 관계망이 풍부한 사람은 스스로 행복하다고 여기는 경우가 더 많으며 친구들에게서도 행복해 보인다는 평가를 받을 가능성이 더 높다.[36] 예를 들어 전미여론조사센터National Opinion Research Center가 수행한 연구에 따르면 중요한 개인사를 의논할 수 있는 친구 이름을 다섯 명 이상 댈 수 있는 사람은 의논할 사람이 아무도 없다고 답한 사람들보다 "매우 행복하다."고 느낄 확률이 60퍼센트나 높았다.[37] 다른 연구는 대학 졸업자 800명을 대상으로 이루어졌는데, 고소득과 직업적 위신을 소중하게 생각하는 응답자들은 "상당히 불행하다."거나 "매우 불행하다."고 스스로를 묘사할 확률이 두 배나 된다는 사실을 발견했다.[38]

사회적 통합성*과 주관적 복지 사이의 상관관계가 인과관계인가라는 의문이 자연스럽게 들 수 있다. 친밀한 관계가 사람들을 행복하게 해주는 것일까 아니면 단순히 더 행복한 사람들이 친밀한 관계를 누릴 확률이 더 높은 것일까? 두 번째 가능성도 무시할 수 없지만 나는 적어도 사회적 통합성이 중요한 인과적 요인이라는 몇몇 증거가 있음을 주목한다. 그리하여 한 연구는, 작은 규모의 안정되고 응집력 있는 부대에 배치된 군인들이 사람이 많이 바뀌는 큰 부대에 배치된 군인들보다 주관적 복지의 몇몇 중요 지표에서 유의미하게 더 높은 수치를 보인다는 사실을 밝혀냈다.[39]

이보다 더 놀라운 것은, 친밀한 개인적 관계망과 신체 건강 사이의 연결 관계다. 그런 관계망이 없는 사람들은 신체적으로 건강할 가능성이 더 낮았고, 모든 연령대에서 사망 위험이 더 높았다. 예를 들어 골수 이식 수술을 받을 예정인 백혈병 환자들에 대한 한 연구에서 가족과 친구들의 강한 정서적 지지를 받은 사람들의 2년 후 생존율은 54퍼센트였지만, 그런 정서적 지지가 거의 없었던 사람들의 생존율은 20퍼센트에 불과했다.[40]

---

* 사회적 통합성social integration 개인이 사회 관계망에 얼마나 친밀하게 통합되어 있는지 여부.

더 광범위한 조사에 기반 한 연구는 다양한 종류의 사회적 관계 ── 결혼, 친구와의 접촉, 교회나 다른 조직에의 참여 ── 의 결여가 캘리포니아 주 앨러미다 카운티의 남성 2,229명과 여성 2,496명의 향후 사망률을 예측하는지를 조사하였다. 모든 연령 집단의 남성과 여성들이 조사가 시작된 1965년에 그런 관계가 적거나 결여된 것으로 파악된 경우, 추후 9년 동안 사망할 확률이 30퍼센트에서 300퍼센트 이상 높았다.[41]

여기서도 역시 사망률과 사회적 통합 사이의 관계가 인과관계인지 의문을 가질 수 있다. 사회적으로 덜 통합되어 있는 응답자의 높은 사망률은, 이미 건강이 나빴기 때문에 인터뷰 당시에 사회적으로 덜 통합되어 있었던 것에 불과할까? 그 후에 이뤄진 연구는 이러한 해석을 기각시키는 것으로 보인다. 미시간 주의 테컴제크tecumsech의 남성 1,322명과 여성 1,432명의 표본에 기반 한 이 연구는, 인터뷰 당시에 한 신체검사의 결과를 통제하고 난 후에도 사망률과 사회적 통합 사이에 본질적으로 동일한 관계가 성립함을 밝혀냈다.[42]

요약하자면, 더 친밀한 사회적 유대가 신체적 건강과 주관적 복지 모두 증진시킨다는 증거는 명백하다. 그러나 더 친밀한 사회적 관계는 마술 지팡이를 흔들어서 생길 수가 없다. 관계를 쌓으려면 시간이 걸린다. 경제학자들이 올바르게 지적했듯이 시간은 돈이다. 그렇다면 그 돈은 잘 쓰인 셈인가? 만일 그 돈을 달리 쓰는 선택지가 모두가 더 큰 집을 짓는 것이라면 그에 대한 답은 거의 절대적으로 "예"이다. 여기서도 다시금 합리적인 사람이라면 모두가 더 작은 집에 살지만 친구들과 보낼 시간이 더 많은 B 사회를 고를 강력한 이유가 있는 것으로 보인다. 그러나 국가 전체적으로 우리는 그와 정확히 반대 방향으로 가고 있다.

어느 사회를 선택할 것인가?

주민들이 400제곱미터 집에 살면서 1년에 1주일의 휴가를 가는 A 사회인가, 아니면 300제곱미터 집에 살면서 1년에 4주의 휴가를 가는 B 사회인가?

우리 모두가 더 작은 집에 산다면 그리고 덜 비싼 차를 몬다면, 우리 모두는 매년 더 많은 주를 휴가로 보낼 수 있게 된다. 일상사에서 정기적으로 벗어나 휴식을 취하는 것이 신체적·심리적으로 도움이 된다는 것은 오래전부터 확립된 사실이다.[43] 휴가 중인 사람들에 대한 연구에 따르면, 그들은 다른 때보다 피로를 덜 느끼고, 짜증을 덜 내며, 걱정을 덜 한다.[44] 휴가 중인 사람들은 소화 불량, 변비, 두통, 불면증처럼 스트레스 관련 질환을 덜 경험한다.[45]

휴가는 새로운 곳을 구경하고, 멀리 떨어져 있는 친척과 친구를 방문하고 새로운 스포츠를 즐기고, 책을 읽고, 해변에 눕고, 황야에서 하이킹을 하거나, 마음이 가는 대로 하고 싶은 일을 할 기회를 준다. 휴가가 상당한 기간 동안 주어질 경우에는 휴가가 끝나서 직장으로 돌아오고 나서도 오래 지속되는 회복 효과를 낸다는 사실이 발견되었다. 이러한 효과에 대한 증거를 인용하면서 독일의 노동법은 "휴가란 중간에 끊이지 않고 계속되는 방해받지 않는 기간을 의미하며, 회사나 노동자 자신의 긴급한 사정 때문에 꼭 필요한 경우를 제외하고는 여러 번 쪼개어 쓰지 말 것"이라고 규정하고 있다.[46] 또한 그 법은 "최소한 24일로 주어지는 휴가 기간이 여러 번으로 쪼개어질 때는 그 부분 중 하나는 최소한 12일의 연속된 날이어야 한다."고 규정하고 있다.[47]

더 긴 휴가가 주는 많은 이점이 명백함에도 불구하고, 미국에서 초임 노동자에게 10일을 넘는 유급 휴가를 주는 곳은 거의 없으며, 많은 곳이 10일 미만만 주고 있다. 더 낮은 연간 급여와 더 긴 휴가의 조합이 사회 구성원 전반이 더 작은 집에서 살게 되는 데서 오는 주관적 복지의 감소를 상쇄하는 것보다 훨씬 더 주관적 복지를 증가시킬 것이라는 점은 의문의 여지가 거의 없어 보인다. 그런데도 미국인들은, 유급 휴가 하루를 받기 위해 요전보다 더 긴 시간을 일해야 한다.

어느 사회를 선택할 것인가?

400제곱미터 집에 살면서 직장에서의 자율성이 상대적으로 낮은 A 사회인가, 300제곱미터 집에 살면서 직장에서 상대적으로 높은 자율성이 있는 B 사회인가?

우리들 중 대부분이 깨어 있는 시간의 대부분, 적어도 큰 부분을 직장에서 보내기 때문에, 전반적인 삶의 만족에서 직업 만족도가 중요한 요소가 된다. 산업 심리학이 지속적으로 밝혀내고 있는 사실은, 노동자들이 어떤 과업을 어떤 방식으로 수행할 것인가를 선택할 수 있는 자율성의 정도에 비례해서 직업 만족도가 증가한다는 것이다.[48] 예를 들어 실험실 실험^{laboratory experiment}에서 자신의 활동을 선택할 수

있었던 피실험자들은, 무작위로 과제가 배정된 피실험자들보다 더 많은 시간을 과제에 쏟았다.[49]

물론 자율성이 직업 만족도에 영향을 미치는 유일한 요소는 아니다. 예를 들어 노동자들은 자신들의 기술을 활용할 기회를 더 많이 주는 직장에서 더 큰 만족을 느낀다.[50] 그리고 수많은 연구들이 노동자들이 수행해야 하는 과업이 다양할수록 직업 만족도가 증가한다는 사실을 발견하였다.[51] 이 목록은 끝이 없다. 예를 들어 급여가 동일하다면 사람들은 위험한 직업보다 안전한 직업을, 시끄러운 일보다 조용한 일을, 주차하기 불편한 직장보다 편리한 주차장이 있는 직장을, 고용이 불안한 직장보다 고용 안정성이 높은 직장을 더 선호한다. 등등.

노동자들에게 더 많은 자율성을 주는 것은 때때로 더 높은 생산성으로 이어지기도 하나 그렇지 않을 때도 있다. 생산성이 더 높아지는 경우에는 물론 이윤을 추구하는 고용주가 추가적인 자율성을 노동자들에게 부여하는 것이 더 이익이 된다. 그러나 어느 지점을 넘어서면, 더 많은 자율성은 통상 이윤을 감소시키게 된다. 그리고 이 지점에 일단 도달하고 나면 노동자들은 더 적은 급여를 받아들일 때에만 자율성을 누릴 수 있다. 같은 이치가 다른 가치 있는 작업 속성에도 적용된다. 노동자들이 전문화할수록 더 생산적이 되는 경우라면, 노동자들이 다양성을 향유하며 그들이 보유한 여러 가지 기술을 활용할 기회를 가지려면 임금 삭감이 불가결하다. 마찬가지로 추가적인 안전 장비, 고용 안정, 사무실의 프라이버시, 다른 편의 시설은 불가피하게 더 적은 급여를 의미하게 된다.

이 사고 실험을 위하여, 우리는 이런 바람직한 노동 조건을 얻는

데 치른 유일한 대가가 주거 공간이 400제곱미터에서 300제곱미터로 줄어드는 것뿐이라고 가정했다. 그리고 더 작은 집에 사는 것은 우리가 살펴본 바와 같이 주관적 복지에 아무런 희생도 가져오지 않는다. 그럼에도 모두가 일의 추가적인 자율성 —— 또는 추가적인 다양성이나 안전성 —— 을 누릴 수 있을 때에는 복지에 지속되는 이득이 있게 된다. 여기서 다시금, 활용 가능한 증거들은 B 사회의 선택을 강하게 지지한다. 그럼에도 B 사회에 존재하는 바로 그 선택지의 조합으로부터 우리 사회는 멀어지고 있다.

비과시적 소비

이제까지 살펴본 이 각각의 사고 실험에서 내린 선택은 모두 (더 큰 집이라는 형태의) 과시적 소비와, 더 나은 용어가 없어 당분간 지칭할 말로 "비과시적 소비 inconspicuous consumption"라 내가 부르는 것 사이의 선택이었다. 비과시적 소비는 교통 혼잡으로부터의 자유, 가족이나 친구와 보낼 시간, 휴가 시간, 직업을 만족스러운 것으로 만드는 다양한 속성이다. 앞에서 논의된 각 사례에서 주관적 복지는 비과시적 소비에 더 많은 자원을 투여하는 사회에서 더 높으리라는 점을 증거는 시사한다.

비과시적 소비 항목은 상당한 정도로 더 확장될 수 있다. 예를 들어 우리는 약간 더 작은 집에 사는 것이 더 맑은 공기, 더 많은 도시 공원, 더 깨끗한 식수, 더 적은 폭력 범죄, 또는 조기 사망을 감소시키는 의료 연구를 위해 치를 만한 대가인지 물어볼 수 있다. 그리고 이 각각의 경우 우리가 고려했던 사례에서와 마찬가지의 대답이 나올 것이다.

비록 많은 종류의 비과시적 소비 —— 예를 들어 교통 혼잡을 완화시키는 빠른 대중교통 체계의 활용 —— 가 공공 영역의 지출을 수반하지만, 다른 많은 종류의 비과시적 소비 —— 예를 들어 가족이나 친구와 더 많은 시간을 보내는 일 —— 는 그렇지 않다. 자동차 같이 많은 사적 재화는 과시적 소비와 비과시적 소비의 요소를 모두 가지고 있다.

우리가 그런 재화에 쓰이는 총액을 고정시킨다면, 우리는 과시적 소비와 비과시적 소비 사이의 맞교환에 직면하게 된다. 예를 들어 차를 더 빠르고 호화스럽게 만들거나 더 안전하고 신뢰할 수 있는 차를 사는 경우에는 결과가 달리 나온다. 안전이 증가되므로 복지 증가분은 매우 평등하게 분배된다. 대부분의 사람들은 그로 인해 아무런 영향도 직접 받지는 않겠지만, 우리 중 작은 비율의 누군가는 심각한 부상을 입거나 사랑하는 사람을 잃어서 겪는 고통과 괴로움을 겪지 않아도 된다. 신뢰성이 높아짐으로써 우리 중 대다수가 반복되는 기계적 고장으로 겪는 스트레스에서 벗어날 수 있게 된다.

사고 실험에서 전달하고 했던 나의 요지는, 비과시적 소비가 언제 어디서나 과시적 소비에 비해 선호할 만하다는 것이 아니었다. 실제로 우리가 개별적으로 사고 실험을 해보면서, B보다 A 사회를 선택하는 소수의 합리적인 사람들도 있으리라 생각해볼 수 있었다. 일부 사람들은 일의 자율성을 싫어하거나, 운동을 싫어하거나, 가족이나 친구와 보내는 시간을 싫어할 수 있다.

그러나 우리 모두가 약간 더 작은 집으로 옮겨도 주관적 복지에서는 희생되는 바가 거의 없다는 증거를 액면 그대로 진지하게 고려한다면, 진짜 질문은 '합리적인 사람이 그렇게 해서 아낀 자원으로 무언가 더 생산적인 용도에 쓸 수 있느냐' 하는 것임을 알 수 있다. 사고실험에서 상정한 집의 절대 크기에 비추어보면 그에 대한 답은 거의 확실히 "예"이다.

그리고 이는 바로 전 5장의 제목(돈으로 행복을 사는가?)으로 쓰인 질문에 대한 답이, '경우에 따라 다르다.' 는 것임을 시사한다. 상당한 수의 증거들이 우리 모두가 더 큰 집을 사기 위해 더 긴 시간 일한다고 해도 이전보다 더 행복해지지 않음을 시사한다. 그러나 돈으로 행복을 살 수 있는가라는 질문에 대해서 증거는 매우 다른 그림을 보여준다. 과시적 소비재에 돈을 덜 쓸수록, 우리는 교통 혼잡을 완화시킬 수 있고, 가족이나 친구에 헌신하고, 운동, 수면, 여행 등 원기 회복에 도움이 되는 활동에 더 많은 시간을 낼 수 있으며, 깨끗하고 안전한 환경을 더 잘 유지할 수 있게 된다. 활용 가능한 최선의 증거에 비추어 볼 때, 우리의 돈과 시간을 이런 방식으로 재배분하는 것은 더 건강하고 오래도록 만족스러운 삶을 누릴 수 있도록 해준다.

그렇다면 왜 주관적 복지가 증가하지 않았을까?

2차 세계 대전 이후 대부분의 나라들에서 그랬던 것처럼, 평균 소득이 급격히 증가할 때에는 대부분의 사람들은 과시적 소비에도, 비과시적 소비에도 이전보다 더 많은 돈을 쓴다. 그래서 우리가 오늘날 사는 차들은 더 빠르고 더 호화스러운 장비가 갖추어졌을 뿐 아니라 더 안전하고 신뢰성이 있다. 그러나 두 가지 유형의 소비가 모두 증가하고 있었다면 그리고 비과시적 소비는 주관적 복지를 높여준다면, 주관적 복지가 지난 수십 년간 왜 증가하지 않았을까? (바로 이전 장에서 일본의 평균 주관적 복지가 평균 소득이 다섯 배로 증가하는 기간 동안 본질적으로 같은 수준에 머물러 있다는 연구 결과를 떠올려보라.)

이에 대한 설득력 있는 대답은 그 기간 동안 비과시적 소비 유형 중 일부는 증가해왔지만, 일부는 감소해왔으며, 급격히 감소한 경우도 흔했다는 것이다. 예를 들어 앞서 보았듯이 미국에서 직장에서 보내는 연간 시간은 지난 20년 동안 증가해왔다. 교통은 상당히 혼잡해졌으며, 저축률은 가파르게 떨어졌고, 개인 파산 신청은 그 어느 때보다 많다. 그리고 고용 안정이 급격히 하락했다는 광범위한 인식이 있다. 이런 것들을 비롯한 여러 비과시적 유형의 소비 감소는, 다른 부문의 비과시적 소비 증가의 효과를 쉽게 상쇄시킬 수 있다.

이보다 훨씬 더 골치 아픈 질문은 '왜 자원을 더 현명하게 활용하지 못하였는가?'다. 우리 모두가 더 건강하고 길고 만족스러운 삶을, 단순히 소비 패턴을 바꿈으로써 달성할 수 있다면 왜 그렇게 하지 않았을까? 이것이 이후에 나올 내용 중 많은 부분에서 우리가 주의해서 살펴봐야 할 핵심적 질문이다.

—

7장

우리가 잊은 미래

LUXURY
FEVER

활용 가능한 최선의 과학적 증거에 비추어 볼 때, 우리는 우리의 이익을 가장 잘 증진시키는 방식으로 돈을 쓰고 있지 않다. 증거는, 더 작은 집과 덜 비싼 차를 사고, 다양한 유형의 덜 과시적 소비에 돈을 더 써야 한다고 시사하고 있는 것 같다. 현 상태의 옹호자들은 그 증거의 유효성에 의문을 제기하며 다음과 같이 반응한다. 우리는 과학 연구가 제시하는 바보다 실제로는 훨씬 더 물질적 재화를 소중히 여김에 틀림없다고.

논의를 위하여 물질적 재화량 증가가 복지 증가의 고도로 효율적인 수단일 가능성을 인정해보도록 하자. 만약 그렇다면 가까운 미래에 훨씬 더 많이 소비할 수 있기 위하여 필요하다면 오늘 약간 덜 소비하는 것을 기꺼이 택해야만 한다. 그러나 이 장에서 우리가 살펴볼 증거는 이 예측을 전혀 지지해주지 않는다. 그와는 반대로, 증거는 우리의 현재 소비 패턴의 현명함을 의문시하게 했던, 이미 살펴보았던 이유들보다 더 강력한 이유를 제공한다. 왜 그런지를 알아보기 위해, 현재 소비를 연기하는 일이 어떻게 미래의 훨씬 더 유리한 소비 기회를 창출하는지를 검토해보아야 한다.

복리의 기적

짚신벌레는 이 문장의 끝에 찍히는 마침표만 한 크기의 단세포 동물이다. 이 동물은 신선한 물이 있는 곳이라면 어디서든 발견되지만, 먹이가 되는 부패한 유기물을 함유하고 있는 조용한 연못에 특히 많이 산다. 많은 종들이, 각 성체成體 세포가 두 개의 똑같은 딸세포로 매일 한 번 때때로는 하루에 두 번 분열하는 방식의 무성 생식으로 재생산한다. 전 세계의 초등학교에서 짚신벌레의 행동 중 이 특별한 측면 때문에 이 동물은 복리를 설명하는 인기 있는 도구다. 나는 3학년 때 선생님이, 칠판의 좌측 하단 사각형 안에 짚신벌레 한 마리가 있는데 다음 사각형에는 2마리, 그 다음 사각형에는 4마리를 넣는 식으로, 64개의 사각형까지 채워 넣는다고 상상해보라고 했던 일이 기억한다. 그녀는 눈빛을 반짝이며 물었다. 마지막 사각형에는 얼마나 많은 짚신벌레가 있게 될까?

물론 그 답은 9,223,400,000,000,000,000이라는 생각하기도 힘들만큼 큰 숫자다. 125마리의 짚신벌레가 나란히 붙어 서서 열을 이루는 모습을 상상한다면 그 열의 길이는 2.5센티미터 정도 된다. 그런데 한 마리의 짚신벌레가 아무런 방해를 받지 않고 64일만 재생산을 해도 그 결과 그런 식으로 줄지어선 짚신벌레는 1,874,242,022,400킬로미터 —— 지구와 태양을 6천 번 왕복할 수 있는 거리 —— 이상의 길이로 늘어서게 될 것이다.

말할 필요도 없이, 복리의 기적은 상대적인 성장률이 짚신벌레의 성장률보다 상당히 작을 때에는 덜 극적인 역할을 한다. 그렇다 하더

170

라도, 그 결과는 상대적으로 작은 성장률일지라도 인상적일 수 있다. 예를 들어 연 7퍼센트의 이자율로 투자된 돈은 10년 내에 2배 이상으로 커지게 된다. 이는 18세기 말 벤저민 프랭클린Benjamin Franklin이, 그 이율로 신탁 회사의 계좌에 남겨둔 1천 달러는 오늘날 1조 달러가 될 것이라는 이야기다. 미국 주식 시장에 투자된 돈은 2차 세계 대전 후로 세금을 제하고 난 뒤를 기준으로 연간 13퍼센트 이상의 이익을 내왔으며, 많은 개인 투자자들은 그보다 상당히 더 높은 수익률을 올리기도 한다. 예를 들어 워런 버핏Warren Buffet의 버크셔 해서웨이 주식은 지난 40년 동안 연평균 30퍼센트의 수익률을 보였다. 누군가 버크셔 해서웨이가 사업을 시작한 1956년에 1만 달러치만 주식을 사두었다 해도 오늘날 그 가치는 1억 달러에 달하는 것이다.[1]

낭비된 기회

복리의 기적에 비추어 볼 때, 괜찮은 수익률로 돈을 투자할 수 있는 우리의 능력은, 비상한 기회를 잡은 셈이다. 그것은 말하자면 무에서 새로운 부를 창조할 수 있는 기회다. 그러나 슬프게도, 최근 수십 년 동안 우리가 흥청망청 소비한 직접적인 결과로 미국인들은 이 기회를 대체로 낭비해왔다. 국제적인 기준에서 항상 낮았던 우리의 저축률은 다른 주요 산업 국가의 저축률에 비해 급격하게 하락했다. 예를 들어 아래의 표는 1970년대, 1980년대, 1990년대 초반의 OECD 국가 중 경제 규모가 가장 큰 5개국의 순 저축률을 보여준다.[2] 미국이 전 연대별로 항상 꼴찌를 기록했으며, 미국과 다른 나라의 저축률 간극이 급

OECD 국가 중 경제 규모 최상위 5개국의 순 국민 소득 중 순 저축 비율

	1970년대	1980년대	1990~1992년
일본	25.6	20.9	23.0
독일	15.1	11.2	12.4
프랑스	17.1	9.0	8.7
이탈리아	16.4	11.2	7.6
미국	9.1	5.2	2.5
OECD 전체	13.8	9.7	8.7

출처: Laurence Seidman, *The USA Tax: A Progressive Consumption Tax*, Cambridge: MIT Press, 1997년, 19쪽.

격히 벌어지고 있음을 주목하라. 그리하여 일본의 순 저축률은 1970년대 미국 저축률의 3배에 못 미쳤지만, 지금은 9배나 된다. 마찬가지로, 독일의 순 저축률은 한때 미국의 2배였지만 지금은 거의 5배나 된다.

더 골치 아픈 점은 미국인들 중 큰 비율이 저축을 사실상 전혀 하지 않고 있다는 사실이다. 예를 들어, 한 전국 통계 조사에서 저축액이 3,000달러 미만이라고 답한 응답자가 전체의 반이나 되었다. 그리고 다른 40퍼센트는 갑자기 1,000달러짜리 청구서가 날아 들어오면 "큰 문제"가 될 것이라고 답했다.[3]

미국 저축률은 1990년대 말에 약간 회복하기 시작하였는데, 많은 이들이 인구 통계상 변화에 그 원인을 돌리고 있다. 베이비 붐 세대가 최고 소득을 올리는 연령대[代]로 진입하였고, 그 연령대는 다른 때보다 저축을 더 많이 하는 경향이 있는 시기인데다가, 베이비 붐 세대의 많은 이들이 사회 보장 시스템의 재정적 미래에 대한 두려움에

자극받은 탓이기도 하다. 그러나 많은 분석가들은 베이비 붐 세대가 최근 약간 오르기는 했지만 여전히 극단적으로 낮은 미국 저축률에 지속적으로 영향을 미칠 것이라는 점에 대해선 회의적이다.[4]

우리가 그토록 낮은 비율로 저축한다는 사실은 단순히 퀴퀴한 냄새가 나는 은행 금고 안에 머무는 달러가 더 적을 뿐임을 의미하지 않는다. 낮은 저축률은 미국 회사들이 새 기술, 공장, 장비에 덜 투자한다는 것을 의미한다. 생산성은 일할 때 활용하는 자본의 양에 많은 부분 의존하고 있다. 추가적인 컴퓨터, 선반, 또는 광 스캐너 장치는 매일의 생산량을 증가시킨다. 소비에 쓰이지 않고 저축 계좌로 들어가는 돈은 기업에 대출되어 그 기업 노동자들의 생산성을 높여주는 —— 일반적으로 원금과 이자 총액을 다 갚고도 남을 만큼 훨씬 많이 높여주는 —— 새 자본 설비 구입에 사용된다.

미국과 다른 현대 산업 사회의 특징인 높은 소비 수준에 관한 우리의 견해와 무관하게, 더 생산적이 되는 것은 우리에게 더 많은 선택지를 안겨준다는 그 사실 만으로도 좋은 일임을 인정해야 한다. 높아진 생산성은 더 많이 벌고 선택하는 것을 더 많이 살 수 있게 해주기도 하지만, 더 적은 시간만 일하거나 환경 정화에 더 많은 돈을 쓸 수 있게도 해준다. 다른 사정이 동일하다면, 사회가 생산적일수록 좋은 삶의 전망을 추구할 개별 시민의 능력은 증대된다.

물론 저축된 돈을 쓴 투자만이 생산성 증가의 유일한 원천은 아니다. 예를 들어 자본 설비가 없어도 경험이 쌓이고 새로운 지식과 아이디어를 발전시키면 생산성은 증가한다. 그렇다 해도 투자는 생산성 증대의 주된 원천이다. 그리고 최근 몇 십 년간 미국의 낮은 저축률은

20세기 마지막 25년 동안의 미국 생산성 증대가 1950년에서 1975년 사이 기간의 반에도 미치지 못하게 했던 중요한 이유다(3장을 보라.).

미국의 관점에서 보면, 투자의 점점 더 많은 부분이 외국의 저축에서 온 돈으로 이루어졌다는 것은 또 다른 우려를 자아내는 사실이다. 실제로, 20년이 채 안 되는 기간 동안 미국은 외국의 저축에 너무나 많이 의존하게 되어, 세계의 최대 채권국에서 최대 채무국으로 전락해버렸다.[5] 물론, 외국의 돈으로 이루어지는 투자가 미국 국경 내에서 이루어지는 것이 아예 아무런 투자도 없는 것보다는 미국인들에게 낫다. 그러나 미국인들의 미래의 부는 미국인들 스스로의 저축으로 투자의 많은 부분이 이루어졌을 때 더 클 것이다. 예를 들어 1994년 미국 국채를 보유한 외국인들이 미국 시민들에게서 거둬들인 이자는 1천억 달러가 넘었다.[6] 더 많이 저축했다면 이 이자 소득의 많은 부분이 미국인들에게 돌아갔을 것이다.

저축의 이점을 설명해주는 사례

간단히 말해, 저축의 실패는 극단적으로 높은 비용을 치르게 하였다. 그러나 오늘날 우리의 저축 행태에 밝은 면이 존재한다면, 그것은 바로 미래의 생활 수준이 단순히 저축률을 높임으로써 극적으로 개선될 잠재력을 가지고 있다는 점이다. 이 기회가 진실로 얼마나 놀라운 것인지를 이해하기 위해서는, 한 쪽은 저축률이 높고 다른 쪽은 저축률이 낮은 점 외에는 모든 점이 동일한 두 가족의 소비 궤적을 비교해보면 된다. 문제를 단순화시키기 위해, 두 가족의 급여 소득은 1980년에 시작하여 그 이후로 매년 40,000달러로 고정되어 있다고 하자. 이 중 한 가족 —— 그들을 '절약 씨네'Thrifts라고 부르자. —— 은 매년 소득의 20 퍼센트를 저축한다. 이에 비해, 다른 가족 —— 그들을 '소비' 씨네Spends 라고 부르자. —— 은 5퍼센트만 저축한다. 따라서 첫해(1980년) 절약씨 네는 8,000달러를 저축하고 소비씨네는 2,000달러만 저축하게 된다. 그리고 가족의 소비는 소득에서 저축을 뺀 것이므로 소비씨네는 1980 년에 38,000달러를, 절약씨네는 32,000달러만을 소비하게 된다.

두 가족 모두 뮤추얼 펀드에 저축하고, 뮤추얼 펀드의 수익률은 보수적으로 상정하여, 1980년 이래로 그런 종류의 펀드의 평균 수익 률보다 약간 밑이라고, 그래서 연 10퍼센트라고 하자. 1981년에 절약 씨네의 소득은 지난해에 비해 800달러(8,000달러 저축의 10퍼센트 수익) 증가하게 된다. 반면에 소비씨네의 소득은 200달러만 증가하게 된다. 40,800달러의 소득으로 절약씨네는 1981년에 32,640달러(40,800달러 의 80퍼센트)를 소비하고, 소비씨네는 38,190달러(40,200달러의 95퍼센 트)를 소비하게 된다. 처음 시작할 때 6,000달러였던 두 가족의 소비 수준의 차이가 불과 1년 뒤에 5,550달러로 좁혀졌다.

매년 절약씨네의 소득은 소비씨네의 소득보다 빠르게 증가하고, 매년 절약씨네는 계속해서 그들의 증가된 소득의 20퍼센트를 저축한 다. 소비씨네는 5퍼센트만 계속 저축한다. 시작 연도로부터 5년밖에 지나지 않은 1985년이 되면, 소비 간극은 4,000달러로 줄어든다. 1993년이 되면 절약씨네의 소비 수준이 소비씨네의 소비 수준을 넘 어서게 된다. 그 시점부터 절약씨네는 매년 소비씨네보다 쭉 더 많은 돈을 소비하게 된다. 소비씨네는 매년 그들의 소득 중 95퍼센트를 소비하지만 소득 성장이 너무 느려서 1998년이 되면 절약씨네보다 3,000달러나 적게 소비하게 된다(연간 41,802달러 대 44,808달러). 그리고 두 가족이 은퇴하게 될 때 즈음인 2020년에는 절약씨네는 소비씨네보다 연간 20,000달러를 더 소비하게 된다(69,272달러 대 49,065달러). 더 놀라운 점은 두 가족 간의 은퇴 후 순 자산의 차이다. 소비씨네가 121,000달러에 못 미치는 총 저축액을 갖고 은퇴하는 데 비해, 절약씨네는 483,000달러를 넘는 돈을 갖고 은퇴한다.

물러서서 두 가족의 소비 및 저축의 역사를 비교해보면, 소비씨네가 더 저축하지 않음으로써 단순히 어처구니없는 바보짓을 저질렀다고 결론내리지 않기가 힘들다. 초기 몇 년 동안 규모도 작고 빠르게 사라지는 소비상의 우위를 대가로, 그 후 평생 동안 상대적인 관점에서 생활 수준이 꾸준히 악화되는 것을 감수했던 것이다. 충격적인 사실은, 전형적인 미국 가구는 이 사례의 소비씨네 저축률인 5퍼센트에도 미치지 못하는 비율만 저축한다는 것이다.

사례가 설득력이 있는가? 10퍼센트의 수익률은 많은 기준에 비추어 볼 때 관대한 것이기는 하지만, 비현실적으로 높은 편은 아니다. 예를 들어 미국 주식 시장에 투자한 펀드들은 1926년 이래로 그만 한 수익률을 보여왔다. 그리고 중요한 측면에서, 그 수익률은 오해를 부를 정도로 낮춰 잡은 것인데, 왜냐하면 이 수익은 전후 시대에 평균 30퍼센트였던 법인세를 기업이 납부한 후의 수익이기 때문이다. (추가 투자에서 얻는 사회의 이득은 세전 소득이지 세후 소득이 아니다. 그래서 모든 사람들이 더 저축하고 투자한다면 기업의 수익과 법인세액은 더 크게 될 것이고 정부는 시민 개인들에게서는 더 적은 돈만 걷어도 된다.) 어느 경우든 나는 단지 설명을 위해 10퍼센트라는 수치를 썼다. 실제 수익이 그보다 낮다면 두 소비 궤적의 차이는 줄어든다. 실제 수익률이 그보다 높다면 차이는 커진다.

냉전이 종식되고 전 지구적으로 한창 진행 중인 시장 개혁 때문에, 많은 투자자들은 우리가 경험했던 수익률보다 훨씬 더 높은 투자 수익의 가능성이 존재한다고 믿는다. 이것이 사실이건 아니건, 한 가지는 분명한 사실이다. 새 투자에 따르는 수익에 관한 어떤 합당한 가정을 따르더라도, 현재 우리의 저성장 궤적에서 고성장 궤적으로 이동하는 일의 **유일한** 비용은, 소비 성장을 짧은 —— 인간 역사의 장대한 규모에 비추어 보면 믿을 수 없이 짧은 —— 기간 동안 연기하는 것뿐이다. 이를 염두에 두면 물질적 재화의 지속적인 축적이야말로 사회 진보의 척도라고 생각하는 사람들조차 최근 수십 년간 불었던 소비 붐의 현명함에 대해 다시 생각해보아야 할 것이다.

성장은 정말로 좋은 것인가?

많은 이들은 더 높은 성장률을 달성하는 것이 결국에는 좋은 일이라는 주장을 의아하게 생각할 것이다. 왜냐하면 결국 사람들은 높아진 물질적 생활 수준에 빠르게 적응하는 경향이 있기 때문이다. 어떤 사람은 더 많은 소비가 더 많은 쓰레기, 산성비, 온실가스, 그리고 다른 유해한 부작용을 가져온다고 우려할지도 모르겠다.

첫 번째 논점에 관하여, 증거는 우리가 **안정적인** 생활 수준에 다소 빠르게 적응하기는 하지만, 생활 수준의 지속적인 상승에서 계속적인 만족을 얻는 것으로 보인다고 시사한다.[7] 올해 50,000달러를 버는 사람은, 작년에 55,000달러를 벌었을 경우보다 45,000달러를 벌었을 경우 현재의 생활 수준에 더 만족할 가능성이 높다는 점은 인간 본성에 관한 명백한 사실이다. 경제가 더 빠르게 성장할수록 요 근래보다 현재의 생활 수준이 상당히 개선된 사람들이 더 많은 비율을 차지하게 된다.

더욱이, 생산성 증대는 삶의 질에 지속적인 개선을 가져오는 덜 과시적인 다양한 소비에 자원을 쓸 수 있게 해준다. 예를 들어 이미 살펴보았듯이, 대부분의 사람들은 가족 및 친구들과 함께 보낼 시간이 더 많을 때 또는 출퇴근길이 더 짧고 스트레스를 덜 줄 때 더 오래도록 만족스러운 삶을 산다. 경제가 더 생산적일수록 그런 변화를 가져올 수 있는 능력이 더 생긴다.

성장률과 환경 오염 사이의 관계에 대해 살펴보자면, 산업화가 애초에 환경 악화를 야기한 원인이었기 때문에 성장률이 높을수록 환경을 더 위협하게 된다는 생각이 인기가 있기는 하다. 이 생각에 따르면, 극단적으로 원시적인 경제 발전 단계에 있는 사회들은 심각한 환경 오염을 거의 겪지 않는다고 할 수 있다. 실제로, 원시적인 수렵 채집 사회에는 스모그나 산성비를 표현하는 단어가 없었다.

그러나 부와 오염 사이의 관계는 단순히 선형적인 관계가 아니다. 오히려 그 관계는 부와 인구 성장률 사이의 관계처럼 뒤집어진 U자 형태를 보인다. 가장 심각한 오염과 인구 문제를 겪는 사회는 가장 부유한 사회도 가장 가난한 사회도 아니며 중간 수준의 부를 가진 사회다.

극단적으로 가난한 국가에서는 유아 사망률이 높기 때문에 인구 성장률이 낮고, 산업 활동이 거의 없기 때문에 오염 수준이 낮다. 중간 수준의 부를 보유한 나라는 공공 보건 제도가 유아 사망률을 낮추기 때문에 인구 성장률이 높고, 심한 오염을 발생시키는 산업 활동이 많이 있지만 유의미한 환경 정화 조치에 재정을 쏟을 충분한 부는 없다. 마지막으로 매우 높은 수준의 부를 이룩한 나라는, 일반적으로 환경 오염의 정도가 낮고, 인구 성장률도 낮다. 그리하여 『뉴욕 타임스』 기고가인 존 티어니^{John Tierney}는 최근에 "기술은 자연 자원을 보존하고 오염을 줄이는 일을 돕는다. 오늘날 농부들은 너무나 효율적이어서, 불필요해진 농지가 숲이나 공원으로 다시 되돌아가고 있다. 최첨단 기술을 갖춘 나라의 공기와 물이 가장 깨끗하다."[8]

역사는 세금과 규제 정책이 일정한 유형의 소비에 수반되는 오염을 정화하는 강한 인센티브를 제공할 수 있음을 가르쳐주었다. 오늘날 대부분의 미국 도시에서 운행되는 차량 수는 20년 동안 2배로 증가했음에도, 스모그는 20년 전보다 적다.[9] 만일 특정한 유형의 소비 —— 소음, 쓰레기, 독성 폐기물, 교통 혼잡, 온실가스 등등 ——가 해로운 영향을 발생시킨다면, 간단히 그 소비에 더 무거운 세금을 물리면 된다. 그런 세금은 더 깨끗한 기술의 발전을 북돋울 뿐 아니라 더 깨끗한 유형의 소비로 옮겨가게 만든다. 클라리넷 레슨을 받는 일이 환경 오염을 발생시키지는 않는다. 정원에 꽃을 기르는 일도 마찬가지다.

중요한 점은 부유한 사회에서는 **모든** 기회가 가난한 사회보다 더 많다는 점이다. 구 소련이 지구상 어떤 다른 나라보다 환경 오염을 많이 발생시켰던 이유는, 높은 경제 성장률 때문이 아니라 그 생산성이 경쟁 국가에 비해 너무 뒤쳐져 있었기 때문이다. 더 부유한 사회는 의료 연구와 빠른 대중교통 체계에 쓸 자원이 더 많고, 가족과 친구와 함께하는 시간이 더 많으며, 공부하고 운동할 시간이 더 많다. 그리고 단열 처리가 더 잘 된 집을 짓고, 연료 효율성이 더 높은 차를 만들기 위한 자원이 더 많다. 널리 퍼진 생각과는 달리, 개선으로 향하는 길은 경제 성장을 줄이는 정책이 아니라 촉진하는 정책에 놓여 있다.

저축과 은퇴

높은 개인 저축률이 가져오는 다른 중요한 이점은, 그 덕택에 가족이 오늘날 전형적인 은퇴 가족보다 재정적으로 훨씬 더 안정된 위치에서 퇴직 후 생활을 누릴 수 있다는 점이다. 대부분의 미국인들은 은퇴 후에 두 가지 주된 소득원으로 생활한다. 자신의 개인 저축에서 빼서 쓰는 것(여기에는 사용자가 제공하는 퇴직 연금 계좌가 포함된다.)과 사회 보장 제도에서 지급되는 연금. 대부분의 중위, 하위 소득 가구는 은퇴 후의 이 두 소득원이 은퇴 전의 가족 소득에 상당히 많이 못 미치기 때문에, 생활 수준이 고통스러울 정도로 후퇴하는 경우가 흔하다.

개인 저축은 앞서 논의한 복리의 기적이 갖는 유리한 점을 온전히 취할 수 있기 때문에 은퇴를 준비하는 방법으로서 특히 이점이 많다. 예를 들어, 40년 전 그럭저럭 괜찮은 뮤추얼 펀드 중 한 곳에 맡긴 1,000달러는 그 사람이 올해 은퇴한다면 5만 달러어치 재화와 용역 가치 이상이 되었을 것이다. 이와는 대조적으로 사회 보장 제도는 복리의 기적에서 오는 이점을 전혀 취하지 못한다.

엄밀히 말해서, 사회 보장은 은퇴 대비 저축 프로그램이라고는 전혀 말할 수 없고, 오히려 과세-이전 프로그램이라 할 수 있다. 지불 급여세*는 현재 고용되어 있는 사람들의 소득에 부과되며, 이렇게 징수된 돈은 사회 보장 급여를 받을 은퇴한 사람에게 지급할 재정으로 예치된다. 이 시스템 아래에서 은퇴자가 올해 총 40,000달러를 지급받으려면, 지금 일을 하고 있는 사람들에게서 올해 40,000달러를 세금으로 징수해야만 한다. 개인 저축과는 달리 사회 보장세social security tax는 즉각 쓰이기 때문에 여러 해 동안 이자가 붙지 않는다. 그리고 이 단순한 사실이, 사회 보장이 은퇴 후의 재정 대책으로 개인 저축보다 비용이 엄청나게 더 드는 이유를 설명해준다.

이것은, 베이비 붐 세대의 은퇴에 접근할 때 특히 중요한 고려 사항이다. 인구학적으로 안정이 유지되던 시대에는 은퇴자 1명당 대략 3명의 노동자가 있었다. 이는 은퇴하는 사람이 사회 보장 제도만 믿어도 되었고, 은퇴자들이 은퇴 전 생활 수준을 유지하게 하려면 일하고 있는 노동자들이 (소득세, 소비세 등 다른 세금 외에도) 대략 소득의 25퍼센트를 사회 보장세로 내면 된다는 것을 의미한다. 베이비 붐 세대가 은퇴할 즈음에는 은퇴자 1명당 2명 미만의 노동자들만 일하고

---

* **지불 급여세**payroll tax 노동자에게 지급된 임금 총액을 기초로 고용주에게 부과하는 세금 또는 노동자의 임금에서 공제되어 원천 징수하는 세금을 가리키는데, 여기서는 후자의 의미이다.

있을 것이며, 따라서 노동자들에게 훨씬 더 무거운 세금 부담을 지우게 될 것이다. 이 단순한 산수의 결과는 우리의 저축률을 상당한 수준으로 높인다면 덜 겁낼 일이 될 것이다.

경제 성장은 시민 의식도 증진시킨다

높은 저축률과 그 필연적 결과인 높은 경제 성장률을 선호할 이유는 더 남아 있다. 예를 들어, 경제학자 벤저민 프리드먼Benjamin Friedman은 곧 출간될 책에서 더 높은 성장률은 그 사회를 더 개방적이고, 민주적이며, 시민 의식civility이 성숙한 곳으로 만든다고 설득력 있게 논한다. 그가 표현한 바대로, "시간이 지남에 따라 물질적 생활 수준의 상승을 경험하는 사회는 바로 그 이유 때문에 기회의 개방, 다양성에 대한 관용, 사회 이동성, 공정성에 대한 책임성과 민주주의에 대한 헌신 같은 긍정적인 도덕적 특성을 보일 가능성이 높아지게 된다."[10]

프리드먼은, 대부분의 사람들의 근본적인 경제적 목표는 더 많이 가지고자 하는 것이며 그 열망은 다음 두 가지 방식으로 충족될 수 있다는 관찰에서 시작한다. 가까운 과거에 소유했던 것보다 더 많이 소유하는 것, 현재 다른 사람들이 소유하는 것보다 더 많이 소유하는 것. 지난 이십 년 동안처럼 소득이 정체되어 있을 때에는 첫 번째 만족의 원천은 대부분의 사람들이 전혀 활용할 수 없다. 따라서 그 열망은 두 번째 만족의 원천 —— 이웃을 뛰어넘으려는 제로섬 경쟁 —— 에 초점을 맞추게 된다. 물론, 문제는 비록 어떤 한 사람은 상대적인 관점에서 앞서갈 수 있겠지만, 사회 전체적으로는 그럴 수 없다는 것이다. 프리드먼의 관찰에 따르면, 침체된 경제는 광범위한 좌절을 낳는 일에는 거의 실패할리 없는 방법이다.

프리드먼은 이 단순한 사실이 사회 이동성과 기회 평등을 지지하는 제도와 공공 정책에 대한 사람들의 태도에 중대한 영향을 끼친다고 논한다. 더 개방된 사회는 필연적으로 일부 사람들이 다른 사람들에 비해 앞서 나가기가 쉬운 사회라는 점에 그는 주목한다. 같은 이유로, 더 큰 기회는 사람들이 뒤로 밀려날 가능성도 증가시킨다. 고도성장 경제에서는 상대적인 관점에서는 약간 뒤로 밀려나지만 예전에 가졌던 것보다는 더 많이 가지는 것이 가능하다. 그러나 침체 경제에서는 그렇게 될 수 없다. 어떤 사람이 이기면 누군가는 져야 하기 때문이다. 따라서 침체 경제의 맥락에서는 더 큰 개방성이 패자가 될지도 모를 상당한 위험을 의미한다.

만일 그런 도박에서 승리하는 것에 사람들이 부여하는 긍정적 가치가 패배에 부여하는 부정적 가치와 같다면, 그럼에도 불구하고 사람들은 주사위를 던질 수도 있겠다. 그러나 대부분의 사람들에게 이 두 가치 사이의 간극은 대단히 크다. 심리학과 경제학에서 새로이 쏟아져 나오고 있는 문헌들은 사람들이 동일한 액수의 이득보다는 손실에 훨씬 더 큰 비중을 둔다는 사실을 광범위하게 입증하고 있다.[11]

경제학자 리처드 탈러 Richard Thaler 는 이러한 경향을 묘사하기 위해 '손실 회피loss-aversion' 라는 용어를 만들어냈다. 손실 회피는, 이를테면 1,000달러를 잃는 고통이 단지 같은 액수를 따는 쾌락보다 크다는 것 정도를 의미하지 않는다. 손실 회피는 그 고통이 쾌락보다 **훨씬 크다**

는 점을 의미한다. 탈러는 학생들에게 다음과 같은 가상의 상황을 놓고 토론해보라고 하면서 이득과 손실에 대한 우리의 반응에서 나타나는 비대칭성을 설명한다.

1. 오늘 이 수업에 출석하는 바람에 여러분들은 희귀하고 치명적인 병원(病原)에 노출되었다. 그 질병에 걸렸을 확률은 1000분의 1이다. 질병에 걸렸다면 1주일 이내에 빠르고 고통 없이 죽는다. 이 질병을 완전하게 낫게 해주는 치료약이 있지만 지금 바로 먹어야 한다. 이 약을 구하기 위해 기꺼이 낼 수 있는 돈이 최대한 얼마인가? 치료약의 가격이 제시한 금액보다 높을 때에는 약을 받지 못한다. 약값이 제시한 금액보다 낮을 때는, 제시한 최대 금액 전부가 아니라 그 약값만 내게 된다. 얼마를 내겠다고 할 것인가?
2. 같은 질병에 대해 피실험자가 필요한 실험을 진행하고 있다. 피실험자는 스스로 병원에 노출시켜 1000분의 1 확률의 사망 위험을 감수해야 한다. 최소 얼마를 줘야 그 실험에 피실험자로 자원하겠는가?[12]

같은 질문을 당신이 받는다고 했을 때 뭐라고 답할지 생각해보라. 각각의 시나리오는 1000분의 1의 사망 확률을 얼마나 심각하게 느끼는지를 드러내도록 한다. 그런데 첫 번째 시나리오는 당신이 이미 노출된 사망 위험을 제거하기 위하여 얼마나 지불할지를 묻고 있는 반면에, 두 번째 시나리오는 얼마를 받아야 유사한 위험에 스스로 노출될지를 묻고 있다. 탈러는 학생들 중 중위 응답자는 첫 번째 질문에 대해서 약 800달러를, 두 번째 질문에 대해서는 약 10만 달러를 답으로 제시했다고 보고한다.[13] 탈러는 다음과 같이 설명한다. "일반적으로, 사람들은 아직 소유하지 않은 것(이 사례에서는 건강)을 얻기 위해서보다는 이미 소유하고 있는 것을 지키기 위해 더 많은 돈을 기꺼이 내려는 것처럼 보인다."[14] 손실 회피는 왜 노동자들이 10퍼센트 임금 상승을 위해서보다는 10퍼센트 임금 삭감을 막기 위해 훨씬 더 많은 노력을 기울이는지 이해하게 해준다.

프리드먼은 손실 회피의 한 가지 중요한 결과로 인해 침체 경제에서는 대다수 시민들의 압도적인 목표가 현 위치를 지키는 것이 될 것이라고 한다. 그런 환경에서 고용 장벽을 낮추는 제안은 한결같이 아무도 귀를 기울이지 않는 소리가 된다. 그러나 프리드먼이 관찰했듯이, 고도성장 경제에서는 상황이 현격하게 달라진다.

(고도성장 경제에서는 — 옮긴이) "더 많은"과 "더 적은" 사이의 비대칭성은 그 중요성이 줄어든다. 왜냐하면 고도성장 경제에서 대부분의 사람들에게 사회적 지위의 하향 이동downward mobility이라는 도박의 결과는 "더 적은"의 문제가 아니라 단순히 "더 많이 갖지 못하는" 상황에 그칠 뿐이기 때문이다. 그러므로 성장하는 경제에서는 현존하는 소득 분배에서 처한 위치가 어디든 상관없이 훨씬 광범위한 사람들이 사회 이동성의 증가를 기꺼이 받아들이게 될 것이고, 차별금지법, 취약 아동을 위한 특별 교육 프로그램 같이 실제로 사회 이동성을 높이는 조치들을 지지하게 된다.[15]

손실 회피 개념 덕택에, 부와 사람들이 환경 정화나 다른 공공재에 기꺼이 지출하고자 하는 액수의 관계도 더 풍부하게 이해할 수 있다. 특히 그 개념은 부의 변화율이 중요하다는 점을 시사한다. 고도성장 경제에서 더 깨끗한 환경을 갖는 데 드는 비용은 개인 소비 증가율이 약간 감소되는 정도에 불과하다. 그러나 침체 경제에서 환경 정화를 위한 추가적인 지출은 사람들이 이미 익숙해진 개인 소비 수준을 낮춰야 함을 의미한다. 손실 회피 때문에, 환경 정화는 소득이 정체된 더 부유한 사회보다 소득 수준은 부유한 사회보다 낮지만 고도로 성장하는 사회에서 훨씬 쉽게 이뤄질 수 있다. 심리학적 일반 법칙에 따르면, 앞으로 들어올 이득을 포기하는 것이 주머니에서 실제로 돈이 나가는 것을 감수하는 것보다 쉽다. 이 법칙은 더 높은 저축률을 통해서 달성할 수 있는 더 빠르게 성장하는 경제를 선호할 또 하나의 이유를 제시하며, 그리하여 우리의 현재 소비 패턴의 현명함을 의문시할 또 다른 이유를 제시한다.

8장

상대적으로 우수한

LUXURY
FEVER

사치 소비의 성장률을 감소시킴으로써 우리는 더 안전한 물을 마시고, 더 깨끗한 공기를 들이쉬며, 심각한 병에 걸리게 할 가능성이 더 적은 음식을 먹을 수 있다. 직장에서 더 많은 자율성과 다양성을 누리고, 더 안전하게 일할 수도 있다. 도로의 움푹 팬 곳을 메우고, 쓰러져 가는 다리를 고치고, 심각한 마약 문제를 겪고 있는 사람들에게 더 많은 도움을 줄 수도 있다. 온전한 재정적 안정을 보장해주기에 충분한 은퇴 자금을 준비할 수도 있다.

믿을 만한 과학적 증거들은, 이런 일들을 포함한 변화들이 우리의 신체적·정신적 복지를 증진시켜줄 것이라고 시사한다. 따라서 우리의 현재 소비 패턴은 우리가 더 많은 저축을 통한 더 높은 소득 성장률로 이 모든 변화를 더 많이 가져올 수 있다는 점을 고려해보면 더욱 더 이해하기 힘든 일이다. 이미 살펴본 것처럼, 우리에게 유일하게 필요한 희생은 물질적 재화에 대한 소비 증가율을 매우 짧은 기간 동안만 낮추는 것일 뿐이다. 그 짧은 기간이 지난 뒤에는, 우리가 원한다면 심지어 더 큰 집과 더 호화스럽게 갖춰진 차와 가전제품을 살 수도 있다.

그러나 우리는 이러한 변화를 시도할 자세조차 취하지 않고 있는 것 같다. 오히려 그와는 반대로, 증거들이 최선이라고 시사하는 소비 균형으로부터 더 멀리 떨어지려고 하는 것처럼 보인다. 우리가 인간의 건강과 복지에 관하여 현존하는 증거들을 액면 그대로 받아들인다면, 보이지 않는 손이 모두에게 최대의 선을 실현해준다는 주장을 거부할 수밖에 없는 것 같다.

현 상태의 옹호자들은 비록 우리의 선택이 우리를 더 행복하게 해주는 것은 아니라는 점에는 동의할지 모르겠지만, 그럼에도 불구하고 사람들이 원하는 대로 선택하게 내버려 두라고 하는 데에는 충분한 이유가 있다고 주장할 것이다. 어쨌거나 행복은 인간의 유일한 중요 목표가 아니다. 사람들이 화려한 사유재私有財를 —— 나중이 아니라 지금 —— 원하기에, 일정에 시달리고, 미래의 기회는 줄어들며, 그것을 얻기 위해 많은 다른 비용을 치르는 것까지도 감수하면서 돈을 쓰겠다고 한다면, 그렇게 하도록 내버려 두라고 자유 시장주의자는 이야기한다. 그들의 주장은, 시장 인센티브가 필연적으로 사람들이 객관적으로 최선인 것을 택하도록 한다는 것이 아니라 단지 사람들이 무엇을 원하건 간에 그렇게 선택하도록 내버려 두어야 한다는 것이다.

좋다. 재화와 용역의 다른 조합이 주는 매력에도 불구하고, 자칭 전문가가 우리의 돈을 어떻게 쓰면 제일 좋은지에 대해 지시할 권력이 있는 세계에서 사는 것을 두려워하는 데는 정말로 그럴 만한 이유가 있다. 경험이 우리에게 가르쳐주었듯이, 규제적인 치유책은 너무나 자주 그것이 치유하고자 했던 질병보다 더 나쁜 결과를 내곤 했다. 그러므로 우리의 소비 결정을 그대로 내버려 두는 것이 완벽하지 않음을 인정하지만, 그렇다고 해서 우리가 그것에 대해 무언가를 할 수 있다거나 무언가를 해야 한다는 점은 결코 명백하지는 않다.

잠시 우리의 현재 소비 패턴을 더 낫게 바꿀 실용적인 방법이 있는가의 문제는 잠시 제쳐 놓도록 하자. 지금 훨씬 더 긴급한 문제는, '왜 우리가 지금 하는 방식대로 시간과 돈을 쓰는가' 이다. 우리 모두가 단순히 소비 패턴을 바꿔서 더 나은 삶을 살 수 있다면 왜 그렇게 하지 않았는가? 무엇이 우리를 더 행복하게 해주는가에 관해 전문가들이 단순히 틀렸던 것은 아닌가? 아니면 단순히 우리는 더 건강하고 행복해지는 것을 별로 신경 쓰지 않는 것은 아닐까? 아니면 아마도, 우리는 그런 일들을 걱정하지만 어떤 이유로 인해 우리의 이익에 부합하게 행동할 능력이 없는 것인지도 모른다. 그리고 만일 마지막 경우라면, 단순히 해야 되는 일을 할 절제력이 없어서 문제인가? 아니면 우리의 욕구를 조작하고 우리의 선택을 제약하는 강력한 기업 이익 때문인가?

비록 위와 같은 가능성 모두가 어떤 환경에서는 중요할지 모르지만, 그중 어느 것도 왜 우리가 그렇게 자주 최적에 미치지 못하는지를 이해하는 데 열쇠가 되지 않는다. 예를 들어 우리는 정통 경제학 모델에서 가정하는 완벽하게 합리적으로 만족도를 극대화하는 사람은 결코 못되지만, 대부분의 경우 미리 알아야 할 정보를 찾아내는 능력은 놀라울 정도로 훌륭하다. 그리고 비록 우리 중 많은 이들이 때때로 게으르고 절제력이 없긴 하지만, 우리들 대부분은 해야 할 중요한 일이 있을 때는 상당한 정력을 발휘할 수 있다. 더욱이 우리 중 대부분은 만일 그렇게 하는 것이 삶의 질을 실질적으로 낮게 하리라고 생각하는 경우에는, 매디슨 가*의 유혹에 저항할 의지력을 발휘할 수 있다.

---

* 매디슨 가Madison Avenue 뉴욕 시 맨해튼 동쪽에 있는 거리. 대형 광고 회사와 방송

아마도 우리의 어려움은, 이익을 명확하게 인식하지 못하는 것이 아니라 너무 잘 인식하는 데 있는지도 모른다. 많은 사람들은, 모두가 더 저축하고 모두가 집과 차에 돈을 덜 쓴다면, 우리가 나아지리라는 것은 매우 잘 알고 있다. 그러나 그 선택지는 개별 가정이 취할 수 있는 메뉴에 올라 있는 항목이 아니다. 개별 가정은 자신들의 집에 쓸 돈을 정할 수는 있지만, 다른 사람들이 집에 얼마나 돈을 쓸지는 정할 수 없다. 한 가정이 더 작은 집을 산다면 그 행동은 불가피하게 그 가정의 집이 전체 사회의 집 크기 분포 중 차지하는 위치를 바꾸어 놓는다. 그리고 한 가정이 **상대적으로** 작은 집을 사는 것 —— 그리고 아마도 더 중요한 측면으로 말하자면 덜 좋은 학군의 집을 사는 것 —— 은 **모두가** 더 작은 집을 사는 것과는 그 영향 면에서 엄청나게 다르다.

이 관찰에는 우리가 최선의 이익에 부합하지 않는 것들을 왜 그토록 자주 사는지 이해하는 중요한 열쇠가 놓여 있다. 우리의 구매 행위와 이익 사이의 부조화는, 인간 본성이 정통 경제학이 가정하는 바와 전혀 같지 않다는 사실에 근거를 두고 있다. 애덤 스미스의 보이지 않는 손에 깔려 있는 정통 모델은 인간의 절대적 생활 수준이야말로 개인의 복지감을 결정짓는 주된 경제적 요인이라고 본다. 그러나 사실상 그 모델을 신봉하는 사람들을 제외한 모두가 오래진부터 알고 있었듯이, 상대적 생활 수준이 훨씬 더 중요한 경우가 흔하다. 앞으로 살펴보겠지만, 만족이 상대적 생활 수준에 크게 의존할 때 보이지 않는 손의 효능과 관련된 모든 추측은 더 이상 맞다고 할 수 없게 된다.

국이 많으며, 미국의 광고업계를 가리킨다.

상대적 지위에 대한 관심

나는 외동이었기 때문에, 내 자식들의 형제 간 경쟁을 늘 매우 흥미롭게 관찰해왔다. 8살 난 아들은 친구의 집에서 놀다 돌아와서 11살 난 형이 보이지 않으면 즉각 묻는다. "크리스 형은 어디 있어요?" 크리스가 바이올린 레슨을 받으러 갔거나 치아 교정을 받으러 갔을 때는 아무런 문제가 없다. 그러나 크리스가 영화를 보러 갔거나 친구와 놀고 있다면, 우리는 바로 둘째 아이 헤이든이 "공평하지 않아요!" —— 삶의 부정의에 대한 고뇌에 찬 외침의 피할 수 없는 전주곡 —— 라고 소리치는 것을 들어야 한다. "나는 해보지도 **못한** 재밌는 걸 형은 **언제나** 하게 되잖아요!"

헤이든이 전날 같은 영화를 봤다 해도 소용이 없고, 심지어 그 영화를 그가 별로 좋아하지 않았다 해도 마찬가지다. 그가 방금 친구랑 놀다 왔다는 사실은 신경 쓰지 마시라. 그의 반응은 항상 분통 터질 것 같고, 싫증 날 정도로 똑같다. 만약 이 반응을 누그러뜨릴 수 있도록 도와주는 유료 전화라도 있었다면, 나와 아내는 기꺼이 많은 돈을 냈을 것이다.

물론 그런 전화는 없다. 그래서 대부분의 부모들처럼 우리는 아이들에게 자신의 일만 신경 쓰고 다른 사람이 무엇을 가졌는지에 대해서는 지나치게 걱정하지 말라고 가르치려고 한다. 우리는, 아이들에게 언제나 더 나은 걸 가진 누군가가 있게 마련이며 그런 사실에 익숙해지는 법을 배우지 않으면 항상 불행할 수밖에 없다고 말해준다. 보통 그렇듯이 이런 훈계가 실패하면, 우리는 그들의 관심을 돌리기 위해 보상 구조를 조작한다. "크리스가 영화 보고 있다고 그만 징징거려. 어제 영활 보게 해주었지만 계속 우는 소릴 하면 다음번엔 영화를 아예 안 보여줄 줄 알아."

아이들이 성장하면서 그들의 불평은 조금 수그러들지만, 불평등한 결과에 대한 그들의 관심이 정말로 사라지지 않는다는 건 분명하다. 그리고 심지어 그런 관심을 사라지게 만들 수 있다 하더라도, 정말로 그걸 완전히 제거해버리길 바라는가? 몹시 유혹적인 생각이긴 하지만, 주의 깊게 숙고해보면 우리의 대답은 분명히 '아니요.'일 것이다. 왜냐하면 실제의 것이건 상상된 것이건 불평등한 결과에 대한 관심에서 오는 모든 고통과 괴로움에도 불구하고, 이런 관심이 완전히 제거된 사람이 우리가 아는 세계에서 효과적으로 기능할 수 있으리라곤 생각하기 힘들기 때문이다.

어쨌거나 부유한 사회에서도, 중요한 자원을 얻기 위한 경쟁은 삶의 현실이다. 우리 대부분은 흥미로운 직장과 배려 있고 지적인 배우자, 안전한 동네, 아이를 위한 좋은 학교를 원한다. 그러나 모든 직업이 똑같이 흥미로운 것은 아니며, 모든 잠재적인 배우자들이 동등하게 매력적이지는 않다. 어떤 동네는 다른 동네보다 훨씬 안전하다. 그리고 얼마나 많은 학교들이 노력하긴 간에, 오직 20개의 대학만 『유에스 뉴스 앤드 월드 리포트U.S. News and World Report』의 연간 상위 20 목록에 들어간다. 오빠의 아이스크림에 비해 자기 아이스크림이 작은지 전혀 신경도 쓰지 않는 아이는, 그렇게 무관심하지 않았더라면 그녀의 재능으로 올라갔을 인생의 단계를 거칠 가능성이 없다.

주관적 복지와 상대 소득

주의 깊은 연구가 거듭되자, 한 국가 내에서의 평균 행복 수준은 국가의 평균 소득이 어느 지점을 넘어서면 평균 소득 증가에는 거의 영향을 받지 않는 것으로 드러났다. 그리하여 우리가 살펴보았듯이 2차 세계 대전 이후 산업화된 국가에서 벌어진 바와 같이 심지어 평균 소득이 몇 배나 뛰어도 평균 만족 수준은 사실상 아무런 변화를 겪지 않았다. 그러나 이러한 발견의 설득력과 일관성에도 불구하고, 소득이 행복에 미치는 영향은 무시할 만한 정도에 지나지 않는다는 생각은 우리 대부분이 믿고 있는 바와 심하게 배치된다.

말뿐 아니라 행동에서도, 우리는 소득이 엄청난 개인적 관심사임을 드러낸다. 앞서도 지적했듯이, 예를 들어, 심리학자들이 우리 삶의 질을 가장 크게 개선시킬 수 있는 환경 변화가 무엇이냐고 물으면 가장 자주 나오는 대답은 "더 많은 돈"이다.[1] 실제로 그렇지 않다면, 왜 우리는 소득을 늘리기 위해 그토록 긴 시간 동안 일하는 것일까? 왜 1년차 어소시에이트 변호사*들은 뉴욕의 로펌에서 일주일에 80시간이나 일하는 것일까? 왜 유전油田 소방관들은 생명과 건강의 위험을 감수하는가? 왜 담배 회사를 위해 나선 전문가 증인은 증언대에 서서 터무니없는 말을 함으로써 스스로를 모욕하는 것일까? 남들보다 앞서는 것이 사람들을 훨씬 더 행복하게 만들어주지 않는다면 이런 경

---

* 어소시에이트 변호사associate 소유 지분이 있는 '파트너 변호사partner'와 구별되는 노동법상 노동자 신분인 변호사.

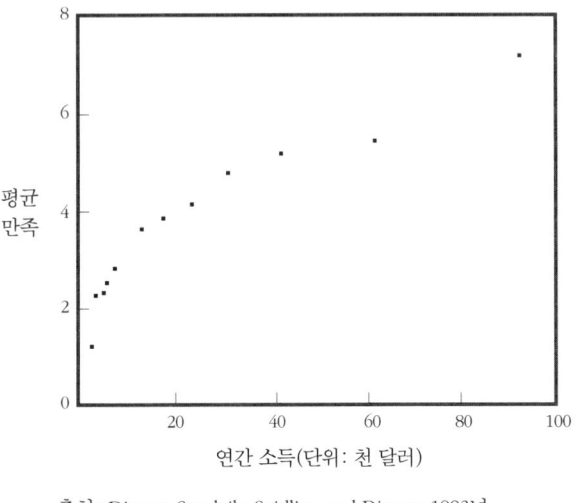

미국에서 소득과 만족 관계(1981~1984년)

연간 소득(단위: 천 달러)

출처: Diener, Sandvik, Seidlitz, and Diener, 1993년.

험들을 단순히 피하지 않을 이유가 무엇인가? 이에 대한 간단한 대답은, 더 많은 돈을 버는 것은 실제로 사람들을 더 행복하게 해주지만, 더 많은 돈이 상대적인 관점에서 앞서나감을 의미할 때만 그렇다는 것이다.

심리학자들이 주관적 복지가 한 국가 내의 한 시점에서 사람들 사이에 어떻게 다른가를 조사해보았을 때 일관되게 나왔던 발견은, 더 부유한 사람이 동시대의 더 가난한 사람보다 평균적으로 삶의 만족도가 높다는 것이다. 이 관계는 위 그래프에 설명되어 있다. 이 그래프는 미국인 4,942명을 표본으로 하여 1981년과 1984년에 실시한 조사 결과인데, 연간 소득과 관련한 만족 수준을 보여준다. 이 그래프의 각 점은 본질적으로 동일한 소득을 버는 다수의 사람들이 보고한 평균 만족 수준을 나타낸다. 이 그래프에서 드러나는 관계는 다른 시대와 장소에서도 관찰된 소득-만족의 관계의 전형적인 형태다.

사실상 그런 종류의 연구 모두가 부자는 빈자보다 유의미하게 높은 삶의 만족 수준을 보고하였다고 한다. 이 관계와, 우리가 앞서 살펴보았던, 한 국가 내에서 평균 소득이 몇 배나 증가했을 때에도 제자리에 머무르는 평균 만족 수준과의 관계가 보이는 충격적인 대조에 주목하라.

그러나 위 그래프에서 요약된 것과 같은 발견의 일관성에도 불구하고, 개인 간 소득과 주관적 복지 사이의 실제 상관관계 수치^{numerical correlation}는 상대적으로 작다. 그래서 한 전형적인 연구에 따르면 어느 한 시점에 측정된 미국인들의 소득과 주관적 복지 사이의 편상관 계수*는 단지 0.13에 불과했다.[2] (이 말은 다른 요인들의 영향을 통제하고 나면, 소득의 차이는 관찰된 개인들의 주관적 복지 차이의 2퍼센트 미만만을 설명한다는 이야기다.)

이와 같은 수치들은 많은 심리학자들로 하여금, 사실상 소득은 주관적 복지의 개인차의 중요한 결정 요인이 아니라고 주장하게 만들었다. 예를 들어 리처드 캐먼^{Richard Kammann}은 "삶의 객관적인 여건은 행복 이론에서 무시할 만한 역할 밖에 하지 못한다."고 썼다.[3]

이런 인상을 더 강하게 심어준 것은, 주관적 복지의 개인차의 80센트가 유전된 기질상 차이에서 초래된다는 최근 몇몇 연구 결과들이

---

* 편상관 계수偏相關係數 여러 가지 변수들 중에서 다른 것들을 고정시켜 놓고 구한 상관 계수.

다.[4] 예를 들어 따로 떨어져서 자란 일란성 쌍둥이의 장기적 평균 복지는, 함께 자란 이란성 쌍둥이의 장기적 평균 복지 수준보다 더 강한 상관성을 보였다.[5] 우리 중 일부는 햇살처럼 밝은 성향을 지니고 태어나서, 객관적인 환경에 별로 구애받지 않고 삶에서 큰 기쁨을 얻는다. 그러나 다른 이들은 모든 외부적 사정을 고려해도 모든 일들이 놀랍도록 잘 되어가고 있을 때조차 불만에 짓눌려 사는 것처럼 보인다.

그러나 이러한 관찰이 단순히 소득이 무시할 만한 영향만 미친다는 사실을 의미하진 않는다. 그 이유를 살펴보기 위해, 우리가 주관적 복지의 개인차 대부분을 설명하는, 소득 이외의 다른 요소들을 주어진 것으로 가정해보자. 그럴 경우 소득에 대한 개인의 행복에 관한 실제 자료를 나타낸 산포도散布度는 앞의 그래프(196쪽)에서 나타난 집단 평균을 표시한 도표의 분산보다 통계학자의 용어로 훨씬 '덜 정연할 less orderly' 것이다. 그래서 우리는 다음에 있는 그래프(199쪽)와 더 닮은 것을 보게 될 것이다. 이 그래프는 앞서의 그래프를 (같은 소득을 지닌 큰 집단의 평균 만족 수준을 큰 점으로 표현했던 것과는 달리) 더 작은 점으로 개인의 자료를 표현하여 재현한 것이다.

통계학자들이 개인 자료의 점들 사이의 관계가 덜 정연하다고 ─ 또는 더 변칙적이라고 noisier ─ 이야기할 때에, 그들은 단순히 주어진 같은 소득 수준을 지닌 개인들 사이에 만족 수준의 유의미한 변이가 존재한다는 것을 의미하고 있을 뿐이다. 예를 들어 1년에 20,000달러를 버는 개인 ─ 점 A로 표시된 개인 ─ 은 같은 소득을 버는 사람들의 평균에 비해 더 만족하며, 다른 개인 ─ 점 B로 표시된 개인 ─ 은 평균보다 덜 만족한다. 1년에 80,000달러를 버는 사람들(점 C, 점 D

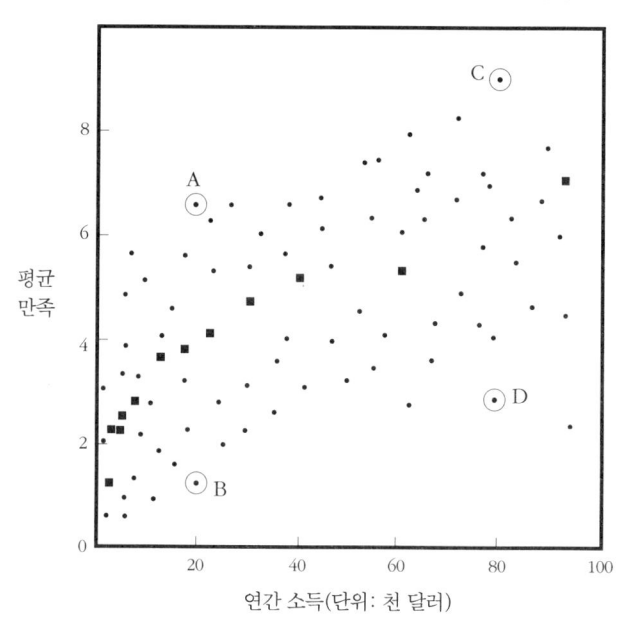

개인 소득과 주관적 복지 사이의 관계는 "변칙적"이다

평균
만족

연간 소득(단위: 천 달러)

로 표시된 사람들을 보라.)에게도 이는 마찬가지다. 그러므로 심리학자들이 소득과 행복 사이의 상관관계에 있는 변칙성 때문에, 어떤 구체적인 개인의 소득을 안다고 해서 주관적 복지 수준이 어느 정도나 될지 확신 있게 예측할 수 없다고 지적한 것은 옳다.

그러나 심지어 기질이 주관적 복지의 가장 중요한 단 하나의 결정 요인일지라도, 점 B로 표시된 개인은 여전히 소득이 증가하는 경우에는 주관적 복지의 상승을 기대할 수 있다. 그래서 만일 B의 기질이 본질적으로 D와 같다면, 그리고 B의 소득이 20,000달러에서 80,000달러로 증가한다면, B의 주관적 복지는 D가 현재 경험하고 있는 수준으로 상승할 것이다. B가 새로이 속하게 된 소득 집단에 비해서는 B는 전과 마찬가지로 주관적 복지가 낮은 축에 속할 것이다. 그러나 이 자료의 분명한 메시지는 그러한 소득 수준 이동이 발생하면, 소득이 낮았을 때보다 높았을 때 유의미하게 행복하게 될 가능성이 높다는 점이다.

이 점은 중요하다. 다른 방식으로 생각하기 위해, 키 차이의 대부분이 비록 유전적 차이이기는 해도, 영양 섭취와 의료 역시 키의 유의미한 결정 요인임을 생각해보라. 그리하여 15살 난 미국 소년의 평균 키는 19세기 이래로 약 12.7센티미터나 증가하였으며, 이러한 차이는 전적으로 신생아와 소아에 대한 의료가 더 나아졌기 때문에 발생한 것이다.[6] 실제로 행동이 우리의 주된 관심사라면, 음식 섭취와 의료는 유전자보다 더 중요하다. 어쨌거나, 자신의 키가 걱정스러운 십대는 먹는 음식을 바꾸거나 아플 때 병원을 찾을 수는 있지만, 유전자는 바꿀 수 없기 때문이다.

같은 논리로, 주관적 복지의 개인차 대부분이 소득 이외의 요인의 결과라 할지라도, 여전히 소득은 주관적 복지의 중대한 기여자이다. 그리고 키 사례에서 음식 섭취와 의료가 하는 역할처럼, 아마도 우리가 최소한 얼마간의 통제력을 가지고 있는 것 중에서는 가장 중요한 요인일 것이다.

행동상 증거

주관적 복지의 측정치만이, 사람들이 상대 소득을 몹시 신경 쓴다는 유일한 증거는 아니다. 응답 조사 증거에 자주 의존하는 심리학자들

과는 달리, 경제학자들은 사람들이 무엇을 중시하는가를 추정하고자
할 때, 행동상 증거를 선호한다. 관련된 문헌이 그리 많지는 않지만,
몇몇 연구는 상대 소득에 대한 관심의 힘을 밝혀준다.

예를 들어 데이비드 노이마르크David Neumark와 앤드루 포슬웨이트
Andrew Postlewaite는 개인의 노동 공급 결정이 중요한 준거 집단 구성원들
의 소득에 영향을 받아 내려진다는 점을 조사했다.[7] 그 연구의 발상
은, 만일 누군가 다른 이들의 소득과 비교한 자신의 소득을 몹시 신경
쓴다면 다른 이들의 소득 증가는 취업할 가능성을 높여주고, 그 사람
이 이미 취직한 상태라면 더 긴 시간 일을 할 가능성을 높여줄 것이라
는 예상이다. 이 예측을 검증하는 것은 누구의 소득이 의사 결정자에
게 정말로 중요한가를 알기 어렵다는 점 때문에 항상 어려웠다. 대부
분의 사람들은 아마도 가장 가깝게 지내는 동료들의 소득을 가장 신
경 쓸 것이다. 불행히도 연구자들은 누가 누구를 아느냐에 대해 신뢰
할 만한 자료를 보유하는 경우가 드물고, 사람들이 그 주위 사람들 중
누구의 소득에 가장 관심을 갖는지에 관한 자료는 더더욱 구하기 힘
들다.

노이마르크와 포슬웨이트는 자매의 행동을 검토함으로써 영리
하게 이 문제를 검증에 적합하게 바꾸었다. 아마도 부에 대한 멩켄의
정의에서 통찰을 얻어, 그들은 다음과 같은 질문을 던졌다. "직장을
다닐지에 대한 여성의 결정이, 자매의 경제적 상황에 영향을 받는
가?" 경제학의 정설에 따르면 그녀에게 문제되는 것은 오직 그녀 자
신의 절대 소득뿐이므로, 자매의 경제 상황은 그 결정에 영향을 미치
지 않을 것이다. 그러나 노이마르크와 포슬웨이트는 자매가 고용되어

있지 않은 대규모 여성들의 표본을 조사하고는 이와는 다른 사실을 발견하였다. 구체적으로 말하면, 그런 상황에 놓인 여성은 형부(혹은 제부)가 남편보다 더 많은 돈을 버는 경우 직장에서 일할 확률이 16~25퍼센트 높았다.[8]

상대적 지위에 대한 관심의 강도에 관한 추가적인 증거는 "최종 협상 게임ultimate bargaining game"[9]이라고 불리는 우아한 실험에서 나온다. 이 게임은 제안자와 응답자 둘이서 한다. 제안자는 (예컨대 100달러 정도의) 일정액의 금액을 받는데, 그것을 자신과 응답자 사이에 "분배하는 제안"을 해야만 한다. 응답자의 선택지는 둘 중 하나다. (1) 제안을 받아들여서 제안에서 자신에게 할당된 돈을 받는다. (2) 제안을 거부하여 제안자와 응답자 모두 한 푼도 받지 못하며 100달러가 실험자에게 돌아가도록 한다.

경제학의 정설이 추정한대로, 두 참가자 모두 절대 소득만 신경 쓴다면 제안자는 (만일 1달러 단위로만 배분이 가능하다면) 99달러를 자신이 먹고 응답자에게는 1달러만 주는 안을 제안할 것임이 틀림없다. 그리고 응답자는 이 편향된 제안을 받아들임도 틀림없다. 왜냐하면 한 푼도 받지 못하는 것보다야 1달러라도 받는 것이 낫기 때문이다.

그러나 여러 나라에서 수행된 실험에서 나타난 수치에 따르면 이런 일은 거의 일어나지 않았다. 그리하여 배분될 금액이 10달러였던 전형적인 한 실험에서, 제안자가 제시한 응답자가 받을 평균 액수는 4.71달러였고, 80센트 이상의 제안자가 정확히 5달러, 즉 50 대 50 배분을 제안했다.[10] 동일한 실험에서 응답자였던 사람들에게 그들이 제안을 수용할 최소한의 분배금이 얼마냐고 묻자, 그 대답의 평균치는

2.59달러였다. 이 실험들은, 실험실의 피실험자들이 자신들이 얼마나 받느냐 뿐만 아니라 그것이 상대적인 관점에서 어떻게 배분되었는지도 신경 쓴다는 점을 명확하게 시사해준다.[11] 대부분의 사람들은, "불공정하다."고 충분히 생각할 수 있는 조건은 거부하는 성향을 보였다. 많은 문헌들이 최근 몇 년 동안 쏟아져 나왔으며, 그중 많은 수가 실험실 실험에 근거하고 있는데, 수많은 유사한 경제적 선택의 경우에도 공정성에 대한 관심이 영향을 미친다는 점을 보여주었다.[12]

실제 삶에서도 실험실에서와 마찬가지의 행동이 관찰된다. 현재 계약 조건이 불공정하다고 생각할 때 노동자들은 심지어 직장을 잃는 대가를 치를지도 모른다는 점을 알면서도 파업에 돌입하는 일이 자주 있다. 고객들은 다른 상인에게서 물건을 사는 것이 비용이 더 많이 들거나 더 불편하다고 하더라도, 부당하다고 생각되는 조건을 제시하는 상인들에게서 물건을 사지 않는 경우가 흔하다.

상대적 지위에 대한 관심은 한 회사 내의 노동자들 사이에 임금을 분배하는 문제에서 오래전부터 변칙성으로 여겨졌던 현상도 설명해준다. 경제학적 정설에 따르면 노동자들은 그들의 급여를 순전히 그들이 살 수 있는 재화와 용역의 절대 가치로 평가한다. 그리고 표준적인 이론은 노동자들이 생산하는 가치에 정확히 비례해서 급여가 결정될 것이라고 예측한다. 그러나 대부분의 민간 회사에서 임금 구조는 그 이론이 예상하는 바보다 훨씬 더 평등주의적인 것 같다. 예를 들어, 많은 회사는 경력, 학력, 그 회사에서의 재직 기간에 기초한 엄격한 급여 산출 공식을 따른다. 이 공식에 의해 동일한 급여를 받는 노동자들 사이에 눈에 보이는 생산성의 큰 차이가 존재함에도 말이다. 실제로, 정통 모델이 예측한 종류의 급여 패턴은 실제에서는 사실상 결코 발견되지 않는다.

우리가 실제에서 보는 급여 배분이 경제학적 정설에서 예측하는 급여 배분과 얼마나 두드러지게 다른지를 설명해주는 사고 실험을 하나 해보자. 직급, 직함, 근속 연수가 대체로 비슷한 당신의 동료 직원들 중에서 가장 생산적인 사람 2명과 가장 생산적이지 못한 사람 3명을 떠올려보자. 이제, 최고의 2명 또는 최하의 3명이 갑자기 사라진다고 상상해보자. 어느 쪽이 사라질 때에 당신의 집단이 생산하는 총 가치를 가장 많이 감소시킬 것인가? 대부분의 사람들은 망설이지도 않고 최고 2명이 사라지면 가장 타격이 클 것이라고 대답한다. 이 대답에 기초해서 추론해보면 경제학적 정설은 최고 두 명의 급여 합이 최하 두 명의 급여 합보다 클 것이라고 예측할 것이다. 그러나 대부분의 회사에서, 실제로는 그 반대다.

외관상 변칙성은 정통적 견해를 다음과 같이 간단히 수정하면 해결될 수 있다. 즉, 노동자들은 자기 급여뿐만 아니라 동료 직원이 받는 급여와 비교한 자신의 급여에도 신경을 쓴다는 가정을 하기만 하면 된다.[13] 다른 요인들이 같을 때, 이런 관심을 지닌 노동자들은 그 회사의 다른 대부분의 노동자들보다 적게 벌지 않는 회사에서 일하는 것을 자연스럽게 선호하게 된다. 그러나 단순한 산수 법칙에 따라 회사 내에서 하위 서열 low rank 을 피하려고 하는 모든 사람들의 선호가 전부 충족될 수는 없다. 어쨌거나 어떤 집단이든 오직 50퍼센트만이 상위 반에 속할 수 있다. 사람들이 원하는 사람들과 자유롭게 일할 수 있다면, 집단 중 서열이 낮은 구성원들은 왜 남아서 만족하는가? 왜

204

모두 회사를 떠나서 그들이 더 이상 바닥 근처에 있지 않은 새로운 집단을 형성하지 않는가?

일부 노동자들은 의심할 여지 없이 바로 그렇게 한다. 그러나 우리는 이질적인 구성원으로 이루어졌으면서도 안정적인 많은 집단을 관찰할 수 있다. 제너럴 모터스의 모든 회계 직원들이 똑같이 재능 있는 것은 아니다. 모든 로펌에는 다른 이들보다 새로운 사건을 더 많이 물어오는 일부 파트너 변호사들이 있기 마련이다. 만일 모든 사람들이 동료 집단 중 바닥 근처에 있는 것을 피하려 한다면 무엇이 이질적인 이들을 집단으로 유지시켜주는가?

분명한 답은, 서열이 낮은 구성원들은 추가적인 보상을 받는다는 것이다. 그 회사를 떠나면 더 이상 낮은 지위를 감내하지 않아도 된다는 이득을 얻는다. 마찬가지 이유로, 그들이 떠나면 상위 구성원들은 손실이 생긴다. 그들은 더 이상 높은 지위를 누릴 수 없게 된다. 상대적으로 높은 급여를 받아서 생기는 이득이 상대적으로 낮은 급여를 받는 구성원이 초래하는 손실보다 더 크다면 그 집단이 해체하는 것은 이치에 맞지 않는다. 만일 상위 서열의 노동자들이 하위 서열의 동료들에게 급여의 일부를 나누어 줘서 그들이 회사에 남아 있게 유인한다면 모두가 더 나아질 것이다.

물론 모든 사람이 높은 서열에 머무르는 것에 똑같은 가치를 부여하지는 않는다. 그것에 상대적으로 작은 가치만을 두는 사람들은 대부분의 동료 노동자들이 자신들보다 더 생산적인 회사에서 일하는 것이 제일 좋다. 이런 회사에서 그들은 낮은 서열의 구성원으로서 가외의 보상을 받게 된다. 서열에 신경을 가장 많이 쓰는 사람들은 대부분의 다른 노동자들이 자신보다 생산성이 떨어지는 회사에서 일하기를 원할 것이다. 그런 회사에서 최고 서열의 지위를 차지하는 특권의 대가로, 그들은 자신들이 생산하는 것의 가치보다 작은 급여만 받고 일하게 된다.

그리하여 노동자들은 집단 내 지위within-group status에 대한 자신들의 수요에 따라 회사를 맞춰 다니는 것으로 보인다. 그로 인해 각 회사 내에서 결과적으로 생기는 임금 분배는 경제학 정설이 예측한 것보다 훨씬 더 압축된 형태로 이루어지나, 이는 회사와 노동자가 직면하는 인센티브와 완전히 양립 가능하다. 각 회사에서 낮은 서열의 노동자가 받는 가외의 보상은, 상위 서열 노동자들이 덜 받는 급여 부분으로 정확히 상쇄되기 때문에 고용 인원은 전체적으로 (정설에서 가정된 것과 — 옮긴이) 동일하게 된다. 그리고 각 회사 내의 노동자들은 사실상 상위 서열에 속하는 구매자 쪽이건 하위 서열에 속하는 판매자 쪽이건* 같이 일하는 것이 서로 이롭다고 생각한다. 기업 내에서 임금과 급여 분배는 노동자들이 절대 소득 수준에만 관심이 있다는 견해와 모순되고, 노동자들이 상대 소득에도 관심을 가진다고 가정했을 때 기대되는 패턴과는 정확히 일치한다.

셰릴 볼Sheryl Ball과 공동 저자들은 실험실에서 간단하게 상대적 지위를 조작하는 것만으로도 시장 거래에 심대한 영향을 미칠 수 있

---

* 이 거래에서 재화는 '상위 서열의 지위'다. 즉, 하위 서열 노동자는 자기가 벌 수 있는 것보다 더 높은 임금의 형태로 돈을 받고 이 지위를 판매하고, 상위 서열 노동자는 다른 사람들에게 평등한 급여의 형태로 돈을 나눠주고 이 지위를 구매한다.

다는 점을 보여주었다.[14] 예를 들어 한 실험에서, 그들은 명백히 의미 없는 퀴즈를 푼 성적에 따라서 피실험자들 중 절반에게 별을 붙여주 었다. 피실험자들 중 절반에게 이 상을 주고 나서, 실험자는 피실험자 들이 그 가치를 알고 있는 물건을 주고, 이 물건을 현금으로 서로 거 래할 수 있게 하였다. 별을 받은 피실험자는 별을 받지 않은 피실험자 들과 거래할 때 지속적으로 더 좋은 조건으로 거래를 했다. 즉, 그들 은 더 낮은 가격에 사서 더 높은 가격에 팔았다.

개인 간 비교interpersonal comparison가 중요하다는 추가적인 증거는 수집품 시장에서 나온다. 경제학적 정설은 소비자가 지불하는 재화의 가치는 보통, 다른 소비자들이 본질적으로 유사한 재화를 얼마나 많 이 가지고 있는지에 영향을 받지 않는다고 한다. 물론 재화의 보유가 주는 실제 유용성이 다른 사람들이 같은 것을 얼마나 많이 가지고 있 느냐에 따라 달라지는 예외도 있다. (이메일 계정과 팩스 기기가 그 예 다.) 그러나 그런 기능적인 연결성이 존재하지 않는 경우에는, 소비자 가 그 재화를 얻기 위해 기꺼이 지불하고자 하는 금액은 얼마나 많은 수의 사람들이 그 재화를 소유하고 있는지에 대해서는 독립적이라고 경제학 정설은 본다. 순전히 기능적인 측면에서 보자면, 약간의 흠이 있는 동전은 완벽한 조건에서 주조되어 나온 동전의 완전한 대체재이 다. 정통 경제학 모델에서는 양쪽의 가치가 동등하게 평가될 것이라 고 말한다. 그러나 희귀 동전 시장에 가보면, 이는 명백히 사실이 아 니다. 케네스 코포드Kenneth Koford와 에이드리언 최글Adrian Tshoegl은, 예 를 들어, 흠이 있는 동전은 다른 면에서는 다 똑같은, 많은 양이 주조 되어 나온 다른 평범한 동전에 비해 문자 그대로 값이 수백 배나 나가

는 경우가 흔하다는 사실을 보여주었다.[15]

이 발견은, 사람들이 기꺼이 지불하고자 하는 가격은 그 소비량과 역의 관계에 있다는 정설적인 수요 관계를 보고한 문헌과 단순히 같은 내용이 아니다. 흠이 있는 동전은 희소함을 빼고는 모든 측면에서 보통 동전의 완전한 대체재이며, 경제 이론은 한 재화가 다른 재화의 완전한 대체재라면 동일한 가격에 팔려야 한다고 말한다. 희소성이 그 자체로는 정말로 문제가 되지 않는다면, 흠 있는 동전에 붙는 프리미엄은 색맹인 사람들이 녹색 토스터보다 빨간색 토스터에 훨씬 더 많은 돈을 지불하는 것과 비슷하다.

희귀 동전 시장 참여자들의 수는 엄청나다. 예를 들어 제이컵 자하비Jacob Zahavi는 수집품 상장 회사인 프랭클린 민트Franklin Mint가 1992년 당시 구매가 활발한 고객 300만 명을 보유하고 있으며 600만 달러 이상의 매출을 올렸다고 전했다.[16] 그리고 희귀 동전은 수집품 시장 전체에서 빙산의 일각에 불과하다. 예를 들어 사람들은 람보르기니 디아블로에 포르셰 911 터보 가격의 2배 이상의 돈을 지불한다. 람보르기니의 차 성능이 더 낮기 때문이 아니라 단지 그 차가 너무나 희귀하기 때문이다. 실제로 람보르기니는 포르셰에 비해 느리기도 하고 신뢰성도 더 낮은 편이며, 고장 났을 때 부품을 구하기가 매우 어렵다. 람보르기니의 가격 프리미엄은 희귀 동전의 경우와 마찬가지로 오직 그것의 희귀성으로부터 나오는 것이다.

나는 또한 만족은 절대 소득에 의존할 뿐 상대 소득과는 관계없다는 전통적인 가정과 모순되는 다른 다양한 경제적 행동을 언급하고자 한다. 예를 들어 개수불 임금*은, 상대 임금이 문제되지 않는다고 가정했을 때 기대되는 정도보다 실제로는 훨씬 드물고 파업의 빈도도 훨씬 높다.[17] 이에 더하여, 노동조합이 있는 기업과 없는 기업의 보상 패키지 사이에 관찰된 구조적 차이 —— 예를 들어 노동조합에 가입된 노동자들은 총 보상 중 훨씬 더 큰 몫을 비화폐적 혜택의 형태로 받는다. —— 는 상대적 지위에 대한 관심을 언급하지 않고서는 설명하기 힘들다.[18] 그리고 부자가 빈자보다 그들의 항상 소득 중 훨씬 높은 비율을 저축한다는 사실[19]도 정통 경제학 모델과는 일관되지 않지만,[20] 만족은 상대적 소비 수준에 의존한다고 보았을 때는 예측되는 패턴이다.[21]

———————

주관적 복지의 결정 요인에 관한 많은 과학 문헌에 나타난 증거들은, 우리가 상대적 지위에 큰 관심을 보인다는 점을 일관되게 시사한다. 또한 많은 중요한 행동들 역시 이러한 관심에서 나온다는 증거도 있다. 상대적 지위에 관한 우리의 관심이 가져오는 긍정적 결과가 무엇이든 간에, 그것이 세계의 수많은 비참한 일들의 근원임은 명확하다.

일부 사회에서는 불평등한 결과를 예방함으로써 불평등한 결과에서 초래되는 불행을 피하려고 시도하였다. 그리하여 마르크스주의 분배 원칙은 다음과 같다. 능력에 따라 생산하고, 필요에 따라 분배하라. 그러나 소련 경제의 붕괴가 보여주었듯이 상대적 지위에 대한 관

———————

* (앞쪽) 개수불 임금個數拂賃金 만드는 물건당 얼마씩의 임금을 주는 구조. 도급제 임금이라고도 한다.

심을 누그러뜨리기 위하여 불평등한 결과를 방지하려는 것은 경제적 실패로 가는 확실한 방법이다. 당신의 성공이 용인되지 못하리라는 것을 안다면 뭐 하러 위험을 감수하고 긴 시간 일하겠는가?

서구 산업 경제의 폭발적인 진보는, 상대적 지위를 추구하는 것에 대한 비난은 정당성이 없다는 일반적으로 공유된 문화적 이해가 있었기 때문에 상당 부분 가능하였다. 그렇다고 해서 자본주의 경제에 사는 사람들이 아는 사람이 극적인 수준으로 성공했을 때 시기심이나 분함을 결코 느끼지 않는다는 소리가 아니다. 단지 그런 종류의 감정은 다른 사람들의 선택지를 제한하는 정당성 있는 기초로 여겨진 적이 한 번도 없다는 뜻이다.

사회주의 경제가 그러했던 것처럼, 평등의 이름으로 혁신을 억압하는 것이 한 번이라도 분별 있는 일이었던 적이 있었느냐의 문제는 차치하고서라도, 대부분의 관찰자들은 그것이 더 이상 어떤 경우에도 실현 가능하지 않다는 점을 깨달았다. 점점 더 경쟁적으로 되어가는 세계화된 경제에서, 보상을 받지 못한 사람들은 혁신에 필수적인 일들을 하지 않으려 할 것이고, 혁신에 실패한 기업은 결코 살아남지 못할 것이다. 그러나 일반적으로 인식되고 있지 않은 점은, 다른 극단에 있는 입장 —— 상대적 지위에 대한 관심을 철저히 불관용하는 입장 —— 역시 사회적인 측면에서뿐만 아니라 경제적인 측면에서도 비싼 비용을 치르게 한 오류였음이 입증되었다.

—

9장

왜 맥락과 지위가
그토록 중요한가?

LUXURY
FEVER

집은 커도 되고 작아도 된다. 주위 집들이 똑같은 정도로 작다면, 작은 집도 주거에 대한 사회적 요구를 모두 만족시켜준다. 그러나 작은 집 옆에 성이 한 채 세워진다면, 작은 집은 오두막이 된 것처럼 움츠러들 것이다.

칼 마르크스^{Karl Marx}

상대적 지위에 대한 관심은, 우리가 그 관심을 얼마나 불관용하든 상관없이 사라지지 않는다. 오히려 그와는 반대로 이런 관심을 억압하려는 우리의 결연한 노력에도 불구하고, 그 관심은 극단적으로 비용이 많이 드는 방식으로 스스로를 계속 표현한다. 우리가 살펴볼 바와 같이, 과시적 소비를 그토록 강하게 선호하도록 우리의 소비 패턴을 움직이는 원인은 대체로 바로 이 관심이다. 나의 주장은 비록 우리가 상대적 지위에 대한 관심을 제거할 수는 없을지라도, 그 관심 때문에 드는 비용이 적어지도록 우리의 인센티브를 재배치할 수는 있다는 것이다. 그러나 우리가 먼저 상대적 지위에 대한 관심 자체와 그 관심이 사건에 대한 우리의 지각과 사람들 사이의 상호 작용을 형성하는 수많은 방식에 대하여 좀 더 명확하게 이해하지 않으면, 그러한 조치를 취할 수 없을 것이다. 우리는 상대적 지위에 대한 관심을 인간의 경멸할 만한 단점이 아니라, 구체적인 목표를 달성하는 데 방해가 되는 실제적인 장애물로 바라보는 법을 배워야 한다. 그래야 우리는 앞으로 나아가기 위해 필요한 단계들을 밟을 수 있게 될 것이다.

인간 본성 이해하기

사람들은 저마다 서로 다른 것들을 좋아한다. 그리고 비록 신경 과학이 최근 몇 십 년 동안 위대한 진보를 일구어내긴 했지만, 이러한 많은 차이의 근원은 결코 진정으로 알려지지 않을지도 모른다. 유전적 기질의 차이와 어린 시절의 경험 때문에 어떤 이는 라흐마니노프*를 좋아하고 다른 이는 롤링 스톤스**를 선호하게 되는지도 모른다. 그러나 그런 종류의 차이는 때때로 같은 가정에서 자란 일란성 쌍둥이에게서도 관찰된다.

인간의 심리가 사람마다 두드러진 차이가 있음에도 불구하고, 다른 유전적·문화적 배경을 가진 사람들 사이에 놀라울 정도로 같은 측면도 많다. 영국의 소설가 이언 맥이완Ian McEwan은 히스로 공항의 국제선 비행기 도착 출구에서 벌어진 일을 회상하면서 그 광경을 다음과 같이 묘사하였다. "나이지리아인 엄마, 얇은 입술의 스코틀랜드

---

* **라흐마니노프**Rachmaninoff 러시아 출신의 피아니스트이자 작곡가. 〈파가니니 주제에 의한 광시곡 Rhapsody on a Theme of Paganini〉으로 유명하다.
** **롤링 스톤스**The Rolling Stones 영국 출신의 세계적 록 밴드. 1963년에 데뷔해 1970년대 전성기를 맞이한 뒤 지금까지 활동하고 있다. 대표곡으로 〈satisfaction〉, 〈get off of my cloud〉 등이 있다.

인 할머니, 창백하고 꼿꼿한 모습의 일본인 기업가가 바퀴가 달린 여행용 가방을 밀고 출구로 나와 환영 인파 속에서 자기를 기다리고 있던 사람을 발견했을 때, 그들의 얼굴에 동일한 기쁨, 동일한 통제할 수 없는 미소가 번졌다."[1] 무엇이 이런 공통된 반응을 이끌어냈을까?

그 질문에 대한 진화 심리학자의 접근은 자연 선택에 의한 진화라는 다윈Darwin의 이론에서 시작한다. 이 이론은 우리가 특정한 것들을 좋아하는 이유는 그것을 좋아하는 행동이 생존과 자손 번식에 도움이 되거나, 또는 적어도 우리의 진화 역사 대부분의 기간 동안 그런 효과를 가졌기 때문이라고 한다.[2] 따라서 히스로 공항에서의 광경에 대한 진화 심리학자의 즉각적인 반응은 확장된 친척 관계와 우정의 연결망이 생존에 도움을 주는 가치라는 데에 초점을 맞추는 것이다. 가까운 관계에 있는 사람과 재회하게 되자 떠오르는 기쁨의 표현은 이런 측면에서 즉각 이해될 수 있다. 다른 사람들에게 깊은 애착을 갖고자 하는 욕구와 그렇게 할 수 있는 능력을 갖춘 이는, 그러지 못하거나 그렇게 하지 않기로 한 사람들보다 훨씬 더 효과적으로 인생의 어려움을 헤쳐 나갈 가능성이 높다.

그러나 모든 욕구appetites가 그처럼 명확하게 적응적이지는 않다. 예를 들어 친밀한 인간관계에 대한 우리의 취향에 더하여 우리들 대부분은 단 음식과 고지방 음식을 좋아하는 공통점이 있다. 의식적으로 자제하지 않고 탐닉하다 보면, 이런 입맛taste은 해로운 음식 섭취로 이어지게 된다. 당분과 지방을 더 많이 먹을수록 몸무게는 늘어나게 되고 동맥은 점점 더 막히게 된다.

진화 심리학자들은 이 명백한 역설을 인류가 진화했던 시기에 생존의 주된 위협은 심장마비가 아니라 굶주림이었다는 점에 주목하며 설명해낸다. 기아는 끊임없는 위협이었고, 굶어 죽지 않기 위한 최선의 보호책은 음식을 구할 수 있을 동안에는 최대한 지방을 많이 섭취하는 것이었다. 정말로 설탕과 지방을 **좋아했던** 누군가는 칼로리 높은 영양분을 구하기 위해 추가적인 노력을 기울였을 것이고, 따라서 굶주림에 대한 보호막이 될 수 있는 지방층을 형성하였을 확률이 더 높았다.

대부분의 속성^{traits}과 욕망^{desires}의 경우 개인차가 있기 마련이다. 어떤 이는 크고 다른 이는 작다. 어떤 사람은 피부색이 어둡고 다른 이는 피부색이 밝다. 그리고 어떤 이는 고칼로리 음식에 대한 더 강렬한 식욕을 갖고 있다. 굶주림이 잦았던 시대에, 그런 음식에 대해 가장 강렬한 식욕을 가진 이들은 다른 이들보다 살아남을 확률이 높았고, 그래서 후손에게 그 식욕을 지닌 유전자를 물려줄 가능성도 높았다.

그리고 오늘날에는 적어도 산업이 발전된 세계에서는 기아가 더 이상 생존에 심각한 위협이 되지 않게 되었다. 그러나 자연 선택은 느리게 작용한다. 비록 홍적세* 때는 우리에게 그토록 이로웠던 욕구들이 현대의 조건에 대해서는 적응도 높은 것들이 아니더라도, 인류는 당분간은 그 욕구를 지니고 살아갈 수밖에 없다. 물론 우리는 비용이 많이 드는 욕구를 극복하기 위한 전략을 개발하려고 시도할 수 있다.

---

* **홍적세**洪積世 지질 시대 신생대 제4기에 속하며 홍수가 많아 홍적세 또는 빙하가 몇 차례 내습한 시대로 빙하 시대라고도 한다.

그러나 이런 전략들은 그 자체가 비용이 많이 들 수 있으며, 종국에는 우리 중 많은 이들이, 우리에게 좋지 않은 음식들에 대한 욕구에 휘둘린다는 단순한 사실 때문에 수명보다 일찍 생을 마감할 것이다.

따라서 진화 심리학자들은 왜 많은 사람들이 엄격한 훈련 프로그램을 따르게 하고 음식 섭취도 제약하는 캠프에 참석하기 위해 상당한 금액을 내는지를 설명하는 우아한 이론을 갖고 있는 셈이다. 결단력 있는 합리적 행위자라는 정통 경제학의 관점에서는 그런 행동은 전적으로 이해할 수 없는 일에 불과하다. 그러나 식욕을 형성했던 자연 선택이 일어났던 자연적 환경을 이해하게 되면 이런 일은 전혀 놀라운 것이 아니다.

갈망과 감정은 합리적 계산을 보조한다

만일 특정 환경에서는 유용한 욕구가 다른 환경에서는 해로운 것이라면, 어찌하여 인간의 음식 섭취는 애초부터 지속적인 수준으로 내장된 식욕에 의해 추동될 수 있었을까? 왜 자연 선택은, 칼로리의 필요량에 대하여 냉정하고 인지적인 평가에 기반 하여 음식 섭취를 조절하고자 하는 더 유연한 대안을 선호하지 않았을까? 인류가 일단 기아가 주된 위협인지 아닌지 판단할 수 있을 정도로 충분히 지성적으로 된 이후에는 그에 맞추어 음식 섭취를 조정할 수 있었던 것처럼 보일지도 모른다. 지역의 환경이 빈번한 기아를 가져온다면, 사람들은 지방을 많이 축적하는 것이 그들의 이익에 강하게 부합한다는 점을 알게 되었을 것이다. 반대로, 기아가 위협이 되지 않는 장소와 시대에 살고 있는 사람들은 스스로를 파괴하는 식욕과 계속 싸우지 않고 건강한 식단으로 식사를 할 수 있었을 것이다.

유연성이라는 쟁점은 극단적인 갈증에 휘둘린 행동에서도 발생한다. 난파선의 생존자는 바닷물을 마신다고 해도 갈증을 해소시켜주지 못할 뿐더러 실제로 죽음을 앞당길 뿐이라는 점을 아는 훈련받은 과학자일 수도 있다. 그러나 어떤 때는 갈증이 너무나 크기 때문에, 다른 마실 물이 없으면 훈련받은 과학자조차 바닷물을 마시기도 한다. 여기서도 다시금 왜 자연 선택이 음료 섭취를 조절하는 더 큰 유연성을 선호하지 않았는가 하는 문제가 제기된다.

이에 대한 간단한 대답은, 더 큰 유연성이 항상 유리하지는 않다는 것이다. 합리적 선택 이론에 따른 비용-편익 계산도 시간이 걸리고, 많은 상황에서는 시간이야말로 절대적으로 중요하다. 그리하여, 진화 심리학자 레다 코스미데스Leda Cosmides와 존 투비John Tooby는 "호랑이가 당신에게 달려올 때, 당신은 어떻게 반응해야 하는가? 재주넘기를 해야 하나? 노래를 불러야 하나? 이 순간이 무작위로 생성된 가능한 수많은 반응 중에서 하나를 의사 결정 규칙을 통해 정해야 하는 순간일까?"[3]라고 반문했다. 공포에 휩싸여 그저 달아나는 사람이 멈춰 서서 선택지를 검토하는 사람보다 생존 확률이 높을 것이다. 호랑이보다 빨리 달릴 순 없겠지만 호랑이가 쫓고 있는 사람들 중 일부보다 빨리 달릴 수만 있다면 생존 가능성은 급격히 상승한다.

그렇다고 해서 관련된 선택지를 검토하는 행위가 중요하지 않다는 소리는 아니다. 다만 신경 과학자들은 감정이 이 과업을 방해하기보다는 실제로는 돕는다는 사실을 지금은 이해하고 있다는 것이다.[4]

이것은 부분적으로는 학습에서 감정이 하는 결정적인 역할 때문이기도 하다. 인간의 두뇌는 다른 모든 동물에 비해 기민하고 크기도 크지만, 그래도 모든 순간 우리에게 쏟아지는 정보 중 아주 작은 부분만을 처리할 뿐이다. 우리는 선택적으로 주의를 기울이게 해줄 수단이 필요하다. 타고난 갈망과 더불어 자극에 대한 감정적 반응은 무엇이 중요한지 우리에게 알려주는, 뇌의 대략적으로 준비된 방식이다.

감정은 뇌의 전전두엽 부분의 변연계 신경 회로망에 의해 매개된다. 신경 과학자들은 비록 이 구조들 내에 병변이 생긴 환자들은, 전형적으로, 복잡한 비용-편익 계산에 필요한 인지적 능력은 모두 갖추고 있음에도 불구하고, 가장 단순한 결정을 내릴 수도 없는 한심한 상태에 있는 경우가 흔하다는 사실을 발견했다. 신경 정신병 학자 안토니오 다마시오^{Antonio Damasio}는 그의 최근 책에서 대뇌 변연계 장애 때문에 감정을 경험할 수 있는 능력의 많은 부분을 잃어버린 환자와 다음 병원 방문 날짜를 잡으려고 했던 경험에 대해 묘사하고 있다.

나는 두 날 중 하나를 고르라고 제시했다. 둘 다 다음 달이었고 서로 며칠 정도 떨어져 있었다. 환자는 수첩을 꺼내더니 달력을 쳐다보기 시작했다. 그 뒤 그는, 몇 명의 연구자들이 목격했던 놀라운 행동을 보였다. 그 환자는 30분 가까운 시간을 두 날 각각에 대하여 그날로 약속을 잡으면 좋은 점과 나쁜 점을 열거했다. 선약, 발생 가능한 기상 조건 등등 그 단순한 날짜 고르기와 관련하여 사람이 떠올릴 만한 것은 사실상 모두 열거했다. 선택지와 가능한 결과에 대해 끝없이 개요를 읊고 아무런 결실 없는 비교를 계속했다. 탁자를 손으로 내리치면서 그만 좀 하라고 소리치지 않고 그가 그 이유들을 열거하는 걸 계속 듣는 데는 엄청난 자제력이 필요했다. 마침내 우리는 그에게 그 두 날 중 두 번째 날에 와야만 한다고 조용히 말해주었다. 그의 반응은 똑같이 조용하고 즉각적이었다. 그는 그저 이렇게 대답했다. "그날 괜찮아요." 수첩을 호주머니에 집어넣더니, 그는 자리를 떴다.[5]

갈망^{drive}과 감정^{emotion}의 또 다른 중요한 기능은, 그것들이 충분히 큰 이해관계가 걸려 있을 때, 어마어마한 장애에 맞서고자 하는 추진력을 제공해주는 일이다. 예를 들어 우리는 45킬로그램 남짓밖에 나가지 않는 어머니가 화재가 난 집에서 아기를 구하기 위해 미친 듯이 애쓰다가 경첩을 뜯어내 잠긴 문을 여는 괴력을 발휘한 사례를 든다. 이와 마찬가지로, 굶주리는 환경에서는 먹을 것이 없는 자들은 극단적인 수단 —— 상당한 사망 위험을 수반하는 몹시 힘들고 불쾌한 행위들 —— 을 통해서만 먹을 것을 구할 수 있다. 이런 조건에서는 단지 음식이 필요하다는 사실을 아는 것만으로는 충분하지 않고, 최소한 그 음식을 얻기 위해 필요한 위험을 기꺼이 감수할 정도로 그 음식을 좋아해야 한다.

그리하여 자연 선택은 고통스러운 타협을 한 것으로 보인다. 그 타협의 균형점에서 생존에 가장 결정적인 목표를 달성해야 한다는 필사적인 갈망을 느끼는 사람은, 그 목적을 무덤덤하게 추구하는 이보다 우위에 서게 된다. 그러나 이런 이점에도 불구하고, 강렬한 욕구가 우리에게 해롭게 작용할 수 있는 많은 상황이 여전히 존재한다.

220

감정과 헌신의 문제

논의를 위해, 정보를 흡수하고, 복잡한 비용-편익 분석을 수행하고, 가능한 신체 자원을 행동에 투여하는 무한한 능력을 지닌 뇌를 구성하는 것이 가능하다고 가정해보자. 그토록 전능하고 유연한 뇌를 지닌 사람조차도 감정과 불완전한 추론에 이끌리는 사람보다 나쁜 결과를 내는 환경이 여전히 존재할 수 있다.[6]

예를 들어 당신이 먼 도시에서 사업상 회의에 참석하고 있다고 해보자. 회의의 다른 한 참석자가 당신의 우아한 가죽 수공예 지갑을 보더니 자기가 가졌으면 좋겠다고 생각한다. 그가 그걸 훔치면 당신은 그를 고소할지 결정해야 한다. 당신이 고소한다면, 당신은 그 지역의 경찰 수사관에게 참고인 신문을 받아야 하며, 따라서 집으로 돌아오는 비행기를 놓치게 될 것이다. 그러고 나서 몇 주 또는 몇 달이 지나면, 당신은 그 도시로 다시 가서 당신이 그 사건에 얼마간 책임이 있음을 입증하려는 그 도둑의 변호사에 맞서 도둑에게 불리한 증언을 해야 한다. 당신은 여행 경비와 그 시간 동안 벌지 못한 돈을 포함한 고소의 비용이 적게 잡아도 5,000달러 이상이 될 것으로 생각한다. 그와 같은 상황에서 그 절도를 하려는 자가 당신을 완전히 이성적인 이기적 인간이라고 여긴다면, 그가 지갑을 훔쳐도 고소당하지 않고 넘어가리라는 것도 알 것이다. 결국, 당신이 그를 고소하는 비용이 되찾고자 하는 지갑의 가치를 훨씬 넘어서리라는 것을 깨닫기에 충분할 정도로 똑똑하다는 사실을 그는 안다.

자연스러운 반응은, 그가 지갑을 훔치려고 한다면 고소하겠다고 위협하여 절도를 억지抑止하는 것이다. 만일 당신이 어떻게든 그 위협을 그대로 실행에 옮길 것이 확실하다고 믿게 만든다면 말이다. 그러나 만일 도둑이 당신을 협소한 의미에서 합리적 행위자라고 생각한다면 당신의 위협은 신빙성이 없게 된다. 왜냐하면 실제로 절도 사건이 발생했을 때 위협한 대로 행동하는 것이 당신의 이익에 부합하지 않을 것이라는 점을 절도범은 예상할 수 있을 테고, 따라서 사실상 당신의 위협을 대수롭지 않게 여긴다.

그러나 당신이 정통 경제 모델 속에서 살고 있는 협소한 의미에서의 합리적 행위자가 아니라 이성과 감정의 통상적인 혼합에 이끌려 행동하는 사람이라고 해보자. 그리고 당신 성격의 이런 측면이 사업상 회의에서 이뤄진 상호 작용을 통해 명백하게 알려졌다고 해보자. 도둑이 배우자에게 선물로 받은 당신의 지갑을 훔친다면 당신은 분노할 것이다. 그래서 비록 고소를 하는 비용이 지갑의 가치보다 더 크기는 하겠지만, 당신은 당연히 고소를 해야 한다고 느낄 것이다. 어쨌거나 당신의 다른 선택지는 도둑이 간단히 지갑을 훔치고도 잘 살아가게 내버려두었다는 점을 상기하면서 분노와 좌절 속에서 몇 년을 지내는 것일 테니 말이다.

역설적인 부분은, 만일 도둑이 당신이 이런 종류의 인간이라는 것을 알게 된다면, 그는 애초에 당신의 지갑을 훔칠 유혹을 덜 느끼게 되리라는 것이다. 당신이 정의를 추구하는 데 "비합리적인" 투자를 기꺼이 하리라는 점을 그가 깨닫게 되었다는 바로 그 사실이, 당신이 필요로 했던 억지를 제공해주는 것이다.

이와 같은 방식으로, 진화 심리학자가 인간의 의사 결정을 그리는 법은 정통 경제학자와는 심대하게 다르다. 합리적 선택 이론의 냉정하고 인지적인 전략은 "전전두엽에 손상을 입은 환자가 보통 사람은 늘상 하는 의사 결정을 하려고 애쓰는 방식과 더 닮아 있다."[7] 그리고 우리가 살펴볼 바와 같이, 뇌가 손상된 사람들을 염두에 두고 고안된 사회 제도는 가능한 기회를 최대한 잘 활용하는 일에 실패한다.

상대적 지위에 대한 관심의 다른 장점들

우리의 경제 제도와 사회 제도는 협소한 의미의 합리적 행위자라는 경제학자의 모델에 기반 하여 설계되었다. 호모 에코노미쿠스*는 그 이름에서도 드러나듯이 자신의 절대 소득(그 절대액이 많은 것은 적은 것보다 명백히 낫다.)에만 관심을 가지고 다른 이들이 버는 소득에 대해서는 신경 쓰지 않는다. 한 세계에서는 자신은 10만 달러를 계속 버는 데 반해 다른 사람은 9만 달러를 벌고, 다른 세계에서는 자신은 11만 달러를 버는 데 반해 다른 사람은 20만 달러를 버는 두 가상적인 세계에서 하나를 고르는 문제에서 호모 에코노미쿠스는 즉각 후자를 고를 것이다. 어쨌거나 그는 두 번째 세계에서는 쓸 돈이 1년에 1만 달러나 더 생기는데다가, 상대 소득이 낮다는 점을 신경 쓰지 않기 때문이다.

　　그러나 응답 조사 결과에 따르면 상당한 비율의 사람들이 그런

---

* 호모 에코노미쿠스homo economicus 경제적 인간.

선택에 직면했을 경우 첫 번째 세계를 고른다고 답했다.[8] 나는 그렇다고 이것이 더 나은 선택이라고 주장하는 것은 아니다. 실제로, 높은 상대 소득을 골랐다는 점에 대해 많은 이들이 부끄럽게 여기고, 모든 사람들의 소득이 절대 수준에서 더 높은 사회를 골랐어야만 한다고 느끼는 것이 명백하다. 그러나 두 선택 중 어느 하나를 지지하지 않는다 하더라도, 왜 진화 심리학의 관점에서 상대적 고소득의 매력이 그토록 강렬한지를 이해하는 것은 중요하다.

맥락, 지각, 여가

심리학자 해리 헬슨Harry Helson은 그의 선구적인 저서인 『적응 수준 이론Adaptation Level Theory』에서 인간의 신경계는 넓은 범위 내에서 자극의 절대 수준에는 덜 반응하고 지역적 환경에서 맞닥뜨리는 관련된 표준 수준이나 참조 수준과의 차이에 대해서는 더 반응한다고 설명했다.[9] 그리하여 아바나 주민들은 11월의 섭씨 15도 날씨에 춥다고 느끼지만 몬트리올 주민들은 3월의 섭씨 15도를 기분 좋게 따뜻하다고 느낀다. 이와 유사하게, 밝거나 어두운 정도 역시 그 지역의 시계視界에 비추어 판단된다.

이런 반응 패턴은 자극의 절대 수준은 결코 중요하지 않다는 뜻이 아니다. 예를 들어 기온이 충분히 많이 떨어지면 어느 지역의 기온에 익숙해져 있느냐와 상관없이 모두 춥다고 느끼게 된다. 헬슨의 요지는 단지 지역적 조건이 중요하다는 것, 그리고 사람들이 적응할 수 있는 정도의 상대적으로 폭넓은 환경적 한계에서는 맥락context이 결정 어느 수직선이 더 긴가?

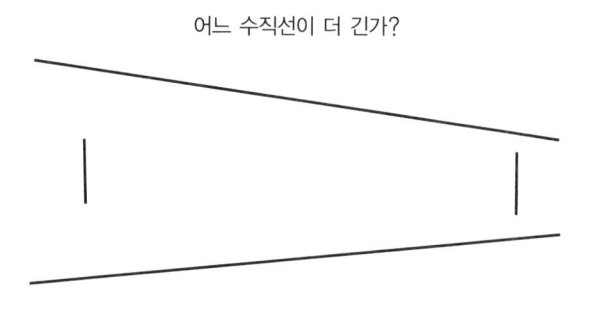

적이라는 것이다.

시지각에 미치는 맥락의 영향은, 위의 그림에서 제기된 단순한 측정 문제에서도 드러난다. 두 짧은 수직선 중에서 어느 것이 더 긴가? 세계 여러 곳에서 이루어진 심리학 실험에서 대부분의 피실험자들은 오른쪽 수직선이 더 길다고 확신에 차서 답했다. 그러나 두 선은 정확히 똑같은 길이다. 이 착각은, 오른쪽에서 다리를 만들고 있는 짧은 선이 두 긴 선 사이의 간극의 좀 더 큰 부분을 잇고 있기 때문에 생기는 것이다.

비록 맥락적 단서에 의존하는 보통의 뇌 메커니즘을 속이는 착각을 만들어내기가 쉽긴 하여도, 이러한 메커니즘은 대부분의 자연환경에서 놀랄 만큼 민첩하고 효과적으로 작동한다. 개 두 마리가 같은 뼈를 경쟁적으로 원하는 경우, 개는 맥락적 단서가 결정적인 것이 되는 상황에서 전략적 의사 결정을 내려야 한다. 뼈를 얻기 위해 싸워야 하는가, 아니면 경쟁자에게 양보하고 다른 뼈를 찾아서 떠날 것인가? 보통의 개는 다음과 같은 단순한 의사 결정 규칙을 따른다. 경쟁자가 자신보다 훨씬 더 크면 양보한다. 거의 같은 크기라면, 얼마나 배가

고픈지에 따라 싸울 수도 있고 아닐 수도 있다. 경쟁자의 몸집이 더 작다면 개는 거의 확실히 싸우거나, 최소한 싸울 의도가 있다는 점을 명백히 한다. 따라서 개에게는 라이벌의 크기에 대해 빠르고 정확한 판단을 내릴 능력을 갖추는 것이 중요하다.

이 판단에서 하나의 중요한 요소는 개의 망막에 맺히는 경쟁자의 이미지 크기다. 그러나 이미지 크기 자체만으로는 많은 정보를 얻어낼 수 없다. 왜냐하면 10미터 거리에 있는 개는 단지 5미터 거리에 있는 개보다 그 이미지로는 절반밖에 되지 않기 때문이다. 진화 역사의 혹독한 경쟁에서 살아남은 조상을 둔 개는, 이 거리와 외관상의 크기 사이의 관계를 잘 알고 있다. 따라서 적응을 잘한 동물은 경쟁자의 크고 작음을 그의 망막에 비치는 절대 크기에 비추어 판단하지 않고 동일한 시야에 들어오는 다른 사물과 비교한 경쟁자의 이미지 크기에 따라 판단한다.

맥락적 단서는 대부분의 재화와 용역에 대한 우리의 평가에서도 유사하게 중요하다. 예를 들어 50제곱미터짜리 집의 평면도에서 거주 면적의 "적절성"을 평가한다고 해보자. 이 질문으로 촉발된 정신적 과정은 당신의 기억에서 쉽게 불러올 수 있는 다른 집의 면적과 당신의 집을 비교하는 것이다. 보통, 당신의 집의 면적을 가장 쉽게 떠올릴 수 있을 테고, 가까운 친구나 친척이 사는 집의 면적이 그 뒤를 이을 것이다. 당신이 오늘날 현대 미국 교외에서 가족과 함께 사는 중위 소득의 전문직이라면 당신의 판단은 아마도 이 집의 면적이 "너무 작다."는 것이 될 것이다. 그리고 당신이 갑자기 경제적 불운에 빠져서 어쩔 수 없이 그 크기의 집에서 살아야 한다면, 당신의 주관적 경험은 거의 확실하게 그 판단이 맞았음을 확인시켜줄 것이다.

이제 당신이 요트 안에 있는 50제곱미터짜리 숙소가 그려진 평면도를 평가해달라는 요청을 받았다고 가정해보자. 당신이 우연히 세계에서 가장 부유한 몇 사람 중 하나가 아니라면, 그 공간의 크기에 대한 판단은 이제 극적으로 달라질 것이다. 비록 그 면적은 주택의 평면과 정확히 같지만, 배 한가운데서 살 수 있는 곳의 평면 면적이 50제곱미터라는 것은 엄청나게 넓은 것 같다. 그리고 당신이 실제로 그만 한 크기의 보트에서 긴 휴가를 보낸다면 당신의 주관적 경험은 이 인상이 맞다는 점을 거의 확실하게 확인시켜줄 것이다.

이 상이한 평가는 시기심이나 자부심이라는 피하고 싶은 감정과는 아무런 상관이 없다는 점을 강조하고 싶다. 그 평가는 3월의 15도 기온에 대한 몬트리올 거주자의 평가가, 11월의 15도 기온에 대한 아바나 거주자의 평가보다 더 호의적임을 설명한 두뇌 메커니즘과 유사한 메커니즘에 의해 내려진 것이다.

비슷한 종류의 맥락의 힘이 생산물의 질을 평가하는 거의 모든 차원에 영향을 미친다. 멋지게 생기고 정성 들여 만들어진 물건을 소유하면서 즐거움을 얻기 위해서, 이웃이 그것보다 더 좋은 것을 가졌느냐 여부를 꼭 신경 쓸 필요는 없다. 렉서스의 두드러지게 멋진 외관과 단단하게 잘 만들어진 느낌을 즐기는 사람은, 이웃이 소유한 차보다 자신의 차가 자부심을 더 느끼게 한다고 흡족해 할 필요까지는 없다. 또한 우리는 그가 렉서스 전에 몰았던 폰티액 세단을 부끄러워하고 있었다고 추론하지도 않는다.

그러나 '멋지게 생긴'이나 '정성들여 만들어진' 같은 수식어는 본질적으로 맥락에 의존한다. 만일 타임머신이 오늘날의 폰티액 세단을 그 이전 시대 —— 예를 들어 1938년 —— 로 보낼 수 있다면, 우리는 최소한 오늘날의 고급 차가 사람들의 주의와 경탄을 이끌어내는 만큼의 매력을 폰티액 세단이 발휘할 것이라고 확신할 수 있다. 폰티액의 문이 닫힐 때 내는 소리는 오늘날의 분별 있는 구매자에게는 제너럴 모터스의 품질 기준을 의심하게 하는 것이지만, 동일한 사람이 1938년에 살았더라면 그 소리를 차의 높은 품질을 틀림없이 보증해주는 둔탁한 '쿵' 소리로 생각했을 것이다. 그리고 오늘날의 자동차광들은 폰티액의 성능과 신뢰성에 실망할 가능성이 높겠지만, 그 이전 시대의 자동차광들은 그 차의 민첩한 핸들링과 파워풀한 가속에 스릴을 느끼고 차량 정비를 얼마나 가끔씩만 해도 되는지에 대해 경탄했을 것이다.

이와 유사하게, 맨해튼에 사는 중간 계급 전문직은, 그녀의 아파트에 탁구대나 포도주 저장소를 둘 공간이 없다는 사실 때문에 괴로워할 가능성이 없으며, 수영장이 있어야 한다는 기대는 더더욱 하지 않으리라는 점은 거의 확실하다. 그러나 같은 사람이 웨스트체스터 카운티의 교외에 산다면 이러한 편의 시설도 없는 집은 살 생각조차 하지 않을 것이다.*

진화된 인간의 뇌에는 평가적인 판단을 내릴 때 맥락적인 단서를 활용하도록 회로가 내장되어 있다. 우리가 의존하는 단서는 즉각적인

---

* 맨해튼은 서울 도심처럼 상가와 사무실이 주된 용도라 땅값이 비싸고 조밀한 반면, 웨스트체스트 카운티의 교외는 넓은 저택들이 주로 있는 곳이다.

것일 필요는 없다. 예를 들어 어떤 여성은 그 누구도 20년 전 사고로 죽은 첫사랑에 미치지 못한다는 이유로 구혼자들을 줄줄이 딱지 놓을 수도 있다. 그러나 상당한 정도까지는 우리가 의존하는 단서는 분명히 그 시간과 장소 면에서 지역적이다. 심리학자 프리츠 슈트라크^{Fritz Strack}와 그의 동료들은, 예를 들어, 사람들이 자신의 삶에 대한 평가를 내릴 때 그 질문을 받을 당시 장애인이 곁에 있으면 그 평가가 올라간다는 사실을 발견했다.[10]

어떤 것이 좋은 평가를 받기 위해서는 금방 떠오르는 같은 집합에 속하는 다른 것과 비교해서 우호적이라고 생각되어야 하는 것이 보통이다. 우리가 소유하는 사물에 대한 평가는 지역적인 환경에서 존재하는 다른 것들과의 비교에 의존할 수밖에 없다. 만일 우리의 아이들이 보통의 뇌를 가지고 태어났다면, 세계를 이와 다르게 보라는 우리의 충고를 그들이 따를 수 있을 가능성은 별로 없다.

서열은 중요하다

상대적 지위에 대한 관심의 발달사는 또한, 그토록 많은 중요한 자원들이 절대 능력보다는 상대 능력에 따라 분배되어 왔다는 사실에 기원^{起源}하고 있다. 예를 들어, 경제학자 아마르티아 센^{Amartya Sen}이 강조했듯이, 심지어 굶주림이 가장 혹독했을 때도 언제나 항상 **얼마간의** 음식이 있었으며, 그것을 누가 얻느냐 하는 문제는 대체로 상대적인 부의 보유 정도에 의해 결정되었다.[11] 따라서 누군가 다른 사람은 9만 달러를 버는 반면 자신은 10만 달러를 버는 세계와 다른 사람은 20만 달러를 버는 반면에 자신은 11만 달러를 버는 세계 중에서 전자를 선택한다고 해서 전혀 이상한 일이 아니다. 특히 우리는 그런 선택을 한 사람이, 다른 사람들의 필요가 충족되지 않는다는 점에서 즐거움을 얻는 선호를 가지고 있다고 가정할 필요가 전혀 없다.

만일 가격이 문제가 되지 않는다면, 우리들 대부분은 물, 도시의 야경을 비롯한 즐거움을 주는 전망을 갖춘 집에서 살면 기쁠 것이다. 그러나 대부분의 지역이 택지의 아주 작은 부분만 그처럼 좋은 전망을 갖추고 있다. 어떤 가족이 이런 전망을 갖춘 집을 구하느냐는 그 절대 소득보다는 상대 소득에 의해 결정된다. 그 동네의 일가족 평균 소득은 1만 달러일 수도 있고, 1천만 달러일 수도 있다. 그러나 그 동네의 집들 중 10퍼센트만 전망이 좋고 모든 가족이 동일한 선호를 갖고 있다면, 소득 분포에서 상위 10퍼센트에 해당하는 가족만 그런 전망을 갖춘 집을 차지할 수 있을 것이다. 여기서도 다시금, 그 가족이 전망을 누리는 데서 오는 즐거움은 다른 택지가 그런 전망을 갖추고 있다고 해서 조금도 줄어들지 않는다. 그러나 보통 모두가 전망을 다 누리는 것은 가능하지 않기 때문에 상대 소득을 신경 쓸 이유가 하나 더 생기는 셈이다.

상대 소득은, 사람들이 정말로 오직 절대 소득에만 관심을 기울이는 세계에서도 여러 가지 실제적인 이유 때문에 중요성을 가진다. 예를 들어 남들 앞에 나설 만할 정도로는 차려 입었다고 보이는 데에 필요한 옷이 무엇이냐는, 다른 사람들이 입는 옷에 크게 의존한다. 그렇기 때문에 상대 소득의 문턱 수준을 우선 넘어서지 못하면 취업을 위해 효과적으로 경쟁할 수 없으며, 애덤 스미스 자신도 썼듯이, 부끄러움을 느끼지 않고서는 밖에 나가기도 힘들어진다.[12] 같은 논리로, 개발 도상국의 많은 동네의 주민들은 자동차가 필요하지 않지만, 로스앤젤레스 주민들은 자동차 없이는 사회적 존재로서 필요한 최소한의 요구에도 부응하지 못한다.[13] 그리고 경제학자인 리처드 래이야드 Richard Layard가 썼듯이 "가난한 사회에서는 남편이 아내에게 장미 한 송이로 사랑한다는 것을 증명할 수 있지만, 부유한 사회에서는 장미 열두 송이가 필요하다."[14]

순전히 생물학적인 측면에서 상대적인 자원의 보유가 가장 결정적으로 중요한 분야는 바로 짝에게 접근하고자 애쓰는 개인들 사이의 투쟁 영역이다. 인간과 동물 공히 이 투쟁을 가장 격렬하게 벌이는 것은 수컷이다. 그 이유는 암컷과 수컷의 사이의 재생산 전략이 비대칭적이기 때문이다. 대부분 종의 경우, 암컷은 임신과 자식 기르기에 대단히 많은 투자를 하는 반면, 수컷에 비해 재생산 능력이 미치는 범위에는 상대적으로 한계가 있다. 수컷의 유일한 기여는 많은 경우에 정자 세포를 값싸게 제공하는 일에 지나지 않는다. 이 비대칭성은 수컷 한 마리가 원칙적으로는 그 수가 무한한 자손의 아비가 될 수 있음을 의미한다. 그 결과 수컷들끼리 어마어마한 이해관계가 걸린 유전적 토너먼트가 벌어진다. 예를 들어 바다표범 중 한 종의 경우 전체 성년 수컷의 4퍼센트가 거의 90퍼센트에 해당하는 자손을 퍼뜨린다.[15]

인간의 경우에도 비록 많은 다른 동물 종보다는 적지만 그럼에도 수컷의 재생산 성공의 가변성이 상당하다. 자료가 남아 있는 과거 그리고 현재 인간 사회의 85퍼센트가 일부다처제다.[16] 그런 사회에서 서열이 높은 남성은 아내를 여러 명 두는 경우가 흔하며, 최고의 승리자는 감탄을 자아낼 정도로 엄청난 재생산에 성공한다. 예를 들어 모로코의 마지막 샤리프 황제였던 물레이 이스마엘$^{Moulay\ Ismail}$은 17세기 말과 18세기 초에 자식을 1,000명 이상 남겼다.[17] 그러므로 모든 사람이 많은 자손을 두면 좋겠다고 생각하는 사람들조차도 상대 소득에 관심을 기울일 큰 이유가 존재하는 셈이다.

물론 현대 산업 사회에서는, 상대 소득과 기대 자손 수 사이에 강한 연결 관계가 더 이상 존재하지 않는다. 그렇다고 하더라도 상대적으로 높은 소득을 올릴 수 있는 능력은 짝 선택에서 계속해서 중요한 요소로 남아 있다. 그리하여 최근의 조사에 따르면 여성은 잠재적인 짝을 평가할 때 벌이 능력$^{earning\ power}$을 단일 요소로서는 가장 중요한 것으로 꼽았다. 그리고 맞벌이 가족이 점점 중요해지는 세태를 명백히 반영하여, 같은 응답 조사에서 남성 역시 여성의 벌이 능력을 신체적인 매력 바로 다음 가는 중요한 요소로 꼽았다.[18]

인류 진화의 과정에서 개인이 높은 서열을 얻고자 하는 욕망의 상대적인 강도가 달랐을 경우 더 강렬한 욕망을 지닌 사람이 다른 사람보다 높은 서열을 차지할 가능성이 높았을 것이며, 그렇게 되면 자연 선택의 가차 없는 힘이 높은 서열을 획득하도록 강력하게 동기화된 인간의 뇌를 낳지 않았다면 오히려 이상한 일이었을 것이다.

노력의 배분과 조절

대부분의 경우 절대적 부를 극대화하려는 노력이 상대적 부도 극대화하게 되는 상황에서 자연 선택에 의해 형성된 뇌가 왜 우리로 하여금 절대적 부가 아니라 상대적 부를 추구하도록 하는지에 의문을 갖는 것은 자연스럽게 보일지도 모른다. 우리는 또한 우리 내면의 목소리가 "높은 서열을 획득하라."가 아니라 단순히 "할 수 있는 한 최선을 다하라."고 촉구하지 않는지 궁금해 할 수도 있다. 어쨌거나 우리 대부분은 사실상 삶의 모든 영역에서 일부 사람들보다는 뒤쳐질 수밖에 없는 운명에 처해 있기 때문에, 상대적 지위에 쉬지 않고 초점을 맞추는 것은 유용한 동기 부여의 도구라기보다는 불행을 낳는 조리법처럼 보인다.

그러나 진화 심리학자들이 강조하듯이, 인간적 동기 부여의 목적은 우리를 행복하게 하는 것이 아니라 경쟁에서 이길 확률을 높이는 것이다. 어떤 사람이 한 영역에서 낮은 지위 때문에 불행해 한다면, 그 사람은 다른 영역에서 경쟁에서 이기기 위해 노력할 동기를 가지게 될 수 있다. 예를 들어 일주일에 80시간이나 일하고 싶은 생각이 없는 변호사는 맨해튼에서 일하기보다는 작은 도시의 지역 법조계에서 영향력 있는 인물이 되는 쪽을 선택할 가능성이 더 높다.

또한 "최선을 다하라." 같은 명령은 가망 없을 정도로 추상적이라는 문제점이 있다. 대부분의 경우 우리가 무엇을 잘하는지를 먼저 알아내지 않으면 최선을 다한다고 해서 많은 결실이 나오지 않는다. 피아노 연주가가 되기로 선택했다면 될 수 있는 한 최고의 피아노 연주가가 되기 위해 노력하는 것은 좋은 일일 수 있다. 그러나 애초에 피아노 연주가가 되기로 한 결정이 옳은 결정이었는지를 무슨 수로 아는가?

인간이 하는 학습의 대부분은 우리가 여러 가지 행위를 했을 때

받는 긍정적·부정적 조건 형성*의 결과다. 시행착오를 종종 겪으며, 효과가 없는 행동의 목록은 치워버리고 그것을 효과가 있는 행동의 목록으로 대체한다. 당신이 음치라면, 학교 음악 수업 시간에 받은 점수는 당신이 콘서트 무대 위의 경력을 추구하는 수고를 하지 않게 해준다. 당신이 달리기에 젬병이라면, 어린 시절 달리기 경기에서의 낮은 성적은 올림픽을 목표로 훈련하는 인생으로부터 당신의 항로를 돌려줄 것이다. 그리고 운이 따른다면, 다른 어떤 분야에서 초기에 보인 높은 성취 덕택에 당신의 재능을 꽃피울 비옥한 토양을 제공해줄 직업으로 방향타를 잡을 수도 있을 것이다. 경쟁을 할 적절한 분야인지를 파악하는 문제로 오게 되면, "높은 서열을 획득하라."고 촉구하는 내면의 목소리는 "할 수 있는 한 최선을 다하라."는 목소리보다 훨씬 유용한 정보를 줄 것이다.

서열 그 자체에 관심을 기울여야 하는 중요한 이유가 아직 더 남아 있다. 우리가 투여하는 노력의 양을 조절하는 데 편리한 기준점 benchmark 역할을 하는 것이 바로 서열이다. 전쟁 시기의 경험이 생생하게 보여주었듯이, 강압적 상황에 놓인 인간은 일주일 동안 거의 잠을 자지 않고서도 고도로 힘든 육체적 과업을 해낼 수 있다. 그러나 즉각적인 죽음의 위협을 눈앞에 두고 있다 하더라도 그런 노력에는 한계가 있다. 생존을 위한 모든 이들의 노력은 보통 수십 년에 걸쳐 투여되며, 모든 순간에 가능한 최대한의 노력을 기울이는 것은 거의 확실히 지는 전략이다. 소진되어버리는 것을 피하기 위해 우리는 스

---

* 조건 형성reinforcement '강화'라고도 한다.

스로를 돌아보고 회복할 시간을 챙겨야 한다.

따라서 훨씬 더 현명한 일반적인 전략은 생존에 대한 위협이 가장 클 때를 대비해 에너지를 비축하는 것이다. 여기서도 상대적 지위에 대한 본질적 관심이야말로 바로 당장의 업무에 대한 맞춤식 해결책으로 보인다. 일반적으로, 개인이 이를테면 지역에서 모이를 쪼는 순서의 뒤로 밀릴수록, 즉 서열의 아래로 떨어질수록 생존에의 위협은 더 심각해진다. 서열이 하락하는 것은 괴로움과 걱정을 몰고 오며, 이런 감정은 잃어버렸던 원래의 지위를 회복하는 추가적인 노력에 박차를 가하게 하는 경우가 많다.

그렇다고 해서 일단 문턱 수준의 서열만 확보하면 걱정이 사라진다는 얘기는 아니다. 오히려 그와는 반대로, 자신이 얼마나 성취했는가와는 상관없이 여전히 앞으로 전진하려는 갈망에 계속 사로잡혀 있는 사람들을 우리 모두는 알고 있다. 이는 부분적으로는 성공하고자 하는 각자의 갈망의 강도가 다르며, 가장 큰 갈망을 지닌 사람들은 다른 사람보다 실제로 최고의 자리 근처까지 올라갈 가능성이 높다는 사실에 의해 설명된다.

그러나 진화 심리학자의 관점은, 주관적 복지와 상대 소득이 처음부터 단순하고 정적인 관계만을 갖고 있다고 기대할 필요는 없다는 추가적인 가능성을 시사한다. 진화 설계의 관점에서 볼 때, 가장 성공적인 유기체는 그들의 상대적 지위뿐만 아니라 그 지위의 **변화**에도 관심을 가질 것이다. 경쟁적인 환경에서 높은 서열이라고 안주하게 되면 결국 그 자리마저도 잃는 경우가 흔하니까 말이다.

심리적 복지는 따라서 대체로 다음과 같은 방식으로 상대 소득에 따라 달라질 것이다. 상대 소득의 증가는 주관적 복지를 증가시키고, 상대 소득의 감소는 주관적 복지를 감소시키지만, 두 효과 모두 시간이 지남에 따라 점차 줄어들게 된다.[19] 사람들이 일단 새로운 환경에 적응하면 그 새로운 환경이 개선된 변화를 판단하는 새로운 표준을 구성하게 된다. (따라서 "인생은 여행이지, 종착지가 아니다."라는 속담이 나오게 되는 것이다.)

진화 심리학자들의 틀framework은 또한 관련된 재생산 전투의 결과가 매우 지역적인 환경 내에서의 경쟁 균형에 의해 일반적으로 결정된다는 점에 주의를 기울인다. 예를 들어 유인원의 재생산 성공은 그가 아프리카 대륙 전체에서 얼마나 강하냐가 아니라 그가 직접 거주하는 곳과 가까운 지역 내에서의 경쟁자들에 비해 얼마나 강하냐에 따라 결정된다. 이와 유사하게, 오늘날 테니스 선수들에게 주어지는 경제적·심리적 보상은 다른 모든 운동선수들과 비교한 그의 경기 능력에 달려 있는 것이 아니라 그가 경쟁하는 특정한 지역적인 풀에 속하는 다른 테니스 선수들과 비교한 경기 능력에 달려 있다. "지역적인 위계local hierarchy"에서 높은 서열을 획득하거나 위계상 지위가 올라가면 기분이 좋아지고 낮은 서열에 있거나 위계상 지위가 아래로 내려가면 기분이 나빠진다.

이 점은 1년에 20만 달러를 버는 사람이 보고한 만족 수준이 1년에 그것의 절반도 못 버는 사람이 보고한 만족 수준과 왜 같은지 설명해주는 데 도움을 준다. 각 범주에 속하는 사람들은 지역적인 위계에서 더 위로 올라가려고 하는 저마다의 경쟁자와 부딪히고 있다. 그 모든 경우에 각 범주의 경쟁자들의 절반만 상위 반의 자리를 차지할 수 있다.

협상에서의 헌신의 문제

인류는 본질적으로 거래하는 동물^{trading animal}이다. 인류의 진화적 여명기부터 우리의 생존은 서로 재화와 선물을 교환하는 일에 달려 있었다. 상대적 지위에 대한 관심은 교환으로 생긴 과실을 어떻게 나눌지 서로 협상하는 일에서도 적응력이 있는 것으로 드러난다.

왜 그런지를 이해하기 위해, 다음과 같은 사례를 상상해보자. 정치 시위를 구경하던 사람들이 시사 주간지로부터 경찰에게 폭행당한 사건에 관한 글을 써달라는 부탁을 받았다고 하자. 당신은 이 사건을 목격하였고, 글을 써 달라는 제안은 당신과 당신의 지인이 같이 받았다. 두 사람은 그 기사를 쓸 수 있는 유일한 사람들이며, 어느 쪽도 혼자서는 그 일을 다 해낼 수 있는 능력을 갖고 있지는 않다. 잡지사는 글을 쓰면 총 10,000달러를 주겠다고 제안했고, 그 돈을 둘이서 어떻게 나눌지는 둘의 의사에 맡긴다고 한다. 그 기사를 쓰는 데 기여하는 일은 당신의 입장에서는 공짜로라도 기꺼이 하고 싶은 일이고 따라서 당신이 얻게 되는 돈은 순전히 뜻밖의 횡재다.

또는 그렇게 보이는 것에 지나지 않을지도 모른다. 당신이 파트너와 어떻게 돈을 나눌지 논의하는 자리를 갖기 전에, 그는 10,000달러 중 그의 몫이 9,990달러 미만일 경우 전미총기협회^{NRA}에 20,000달러를 기부할 의무를 규정한 유효한 증여 계약서 사본을 보여준다. 당신은 당신의 파트너가 총기 규제 정책의 지지자임을 알기 때문에, 이 계약을 체결했다는 것은 기사의 반을 쓰는 대가로 당신이 10달러 이하의 몫을 받아들이지 않으면 거래는 성사되지 않는다는 의미임을 알고, 당신이 그 점을 안다는 걸 파트너도 안다. (당신이 더 많은 몫을 갖도록 한다면 그는 전미총기협회에 20,000달러를 기부해야 하는데, 이는 그가 결코 하지 않을 일이라는 것을 당신은 확신하고 있다.*)

전미총기협회와 파트너가 맺은 이 계약 때문에 당신은 앞 장에서 논의했던 최종 협상 게임의 응답자와 같은 처지가 되었다. 기사의 반을 쓰는 대가로 10달러를 받아들이든지 잡지사의 제안을 거절하여 한 푼도 받지 않든지 둘 중 하나를 선택해야만 한다. 당신이 절대 소득에만 관심이 있다면 당신은 그 조건을 받아들일 것이다. 왜냐하면 10달러는 한 푼도 받지 않는 것보단 낫기 때문이다. 그러나 당신의 파트너가 예전부터 당신이 몫의 분배 비율에 대해 신경을 쓴다는 점을 알고 있었다고 해보자. 그 경우 그는 당신이 일방적으로 불리한 제안은 거절하리라고 예측했을 것이고 애초에 전미총기협회와 그런 계약을 맺은 채 그런 조건을 제시하지도 않았을 것이다. 상대 소득에 대한 당신의 관심 덕택에 당신은 사실상 훨씬 더 효과적인 협상가가 된 셈이다.

부당하다고 생각하는 노동 조건을 받아들이느니 파업을 하겠다는 노동자들은 때때로 직장을 잃을 위험에 처하기도 한다. 그러나 이런 성향은 또한 애초에 불공정한 계약으로부터 그들을 보호해주기도

---

* 계약이 아예 성사되지 않으면 몫을 논할 일도 없으므로 그 경우 파트너는 NRA에 돈을 주지 않아도 되기 때문에, 파트너는 9,990달러 미만으로 계약할 바에야 아예 계약을 불성립시킨다.

한다. 마찬가지로 많은 소비자들이 불공평하다고 생각하는 조건을 제시받으면 거래를 거절한다는 사실을 아는 상인은 처음부터 불공평한 조건을 제시하는 일을 삼갈 것이다. 교환에서 생기는 이득이 어떻게 분배될 것인지 아무런 관심이 없는 사람은 협상가로서 자질이 몹시 부족한 것이다.

능력 신호 표시

당신이 중대한 범죄를 저질렀다는 부당한 혐의를 받아 기소되어, 당신을 변호해줄 변호사를 찾고 있다고 해보자. 그리고 당신의 선택은 두 명의 변호사 중 하나를 고르는 일이 되었는데, 두 사람은 당신이 아는 한 소비 수준을 빼고는 모든 면에서 동일하다. 한 변호사는 실밥이 터져 나온 폴리에스테르 상의를 입고서 15년 된 녹슨 셰비 사이테이션*을 타고 법정에 도착하였다. 다른 변호사는 흠 잡을 데 없이 재단된 샤크스킨** 양복을 입고 새 BMW 740i를 몰고 왔다. 누구에게 사건을 맡기겠는가? 당신이 찾는 건 친구가 아니라 능력 있는 변호사임을 명심하라.

확률상 두 번째 변호사에게 배팅하는 것이 낫다. 그 이유는 경쟁적 시장에서 변호사의 능력 수준은 그의 소득에 밀접하게 반영되며, 소득 수준과 소비 수준은 정의 상관관계에 있기 때문이다. 소비를 많

---

* 셰비 사이테이션Chevy Citation 1980년경 제너럴 모터스가 제작한 소형 승용차.
** 샤크스킨 상어 가죽 무늬의 양모 직물.

이 하는 변호사가 꼭 능력이 더 좋을 것이라는 보증은 분명히 없다. 그러나 위험을 수반하는 상황에서는 확률 법칙을 따르는 것이 이치에 닿는다. 그리고 이 확률 법칙은 더 좋은 옷을 입은 변호사를 선택하라고 분명하게 말한다.

모르는 사람을 선택하는 일이 포함된 중요한 결정에서는, 능력에 대한 약한 신호signal조차도 결정적으로 작용하는 경우가 자주 있다. 가까이에서 일하게 될 사람을 채용하는 일은 바로 그런 분명한 예다. 구직 면접에서 첫인상은 많은 영향을 미친다. 그리고 의류업체들이 우리에게 즐겨 상기시켜주듯이 첫인상을 줄 기회는 두 번 오지 않는다. 취업 상담사들은 좋은 옷을 입고 예의 바르게 행동하는 것의 중요성을 항상 강조해왔다. 고용주가 그 지원자가 얼마나 훌륭한지를 아는 경우조차도, 고용주는 여전히 그 사람이 다른 사람에게 어떻게 비칠지 신경 쓴다. 이는 업무상 그 피고용자의 능력을 알지 못하는 외부인과 광범위하게 접촉해야 하는 직종의 경우에는 특히 진실이다.

"모든 일이 전부 다 누가 무엇을 가졌느냐의 문제이지요." 매디슨 가의 소매업자인 윌리엄 웅어가, 수십만 달러짜리 손목시계를 차고 있었던 사람 둘의 대화를 엿들은 이야기를 하면서 말했다. "한 사람이 앞에 있던 친구가 〔파텍 필립〕 파고다를 차고 있는 걸 보았지요. 그 사람들은 어떤 직감 같은 게 있는 사람들이에요. 그들은 그 시계가 얼마나 비싼지 아는 겁니다. 그들은, 앞에 있는 사람의 능력이나 돈을 얼마나 버는지를 그 손목시계를 쳐다보고는 확인합니다. 그들은 누가 선수인지 아는 겁니다. 혹은 안다고 생각하지요."[20]

개별 구매자의 관점에서 보면, 호화스러운 소비 지출의 많은 경우는 따라서 밖에서 보는 것보다는 상당히 덜 시시한 일일지도 모른다. 제대로 된 시계를 차고, 제대로 된 차를 몰고, 제대로 된 옷을 입고, 제대로 된 동네에 사는 것이 제대로 된 직장을 얻거나 큰 계약을 성사시키는 데 도움을 주는 한, 그런 지출은 진정한 의미에서의 소비라기보다는 투자에 더 가까운 것이다. 그리고 이것은 사람들이 눈에 띄게 더 많은 걸 가진 사람이 나타나면 불편함을 느끼는 이유를 또 하나 더 제시하는 셈이다.

상대적 지위에 대한 관심의 생화학적 지표

상대적 지위에 대한 관심이 정말로 인간의 뇌의 진화된 회로망의 일부이고 단순히 문화적 인공물이 아니라면, 이런 관심을 불러일으키는 실제 신체 과정의 발자국을 생물학자들이 발견했어야만 할 것이다. 이 절에서 나는 이 쟁점과 관련 있는 최근의 두 연구를 언급하겠다. 그중 하나는 감정과 행동에 대한 뇌 내부의 조절 장치regulator와 상대적 지위의 연관성에 관한 연구이고, 다른 하나는 사망률이나 질병률과 상대적 지위의 연관성에 관한 연구다.

세로토닌과 테스토스테론 연구

캘리포니아대학교 로스앤젤레스캠퍼스UCLA의 신경 과학자인 마이클 맥과이어Michael McGuire와 그의 동료 연구자들은, 영장류의 지연 집단*

에서의 상대적 지위가 기분과 행동을 조절하는 신경 전달 물질인 세로토닌의 농도에 영향을 주고, 그 농도에서 영향을 받기도 한다는 점을 보였다.[21] 예를 들어 긴꼬리원숭이 성체 집단 19군을 대상으로 한 연구에서, 맥과이어 등은 각 그룹의 지배적인 개체에서 채취한 뇌척수액* 샘플에 신진대사 되고 있는 세로토닌의 농도가 피지배 개체에서 채취한 샘플의 세로토닌 농도보다 약 50퍼센트 더 높다는 사실을 밝혀냈다.

이 차이는 높은 지위의 결과인가 아니면 높은 지위의 원인인가? 이 질문을 탐구하기 위하여 맥과이어와 그의 동료들은 처음에 지배적이었던 개체를 각 집단에서 빼내고 그들을 따로따로 우리에 가두었다. 그로부터 짧은 시간 안에 각 집단에서는 새로운 개체가 지배적인 지위에 등극했고, 그로부터 대략 72시간이 지나고 나서 새 지배적 개체의 세로토닌 농도는 예전의 지배적 개체와 같은 수준으로 상승했다. 동시에, 이전에 지배적이었던 개체의 세로토닌 농도는 피지배 개체의 수준까지 떨어졌다. 처음의 지배적 개체를 다시 집단에 집어넣자 그는 지배자 지위를 탈환했고 원래의 지배자와 잠깐 동안 지배자였던 개체의 세로토닌 농도는 그에 따라 각각 높아지고 낮아졌다.[22] 이러한 패턴은 서열에서의 변화가 세로토닌 수준의 변화 원인이라는 점을 시사한다.

---

* (앞쪽) **지연 집단**local group 상호작용을 할 수 있는 범위의 같은 지역에 사는 집단.
* **뇌척수액**腦脊髓液 뇌척수를 싸고 있는 연막과 지주막 사이에 있는 지주막 하강 및 뇌실을 채우고 있는 액체.

후속 연구에서, 마이클 랠라이$^{Michael Raleigh}$와 그의 동료들은 높은 수준의 세로토닌 농도는 높은 지위의 획득을 촉진시키는 것처럼 보인다는 사실을 밝혀냈다.[23] 그들의 실험은 뇌에서 나오는 세로토닌 농도를 높이는 약을 처방하는 방식을 활용했다. 이 약을 처방받은 동물은 위약*을 처방받은 동물들보다 사회적 위계에서 지위가 올라갈 확률이 더 높아졌다.

세로토닌-지위 관계$^{serotonin-status relationship}$는 인간의 경우에는 인간 이외의 영장류의 경우에서보다는 덜 명확하게 나타난다. 그러나 영장류를 상대로 한 연구에서 발견된 패턴이 최소한 일부 인간 집단에는 명백하게 존재한다. 맥과이어와 그의 동료 연구자들은 예를 들어 남자 대학생들의 사교 클럽 회장들과 운동부 주장들의 세로토닌 수준이 다른 사람들보다 높다는 사실을 발견했다.[24] 다른 연구에서 더글러스 마센$^{Douglas Madsen}$은 세로토닌-지위 관계가 남자 대학생들의 일부 집단에서 정의 상관관계가 있음을 밝혀냈다.[25]

도파민, 노르에피네프린을 비롯한 다른 신경 전달 물질과 마찬가지로 세로토닌은 기분과 행동에 여러 가지 방식으로 영향을 미친다. 세로토닌은 뇌의 변연계나 전전두엽 부분에 있는 신경 세포 간 자극을 전달하는 일에 특히 중요한 역할을 한다. 일정한 한계가 있지만, 증가된 세로토닌 농도는 복지가 상승된 느낌과 연관되어 있다. 세로토닌 부족은 과민성^{irritability}, 수면 장애, 조증, 우울증 같은 다양한 정

---

* 위약偽藥 환자는 의학이나 치료법으로 받아들이지만 실제로는 치료에 전혀 도움이 되지 않는 가짜 약제.

동 장애*와 관련되어 있다.[26] 최근의 연구는 세로토닌 부족이 충동적인 공격성과 자살 시도와도 강하게 연관되어 있다고 시사한다.[27] 우울증을 비롯한 정동 장애에 처방되는 프로작이라는 약은 세로토닌 재흡수 억제재로 뇌 속의 세로토닌 농도를 상당한 정도로 증가시킨다.

남성의 경우 성 호르몬인 테스토스테론 농도가 세로토닌과 유사하게 지위와 관련성이 있는 것으로 보인다. 그리하여 지위의 하락 뒤에는 혈장 내의 테스토스테론 수치 감소가 뒤따르는 반면, 지위 상승에는 그 농도의 증가가 따르는 경향이 있다.[28] 테니스 경기에서 압도적으로 이긴 선수는 경기 후 혈장 내 테스토스테론 농도 증가를 경험하였고, 패배한 상대는 경기 후에 테스토스테론의 감소를 경험하였다. 그리고 영장류에 관한 연구에서, 세로토닌처럼 테스토스테론 농도의 증가는 높은 지위 획득이나 유지에 도움이 되는 행동을 촉진한다는 일부 증거가 나왔다.[29]

상대 소득과 건강

사회에서 가장 부유한 사람이 가장 건강하게 오래 사는 경향이 있다는 사실은 전혀 놀랍지 않다. 어쨌거나 이 사람들은 가난한 시골 사람보다 더 좋은 음식을 많이 먹고 의료를 비롯한 중요한 자원에 더 쉽게 접근할 수 있으니 말이다. 그러나 연구자들이 기대하지 못했던 점은, 선진국 경제에서는 이 같은 물질적으로 유리한 점이 높은 서열의 개

---

* 정동 장애情動障碍 기분이 너무 좋거나 우울한 것을 주 증상으로 하는 정신 장애.

인들의 건강이 더 좋은 이유와는 거의 관련이 없어 보인다는 사실이었다. 그런 이유에서보다, 낮은 상대적 지위는 —— 그 자체로서 또는 그것에 수반되는 다른 요인과 함께 작용하여 —— 다양한 질병의 중요한 인과적 요인인 것 같다.

만일 물질적 생활 수준의 차이가 부유할수록 더 오래 사는 이유를 설명한다면, 부유한 나라의 기대 수명이 가난한 나라의 기대 수명보다 유의미하게 높을 것임을 예상할 수 있다. 이는 실제로도 사실이다. 그러나 어느 지점까지만 그럴 뿐이다. 영국의 의료 연구자 리처드 윌킨슨Richard Wilkinson이 보여주었듯이, 절대적 부의 획득이 인간의 건강을 개선하는 정도는 부가 늘어날수록 급격히 감소한다. 연간 일인당 소득 5,000달러가 일단 달성되고 나면 추가적인 소득 성장은 기대수명을 거의 늘려주지 않는다. 예를 들어 OECD에 속한 23개 국가의 1970년에서 1990년 사이의 소득 변화와 기대 수명 변화 사이에는 아무런 상관성도 존재하지 않는다.[30]

많은 과학자들은 낮은 상대 소득이 질병과 조기 사망의 중요한 원인이 될 수 있다는 사실을 받아들이기를 꺼려했다. 그들은 아마 진정한 인과 경로는 다른 곳에 있을 것이라고 추측했다. 그리하여 그들은 가장 허약한 체질로 태어난 사람들은 대체로 건강이 나쁘고 정력이 부족하기 때문에 상대 소득이 낮은 것이라고 보았다. 그러나 이 가설은 상대 소득의 증가에 따라 사망률이 내려간다는 증거에 비추어 설득력이 없는 것으로 밝혀졌다.[31]

또 다른 가능성은, 모든 사회의 가장 가난한 사람들은 건강을 유지하는 데 필요한 정보가 가장 적고 자제력 훈련도 가장 덜 된 사람들이기 때문에 건강이 나쁘다는 것이다. 이 설명이 맞다면, 환경상·행동상의 위험 요인이 사람들의 선택에 크게 영향을 받는 심장병 같은 질환에 특히 중요한 요인이 될 것이다. 그러나 여기서도 증거는 이 설명을 거의 지지해주지 않는다. 그리하여 주되게 알려진 환경상·행동상의 위험 요인은, 상대 소득과 심장병으로 인한 사망 사이의 관계를 관찰한 것 가운데 약 20퍼센트만을 설명할 수 있을 뿐이다.[32] 상대적인 궁핍이 질병의 원인이라는 사실에 대한 추가적인 간접 증거들은 한 국가 내에서의 불평등 정도와 질병률 사이의 연관 관계를 발견한 최근의 연구에서 나온다.[33]

아마도 상대 소득과 질병 사이의 연결 관계를 가장 생생하고 설득력 있게 보여주었던 것은, 역학자인 마이클 마멋[Michael Marmot]과 그의 몇몇 동료 연구자들이 수행한 영국 공무원의 건강에 대한 두 개의 뛰어난 연구에서 나왔다.[34] 이 연구들은, 많은 공무원들이 일하고 있는 정부 건물들이 줄지어 서 있는 런던 거리의 이름을 따서 화이트홀[Whitehall] 연구라고 알려졌다. 화이트홀 연구의 두드러진 특징은 그 연구가 나쁜 건강의 원인을 무지나 절대적인 물질적 궁핍으로 돌릴 수 없는 사람들을 대상으로 했다는 점에 있다. 영국 공무원들은 교육을 잘 받은 사람들이며, 영국 국가의료제도[National Health Service]를 통해 언제든 의료에 접근 가능하고, 상당히 괜찮은 급여를 받는다.

대다수 국가의 정부 관료 기구와 마찬가지로, 영국 공무원 사회는 질서정연한 사회·소득상의 위계를 이루고 있다. 두 건의 화이트홀 연구 모두에서 마멋과 그의 동료들은 대상자들을 직급에 따라 나누었는데, 이 직급은 급여와 관료 기구 계층 내의 지위와 밀접하게 상응하는 것이었다. 첫 번째 연구^{Whitehall I}는 1967~1969년 당시 40~69세였던 18,000명의 남자 공무원을 대상으로 하였는데, 연구자들은 관상 동맥 질환을 비롯한 질병에 의한 사망 위험이 40세에서 64세 사이의 남자들의 직급과 강한 부(-)의 상관성을 가지고 있음을 발견하였다. 즉, 직급의 사다리에서 서열이 높을수록 사망 위험이 낮았다.[35] 예를 들어 최고위직 공무원의 관상 동맥 질환에 의한 사망 위험은 최하위직 공무원의 사망 위험의 3분의 1 미만이었다. 다른 질병에 의한 사망과 직무상 지위 사이의 상응 관계도 본질적으로 같았다.

두 번째 연구^{Whitehall II}는 20년 후에 이루어졌고, 1985~1988년 당시에 35~55세인 10,000명 이상의 남성과 여성 공무원을 포함하는 표본에 기반 하여 이루어졌다.[36] 화이트홀 II 연구의 초점은, 다양한 질병으로 인한 사망률뿐만 아니라 공무원들을 긴 기간 동안 앓게 했던 질병률(여기서의 질병은 의사의 증명서가 있어야만 받을 수 있는, 1주일 이상의 병가를 내게 만들었던 병으로 정의되었다.)이다. 여기서 그들이 발견한 패턴은 본질적으로 화이트홀 I 연구에서 보았던 패턴과 동일했다. 남성과 여성 모두, 긴 기간 동안 앓았던 질병의 발병률은 직급에 강한 부의 상관성을 가지고 있었다. 예를 들어 오래 앓는 병의 발병률은 최고위 직급의 여성 공무원보다 최하위 직급 여성 공무원들에게 네 배나 높았다. 두드러지게도, 두 연구가 수행된 시기 동안 경제가 성장했음에도 불구하고, 최고위 직급과 최하위 직급 간의 사망률과 질병률의 간극은 전혀 줄어들지 않았다.

상대적 지위가 어떻게 영향을 미치는지 그 정확한 세부 사항은 많이 알려져 있지 않다. 스트레스가 인간의 면역 체계를 여러 가지 방식으로 훼손시킨다는 점이 알려져 있기 때문에 단순히 낮은 상대적 지위에 있는 사람들이 스트레스를 많이 느끼기 때문에 건강이 좋지 않을 가능성이 있다. 리처드 윌킨슨은 최근 저서에서 더 평등한 소득이 사회적 결속력social cohesion을 더 크게 증진시킴으로써 스트레스를 완화시킨다는 증거를 인용하면서 이 설명을 채택하여 논하고 있다.[37] 최근의 한 연구는, 낮은 지위 그 자체가 문제를 일으킨다기보다 낮은 지위에 자주 수반되는 자율성과 통제력 감소가 문제의 원인이라고 시사한다.[38]

연구자들도 아직은 상대적 지위와 세로토닌 및 테스토스테론 농도 사이의 관계를 세부 사항까지 정확하게 이해하고 있지 못하다. 그러나 현 논의를 위해서는 우리가 그런 세부 사항을 모른다는 점이 결정적이지는 않다. 관련된 메커니즘이 어떤 방식으로 작동하든 간에 상대적 지위에 관한 관심은 인간 본성에서 뿌리 뽑을 수 없는 요소라는 강력한 증거가 있다는 점을 아는 것만으로 충분하다.

───────────

통념은, 상대적 지위에 관한 관심은 사악한 시기심에 지나지 않으며 공공 정책 결정에서 어떤 비중도 부여받아서는 안 된다고 말한다. 그러나 비록 지위에 관한 관심이 자주 시기심을 수반하는 것은 사실이라 해도, 시기심이 없더라도 지위에 대한 관심은 여전히 강할 것임을 우리는 살펴보았다. 문화적 조건화를 통해 그 관심은 줄어들 수는 있겠지만 제거될 수는 없다. 약제학적 연구를 통해 어느 날, 상대적 지위에 관한 관심을 제거할 수 있는 약을 만들어낼 수 있을지도 모른다. 그러나 그 약을 복용한 사람은 아무도 우리가 알고 있는 세계에서 효과적으로 기능할 수 없을 것이다. 다음 장부터 이어질 우리의 과제는, 개인들에게는 분명히 적응적 의미*가 있음에도 불구하고 왜 상대적 지위에 관한 관심이 많은 바람직하지 못한 결과들 —— 그것에 제한되지는 않지만 우리가 초점을 맞추고 있는 낭비적인 소비 패턴을 비롯한 결과들 —— 을 낳는지를 살펴볼 것이다.

---

* **적응적 의미**adaptive significance 유기체가 생존과 재생산을 위해 자신의 유전 형질을 잘 전달하는 능력.

10장

개인으로서는 똑똑하지만
전체로서는 멍청한

LUXURY
FEVER

물질적 재화의 전반적인 증가가 삶의 만족에 영향을 미치지 못하였다는 풍부한 증거에도 불구하고 우리는 계속해서 더 큰 집과 더 비싼 차를 사려고 더 긴 시간을 직장에서 보낸다. 생활의 더 나은 균형을 달성하는 일에 실패한 이 사태에 관하여 많은 글들이 나왔는데 대부분의 저자들은 한결같이 이런저런 종류의 어두운 힘에 그 원인을 돌린다. 이 중 일부는 우리 안에 뿌리박고 있는 탐욕, 성급함, 어리석음 같은 것이고, 다른 일부는 힘 있는 기업에 의한 착취처럼 외부에서 우리에게 작용하는 것이다. 그러나 이 힘들이 모두 사라진다고 해도 근본적인 문제는 남을 것이다. 왜냐하면 그 주된 원인은 개인이나 기업의 불완전성에 놓여 있는 것이 아니라, 경쟁의 냉정하고 비인격적인 논리에 놓여 있기 때문이다.

비록 기록된 인간 역사가 수세기를 거쳤지만, 경쟁에 대한 우리의 근대적 이해는 오직 두 사람의 저작에 거의 전적으로 유래하고 있다. 애덤 스미스와 찰스 다윈. 스미스의 견해는 훨씬 더 낙관적이었지만 다윈의 더 철저하게 현실에 입각한hard-edged 분석이 우리의 현 상황에 대한 이해의 열쇠를 쥐고 있다.

경쟁에 관한 스미스와 다윈의 견해

지금으로부터 2세기 전에 쓴 글에서 애덤 스미스는 전 시대를 걸쳐 가장 칭송받고 영향력 있는 개념인 '보이지 않는 손'을 소개하였다. 시장에서 자신의 이익만을 추구하는 개인들은 "마치 보이지 않는 손이 작용한 것처럼" 모두를 위해 최대의 선을 산출하게 된다는 것이 스미스의 통찰이었다. 그리하여 경쟁자가 점유하고 있는 시장을 뺏으려고 하는 생산자는 비용을 절감하는 혁신을 하게 되고 다른 생산자들은 이를 모방하게 되어 시간이 지나면 모두에게 더 낮은 가격으로 생산물을 제공하게 된다. 농부들은 수확량이 더 많은 다양한 교배종 옥수수를 심으려고 급히 움직인다. 목장주들은 번식을 더 빨리 하는 가축을 기르려고 서두른다. 장거리 운송을 하는 트럭 운전자들은 연료 절약형 에어 포일*을 운전석 위에 서둘러 단다. 이 모든 경우, 일찍 혁신을 채택하는 사람들은 경쟁자들에 비해 더 적은 비용으로 상품을 생산할 수 있게 되어 더 많은 이윤을 거두게 된다. 그러나 그 우월한 방식이 확산됨에 따라 증가한 공급이 가격을 하락시켜, 이윤은 다른 부문과 같은 수준으로 돌아간다. 이 과정에서 궁극적으로 혜택을 보는 사람은 더 낮은 가격을 지불하게 되는 소비자들이다.

보이지 않는 손은 비용을 줄이라는 가차 없는 압력을 가할 뿐 아니라 이전에는 없었던 상품을 처음으로 시장에 내놓는 사람들에 대한

---

* 에어 포일airfoil 공기 저항으로 인해 차체에 생기는 뜨는 힘을 상쇄하려는 목적으로 차체에 부착하는 것.

보상도 한다. 같은 원리로, 보이지 않는 손은 시장에 눌러앉아 과도한 이익을 얻는 자도 빠르게 처벌한다. 예를 들어, 마차 생산자는 너무 많은 반면에 자동차 조립 노동자는 충분한 수가 없다면, 이들 및 다른 노동 시장에서 임금 조정이 일어나 빠르게 적절한 균형을 회복시키게 될 것이다. 그리고 이 모든 일이 정부의 관료가 손가락을 들어 올릴 필요도 없이 이루어진다.

『국부론』이 출간되고 80년 뒤 찰스 다윈은, 거래에 참여하는 인간이 아니라 야생의 동물 사이에 벌어지는 경쟁을 분석한 일련의 책을 내놓았다. 다윈은 애덤 스미스의 지적 후계자이자 영국 경제학자인 토머스 맬서스Thomas Malthus에게서 많은 영향을 받았다. 그러므로 경쟁에 대한 다윈의 견해가 많은 면에서 스미스의 견해와 유사하다는 건 놀라운 일이 아니다. 예를 들어 다윈의 이론에서, 이로운 돌연변이는 스미스의 비용 절감 혁신의 역할을 하는 것이고, 그 전파는 모방이 아니라 재생산의 상대적 성공에 의해 달성된다. 그리하여 경쟁자보다 냄새를 더 예민하게 잘 맡는 돌연변이 상어는 더 많은 먹이를 발견하게 될 것이고, 따라서 더 잘 살아남는 후손을 남겨 그 이로운 성질을 전달하는 경향이 있을 것이다. 수백만 세대를 거치는 과정 속에서 점차 쌓인 개선들이 아마도 지구상에 존재했던 가장 효과적인 포식자들 중 하나인 정교하게 다듬어진 현대 상어를 낳았다.

그러나 경쟁에 대한 다윈의 견해에는 스미스에게서 보이는 전반적인 낙관주의가 결코 없다. 실제로 다윈은 자연 선택이 그 속성을 보유한 개체에게는 이득을 주지만, 전체 집단으로 보아서는 심각하게 해로운 것으로 드러나는 수많은 사례들을 발견했다. 이 속성들의 공통점은 그것이 개별 유기체에 실제로 비용도 부과하지만, 그 종 내에서는 경쟁자와 더 효과적으로 경쟁할 수 있게 해줌으로써 보상을 해준다는 점이다.

현대 경제학자들은 이제 인간의 경쟁에서도 유사한 패턴이 존재함을 인식하고 있다. 예를 들어 풋볼 시합에서 (수비 팀의 공격 팀 선수에 대한 — 옮긴이) 무모한 태클은, 수비 팀이 부상당할 가능성을 높이지만 그럼에도 불구하고 공격 팀에게 더 큰 비용을 부과하기 때문에 그런 식의 태클이 널리 퍼지는 경향이 있다. 이런 상황에서는 스미스의 보이지 않는 손은 그냥 고장 나고 만다. 개체들 사이의 경쟁이 전체에게 최대의 선을 산출하지 않게 되는 것이다. 그러나 경제학자들은 이런 경우가 존재한다는 사실은 알지만, 통례와 동떨어진 드문 경우에 지나지 않는다고 보는 경향이 있다. 경제학자들은 산업 사보타주 및 그와 유사한 행동을 비난하지만, 실용적인 측면에서 그것들이 많이 문제가 된다고 생각하지 않는다.

그러나 주의 깊게 검토해보면 경쟁이 다른 동물 종에서만큼이나 인간의 경우에도 집단 이익을 훼손한다는 사실이 분명해진다. 그리고 바로 이 사실에 우리가 더 균형 있는 삶을 달성하는 데 실패한 이유에 대한 가장 그럴듯한 설명이 있다.

내가 제시하는 설명은 복잡하지도, 새롭지도 않다. 내 주장에 참신한 구석이 있다면 그건 개인과 집단 간의 갈등이 보통 생각하는 것보다 훨씬 광범위하게 존재한다는 부분이다. 개체와 집단 사이의 갈등은 사실상 모든 동물 종을 관통하는 문제며, 우리의 조상이 처음으로 나무에서 내려왔을 때부터 인간 사회의 핵심적인 관심사였다. 더

욱이 그것은 다루기 어려운 문제이며, 개인의 수준에서 간단히 대처할 수 있는 차원의 것이 아니다.

개체와 종 사이의 갈등

다윈은 애덤 스미스가 주장한 대로 개체의 이익이 더 큰 집단의 이익과 조화를 이루는 경우가 자주 있음을 명백히 알고 있었다. 예를 들어 붉은꼬리매의 예리한 시력을 생각해보라. 400미터의 거리에서 이 새는 건초 더미에서 꼼짝 않고 있는 쥐를 찾아낼 수 있다. 이것은 매에게 좋은 일인데, 왜냐하면 시각의 정확성은 땅에서 수십 수백 미터나 높은 곳에서 활공하다가 설치류와 다른 작은 먹잇감을 수색해서 잡아먹는 매에게 대단히 중요한 일이기 때문이다. 매가 잘 본다는 것은 우연이라고 보기 어렵다. 새의 시각 하드웨어와 신경 소프트웨어의 멋진 복합체는, 예리한 시야를 가진 개체가 그보다 더 가까운 것만 볼 수 있는 동족에 비해 더 많은 먹이를 잡아 더 많은 후손을 남기는 식으로 수백만 세대를 거쳐 진화한 것이다. 먼 거리에서 명확하게 볼 수 있는 능력은 개별 매뿐만 아니라 매라는 종 전체에게 유리한 속성이다. 모든 매가 더 예리한 시력을 가진다면 매 종種은 더 나아진다. 매에게 예리한 시력은 개체로서도 똑똑하고 전체로서도 똑똑한 일이다.

다른 많은 속성과 능력도 마찬가지다. 같은 논리로, 모든 치타가 조금 더 빨리 달릴 수 있다면 치타 종은 더 나아진다. 모든 침팬지가 조금 더 똑똑해지면 침팬지 종은 더 나아진다. 모든 상어가 더 예민한 후각을 가지게 되면 상어 종은 더 나아질 것이다. 등등.

그러나 이런 패턴이 적용되지 않는 많은 다른 속성과 능력이 존재한다.[1] 예를 들어 수컷 엘크*의 뿔을 생각해보자. 자연 선택은 더 큰 뿔을 지닌 수컷 개체를 선호한다. 왜냐하면 개별 수컷 뿔의 너비가 넓을수록 암컷과 짝짓기 할 기회를 둘러싼 싸움에서 경쟁자를 물리칠 가능성이 더 높아지기 때문이다. 수백만 년 동안 이 이점 때문에 엘크의 뿔은 점차 커졌고, 오늘날 일부 수컷 엘크의 뿔은 거의 1.5미터에 달한다. 그러나 더 큰 뿔을 가진 수컷이 다른 수컷에 우위를 가지긴 해도, 엘크라는 종에게는 이에 상응하는 유리한 점을 아무것도 가져다주지 않는다. 그와 반대로 큰 뿔은 분명히 해롭다.

뿔이 넓으면 포식자로부터 도망치기가 더 어렵기 때문이다. 늑대 한 무리가 1.5미터 길이의 뿔을 지닌 수컷 엘크를 쫓으면 그 엘크는 큰일 난 것이다. 엘크는 몸을 비틀고 돌리고 하겠지만 그래도 나무 사이로 재빨리 이 부착물을 간단하게 통과시킬 수 없다. 이것은 심각한 불리함이며, 자연 선택이 이렇게 거추장스러운 걸 단 엘크를 선호했을 리는 없다고 생각될지도 모른다.

그러나 이 불리함에도 불구하고 가장 넓은 뿔을 가진 엘크가 더 많은 수의 암컷에 접근할 수 있다는 이점이 있기 때문에 수명이 짧지만 더 많은 자손을 남겼다. 이 이점이 주는 혜택이 포식자들에게 잡아먹힐 위험이 커지는 것을 보상하고도 남는다면, 자연 선택은 더 큰 뿔

---

* 엘크elk 북유럽, 북아메리카, 아시아에 사는 말코손바닥사슴의 유럽 명칭. 사슴 중 가장 크고, 수컷은 손바닥 모양의 뿔을 가지고 있다.

을 계속 선호한다. 그러나 결국 뿔의 크기를 늘린 덕택에 얻는 추가적 이득이 추가적인 위험을 압도하지 못하게 되는 지점에 닿게 되고, 그 지점에서 엘크의 뿔은 더 커지지 않게 된다.

이 이야기의 중요한 메시지는, 모든 엘크의 뿔의 너비가 반으로 줄어들면 모두가 나아질 것임이 분명하더라도 엘크 한 마리가 그의 뿔을 줄이는 것이 이득이라고 할 수는 없다는 점이다. 절반 정도 크기의 뿔을 지닌 수컷 돌연변이가 태어난다고 해도, 짝짓기 경쟁에서 희망이 없을 정도의 불리함을 안게 될 뿐이다. 그 엘크가 늙어서까지 살아남을 수 있을지는 모른다. 그러나 진화에서 중요한 것은 그 수컷이 얼마나 오래 살아남느냐가 아니라 얼마나 많은 자손을 남기느냐. 그리고 짤막한 뿔을 지닌 돌연변이는 당연히 많은 자손을 남기지 못한다. 큰 뿔은 개체에겐 똑똑하지만 전체에게는 멍청한 것이다.

유사한 힘이 수컷 공작의 현란한 깃털도 설명해준다. 암컷 공작은 그들은 가장 잘 알고 있는 어떤 이유 때문에, 가장 길고 화려한 꼬리 깃털을 가진 수컷을 선호한다.[2] 실험은 인공 꼬리 깃털을 붙인 수컷이 거의 한결같이 다른 수컷들에 비해 암컷을 끄는 데 훨씬 더 성공적이었음을 보여준다. 하나의 가설은, 강렬한 과시 행동이 그 수컷이 건강하다는 믿을 만한 신호라는 것이다. 공작이 기생충에 심하게 감염되면 꼬리가 급격히 퇴색한다는 발견은 이 견해를 뒷받침해준다.[3] 기생충에 저항력이 있는 수컷과 짝짓기를 하는 암컷이 더 많은 자손을 남기게 된다는 논리다.

어느 경우건 암컷 공작이 꼬리 깃털이 더 긴 수컷 공작을 일단 선호하게 되면, 자연 선택은 각 세대에서 꼬리 깃털이 가장 짧은 수컷들을 도태시키기 시작하고, 그 결과 꼬리가 1.5미터가 넘는 현대의 공작을 낳게 된다. 그러나 수컷 엘크의 더 큰 뿔처럼 더 긴 꼬리 깃털은 비용을 수반한다. 그것 때문에 수컷은 포식자로부터 도망치는 능력이 떨어지게 되는데다가 애초에 포식자의 눈에 띌 가능성이 높아진다. 집단으로서 수컷 공작은 모든 수컷 공작의 꼬리 깃털 전부가 반으로 짧아진다면 더 잘 살아가게 될 것이다. 그러나 더 짧은 꼬리를 가진 돌연변이 한 마리가 태어나봤자 희망이 없을 정도의 불리함에 처하게 될 뿐이다.

성적 이형성^{dimorphism} —— 같은 종인데 성별에 따라 크기 차이가 상당한 현상 —— 은 개체와 집단 사이의 갈등의 또 다른 생생한 예를 보여준다. 예를 들어 수컷 바다코끼리는 모든 장비를 갖춘 시보레 세단만큼이나 무게가 나가는데, 이는 암컷 바다코끼리 몸무게의 두 배 이상이다. 몸집의 이런 엄청난 차이는, 암컷에게 접근하기 위한 싸움에서 다른 수컷들보다 조금 더 클 때 누리는 이점 때문에 초래된 것이다. 승리한 수컷은 으레 큰 하렘을 통치하며, 승자 독식형 경쟁에서 라이벌 대다수를 몰아냄으로써 재생산 과정에서 제거해버린다.

그러나 재생산 접근 경쟁에서는 큰 몸이 유리할지라도 다른 여러 측면에서는 불리하다. 예를 들어 큰 몸은 필요 칼로리 양을 증가시키기 때문에, 성숙한 수컷은 살아남기 위해 매일 수백 마리의 물고기를 먹어야 한다. 두 번째 불리한 점은, 승리하여 번식하는 수컷은 너무 거대해서 암컷에 올라타다가 암컷을 짜부라뜨려 죽이는 일이 때때로 생긴다.

뿔과 꼬리 깃털처럼 약간 더 큰 몸집이 가져오는 불리함은 결국 유리함과 균형을 이루게 되어, 살아남는 수컷들의 몸무게는 일정한 수준에서 안정된다. 그러나 앞의 예들과 마찬가지로 수컷 바다코끼리 전체의 관점에서는 이런 결과에는 매력적인 구석이 하나도 없다. 모든 개체가 다 같이 상당히 더 작아진다면 모두 더 잘 살게 될 것이다. 싸움을 가장 잘하는 수컷은 여전히 대부분의 암컷에 대한 접근권을 가지게 될 것이지만,* 과도한 몸 크기에서 오는 불리한 점이 대부분 사라지게 될 것이다. 그러나 여기서도 그 문제는 개체의 수준에서는 해결될 수 없다. 다른 수컷들보다 몸집이 작은 돌연변이는 그렇게 많은 먹이를 필요로 하지 않는 이점을 누리게 되고 또 그가 올라탄 암컷을 짜부라뜨리지도 않겠지만, 이러한 이점은 애초에 암컷에게 접근할 가망이 없다는 사실에 덮여버리고 만다.

이러한 예들은, 자연 선택은 개체가 재생산에서 갖는 이점을 전체 집단의 희생을 토대로 증가시키는 속성을 선호할 수 있으며 실제로도 그런 일이 자주 벌어진다는 다윈의 핵심적 통찰을 설명해준다. 만일 어떤 속성이 개체와 그 개체가 속한 집단 모두를 이롭게 한다면 훨씬 나을 것이다. 그러나 개체와 집단 이익 사이에 갈등이 있는 경우 개체의 이익이 집단의 이익을 자주 압도하게 된다.

이 통찰력으로 무장한 채, 현대 동물 행동학자^{behavior biologist}들은 종 차원에서 명백히 역효과를 낳는^{counterproductive} 동물 행동의 긴 목록을 이해하는 일에 착수하였다. 사자와 같은 일부다처 종 가운데 많은 종에서 우두머리 수컷^{dominant male}을 패배시킨 새로운 지배자의 첫 번

---

* 종 내부 경쟁의 결과는 동일하다는 의미이다.

째 행동은 패배자의 남겨진 어린 새끼들을 모조리 죽이는 일이다. 이 행동은 수유기 암컷의 번식력을 증가시켜 승리한 수컷의 유전적 이익에 봉사한다. 그러나 사자 집단의 관점에서는 전적으로 낭비다.

둥지의 새끼 새들은 목이 쉬도록 울어야 한다. 왜냐하면 부모는 가장 시끄럽게 우는 새끼가 음식이 가장 필요하다는 합당한 추정을 하기 때문이다. 결과적으로 아주 많은 벌레들이 둥지를 피해 돌아가게 된다. 둥지에서 지내는 새 전체의 관점에서는 모두가 좀 더 약한 소리로 울어댔다면 더 잘 살게 될 것이다. 그러나 어느 한 새끼가 자제심을 발휘한다면 그의 형제자매들보다 더 굶주리게 될 가능성만 훨씬 높아지게 될 것이다.

개는 라이벌과 맞서게 될 때마다 등에 난 털을 곤두세우는 정교한 메커니즘을 지원하는 일에 희소한 신경 능력neurological capacity을 발휘해야 한다. 털 곤두세우기는 그 동물을 더 커 보이게 하고, 라이벌이 싸우는 걸 단념하도록 만들 가능성을 높인다. 그러나 모든 개들이 털을 곤두세운다고 해도 한 쌍의 개 중에서 라이벌보다 더 큰 쪽은 언제나 한 쪽뿐일 수밖에 없다. 개 집단 전체로 보아서는 털 세우기에 동원되는 신경 능력을 청각이나 후각을 더 예민하게 하는 데 썼다면 더 잘 살아가게 되었을 것이다. 이런 셀 수 없이 많은 사례에서 우리는 개체에게는 똑똑하나 전체로서는 멍청한 행동과 속성이 존재함을 본다.

인간사에서 개인과 집단 간의 갈등

개체 이익과 집단 이익 사이의 갈등이라는 다윈의 주제는 인간사의 경우에도 셀 수 없이 많은 방식으로 나타난다. 이 중에는 사소한 것도 있고 심대한 것도 있다. 그중 일부 예는 다음과 같다.

더 잘 보기 위해서 일어서기

아내와 내가 몇 년 전 친구들과 함께 큰 음악당에서 다이애나 로스*의 노래를 들으려고 갔을 때, 우리는 무대에서 스무 번째 줄에 있는 좋은 좌석을 샀다. 로스가 첫 번째 곡을 끝내기 전에 앞에 있던 몇 명이, 아마도 로스를 더 잘 보기 위하여 일어섰다. 이 때문에 그 뒤에 앉아 있던 사람들의 시야가 가려졌고, 그 사람들도 더 잘 보려고 일어섰다. 얼마 지나지 않아 모든 관객이 일어서게 되었다.

이내 몇 명의 사람들이 의자 위로 올라섰고, 그 뒤에 있던 사람들의 시야를 가려, 뒷사람들도 무대를 보기 위하여 의자 위로 올라서게 만들었다. 그 음악당의 의자는 접이식이어서, 그 접히는 부분에 너무 가까이 발을 짚고 서 있었던 사람들 중 일부가 때때로 의자가 수직으로 접히면서 쿵 하고 굴러떨어지곤 했다.

콘서트 관람객 전체의 관점에서는 이 행동은 명백히 자멸적이었다. 왜냐하면 일어서는 행동은 비용을 수반하면서도 어느 누구의 시

---

* 다이애나 로스Diana Ross 1970년대를 풍미했던 미국의 가수이자 배우.

야도 더 트이게 해주지 않기 때문이다. 그러나 각 개인의 관점에서는 일어서는 인센티브를 받아들이는 것이 쉽다. 다른 이들이 서든 앉든, 앉기보다는 서야 더 잘 볼 수 있기 때문이다. 우리의 문제는 모든 사람들이 몇 시간 동안이나 의자 위로 올라가 공연을 보는 것이 바보 같은 짓이라는 점을 이해하지 못한 데 있지 않았다. 관객들이 탐욕스러웠다거나 인내심이 없었거나 강력한 특수 이익의 희생자였던 것도 아니었다. 우리의 문제는 그런 것이 아니라 개인으로서는 취할 수 있는 유일한 대안이, 상황을 더 악화시킬 뿐인, 혼자 앉는 행동 밖에 없었다는 점이다.

칵테일파티에서 소리 지르기

폐쇄된 공간에 많은 수의 사람들이 이야기를 나누려고 모일 때마다 주변에서 나는 소음 레벨$^{noise\ level}$이 급격히 증가한다. 그런 모임에 참석하고 난 뒤 사람들은 상대방에게 들리게 하기 위해 너무 소리를 지르는 바람에 목이 쉬었다고 불평한다. 칵테일파티에서 손님들이 보통의 목소리로 이야기한다면 이런 증상은 피할 수 있을 것이다. 그리고 전반적인 소음 레벨이 더 낮아질 것이기 때문에 모두가 서로 소리 지를 때만큼이나 잘 들릴 것이다.

그런데 왜 소리 지르는가? 여기서도 문제는 개인이 직면하는 인센티브와 더 큰 집단이 직면하는 인센티브의 차이에서 초래된다. 보통 수준으로 이야기하기를 시도하는 사람의 목소리는 시끄러운 환경 때문에 상대방이 듣기 힘들다. 당신과 당신의 대화 상대방의 관점에서는 단순히 목소리를 조금 더 높이는 것이 자연스러운 해결책이다.

그러나 그것은 또한 대화를 나누고 있는 나머지 모든 사람들의 자연스러운 해결책이기도 하다. 그리고 모두가 목소리를 키울 때 주변의 소리가 커져서 그 누구도 전보다 더 잘 듣지도 못하는 상황이 된다.

물론 이건 확실히 낭비다. 그러나 여기서도 다시금 개인이 혼자 할 수 있는 건 거의 아무것도 없다. 왜냐하면 다른 사람들은 목소리를 낮추지도 않는데 대화하는 두 사람만 목소리를 낮춘다면, 서로의 말을 아예 들을 수 없게 되기 때문이다. 어느 누구도 목이 아픈 채로 집으로 돌아가기를 원하지 않지만, 이야기를 아예 나누지 못하는 것보다는 그 편이 낫다고 받아들이고 있는 것이 명백하다.

근육 증강제 복용

1996년, 슈퍼볼 챔피언 댈러스 카우보이의 오펜시브 라인맨*의 평균 몸무게는 151킬로그램이었다. 다른 팀들도 맨 앞줄에 136킬로그램 몸무게의 선수들을 세우는 것은 예외가 아니라 상식이 되어버렸다. 이와는 대조적으로 1970년대에는 전미풋볼리그 National Football League 오펜시브 라인맨의 평균 몸무게는 127킬로그램에 불과했고, 1940년대 내내 라인맨의 평균 몸무게는 104킬로그램에 지나지 않았다.[4] 오늘날 풋볼 선수들이 몸무게가 그토록 많이 나가게 된 것은, 선수들의 급여가 지난 20년 동안 급격히 증가하는 바람에 선수

---

* 오펜시브 라인맨offensive lineman 플레이 시작 전에 공과 가장 가까이에서 상대 수비수와 대치하는 선수. 공격수를 보호하는 역할과 더불어 공격 공간을 열어주는 역할을 한다.

들 간의 포지션 경쟁이 훨씬 더 격렬해졌기 때문이다. 몸집과 힘은 오펜시브 라인맨의 가장 기본적인 덕목이며, 다른 조건이 동일하다면 포지션은 항상 더 크고 더 힘센 선수에게 주어졌다. 합성 대사 스테로이드*를 복용하면 몸집을 불리고 힘을 키울 수 있기 때문에, 선수 개인에게는 이런 약물을 복용하게 하는 강력한 인센티브를 갖게 된다.

그러나 모든 선수들이 합성 대사 스테로이드를 복용하더라도, 선수들 사이에 몸집과 힘의 서열은 —— 그리고 누가 포지션을 따내느냐 하는 문제에 대한 답도 —— 대체로 영향을 받지 않을 것이다. 그리고 합성 대사 스테로이드를 복용하는 경우 건강에 장기적으로 심각한 부정적 결과 —— 증폭된 공격성, 심각한 정신병, 순환계 장애, 고환 위축, 정자의 비정상적인 형태 변형, 다양한 암[5] —— 를 초래할 수도 있기 때문에, 집단으로서 풋볼 선수들의 건강은 이런 약물을 복용하면 명백히 더 나빠진다.

나이가 많고 적은 레드셔츠들

레드셔츠라는 용어는 1학년 때 경기에 참가하지 않게 하여, 더 크고 힘이 세고 경험이 많을 때인 대학 5년째에 경기 참가 자격을 가지는 대학 운동선수를 가리키기 위해 만들어졌다. 레드셔츠는 동사로도 사용되는데, 각 팀은 1학년 선수를 레드

---

* 합성 대사 스테로이드anabolic steroid 단백질 흡수를 촉진시키는 약물. 조산아 등의 발육 촉진, 영양불량, 외과 수술 전후의 체력 유지, 골다공증 등에 쓰인다. 남성화 작용을 수반하며 간 기능 약화, 고혈압, 근육 파열, 녹내장 등 부작용이 있다.

셔츠로 만들* 강한 인센티브를 가진다. 비록 모든 팀이 이 관행을 따를 때의 경쟁 균형이 아무도 이 관행을 따르지 않을 때와 본질적으로 동일하더라도 말이다.

그럼에도 레드셔츠 관행은 널리 퍼져 있으며 더 이상 대학 운동선수에만 환정되는 것도 아니다. 예를 들어 일부 지역의 부모들은, 8학년 자녀가 학교를 1년 동안 쉬도록 해서 고교 대표 팀에 들어갈 확률을 높이려고 한다. 레드셔츠는 심지어 취학 전 아동에게까지 침투했다. 유치원 급우들 대다수보다 한 살 이상 나이가 많은 아이는 자기 나이에 입학했을 때보다 성적이 상대적으로 더 좋을 가능성이 높다. 그리고 대부분의 부모들은 명문대 입학이나 최고 직장에 취업하는 일이란 상대적인 학업 성적에 크게 달려 있다는 것을 알고 있기 때문에, 점점 더 많은 가정이 아이들을 유치원에 보내는 것을 1년 이상 미루고 있다. 이 관행에는 명백한 비용이 존재한다. 그리고 모든 아이들이 1년 늦게 학업을 시작하게 할 때 사회가 얻는 이점이란 확실히 거의 없다. 왜냐하면 아이들의 상대적 성적은 본질적으로 영향을 받지 않을 것이기 때문이다. 어떤 수준에서건 레드셔츠 만들기는 개인으로선 똑똑하지만 전체로선 멍청한 행위다.

SAT 집중 강의

　　　전국에서 최고로 명석한 고교생들이 점점 더 소수의

---

* "redshirt him"이라고 하면 redshirt가 동사가 되어 "그를 레드셔츠로 만들다."라는 뜻이 된다.

저명한 대학에만 입학하려고 함에 따라, 그에 비례해서 이들 대학의 입학 기준도 높아졌다.[6] 예를 들어 스탠퍼드대학교에서는, 선발 정원보다 더 많은 수의 고교 졸업생 대표*들이 지원자로 몰리는 일이 흔하다. SAT** 성적은 많은 선두 대학의 입학 결정에서 높은 비중을 차지하기 때문에, 매년 수천 명의 학생들이 스탠리 캐플런$^{Stanley Kaplan}$ 같은 회사들이 제공하는 SAT 집중 강의를 수강하는 것은 전혀 놀랄 일이 아니다. 이 강좌들이 SAT 점수를 높여준다는 점에는 의문의 여지가 거의 없다. 또한 그 강좌들이 그 이외에는 사실상 아무런 혜택도 산출하지 않는다는 점 또한 명백하다. 그 강좌들은, 시간 면에서도 금전 면에서도 비용이 많이 든다. 그리고 그 강좌를 듣는 학생들의 수는 엘리트 대학에 입학하는 학생들의 수에 전혀 아무런 영향을 미치지 못한다.***

광고 전쟁

1994년에 미국 담배 회사들은 광고에 거의 50억 달러를 썼다.[7] 1997년 담배 산업에 관하여 정부가 제안한 이 합의안의 핵심 특징 중 하나는 모든 담배 광고를 아예 금지하는 것이었다. 담배 산업 측 변호사는 광고 금지에 격렬히 반대하였다. 그러나 각 회사의 광고가 갖는 주된 효과는 경쟁자의 광고를 상쇄하는 것이므로, 그들의 반

---

* 고교 졸업생 대표^{valedictorian} 졸업식에서 대표로 고별사를 하는 수석 졸업생.
** SAT : Scholastic Assessment Test 미국의 대학 수학 능력 시험.
*** 학원 수업을 많은 수가 들어 전체 평균 성적이 엄청 올라가도, 엘리트 대학 정원은 정해져 있다는 뜻이다.

대는 마치 가시덤불로 던지지 말아달라는 토끼의 애원과 무척 흡사했다. 개별 회사의 관점에서 볼 때, 활발하게 광고하지 못하는 것은 곧 재앙이었다. 그러나 상업적인 담배 광고가 대체로 없는 사회들에서도 담배 수요가 광범위하다는 사실에서도 드러나듯이 전체적으로 보면 광고 캠페인이 전반적인 담배 수요에는 거의 아무런 영향을 미치지 못한다. 제안된 담배 산업 합의안의 아이러니는, 비록 회사들이 감히 자발적으로는 광고를 삭감할 수 없었다고 해도 모두가 광고를 그만두면 현재의 시장 점유율을 상당히 손쉽게 유지할 수 있게 된다는 점이었다.

군비 경쟁

경쟁 국가보다 더 많은 무기를 가지려는 국가들의 과열된 노력은, 개체 이익과 집단 이익의 갈등 때문에 가장 큰 비용을 치르는 예 중 하나다. 개별 국가의 관점에서 볼 때 가장 최악의 결과는, 경쟁 국가는 구입하는 무기를 자기 나라는 구입하지 않는 사태다. 그러나 모든 나라가 무기에 더 많은 돈을 퍼붓는다고 해도, 어느 나라도 이전보다 더 안전해지지 않는다.

대부분의 국가들이 군사적 균형을 유지하는 일의 중요성을 인식하고 있기 때문에, 너무나 자주 군사 지출의 단계적 확대라는 결과가 생긴다. 만일 국가들이 군사 지출 결정을 집단적으로 할 수 있다면 그들은 무기에 돈을 훨씬 덜 쓸 것이다. 그리고 그렇게 아낀 돈으로 각국은 인간 복지를 위협하는 일이 아니라 증진하는 일에 더 많은 돈을 쓸 수 있게 될 것이다.

환경 오염

환경 오염의 사례만큼 현대 경제학자들이 개인 이익과 집단 이익 사이의 갈등을 그토록 명확히 인식한 것은 없다. 개인의 결정에만 내버려두면 로스앤젤레스의 합리적이고 이기적인 자동차 운전자는 자기 차의 배기 시스템에 촉매 컨버터*를 다는 일이 결코 없을 것이다. 그 장치를 장착하려면 돈이 들고 어쨌거나 로스앤젤레스 분지盆地의 공기 청정도에는 어떠한 주목할 만한 변화도 가져오지 않을 것이기 때문이다. 그러나 집단적인 관점에서 볼 때는, 촉매 컨버터 장착의 비용과 혜택은 눈에 띌 정도로 차이가 난다. 모든 차가 그 장치를 달 때, 공기 청정도는 극적으로 개선될 것이고, 그 혜택은 상대적으로 사소한 비용을 훨씬 능가할 것이다. 그런데 대부분의 다른 자동차 운전자들이 촉매 컨버터를 다는 경우, 자동차 운전자 개인으로서는 장치를 달지 않으면서 깨끗한 공기의 혜택을 공짜로 누릴 수 있다. 그토록 많은 환경 오염을 발생시키는 원인은, 사람들의 어리석음이나 기업의 탐욕이 아니라 단순한 인센티브 간극incentive gap이다.

남획

현대 경제학자들은 또한 개인과 집단의 인센티브 사이의 간극이 연해沿海의 물고기를 남획濫獲하게 하고, 공유 목초지에 가축을 지나치게 많이 방목하고, 공공 숲을 남벌濫伐하게끔 만들었음을 인식한다. 문제는 어부 개인이 자신들의 행동으로 인해 물고기들의 생존을 위협하

---

* **촉매 컨버터**catalytic converter 자동차 운행으로 발생한 유해 성분을 재처리하는 장치.

고 있다는 사실을 모른다는 것이 아니다. 또한 사냥꾼 개인이 코뿔소가 멸종 위기에 처했음을 모르는 것도 아니다. 또는 벌목꾼 개인이 소중한 생태계가 개벌*로 파괴되는 일이 흔하다는 것을 모르지도 않는다. 각각의 경우 그 개인들은 그들의 행동이 모여 낳을 집합적 결과에 대해 너무나 잘 알고 있다. 그렇지만 가치 있는 자원에 관한 재산권이 명확하게 정의되고 강제되지 않으면 어느 개인도 집합적 결과를 막을 수 있는 효과적인 행동을 취할 위치에 있지 않다. 한 사냥꾼이 코뿔소를 죽이지 않아도 다른 사냥꾼이 죽일 것이다. 한 어선이 물고기를 잡지 않으면 다른 어선이 잡을 것이다. 그리고 한 회사가 벌채하지 않고 남긴 나무는 다른 회사가 재빨리 벌채해 갈 것이다. 다양한 유형의 남획 문제는 "공유지의 비극"[8]**이라고 불려왔다. 그리고 그것은 개인으로서는 똑똑하지만 전체로서는 멍청한 행동의 또 하나의 예이기도 하다.

하이힐과 성형 수술

수컷이 자식을 돌보는 일에 거의 투자하지 않는 종 —— 즉, 절대 다수의 포유류 —— 의 수컷은, 암컷에 접근하기 위해 서로 맹렬히 싸우는 것이 보통이다. 그러나 적은 수 —— 자손을 보살피는 일에 수컷이 매우 많이 투자하는 우리 자신을 포함한다. —— 의 일부일처

---

* 개벌皆伐 우량목 · 불량목 · 대재목 · 소재목의 구별 없이 일시에 임목 전부를 벌채하는 것.
** 공유지의 비극 개인에게 재산권이 귀속되지 않고 모든 사람들이 제한 없는 사용권을 가질 때, 합리적인 수준보다 초과하여 자연력을 착취하여 황폐화시키는 문제.

종에서는 패턴이 다소간 다르게 나타난다. 이런 종에서는, 수컷들 간의 경쟁은 여전히 흔한 일이지만 수컷을 얻기 위한 암컷들 사이의 경쟁도 보게 된다. 그리고 여기서도 다윈주의적 논리는 단순하다. 수컷이 유전자 말고는 아무것도 기여하지 않기 때문에 대부분의 종에서 암컷들은 경쟁에서 물러나서 수컷들이 서로 싸우게 내버려두면 되지만, 일부일처제 종에서 암컷들은 상대적으로 유능한 돌보는 자caregiver의 서비스를 독점할 수 있으면 많은 이득을 얻을 수 있다. 그리고 바로 그 점 때문에 암컷들은 서로 경쟁할 인센티브를 갖게 된다.

여성들 사이에 벌어지는 경쟁은 상이한 문화에서 상이한 방식으로 나타나지만, 적어도 어떤 측면에서 보면, 한결같이 낭비적이라는 공통점이 있다. 키가 클수록 더 매력적으로 보는 문화에서는 여성들은 흔히 하이힐을 신는다. 큰 눈이 가치 있게 여겨지는 문화에서는 대부분의 여성들이 눈을 더 크게 보이게 하는 화장을 한다. 젊음이 매력으로 여겨지는 문화에서는 대부분의 여성들이 시간이 새긴 주름을 감추려고 화장을 한다. 몸에 난 털이 매력 없게 여겨지는 문화에서는 많은 여성들이 전기 제모*에 몸을 맡긴다. 그리고 큰 가슴에 프리미엄을 두는 문화에서는 많은 여성들이 유방 확대 수술을 감수한다.

이 모든 행위들은 비용을 수반하며 그 대가는 때때로 매우 크다. 하이힐을 신는 행위는 겉으로 보기에는 무해한 것 같지만, 발, 발목, 등에 부상을 일으키고 힘줄 위축, 내부 장기의 부정 배열을 가져온다. 적은 수의 사례이긴 하나, 성형 수술을 받은 여성의 무시할 수 없는

---

* 전기 제모electrolysis treatment 모근 등을 전기로 제거하는 성형법.

수가 심각한 감염, 외모 손상은 물론 심지어 죽음에 이르기도 한다. 그리고 각각의 경우에 사람들이 얻고자 하는 이득은 상당한 정도로 서로 상쇄시키는 효과를 낸다. 하이힐을 신어서 얻는 키의 이점은, 하이힐이 보통의 신발이 되었을 때는 중화되어버린다. 그리고 콘서트 관람자들이 좌석 위에 서 있었던 경우와 마찬가지로 이 비용이 어리석고 허영심에 가득 차 패션의 요구에 휘둘리는 여성들 때문에 생긴다고 불평하는 사람들은 개인 이익과 집단 이익 사이의 갈등을 파악하지 못하고 있는 것이다.

―――――――――――

경각심이 있는 독자는 앞서 든 예들을 관통하는 연결점을 파악했을 것이다. 경쟁의 힘이 동물의 왕국에서도 인간 사회에서도 정교한 신체상·행동상의 적응을 연마시킨다. 동물의 왕국에서 이러한 적응은 개별 유기체의 이익에는 보통 기여하지만, 더 큰 전체 집단의 이익에는 도움이 될 수도 있고 방해가 될 수도 있다. 그리고 인간 사회에서도 마찬가지 이치다.

경제학의 통설은 개체 이익과 집단 이익이 갈등하는 상황이 존재한다는 것을 인식하고 있었지만, 이 상황들을 고립된 예외로 보아왔다. 그러나 그렇지 않다. 나의 주장을 핵심만 간추리자면, 개체와 집단 사이의 갈등은 우리의 현재 소비 패턴에서 나타나는 불균형의 원인 중 가장 중요한 설명이다.

—

11장

과시적 소비 이해하기

LUXURY
FEVER

일부 사람들이 저축을 너무 적게 하는 건 멍청하고 자제력이 없기 때문인가? 의문의 여지 없이 그렇다. 7장에서 10년이 조금 지나자 저축을 많이 하는 절약씨네 가족의 삶의 수준이 저축을 적게 하는 소비씨네 가족의 삶의 수준을 뛰어넘었다는 것을 기억하라. 높은 저축률 궤적의 명백한 이점이 너무나 두드러지기 때문에 소비씨네 같은 가족이 저축률이 높지 않은 것은 단순히 의지가 박약하고 근시안적인 행동에 지나지 않는다고 결론짓고 싶게 한다.

아마도 그럴지도 모른다. 그러나 불충분한 저축의 문제는 그런 인간적 취약점이 존재하지 않아도 여전히 만연한 현상일 것이다. 부모들은 은퇴를 대비해 저축하고 싶어 하지만 다른 중요한 목표들도 있다. 예를 들어 그들은 자녀들이 가장 좋은 직업을 구할 자격을 갖춰주는 교육을 받을 수 있게 해주고 싶어 한다. 전형적인 미국 가정에게 그것은 할 수 있는 한 최고의 학군에 있는 집을 사는 것을 의미한다. 우리들 중 대부분은 아이들에게 더 많은 것을 해줄 수 있는 기회에 맞닥뜨리면 거의 저항할 수 없다. 은퇴를 위한 저축을 줄임으로써 더 나은 학군의 집을 살 수 있다면 그렇게 한다.

그러나 집합적인 관점에서 보면, 그러한 자원의 이동은 군비 경쟁이 낭비적인 것만큼이나 헛되다. 각 가족이 더 나은 학군에 위치한 집을 사기 위해 모두 덜 저축하면 그 순 효과는 단순히 집값을 경쟁적으로 올리는 결과뿐이다. 학생들은 모든 가족이 덜 소비했더라면 다녔을 학교와 같은 학교에 다니게 된다. 그러나 그 과정에서 중요한 목표 — 은퇴 후 적절한 삶의 수준 유지 — 가 본질적으로 아무 이득도 없이 희생되고 말았다. 마치 어느 한 나라만으로 군비 경쟁을 다함께 멈추게 할 수 없듯이 어느 가족도 혼자 나서서는 이 문제를 해결할 수 없다. 소비씨네 가족은 모두가 더 저축한다면 다들 훨씬 더 나아지리라는 점을 잘 알고 있었는지도 모른다. 그러나 소비씨네 가족 혼자서만 저축을 많이 하는 경로를 따랐다면, 그들은 아이들의 발달에 결정적인 단계에서 중요한 이점을 제공해줄 수 없었을지 모른다.

집을 사는 것은 물론 군비 경쟁을 지배하는 것과 유사한 힘에 휘둘리는 지출의 유일한 예가 아니다. 자동차에 돈을 쓰는 것도 동일한 패턴에 해당하고, 옷, 가구, 와인, 보석, 운동 기구 등등 수많은 재화의 경우도 마찬가지다. 좋은 것에서 즐거움을 얻고자 하는 것은 인간의 본성이다. 그러나 우리가 보았듯이 '좋다'라는 평가는 본질적으로 맥락에 의존한다. 오늘날 10달러 미만인 많은 와인도 절대적인 기준에서 본다면 지난 수세기 동안 프랑스의 왕이 마시던 와인보다 더 낫다. 그러나 많은 사회적 동류 집단에서 10달러짜리 와인 한 병은 특별한 날을 기념하는 술로는 인정받지 못한다.

우리에게 무엇이 필요한가에 대한 느낌이 다른 사람들이 가진 것에 의존하는 것은, 우리가 어리석거나 제대로 된 정보를 갖지 못해서가 아니다. 또한 우리보다 더 많이 가진 사람들이 나타나면 우리의 필요가 더 커지는 현상을 설명하기 위하여 인간의 약점을 끌어들일 필요도 없다. 그렇다고 하더라도 우리 모두가 더 소비하게 되면 새로운,

278

더 높은 수준의 소비가 단순히 표준이 되어버린다. 현재의 환경에서 빌 게이츠는 산업계의 대장 중의 대장 captain among captain of industry이라는 신호를 보내기 위해서는 1억 달러짜리 저택이 필요하다. 모든 경영자들의 맨션 크기가 반으로 줄어든다면 게이츠는 5천만 달러만 쓰고서도 본질적으로 동일한 신호를 보낼 수 있게 된다.

우리의 소비 패턴에 나타난 불균형과 관련하여 개인과 집단 사이의 또 다른 중요한 갈등은, 사람들이 상대적 지위 그 자체에는 관심이 없다고 하더라도 여전히 존속할 것이다. 그것은 직장 내에서의 승진 결정이 직장에서 일하느라 보낸 상대적 시간에 크게 의존하는 경우가 자주 있기 때문이다. 예를 들어 로펌의 어소시에이트 변호사가 매일 오후 8시가 아니라 오후 5시에 퇴근한다면 단지 상대 소득이 줄어들 뿐만 아니라 파트너 변호사로 승진할 가능성도 줄어들 것이다. 물론 만일 모든 어소시에이트들이 사무실을 좀 더 이른 시간에 떠난다면, 어느 누구의 승진 전망도 영향을 받지 않을 것이다. 그러나 각 개인은 자신이 일하는 시간만 좌우할 수 있을 뿐이다. 모든 사람들이 다 같이 덜 일하라고 명할 권한이 없다. 경제학자인 르네 랜더스 Renee Landers, 제임스 레비처 James Rebitzer, 그리고 로웰 테일러 Lowell Taylor는 최근의 논문에서 거대 로펌의 어소시에이트들은 급여를 지금보다 적게 받더라도 덜 일하고 싶어 하는 강한 선호를 갖고 있지만, 어느 누구도 다 같이 덜 일하자고 감히 제안하지 못한다는 사실을 전했다.[1]

같은 이치로, 우리들 대부분은 흥미로운 직업을 갖기를 열망하지만, 그런 직업들 중 전일제가 아니거나 일주일에 50시간 이하로 일해도 되는 곳이 있다는 이야기를 얼마나 자주 듣는가? 우리들 중 많은 수는 전망 좋은 집을 소유하면 기뻐하겠지만, 파트타임 노동자들에겐 이런 집을 사는 일이 불가능하다. 만일 모든 사람들이 더 적은 시간만 일한다고 해도 흥미로운 직업과 전망 좋은 집의 분배는 별로 영향을 받지 않을 것이다. 그러나 개인의 입장에서는, 더 적은 시간을 일하는 대가는 받아들일 수 없는 경우가 흔하다.

이러한 관찰이 시사하듯이, 우리의 현재 소비 패턴이, 많은 행동이 사회 전체적으로는 아니지만 개인에게는 더 매력적이라는 사실로부터 초래되는 것이라면 단독 행동을 통한 개선의 가능성은 좁게 제한될 것이다.

그럴듯한 설명?

겉보기에 낭비적인 우리의 소비 패턴의 이면에 개인과 집단 사이의 갈등이 있을 수 있다는 점은, 개인 이익의 합리적 추구가 매력적이지 않은 결과를 낳는 다른 상황이 존재하는 데 따른 논리적 결과이다. 그러나 이 중요한 인과적 고리를 설득력 있게 만들려면 우리는 더 살펴보아야 한다.

예를 들어 경합하는 소비 활동 가운데서 선택하는 개인이 직면하는 인센티브가 개체에겐 똑똑하지만 전체로서는 멍청한 짓과 구조가 유사하다고 설정하는 것이 도움이 될 것이다. 다시 한 번, 군비에 얼마나 지출할지에 대한 개별 국가의 결정을 비군사적 재화와 서비스와 비교하여 생각해보자. 국가들 전체가 군비에 지나치게 많은 지출을

280

하고 있다는 결론을 내리게 만드는, 문제의 구체적인 특성은 정확히 무엇인가?

군비에 지출함으로써 각 나라가 얻는 이득은 경쟁 국가와 비교한 그 지출액의 상대적 크기에 의존한다는 것이 사실임에 틀림없다. 그러나 이것만으로는 충분치 않다. 예를 들어 비군사적 재화에 지출함으로써 각 국가가 얻는 이득 역시 다른 나라가 비군사적 재화에 지출한 액수에 군사적 지출과 비슷한 정도로 영향을 받는다고 가정해보자. 다른 지출 범주에서 자원을 이전하여 군비에 지출하는 경향은 그렇다면 반대 방향의 동일한 경향에 의해 상쇄될 것이다. 즉, 만일 각 국가가 국민 소득의 정해진 액수를 군사적 재화와 비군사적 재화에 배분한다면 그리고 각 범주의 지출이 모두 동등한 정도로 맥락 의존적이라면, 우리는 범주들 사이에 어떠한 불균형도 기대할 수 없을 것이다.

군비 쪽으로 기울어진 불균형이 발생하려면 군비에 지출함으로써 나오는 보상이 비군사적 지출에서 나오는 보상보다 맥락에 더 민감하면 된다. 그리고 정확히도 바로 이것이 사실이기 때문에, 일반적으로 추정된 불균형이 발생한다. 어쨌거나, 군비 경쟁에서 이등이 되는 것은 정치적 자율성 상실을 의미하는 경우가 종종 있다. 그리고 정치적 자율성 상실은 덜 정교한 야외 조리 기구 때문에 겪는 불편보다는 명백히 훨씬 더 큰 비용이다.

요약하자면, 한 활동에서의 개인의 보상이 다른 활동에서의 보상보다 더 맥락에 민감한 경우에는 두 활동 사이의 선택에 불균형이 발생하리라 예상된다. 이 규칙은 현대 산업 사회의 소비 패턴을 묘사하는 불균형에 들어맞는가? 이제 이 불균형을 물질적 재화를 사기 위해 지나치게 많은 시간을 보내면서 가족과 친구들과는 적은 시간을 쓰는 문제로 단순화 해보자. 앞 장에서 여러 종류의 물질적 재화가 주는 만족감은 정말로 맥락 의존적임을 살펴보았다. 가족과 친구와 보내는 시간이 주는 만족감이 이보다 덜 맥락 의존적이라 생각할 이유가 있는가?

바로 이 질문이 경제학자 세라 솔닉^{Sara Solnick}, 데이비드 헤멘웨이^{David Hemenway}가 하버드대학교의 공공 보건 프로그램 중 하나로 시행한 졸업생에 대한 최근 연구에서 던진 질문이다.[2] 솔닉과 헤멘웨이는 상이한 영역의 만족의 맥락 민감도를 조사하고자 고안된 일련의 질문을 조사 대상자들에게 실제로 던졌다. 예를 들어 조사 대상자들이 받은 질문 중 하나는 자신은 50,000달러를 버는 반면 다른 사람들은 25,000 달러를 버는 세계와 자신은 10만 달러를 버는 대신 다른 사람들은 25만 달러를 버는 세계 중 하나를 고르라는 것이었다. 그에 대해 56퍼센트의 대상자들이 첫째 세계를 골랐다. 그리고 이 답은 상대 소비 수준이 절대 소비 수준보다 더 중요하다고 생각하는 정도에 대한 대략적인 측정치로 간주할 수 있다.

솔닉과 헤멘웨이는 그 다음, 각 피실험자들에게 자신은 일 년에 2주 휴가를 가는데 다른 사람들은 1주 휴가를 받는 세계와, 자신은 4주 휴가를 가는데 다른 사람들은 8주 휴가를 가는 세계 중 하나를 고르라고 질문했다. 이번에는 오직 20퍼센트만이 첫째 세계를 골랐는데 이는 첫 번째 질문에서 첫째 세계를 고른 수의 반에도 못 미치는 수였다. 외관상 이런 결과는 사람들이 물질적 재화 소비에서 얻는 만족이 더 많은 자유 시간에서 얻는 만족보다 훨씬 더 맥락에 강하게 의존한다는 사실을 시사한다. 다르게 표현하자면, 그 연구는 자유 시간의 전반적인 증가가 물질적 재화 소비의 전반적인 증가보다 훨씬 더 큰 만족을 주리라는 사실을 시사한다. 그리고 이것은 특히 개인들이 재화를 사기 위해 지나치게 많은 시간을 일하고 친구나 가족과는 너무 적은 시간만을 보내는 것을 예상하게 하는, 개인과 집단 인센티브 사이의 갈등을 일으키는 조건이 존재함을 의미한다.

우리는 또한 맥락 민감성의 동일한 패턴이 진화론적인 근거에서도 예상되는 바로 그것이라는 점을 주목하게 된다. 9장에서 언급하였듯이, 뇌의 보상 센터의 진화적 기능은 우리를 행복하게 만드는 것이 아니라 우리의 재생산 적응성을 가장 잘 증진시킬 수 있는 활동으로 인도한다. 경쟁의 관점에서 보면 모든 가능한 상황 중 더 안전한 상황은, 경쟁자보다 물질적 재화와 자유 시간 모두 더 갖는 것이다. 그러나 그 둘 중 한 쪽을 희생할 수밖에 없다면 자유 시간을 희생하는 것이 논리적인 선택이 된다. 왜냐하면 대부분의 환경에서 생존 전망은 자유 시간보다는 물질적인 자원 보유에 크게 의존하기 때문이다. 따라서 다원주의적 관점은 왜 많은 부모들이 더 나은 학군의 집을 살 수 있도록 더 긴 시간 일하는 것을 주저하지 않는지에 대한 설명에 도움을 준다.

자유 시간은 물론 현대 산업 사회에서 소홀히 다뤄지는 유일한 항목이 아니다. 사회 비판가들이 우리에게 끝없이 상기시켜주듯이 우리는 더 심해지는 교통 혼잡, 점점 더 분절화되고 전문화되는 업무, 점점 줄어드는 저축, 그리고 수많은 다른 병폐로 고통을 겪는다. 이 범주들 또한 물질적 재화 소비보다 개인 간 비교에 덜 민감한가? 교통 혼잡 사례를 먼저 검토해보자. 그리고 앞서의 논의에서 심각한 교통 혼잡에 오랫동안 노출되는 것은 많은 면에서 시끄럽고 예측할 수 없는 소음에 노출되는 것과 동일했던 것을 상기해보자. 그런 소음이 실험실에서 피실험자에게 미치는 효과는 다른 피실험자가 노출된 소음의 수준과는 독립적이다. (왜냐하면 각 피실험자는 자기 자신이 노출된 소음만을 알 수 있을 뿐이기 때문이다.) 그리하여 한 피실험자가 완화된 소음을 경험함으로써 누리는 이득은 다른 모든 피실험자에게 노출되는 소음이 줄어든다 하더라도 대체로 동일하게 된다. 이런 의미에서, 교통 혼잡에의 노출 감소 효과를 소음에의 노출 감소 효과에서 유추해보면, 더 큰 집과 더 빠른 차가 주는 효과에 비해 개인 간 비교에 훨씬 덜 의존한다.

저축의 경우에도 개인 간 비교가 중요할 가능성은 적어도 단기적으로는 없다. 어쨌거나 우리들 대부분은 다른 친구들이 어떤 종류의 집에 사는지 어떤 차를 모는지는 알고 있지만, 예금이 얼마나 많은지 알 가능성은 훨씬 적다. 심지어 모든 사람의 저축액이 공시된다고 하더라도, 현재의 소비에서 얻는 개인의 보상이 저축에서 얻는 보상보다는 훨씬 더 맥락 의존적일 가능성이 높다. 앞서 언급했듯이 많은 부모들은 적게 저축함으로써 생기는 은퇴 후 생활 수준의 하락을, 만일 그렇게 해서 더 나은 학군의 집을 살 돈을 충당할 수만 있다면 기꺼이 그렇게 할 것이다. 그리고 동일한 인센티브 때문에 부모들은 더 분절화되어 있고 덜 만족스럽지만 급여가 더 많은 직장을 받아들인다.

어떤 이들은 높은 소비 서열을 향한 욕망은 낮은 저축률을 진정으로 설명할 수 없다고 비판한다. 왜냐하면 저축을 지나치게 적게 하는 이들은 미래의 낮은 소비 서열로 스스로를 몰아가고 있기 때문이다. 그러나 방금 논의했듯이 미래의 낮은 소비 서열은, 현재 소비의 일부 유형에서 높은 서열을 갖는 능력에 지불하는 대가로서 받아들일 만한 것일 수 있다. 더군다나 제대로 된 차를 몰고, 제대로 된 옷을 입는 것은 (9장에서 보았듯이) 능력의 신호로 여겨지며, 그리하여 그 사람이 더 나은 직장을 잡고 더 수익성이 좋은 계약을 따내게 도와주는 정도까지는 낮은 저축률이 심지어 미래 소비 수준의 저하를 수반하지 않을지도 모른다. 그러나 이것이 개인의 관점에서는 진실인 반면, 사회 전체적으로는 확실히 진실이 아니다. 왜냐하면 우리 모두가 능력을 나타내는 신호에 지출을 더 많이 한다 해도, 각자의 신호의 상대적인 힘은 변하지 않은 채로 남아 있을 것이기 때문이다.

논의의 간결성을 위해 나는 다시 한 번 "비과시적 소비"라는 표현을 현대 산업 사회에서 대수롭지 않은 관심만을 받고 있는 것으로 보이는 소비 활동을 가리키기 위하여 사용하겠다. 비과시적 소비를 정의하는 특성은 다음과 같다. 과시적 소비에서 오는 만족과 비교해서 비과시적 소비에서 오는 만족은 맥락에 덜 심하게 의존한다. 이것이 두 범주의 소비를 구별 짓는 전부다. 그러므로 비록 많은 과시적 소비의 전반적인 증가가 어떠한 만족의 주목할 만한 증가를 낳지 못한다고 해도, 이것이 비과시적 소비의 경우에도 그대로 적용된다고 할 수 없다. 모든 유형의 비과시적 소비의 보상이 전적으로 맥락에서 독립적이라고 꼭 봐야 하는 것은 아니다. 우리는 단순히 과시적 소비의 경우에 맥락이 비과시적 소비에서보다 더 중요하기 때문에 과시적 소비는 지나치게 많이 하고 비과시적 소비는 지나치게 적게 한다.

또 다른 사례

개인-집단 간 갈등이 우리의 현재 소비 패턴에 대한 중요한 설명이라는 나의 주장의 타당성을 평가할 다른 방법도 있다. 그 평가는, 동물들이 낭비적인 경쟁 비용을 지출하는 것을 고집하는 반면, 인간은 그러한 문제를 종종 예방하는 경우가 있다는 관찰에 의존한다. 왜냐하면 인간은 다른 동물에 비해 더 강력한 인지 능력과 의사소통 수단을 가지고 있어서, 개인과 집단 간의 다양한 갈등을 인식하고 이에 대한 해결책을 고안하는 경우가 종종 있기 때문이다. 만일 개인과 집단 간의 갈등이 우리의 불균형한 소비 패턴의 근저에 놓여 있는 것이라면, 우리는 그것을 해결하기 위한 시도의 광범위한 증거도 있으리라고 생각해야 한다. 다음 사례들이 시사하듯이 그러한 시도는, 사실상 인간의 사회적 삶의 모든 측면에 침투해 있다.

유치원 입학 의무 연령

대부분의 교육구에서, 법은 만 5세가 된 아동은 그해의 특정한 날짜 —— 보통은 12월 1일이다. —— 전에 유치원에 입학해야 한다. 이 조항을 법률에 넣음으로써, 이런 교육구의 교육 위원들은 유치원 레드셔츠의 낭비적인 관행을 현격히 줄일 수 있었다.

선거 비용 제한

이제는 선거 운동 기간에 미국 대통령 후보가 선거 운동에 1억 달러 이상을 쓰는 것이 보통이다. 그러나 각 진영이 광고에 쓰는 돈을 두 배로 늘려도, 각 후보가 선거에서 승리할 확률은 본질적으로 그대로다. 이 낭비적인 패턴을 인식했기 때문에 의회는 대통령 후보가 선거에 지출할 수 있는 비용을 엄격히 제한하는 입법에 이르게 되었다. 의회가 선거 비용 제한을 강제할 효과적인 수단을 고안한 것인지는 두고 봐야 알 것이다. 그러나 그 법의 의도가 집단과 개인 간의 갈등을 해결하는 것이었다는 점은 의문의 여지가 없다.

토지 이용 규제법

자신의 사업이 잠재적인 고객의 주의를 끌게 하는 것이 상인의 목표다. 간판이 그 목표를 얼마나 잘 달성하는지 여부는 그 절대적 크기, 위치, 발광의 정도 및 다른 특성들에 의존한다. 그러나 더 중요한 점은, 이웃하는 다른 간판들과 그 같은 특성을 비교하여 갖는 장점이다. 그 상인의 간판이 더 크고 밝다면, 또는 다른 상인의 간판보다 더 멀리서도 보인다면, 상인의 전략은 아마도 성공할 것이다. 그 반대라면, 그 간판은 눈에 띄지 않을 것이다. 그래서 남들보다 더 크고 더 번쩍거리는 간판을 달고자 하는 경향은 경쟁이 격심해져 감에 따라 더 강해진다. 이 경향성 때문에 많은 지방 자치 단체에서는 토지 이용 규제법*을 시행하여 간판의 크기와 다른 특성들을 좁은 범

---

* **토지 이용 규제법**zoning law 구획된 지역에서 토지의 용도, 건물의 면적, 높이, 외관

위 내로 제한하고 있다. 이 법들이 개인-집단 갈등을 해결한다는 점은 바로 상인들이야말로 그 법의 열성적인 지지자라는 사실에서도 드러난다.

스포츠 팀의 대기 선수 인원 제한

메이저리그 야구는, 각 팀이 정규 시즌의 선수 명단에 25명만 등록할 수 있도록 하고 있다. 전미풋볼리그NFL는 명단의 선수 수를 19명으로 제한하고 있고, 전미농구협회NBA는 12명으로 제한하고 있으며, 다른 스포츠에서도 그런 류의 제한을 두고 있다. 이런 제한이 없으면 어느 팀이라도 선수를 추가하여 이길 확률을 높일 수 있을 것이다. 그러나 다른 팀 역시도 같은 전략을 취할 것이 뻔하고, 모든 경기에서 전체적으로 보아 어느 한 팀이 이길 확률은 계속해서 정확히 50퍼센트다. 어느 지점을 넘어서면 선수를 등록한 명단은, 팬들에게 엔터테인먼트로서의 가치를 그다지 더해주지 못한다는 설득력 있는 관점에서 볼 때, 선수 명단 제한은 이 엔터테인먼트를 좀 더 합당한 비용으로 제공할 수 있게 해주는 분별 있는 방법이다.

하키 헬멧 착용 규칙

헬멧 착용 여부를 선수 개인에게 각자 맡겨두면, 하키 선수들은 조금 더 잘 보고 들을 수 있게 되어 팀의 승리 가능성

등을 지방 자치 단체가 규제하는 법.

을 높인다는 명백히 합리적인 생각으로 하나같이 헬멧을 쓰지 않고 경기를 할 것이다. 그러나 팀들 간의 경쟁 균형은 모든 하키 선수들이 헬멧을 쓰지 않고 경기한다 해도 영향을 받지 않을 것이다. 이 경우 헬멧을 쓰지 않고 경기하는 선수들은 아무 소득도 없이 심각한 부상의 위험에만 직면하게 된다. 그래서 헬멧 규칙은 거의 보편적인 매력을 갖게 된다.

스테로이드 금지

사실상 모든 아마추어와 프로 스포츠 위원회들은 합성 대사 스테로이드 복용을 금지하고 있다. 이 금지 규정을 관철하기는 어렵고, 때로는 약물 복용 여부를 가려낼 수 있는 테스트를 개발하는 사람과 그 테스트에 걸리지 않는 방법을 고안하는 사람의 고군분투가 그 자체의 군비 경쟁을 수반하기도 한다. 그래도 대부분의 운동 선수들은, 그리고 현재 스테로이드를 복용하고 있는 선수조차, 오류가 없는 약물 검사가 발명될 경우 기뻐할 것이다.

중재 합의Arbitration Agreement

비즈니스의 세계에서 계약 당사자들은 분쟁이 발생했을 경우 중재 결정에 구속拘束되기로 하는 합의에 서명하는 경우가 자주 있다. 그 과정에서, 그들은 자신들이 나중에 바랄지도 모를 이익을 완전히 추구하는 선택지를 포기하는 셈이다. 그러나 그에 대한 보상으로 그들은 법적 조치에 막대한 돈을 낭비해 당사자 모두에게 큰 영향을 끼치게 되는 싸움을 피할 수 있게 된다. 때로는 법적 절차 자체가 소송에 지출되는 돈의 범위를 제한하기도 한다. 예컨대 사우스다코타의 한 연방 판사는, 최근 —— 아마도 소송 당사자의 동의를 얻어 —— 법정에 제출되는 서면의 첫 15쪽만 읽겠다고 선언했다.

많은 형태의 집합적 조치 —— 법과 비공식적인 사회 규범^{social norm} 모두 —— 가 우리가 현재 초점을 맞추고 있는 특정한 소비 불균형에 영향을 미친다. 예를 들어 수천 년의 세월 동안 사치품을 단속하는 법을 시행하고 사치품에 특별세를 부과하는 것이 인간 사회에서는 통례였다(여기에 대해서는 13장에서 더 자세히 다루겠다.). 그리고 많은 공동체에서는 과시적 소비를 억제하는 사회 규범이 존재한다.

몇 년 전, 나는 그 규범이 없었더라면 저항할 수 없을 만큼 매력적인 소비 기회를 그냥 흘러 보낼 수밖에 없는 경험을 하면서, 규범의 힘을 생생하게 느꼈다. 캘리포니아에 사는 친척이 새 포르셰 911 컨버터블을 프랑스에 체류하는 동안 샀다. 당시에는 달러에 대한 프랑의 환율이 올라 있었기 때문에, 그는 미국에서는 70,000달러 주고 샀을 차와 본질적으로 동일한 차를 26,000달러만 주고 샀다.

사실, 그가 유럽에서 산 차와 미국에서 샀을 차 사이에는 한 가지 중요한 차이점이 있었다. 그는 캘리포니아로 돌아왔을 때, 그 차가 유럽에서 생산되었기 때문에 등록할 수가 없다는 사실을 알게 되었다. 캘리포니아의 딜러들이 로비에 성공하여 그렇게 현지에서 산 차가 캘리포니아의 오염 규제 기준을 모두 충족시키도록 개조되었더라도 여전히 불법이라는 법을 통과시키게 했다. 임시방편으로 그는 오리건 주에 그 차를 등록했지만 이번엔 이것이 그의 보험 회사와 문제를 일으켰다. 결국 그는 차를 팔기로 결심했고, 친척인 덕택에 나는 원래의 시장 가격(당시 그 차는 산 지 3년이 지난 중고였다.)의 아주 일부만을 내고서도 차를 살 수 있는 기회를 갖게 되었다. 그리고 내가 거주하던 뉴욕 주는 유럽 차 모델을 들여와 규제 기준에 맞게 개조하는 것을 금지하지 않았기 때문에 나는 법을 완전히 준수하면서도 그 차를 소유할 수도 있었다.

나는 몹시 큰 유혹을 느꼈다. 그러나 내가 살던 작은 대학촌^{college town}에는 명시적으로 공표되지는 않았지만 과시적 소비를 비난하는 강한 사회 규범이 존재했다. 이곳 사람들은 재규어가 아니라 볼보를 몰고 다녔으며, 이 동네는 날씨가 추운 편인데도 불구하고 모피 코트를 입은 사람은 거의 결코 볼 수 없을 정도였다. 당시에, 빨간색 포르셰 컨버터블을 이 동네에서 모는 것은 대놓고 잘난 척하는 것으로 여겨질 만한 행동이었다. 비록 나 스스로 사회적 압력에 보통 사람보다 더 민감하다고 여겨본 적은 없었지만, 내가 어떻게 그 차를 얻게 되었는지 설명하는 간판이라도 차에 걸지 않는 한, 그 차를 몰게 되면 한시도 편안한 기분을 누릴 수 없음을 깨달았다.

나는 아직도 당시 결정이 옳았는지 반문하곤 한다. 그 일이 있은 후 몇 년 지나자, 포르셰 몇 대가 이곳에서도 눈에 띄었으며, 그 차들을 볼 때마다 가슴 찌르르한 후회를 느꼈다. 그러나 의문의 여지가 없는 사실은, 당시에 내가 그걸 샀다면 분명히 치러야 할 사회적 대가가 있었다는 점이다.

명시적인 목적은 아니더라도, 과도한 노력을 억제하는 효과를 갖는 사회 규범도 존재한다. 예를 들어, 기독교, 유대교 및 세계의 여러 종교에서는 안식일^{sabbath}이라는 규범이 있는데, 그것은 그 종교를 믿는 사람들에게 휴식과 예배를 위해 일주일 중 하루를 마련해두라는 것이다. 그러한 규범은 국가의 강제력을 유사한 목적을 위해 동원하는 청교도적 법률*의 선구적 형태로 여겨질 수 있다. 두 경우 모두, 그 효과는 사람들이 추가적인 소득과 여가 시간을 거래할 수 있는 범위에 한계를 정하는 것이다.

미국의 공정노동기준법$^{Fair Labor Standard Act}$의 연장 근로 조항은 유사한 목적에 기여한다. 그 조항은, 노동자가 하루 8시간을 초과하여 일하거나 1주일에 40시간을 초과하여 일하면 그 초과분에 대하여는 임금의 50퍼센트를 가산하여 지급할 것을 요구하고 있다.** 유사한 법이 다른 많은 서구 국가에 존재한다. 과시적 소비가 사회 전체로서는 그렇지 않으나 개인에게는 매력적인 그 범위 —— 그리하여 그 과시적 소비를 할 돈을 벌기 위해 더 긴 시간을 일해야 하는 범위 —— 에서는 이 규정들은 (개인과 사회 간의 —— 옮긴이) 인센티브 간극을 좁히는 것을 돕는다.

사회 보장 관련 법률은 상대적 소비에 대한 관심에 그 원인이 있는 저축의 부족 문제를 타깃으로 한다. 앞서 언급하였듯이, 그 제도는 실제로는 저축 제도가 아니라 노동자에게서 은퇴자에게로 소득을 이

---

* 청교도적 법률$^{blue law}$ 일요일에 특정한 활동을 금하는 법.
** 한국의 근로기준법에도 같은 조항이 있다.

전시키는 제도다. 그러나 개별 노동자의 관점에서, 그것은 강제 저축 제도와 동일한 기능을 한다. 노동자는 지불 급여세로 매주 소득의 15퍼센트를 내지만, 은퇴 기간 동안에 사회 보장 연금의 형태로 돌려받는다. 명시적인 의도가 무엇이든 그 프로그램의 효과 중 하나는 사람들이 너무 많이 소비하지 않도록 하는 것이다. 그들이 지불 급여세로 내는 돈만큼은 단순히 더 좋은 학군에 있는 집을 사는 데 활용할 수 없게 되는 것이다.

노동자가 노동 조건의 위험성을 높이면서 그 대가로 높은 급여를 받아들이는 권한을 제한하는 안전 규제의 효과도 생각해보자. 문제는, 사람들이 비록 병과 부상을 피하고 싶어 하지만, 자녀들이 교육이나 다른 중요한 이점에서 공동체의 기준에 비추어 남들에게 뒤떨어지지 않기를 (또는 남들을 능가하기를) 바라기도 한다는 점이다. 위험한 직업을 갖는 것은 종종 더 나은 학군에 있는 집에 살 돈을 마련하게 해줄 것이고, 설사 운이 그들에게서 등을 돌린다 해도 보험 급여는 받을 수 있다. 그러나 집단적인 관점에서 안전을 더 높은 급여 수준과 교환하는 것은 더 긴 시간을 일하거나 저축을 덜 하는 것과 마찬가지로 잘못된 거래다. 왜냐하면 모든 부분들이 더 높은 임금을 얻기 위해 더 위험한 직장을 받아들이는 경우, 그들은 단지 학군이 더 나은 지역의 집값을 올리는 결과만을 낳을 뿐이기 때문이다. 우리가 받아들일 수도 있었던 위험을 제한하는 법은 우리가 너무 멍청해서 안전에 신경을 쓰지 않기 때문이 아니라, 우리가 직면하는 개별적인 인센티브가 오도하는 것이기 때문에 매력적이다.

회의론자들은 이러한 법들의 입법 역사는 내가 여기서 제시한 해석을 명시적으로는 거의 뒷받침해주지 못한다고 불평할 것이다. 예를 들어 공정노동기준법의 입법사는, 개인과 집단 사이의 갈등에 대해 아무런 언급도 하지 않는다. 그보다는, 현존하는 고용 기회를 노동자 전반에 더 형평성 있게 분산시키려는 의도를 시사한다. 이와 마찬가지로 안전 규제는, 인센티브 간극을 줄이려는 장치가 아니라, 노동자들이 시장 권력을 보유하고 있는 고용주에게 착취당하지 않도록 보호하는 것이었다. 그리고 사회보장법^{Social Security Act}의 역사는 상대 소득에 대한 관심에 대해서는 전혀 언급하지 않는다.

그러나 법이 실제로 하는 역할과, 입법자들이 그 법으로 이루고 싶어 하는 일은 종종 서로 다르다. 예를 들어 공정노동기준법의 경우에 입법사에서 공언된 것과는 달리, 최근의 연구에 따르면 연장 근로 조항은 고용을 더 형평성 있게 분배하는 일에는 거의 아무런 영향을 끼친 바가 없다.[3] 이와 마찬가지로, 착취로부터 노동자를 보호하는 것이 안전 규제의 진정한 목적이었다면, 이 규제들은 가장 경쟁적인 노동 시장에서의 영향이 가장 적었어야 할 것이다.* 어쨌거나 고용주들이 안전 규제가 없는 상황에서 노동자들의 안전에 대한 관심을 채워

---

* 경쟁적인 노동 시장에서는 그 법이 시행되기 전에도 안전을 원하는 노동자들은 급여 수준이 낮고 더 높은 안전 수준을 제공하는 직장을 택할 여지가 더 높았을 것이므로.

줄 인센티브가 있는 시장은 바로 가장 경쟁적인 시장이다. 그러나 증거는 명백하다. 안전 규제의 궁극적인 목표가 무엇이든지 간에, 그 효과는 바로 전통적인 기준에서 가장 경쟁적인 시장에서 가장 컸다.[4]

사회가 상대적 지위에 대한 사람들의 관심을 소멸시키려고 시도해왔던 에너지를 감안해볼 때, 입법자들이 이러한 관심을 자기들이 제안하는 법의 근거로 제시하는 않은 것은 전혀 놀라운 일이 아니다. 물론 그렇다고 해서 우리가 그 결과를 살펴봄으로써 항상 그 법의 의도를 추론할 수 있다는 소리는 아니다. 그렇다고 하더라도, 나쁜 결과를 내는 법은 결국에는 다른 법에 비해 폐기될 가능성이 높으며, 우리가 논의했던 법들이 여러 측면에서 개선될 여지가 있긴 하지만 그 법들을 폐지하는 것을 원하는 분위기는 거의 없어 보인다.

그 사실 하나만으로도, 개인과 집단 이익 사이의 심층적인 조화를 강조하는 스미스의 보이지 않는 손의 효율성을 믿는 사람들에게는 골치 아픈 문제를 제기할 것이다. 예를 들어 노동자들이 상대적 지위에 관심이 없다고 전제하는 정통 경제학 모델에서는 연장 근로 규정을 선호하는 사람이 도대체 존재하는 이유를 모르게 된다. 노동자들이 긴 시간 일하는 걸 싫어한다면 경쟁의 결과 만족스러운 연장 근로 가산 임금이 규제가 없이도 생겨날 것이다. 반대로 노동자들이 정말로 긴 시간을 일하기를 원한다면 고용주들이 긴 시간 일을 시키는 것을 억제하도록 만드는 법을 아마 지지하지 않을 것이다. 경제학의 정설에 따르면, 연장 근로를 규제하는 법은 해롭거나 무관한 것이다.*

---

*더 일하고 싶은 노동자들에게는 해롭고, 여가를 좋아하는 노동자들에게는 규제가

그리고 안전 규제와 관련하여서도 유사한 결론이 나온다. 민간 시장에서의 자유로운 거래가 자원의 가능한 최선의 분배를 낳는다면, 이러한 법들은 사태를 더 낫게 만들기보다는 악화시키는 것이고, 노동자들은 그 법을 폐지할 것을 청원하리라 기대해야 할 것이다.

그러나 이 법들은 세월의 시험을 견뎌냈으며, 그 법이 행동을 가장 제약하는 바로 그 사람들*의 적극적인 지지를 계속 받을 것이다. 이 패턴은 우리가 이 법들을 개인과 집단 간의 갈등을 해결하려는 시도로 보는 경우에 정합적인 것이 된다.

———————

애덤 스미스는 역사상 최고의 경제학자였다. 그러나 비록 그가, 개인이 자기 이익을 추구하는 행위가 종종 사회적 목표를 증진시키는 이유에 대한 그의 설명 때문에 널리 기억되고 있기는 하나, 그가 항상 그렇다는 환상을 가졌던 것은 결코 아니다. 예를 들어, 보이지 않는 손에 의해 인도되는 "사회적 목표를 증진시키려는 의도가 전혀 없는" 기업가에 대한 그의 신중한 묘사를 보라.

기업가의 의도에 사회적 목적 증진이 포함되어 있지 않다고 해서 항상 더 나쁜 것은 아니다. 자신의 이익을 추구함으로써 기업가는 그

없어도 어차피 같은 결과를 누리게 되므로 무관한 것이 된다.
* 노동자들.

가 실제로 사회의 목표를 증진하고자 의도했던 때보다 더 효과적으로 사회의 목표를 증진하는 경우가 빈번하다.[5] (강조는 인용자)

스미스의 현대적 계승자의 많은 수는 보이지 않는 손의 효율성과 관련하여 상당히 덜 신중하다. 그러나 그들의 낙관주의에도 불구하고, 개인에게 이익이 되는 많은 행동이 사회 전체적으로는 비용을 치르게 한다는 명백한 사실은 변하지 않는다. 그런 행동들 중 중요한 부류는, 그 이득이 고도로 맥락 의존적인 것들이다. 그리고 맥락의 중요성이 만연해 있다는 관점에서는, 자유로운 시장 교환이 사회적으로 최적인 집, 차, 여가, 안전하고 자율성이 보장되는 직장의 조합을 산출한다는 추정은 전혀 성립할 수 없는 것이다.

우리가 살펴보았던 증거들은 상대적 지위에 대한 관심이 인간 본성의 강력한 요소임을 시사한다. 이 관심의 강렬함에 비추어 볼 때, 우리는 거의 모든 경우, 개인에게는 똑똑하지만 전체로서는 멍청한 짓을 추구할 기회에 직면하게 된다. 우리는 그 결과로서 생기는 왜곡이 작으리라고 희망할 어떠한 근거도 가지고 있지 못하지만, 그 왜곡이 크리라는 증거는 많이 가지고 있다.

나는 보이지 않는 손이 흠이 있을 수 있다는 그 사실만 가지고는 시장 교환에 대한 대안이 더 나은 결과를 꼭 가져오리라고는 함의하지 않는다는 점을 재빨리 덧붙이고자 한다. 실제로, 집단 관리 경제의 불행한 경험은 적어도 일부 대안은 더 나쁠 수도 있다는 점을 생생하게 보여주었다.

그러나 우리는 또한 환경 관련 법률이 더 깨끗한 공기와 물을 선사했던 것처럼 시장 체계를 효과적으로 손보아왔다는 사실을 놓쳐서도 안 될 것이다. 그리고 우리의 현재 소비 패턴에 내재한 낭비의 규모에 비추어 볼 때, 환경 관련 법률과 유사한 기회가 활용 가능하다는 가능성을 탐구하지 않을 정도로 어리석어서도 안 될 것이다.

|

12장

과시적 소비에서
스스로 벗어나기?

LUXURY
FEVER

경제학자들, 그리고 점점 더 많은 수의 사회 과학자들과 정책 분석가들이 인간 행동을 예측하고 설명하기 위해 정보에 밝고 감정에 좌우되지 않는 합리적 행위자 모델을 사용하고 있다. 그러나 인간 행동의 많은 부분이 이 모델로는 잘 포착되지 않는다. 예를 들어 연례 다윈상 annual Darwin Award 은 신중하지 못한 자신의 행동으로 죽음으로써 인류의 유전자 풀 pool 이 퇴보하는 것을 가장 잘 막아준 사람에게 돌아간다. 한 수상자는 음료수 자판기를 흔들어 공짜 콜라를 빼내려다가 자판기에 깔려 죽었다. 다른 수상자는 제트 추진기를 단 자신의 차를 시동했다가 공중으로 날아가는 바람에 산비탈에 부딪혀 산화散華했다.

만일 우리의 유일한 문제가 경제학자들의 가상적인 합리적 행위자만큼 똑똑하지 않다는 것이라면, 우리가 저지르는 실수들은 비체계적일 테고, 그래서 합리적 행위자 모델은 여전히 예측을 상당히 잘할 것이다. 우리는 어떤 경우에는 너무 많이 살 것이지만 어떤 경우에는 너무 적게 사서, 평균적으로는 대략 적절한 양의 소비를 하게 될 것이기 때문이다.

그러나 제한된 정신적 계산 능력에 더하여 우리는 몇 가지 다른 중요한 어려움도 안고 있다. 그중 하나로, 우리는 일부 기회에 대해서는 다른 기회에 대해서보다 훨씬 더 많은 정보를 알게 되는 경향이 있다. 우리는 또한 새로운 경험에 시간이 지나면서 얼마나 적응할지 예측을 잘 못한다. 그리고 우리가 관련된 모든 정보를 다 알고, 예측을 정확하게 할 수 있을지라도 최선의 선택을 하려면 종종 인내심과 자제력이 필요하다. 나쁜 소식은 이 어려움들 중 어느 하나만으로도 우리의 선택은 과시적 소비로 기울게 된다는 것이다. 이 요인들이 합해지면 상당한 정도의 불균형이 발생할 수도 있다. 좋은 소식은, 그러한 불균형이 개인의 잘못된 선택 때문에 생기는 정도까지는 단독 행위를 통해 개선할 기회가 있을지도 모른다는 것이다.

편향된 정보

고전적인 합리적 행위자 모델은 의사 결정자가 관련된 모든 선택지의 존재뿐 아니라 각 선택지의 비용과 편익에 대해서도 완벽하게 알고 있다고 전제한다. 물론 아무도 이 전제를 문자 그대로 받아들이지 않으며, 심지어 가장 열렬한 자유 시장 경제학자조차 사람들이 더 우월한 잠재적 선택지를 모르는 경우에는 불완전한 의사 결정을 할 수 있다는 점에 동의한다.

이 문제는 어떤 생산물과 활동의 경우에는 다른 경우보다 더 심각한 결과를 가져온다. 내가 과시적 소비재라고 부른 것들 대부분은 민간 기업이 시장에서 팔려고 생산한다. 이 생산품의 생산자들은 상업 광고를 비롯한 다른 의사소통 형태를 사용하여 그들의 제안을 광고할 강한 인센티브를 갖고 있다. 프록터&갬블 Procter & Gamble 사 혼자서만 그 회사의 다양한 치약, 비누, 세제를 판촉 하느라 일 년에 20억 달러 이상을 쓴다. 켈로그는 아침 식사용 시리얼을 비롯한 상품들을 홍보하는 데 일 년에 5억 달러 이상을 쓴다. 그리고 안호이저-부시 Anheuser Bush는 다양한 맥주 브랜드를 홍보하려고 거의 같은 금액을 쓴다. 광고비 최상위 100개 기업이 광고에 쓴 돈을 다 합치면 1995년에만 5조 달러가 넘는다.[1]

사회 비판가들은 이러한 광고의 부풀려진 주장이 상품을 고를 건전한 기초가 거의 되지 못한다고 오래전부터 비판해왔다. 어쨌거나, 모든 두통약이 두통을 가장 빠르게 진정해준다거나 모든 브랜드의 세제가 가장 깨끗하게 옷을 빨아준다는 것 등등은 산술적으로 불가능하다. 그러나 광고의 과장법 hyperbole은 어린아이들에게도 상식이어서, 우리들 대부분은 광고의 내용을 에누리해서 받아들인다. 따라서 초보 소비자라도 광고 때문에 심각하게 오도될 가능성은 낮다.

게다가, 광고는 겉으로 보이는 것보다는 실제로 더 유용한 정보를 주는지도 모른다. 상품이 애초에 광고되고 있다는 것 자체가 그 상품이 구매자를 기쁘게 할 능력이 있다는 신빙성 있는 신호를 구성한다. 왜냐하면 생산자들은 소비자들이 가장 좋아하리라 생각하는 상품에 광고비를 집중시킬 때 최선의 결과를 얻기 때문이다. 1998년 슈퍼볼의 텔레비전 중계 당시 경기 휴식 시간에 30초짜리 스폿 광고 하나를 내보내려면 130만 달러가 들었다. 그리고 전국 텔레비전 광고 캠페인이 1천만 달러 이상 드는 것은 드문 일이 아니다. 이런 거액을 소비자들이 두 번 다시 사고 싶어 하지 않는 상품을 판촉하기 위하여 쓴다면 바보 같은 짓이다. 따라서 광고가 상품에 대해 주장하는 바와는 별도로, 그 상품에 비싼 판촉 노력을 들이기로 한 결정 자체가 유용한 정보를 준다. 모든 것을 고려해볼 때, 우리가 시장의 다양한 판매 상품에 관해 얻는 정보들은 그렇게 다 나쁜 것만은 아닐지 모른다.

그러나 비과시적 소비 품목에 관하여 우리가 얻는 정보에 관한 상황은 눈에 두드러질 정도로 다르다. 우리는 친구와 가족과 보내는 시간, 안전하고 자율적인 직장, 도심의 공원, 교통 혼잡으로부터의 자유, 많은 다른 품목들의 증가가 인간 만족을 상당히 그리고 지속적으로 —— 상당한 비용을 투여해서 얻는 큰 집과 더 비싼 차에서 얻는 만족보다 훨씬 더 크고 오래가도록 —— 높여준다는 점을 살펴보았다. 그러나 비과시적 소비 품목은 일반적으로 시장에서 판매되지 않기 때문에 그 혜택을 홍보하는 광고를 지속적으로 듣는 일이 없다.

물론 예외는 있다. 예를 들어 디즈니월드의 마케팅 담당자가 더 효과적인 전략을 쓰면 사람들에게 가족과 함께하는 휴가의 즐거움을 상기시켜줄지도 모른다. 그리고 민간 고용주들도 때때로 만족스러운 노동 환경을 주장하는 광고를 후원하는 경우도 있다. 예를 들어, 우리는, "다우*는 당신이 좋은 일을 하는 것을 돕습니다."라는 합창단 노래가 배경음으로 흘러나오는 가운데 젊은 대학 졸업생이 세계의 굶주림을 억제할 새로운 곡물 종자를 개발한 것에 대해 칭찬받는 광고를 볼 수 있다. 그러나 전체적으로 보면, 광고 메시지는 비과시적 소비보다는 과시적 소비에 훨씬 심하게 집중되어 있다는 점에는 거의 의문의 여지가 없다.

이러한 집중이 있다고 해서 꼭 우리의 소비 선택에 편향bias이 있

---

* 다우Dow. 미국 종합 화학업체.

으리라는 법은 없다. 어쨌거나 우리는 정말로 가족과 친구와 더 많은 시간을 보내길 원하며, 경력의 사다리를 오르는 데 더 적은 시간을 쓰기를 바라고 있고, 언제나 그것을 실현할 선택지가 있다. 그러나 우리들 중 대부분은 우리의 선택과 평가가 우연히 우리가 쉽게 활용할 수 있는 정보에 의해 얼마나 강하게 영향을 받는지 알게 되면 놀란다. 예를 들면, 폭력적인 짧은 만화를 본 학생들은 다른 급우들과 분쟁이 생겼을 때 신체적인 폭력을 사용할 가능성이 더 높았다.[2] 그리고 《엘름 거리의 악몽 Nightmare on Elm Street》이나, 《텍사스 전기톱 연쇄 살인 사건 Texas Chain Saw Massacre》 같은 슬래셔 필름*을 보여주었던 배심원 실험의 피실험자들은 대조 집단보다 강간 피해자들에 대한 동정심을 덜 표현하는 경향이 있다.[3]

우리가 정보에 노출될 경우, 그 정보를 명백히 관계없다고 생각할 충분한 이유가 있을 때조차도 정보에 영향을 받을 수 있다. 예를 들어 한 뛰어난 실험에서, 심리학자 대니얼 카너먼 Daniel Kahneman과 아모스 트베르스키 Amos Tversky는 측정 문제에 대한 사람들의 대답이 완전히 무작위로 제시된 숫자에 강하게 영향을 받는다는 사실을 보여주었다. 그들이 피실험자들에게 던진 구체적인 질문은 UN 회원국 중 아프리카 나라들의 비율이 얼마나 되는가 하는 것이었다.[4] 그런데 이 질문을 던지기 전에 카너먼과 트베르스키는 피실험자들로 하여금 0에서 100까지의 숫자 지표에 각각 동일한 확률로 지침계가 멈추게 되는

---

* 슬래셔 필름 slasher film 정체불명의 인물이 이유 없이 살인을 저지르는, 이른바 피 튀기는 난도질 영화.

무작위 숫자 바퀴를 돌리게 했다. 모든 피실험자들은 이렇게 해서 나온 숫자가 그 후에 받은 질문의 답과 아무런 상관이 있을 수 없다는 사실을 확실히 잘 알고 있었다. 그런데도, 바퀴를 돌려 10이라는 숫자를 얻는 피실험자들의 대답의 평균치는 25퍼센트였고, 65라는 숫자를 얻는 피실험자들이 제시한 답은 평균 45퍼센트였다!

회전하는 바퀴가 산출한 숫자는 사람들이 그 숫자가 관련이 있다고 생각해서가 아니라 단순히 그것이 **활용 가능하였기**^{available}* 때문이다. 대부분의 미국인들은 UN 회원국에서 아프리카 나라들이 차지하는 비율을 전혀 모른다. 회전하는 바퀴에서 나온 숫자는 찍어 맞추기의 참조점을 제시하였던 것이다.

나는 그 용어의 의미 있는 해석을 전제로 우리가 자유 의지를 갖는 존재가 아니라고 시사하는 것이 아니다. 분명히 카너먼과 트베르스키 실험의 피실험자들은 다른 동기를 느꼈다면 달리 답했을 것이다. 그렇다고 해서 우리가 내리는 많은 결정들이 노출된 정보에 의존한다는 사실을 숨겨주지는 못한다. 그리고 그 정보가 편향되어 있을 경우에 어느 모로 보나 우리의 결정도 편향될 수밖에 없을 것이다.

광고 메시지가 우리의 소비 결정을 왜곡한다는 것이 완전히 새로운 관념이라 할 수 없다. 이것은 존 케네스 갤브레이스의 영향력 있는 책인 『풍요로운 사회』의 핵심 명제를 이루는 것이다. 그리고 갤브레이스가 힘주어 강조했듯이 과시적 소비재의 생산자들은 우리에게 그 상품의 장점을 단지 **알려주는** 역할만 하는 것이 아니다. 그들은 현대

---

* 즉각 눈에 들어오는 범위에 있었다는 뜻이다.

사회 심리학자의 무기고에 있는 모든 도구들을 사용하여 우리가 그 상품들을 필요로 한다고 설득하려고도 한다. 그들이 우리에게 제공해 주는 종류의 정보는 무작위 숫자 바퀴에서 나온 수보다는 상당히 더 큰 영향력을 끼칠 가능성이 높다.

그러나 심지어 광고 메시지가 없다 하더라도 우리는 여전히 비과 시적 소비에 대해서보다는 과시적 소비에 대해 정보를 더 많이 가질 것이다. 우리는 이웃의 집과 차는 보지만 그들이 얼마나 저축하는지 직장에서 어느 정도의 자율성을 갖는지 또는 그들의 직장이 취학 전 아동에게 책을 읽어줄 만한 시간과 여력을 어느 정도나 남겨주는지 모른다. (그러므로 이 점도 부분적으로는 내가 저축과 자율성을 비과시적 소비로 분류하는 이유가 된다.) 우리가 제일 자주 보게 되는 것들이 기억에 서 가장 쉽게 활용 가능한 것이 되고, 그 정보들은 우리의 소비 결정 에 불균형적인 영향을 미치게 된다. 그리고 이 역시 과시적 소비로 기울게 만드는 편향이 된다.

적응 예측하기

많은 경우에 각 선택지가 결정의 순간에 어떤 영향을 미칠지만 예측 할 수 있다면, 우리는 한 쌍의 선택지 중 하나를 고를 때 똑똑한 선택 을 할 수 있다. 예를 들어 저녁 식사로 감자녹말을 먹을지 밥을 먹을 지 고르는 문제에서 우리는 어느 경우 더 만족할지만 예측하면 된다. 그리고 우리 대부분은 이 일에 꽤 능하다.

그러나 많은 다른 경우에 똑똑한 선택은 단지 결정의 순간에 미치는 영향뿐만 아니라 그 선택을 하고 난 다음에 각 경험이 어떻게 진행할지 예측할 것을 요구한다. 예를 들어, 다른 면은 모두 동일한 두 집이 있는데, 한 집은 도시의 야경을 볼 수 있는 전망 좋은 집이고 다른 집은 그런 전망이 없을 경우, 그중 하나를 고르는 선택을 생각해보자. 대부분의 사람들은 시야가 탁 트인 것을 좋아하기 때문에 당연히 전망 좋은 집이 훨씬 높은 가격으로 나와 있을 것이다. 그만큼 웃돈을 주고 그 집을 살 가치가 있는가?

단지 그 두 집을 방문해서 전망을 본 뒤 즉각 생긴 우리의 주관적 인상을 측정하는 일은 상대적으로 단순하다. 그리고 만일 전망이 즉각적인 감동을 거의 주지 않는다면 최선의 선택은 아마도 전망이 좋지 않은 집을 사는 것이다. 특히 전망의 비용이 50,000달러 이상이라면 말이다. (2장에서 많은 고급 주택 시장의 구매자들에게 제시되는 전망 프리미엄은 그 금액의 몇 배는 된다고 했던 사실을 상기하라.)

그러나 당신이 재정적으로 여유가 있고 당신이 50,000달러를 더 주고 그와 유사한 감동을 느끼게 해줄 만한 다른 것을 생각할 수 없을 만큼 그 집의 전망이 숨 막힐 정도로 좋다고 해보자. 당신이 현재 기부 수준도 충분하고 은퇴를 대비한 저축도 보장된 편이라고 생각한다면, 전망을 갖춘 집은 가장 매력적인 ── 그리고 정말로 가장 합리적이기도 한 ── 선택일 것이다.

그러나 이제 당신이 놀라운 전망을 갖춘 집에 사는 사람들을 대상으로 한 연구 논문을 읽었다고 가정해보자. 논문에 따르면, 대상자들은 그런 전망 좋은 집에서 몇 달 살고 나서는 전망을 거의 의식조차

하지 않았다고 한다. 이제 당신은 집을 사는 것을 망설이겠는가?

물론 그런 논문은 없다는 걸 나도 안다. 상당히 많은 논문을 찾아보았지만 사람들이 시간이 지남에 따라 처음에는 굉장히 아름답다고 느꼈던 전망을 시간이 지남에 따라 어떻게 평가하는지에 대한 연구는 발견할 수 없었다. 그래서 그 대신에 나는 놀라운 전망이 있는 집에서 사는 친구들과 지인들을 만나면 시간이 지남에 따라 그 전망에 얼마나 적응했는지를 늘 물어보곤 했다. 놀랍게도, 거의 모든 사람들이 처음의 황홀감이 약간 가라앉은 후에도 이 전망은 여전히 즐거움과 흥분을 주는 지속적인 원천으로 남아 있다고 답했다.

어떤 이는, 사람들이 금방 싫증이 나는 전망에 많은 돈을 썼다는 사실을 인정하기가 힘들 것이라는 점을 근거로 그 대답의 진실성에 회의적일지 모른다. 그러나 이들 중 많은 사람들이 자신들이 소장하고 있는 비싼 그림과 관련해서도 본질적으로 동일한 반응을 보였다.

내가 그들에게 전망과 그림의 차이를 집요하게 물어보자, 그들은 그림은 정적인 성격을 지니는 반면에 전망은 하루 중 시간의 흐름에 따라, 계절에 따라, 날씨에 따라, 심지어 공기에 따라서도 동적으로 변화한다고 말했다. 대부분의 장소에서 그림엽서에 나오는 듯한 날씨 —— 전망이 가장 멋들어진 모습을 보이게 되는 수정 같이 맑은 날 —— 는 이 따금씩만 오기 때문에, 여전히 희소하다는 느낌과 보고 싶다는 욕구를 유지시켜준다. 반면에 그림은 어느 때라도 들여다보고 마음의 만족을 얻을 수 있다. 아이러니하게도 비싼 그림의 소유자는, 박물관에서 일 년에 단지 몇 번만 그 그림을 볼 수 있을 때보다 자기 집 거실에 걸어두었을 때 그림을 덜 즐긴다는 사실을 깨닫는다.

나의 논점은, 사람들이 시간이 지남에 따라 전망 좋은 집에 얼마나 적응하는지의 문제를 친구들의 대답으로 해결했다는 것이 아니다. 그보다는 우리가 그런 집을 사는 걸 고려하고 있다면 그런 문제의 답에 대해 알고 있는 것이 좋으리라는 것이다. 그러나 사람들이 구매를 할지 말지 하는 문제에 직면했을 때 적응 문제는 거의 그들의 주의를 끄는 일이 없다.[5] 우리는 보통 재화나 활동을 시험해보고 그것이 우리에게 어떤 영향을 미치는지 살펴보는 방식으로 그 매력을 평가하는 것 같다. 예를 들어 전망 좋은 집을 살까 말까 고민할 때, 우리는 잠시 동안 그 집의 거실에 앉아 밖을 바라본다. 새 차를 살 때는 시운전을 해본다. 등등. 이 첫인상에 기초해 우리는 구매 결정을 내린다.

적응 문제를 무시하는 것이 일부 선택을 다른 선택에 비해 상대적으로 더 매력적이라고 오판하게 만드는가? 그 질문에 대한 답은, 상이한 범주에 대한 경험에서 우리가 시간이 지남에 따라 다르게 적응하는지에 확실히 달려 있다. 만일 범주별로 적응 정도가 다르지 않다면 적응 문제를 고려하지 못한다고 해서 선택에 편향이 생기지는 않는다. 예를 들어, 모든 활동에 대해 최초의 인상이 시간이 지나고 나서 느끼는 매력의 세 배 정도라면, 모든 활동들은 똑같은 정도로 실망스러울 것이고, 그들 가운데 어느 것을 선택하는 결정은 왜곡되지 않을 것이다.

그러나 우리가 다른 활동보다 어떤 활동에 좀 더 온전히 적응한다면 왜곡은 확실히 발생할 것이다. 그리하여 우리가 최초에 그 활동에 어떻게 반응했는지에 의거해서 선택을 한다면, 그 논리적 결과는 우리가 시간이 지남에 따라 급격히 매력이 감소하는 활동에는 지나치게 많이 투자하는 반면, 시간이 지남에 따라 매력이 급격히 줄어들지 않거나 오히려 증가하는 활동에는 너무 적은 투자만 하는 것이다.

생활 만족도의 결정 요인에 관한 심리학 문헌에서 자주 암묵적으로 다루는 핵심적인 주제는 적응이 범주에 따라 서로 매우 다르다는 것이다. 내가 과시적 소비라고 부르는 범주에서는 전형적으로 처음에는 가장 매력적으로 느껴지나 그 이후에는 급격히 그 매력도가 감소한다. 예를 들어, 대부분의 사람들이 더 큰 화면의 텔레비전 수상기, 더 좋은 기능을 갖춘 냉장고, 다이내믹 영역*이 더 넓은 스피커를 갖게 되면 처음에는 격렬한 만족이 밀려드는 것을 경험하지만, 이런 기분은 시간이 흐름에 따라 한결같이 빠르게 사그라지는 경향이 있다. 우리가 더 큰 텔레비전, 더 널찍한 냉장고, 더 성능 좋은 스피커에 일단 적응하고 나면, 그 물건들의 좋은 특성들은 더 이상 관심을 끌지 않게 된다. 우리가 앞서 보았듯이, 이러한 점은 왜 한 국가 내에서 물질적 재화 소비가 몇 배나 더 증가하는데도 주관적 복지의 평균 수준이 놀라울 정도로 안정적인지를 설명해준다.

이와는 대조적으로, 많은 유형의 비과시적 소비 증가에 우리가 반응하는 모습은 본질적으로 반대의 형태를 띤다. 예를 들어 활기찬 운동을 하거나 악기 연주를 배우면, 처음에는 심지어 약간 불쾌할 수도 있지만 점차 즐거움을 느끼게 되며 시간이 지날수록 더 즐거워지게 된다. 상이한 영역에 상이하게 적응하는 우리의 성향을 무시하는

---

* 다이내믹 영역dynamic range 음향 신호를 전송하거나 녹음할 때 취급하는 최강음과 최약음의 비比를 데시벨dB로 나타낸 것.

정도만큼, 우리는 과시적 소비에는 너무 많은 돈을 쓰게 되고 비과시적 소비에는 너무 적은 돈을 쓰게 된다.

예를 들어 자신의 차를 도요타 코롤라에서 포르셰 박스터로 바꿀지 말지 고민하는 남자를 생각해보자. 그는 매달 토요일 하루를 더 일하면 새 차를 살 돈을 마련할 수 있다. 이는 그가 그 토요일에는 친구와 시간을 보내지 못한다는 것을 의미한다. 정통 경제학 이론은, 포르셰가 주는 만족이 친구와 함께해서 얻는 만족을 능가하는 경우에 그가 토요일 하루를 더 일할 것이라고 한다. 그러나 그는 포르셰를 소유해본 적이 없기 때문에, 그 차를 가지는 경험이 자신에게 어떤 영향을 미칠지 확신할 수 없다. 더군다나 그는 토요일 하루를 친구와 보내는 것을 계속할 때, 친구와의 관계가 어떻게 변화할지 알지 못한다. 두 경우 모두, 그는 미래에 대해 대략적인 추측을 하는 수밖에 없다.

내적 성찰Introspection은 단기간에 이 경험들이 만족에 어떤 영향을 미칠지 가늠하는 꽤나 정확한 방법을 제공해줄지 모른다. 그러나 당면한 문제에서는 관련된 단기 효과와 장기 효과는 서로 다를 가능성이 높다. 포르셰는 도요타보다 훨씬 빠르고 운전하기가 더 편하기 때문에, 시운전을 해보면 초기의 흥분을 안겨줄 것이다. 그러나 시간이 흐름에 따라 그는 새 차의 성능에 익숙해질 것이고, 그 차가 그를 흥분시키는 능력은 사그라질 것이다. 친구와 보내는 추가적인 시간이 주관적 복지에 기여하는 바는 시간의 흐름에 따라 이와는 현저하게 다른 양상을 보인다. 관계가 오랜 시간 지속되어감에 따라, 그 경험이 제공하는 만족은 줄어들기보다는 늘어날 것이다.

장기적으로는, 친구와 보낸 시간이 더 나은 선택임이 드러날 것

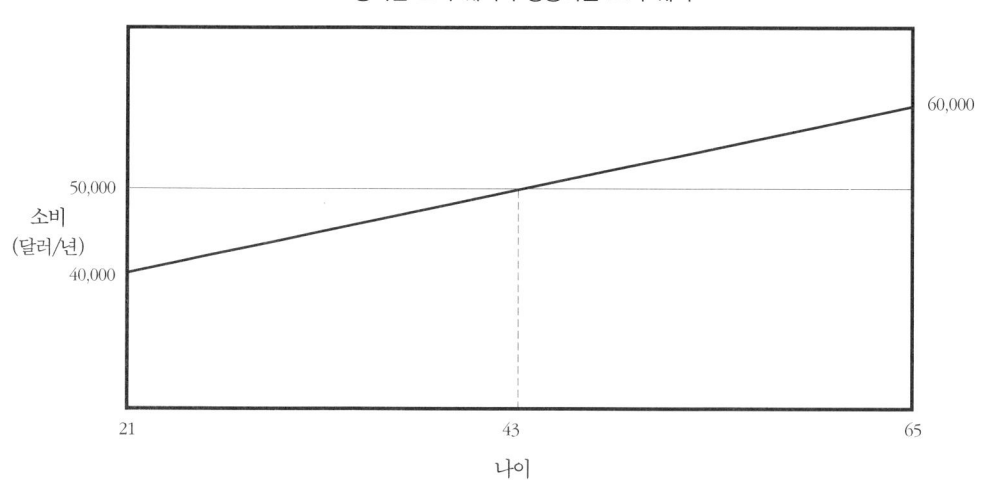

정적인 소비 궤적과 상승하는 소비 궤적

소비
(달러/년)

50,000

40,000

60,000

21 · 43 · 65

나이

이다. 그러나 단기적 만족의 증가는 새 차를 샀을 경우 더 클 것이다. 그리고 이 단기적 효과야말로 의사 결정을 하는 순간에 가장 생생하고 즉각 활용 가능한 정보이기 때문에, 그들은 차를 바꾸는 결정에 편향된 선택을 하는 경향이 생기게 된다.

적응을 고려하지 못하는 것은 얼마나 저축할지 결정하는 문제에도 유사한 함의를 갖는다. 여기서 문제는, 우리가 현재 소비하는 액수가 나중에 특정한 소비 수준에서 즐거움을 얻을 능력에 영향력을 미친다는 것이다. 실례로서 평생 소득 흐름은 동일하나 소비 궤적^{profile}은 상이한 두 경우 사이의 가상적인 선택을 생각해보자. 각 경우에, 당신과 다른 사람들 모두가 21세부터 정년인 65세까지 매년 50,000달러의 급여를 받는다고 가정해보자. 첫 번째 경우에, 당신과 다른 사람들이 위 그림에서 A로 표시된 소비 수준 궤적에 나타난 바처럼 매년 50,000달러의 급여를 전부 쓴다. 이와는 달리 두 번째 경우에는 당신과 다른 사람들이 처음에는 매년 10,000달러를 저축하는 것으로 시작하여(즉, 바꿔 말하면 1년에 40,000달러만 소비하는 것으로 출발하여), 저축했던 돈을 보태서 급여보다 더 많은 돈을 소비하게 되는 중년이 될 때까지 저축률을 점차 줄여간다고 생각해보자. 논의의 단순함을 위해 저축이 이자를 낳는 효과를 무시하면, 그 패턴은 그림에서 B로 표시된 우상향하는 소비 궤적을 낳는다. B 궤적이 A 궤적보다 10,000달러 낮은 수준에서 시작하여 10,000달러 높은 수준에서 끝나지만 일생동안 총 소비액은 두 경우가 서로 동일하다. (두 경우 모두 은퇴 후 동일한 액수의 상당히 넉넉한 연금을 받는다고 가정하면) 당신은 어느 쪽을 선택하겠는가?

내가 몇 년 전 본질적으로 유사한 질문을 100명 이상의 코넬대학교 졸업반 학생들에게 물었을 때, 거의 80퍼센트가 우상향하는 소비 궤적 B를 택했다. 증거들은 이 궤적이 둘 중 더 만족스러운 쪽이라는 사실을 시사한다.[6] 여기서도 발상은 다시금 거의 모든 것 —— 물질적 생활 수준을 포함한 거의 모든 것 —— 이 우리의 준거 틀에 달려 있다는 것이다. 우리의 물질적 생활 수준을 평가하는 하나의 준거 틀은 우리가 가진 것을 다른 사람들이 가진 것과 비교하는 것이다. 그러나 이 사례에서는 모든 사람들이 자신과 동일한 소비 궤적을 따르는 것으로 가정했기 때문에, 이 비교는 아무런 관심도 끌지 못한다. 두 번째 준거 틀은 우리가 현재 가지고 있는 것을 과거에 가졌던 것과 비교하는 방식이다. 그리고 이 준거 틀은 위와 같은 선택에서 결정적인 것으로 드러난다. 예를 들어 올해 5만 달러를 소비한 사람은, 작년 소비 수준이 4만 5천 달러였던 경우에, 작년 소비 수준이 5만 5천 달러였던 경

314

우보다 지금의 생활 수준에 만족할 가능성이 더 높다. 너무 빨리 너무 많이 소비하는 사람은, 따라서, 나중에 그들의 소비를 평가할 준거 틀의 기준선을 올려놓는 셈이다.

우리가 인생 사이클의 초기 단계에서 저축을 더 많이 할수록 우리의 소비 궤적은 더 급격한 기울기로 우상향하는 형태가 되어 더 만족스러울 것이다. 이렇게 보면 명백한 것 같지만, 우리들 대부분은 현재 소비 습관이 미래의 생활 수준에 대한 평가에 영향을 미치는 정도를 전혀 의식적으로 고려하고 있지 않다. 이런 관계를 무시하는 만큼, 우리는 너무 적게 저축하게 될 것이다. 여기서도 다시금 적응을 고려하지 못했기 때문에, 피할 수 있었던 비용을 크게 치르게 되는 오류를 저지르게 되는 것이다. 개인은 혼자서도 단순히 저축을 더 많이 함으로써 이 문제를 완화시킬 수 있을 것이다.

아마도 미래 적응을 고려하지 못하는 가장 생생한 사례는, 마약에 대한 내성이 점점 더 커질 것이라는 점을 선택 시에는 예상하지 못하는 마약 남용자의 경우다. 그리하여 코카인 남용자는 전형적으로 반복된 마약 흡입이 그가 처음 시도했을 때 맛보았던 것과 동일한 정도로 지고의 쾌락을 선사해줄 것이라고 기대하면서 불행의 나락으로 곤두박질치게 된다. 같은 효과를 내기 위해서는 점점 더 많은 마약이 필요하다는 점을 그는 곧 깨닫게 된다. 그리고 오래지 않아 단순히 심각한 불쾌감을 피하기 위하여 엄청난 양을 흡입하는 것이 필수적인 일이 되어버린다. 만일 미래 적응의 패턴이 처음부터 그들에게 명백하였다면, 좀 더 소수의 사람들만이 비참한 궤적의 첫발을 내딛었을 것이라고 확신할 수 있다. 과시적 소비에 지나치게 많은 자원을 배분

하려는 우리의 경향성은 이런 의미에서 코카인 중독자의 문제와 정도
는 다를지라도 같은 종류의 문제다.

자기 통제 문제

논의를 위하여 우리가 쉽게 저지르는 다양한 결정 오류$^{decision\ error}$는
제쳐 놓자. 그리고 좋은 첫인상을 남기려면 맞춤 양복을 입어야 한다
고 생각하는 구직자의 경우와 같이 과시적 소비에 지나치게 많은 돈
을 쓰게 하는 맥락의 문제도 없다고 가정해보자. 즉, 우리는 삶의 만
족을 극대화하기 위하여 자원을 어떻게 배분해야 하는지 알고 있으
며, 단독 행동을 통해 그 결과를 성취할 수 있다고 가정해보자. 그래
도 우리는 여전히 어마어마한 난관에 직면하게 될 것이다. 그것은 바
로 열등한 소비 패턴이 고통스러울 정도로 유혹적인 경우가 자주 있다
는 것이다. 우리는 무엇이 우리에게 최선인지는 정확히 알고 바른 선
택을 하고 나서도 그것을 실행하는 데 어려움을 겪을 수 있다.

중독적인 약물의 경우가 다시금 설명에 도움이 되는 유비^{類比}를
제공해준다. 알코올, 코카인, 헤로인 중독에서 회복 중인 사람들은,
심지어 약물을 복용하지 않고 참아낸 지 오랜 시간이 지난 경우에도
약물 중독의 재발에 상당히 취약하다. 이들이 직면하는 문제는 확실
히 편향되거나 불완전한 정보의 문제는 아니다. 그리고 그들을 기다
리고 있는 적응 패턴을 예상하지 못하는 문제도 아니다. 어쨌거나 그
들은 이 약물들에 손을 대는 것의 위험을 이미 경험한 사람들이다. 그

들은 그 약물 때문에 직장과 가족을 잃을지도 모른다는 점을 안다. 그러나 당장 잃는 것은 아니다. 그들은 '안 돼'라고 말하고 싶어 하지만, 동시에 언제나 내일부터는 '안 돼'라고 말할 수 있다고 믿는다.

이 측면에서도 보통의 소비재에 관한 우리의 결정은, 회복되고 있는 중독자의 마약 복용에 관한 결정과 그 종류에서 전혀 다르지 않다. 그리하여 심리학자 마틴 셀리그먼Martin Seligman은 **짭짤한 땅콩 신드롬**salted-nut syndrome이라는 용어를 만들어, 곧 있을 식사의 식욕을 떨어뜨리는 지점을 넘어서까지 짭짤한 땅콩을 계속 먹어대는 우리의 경향성을 묘사하였다. 우리는 땅콩을 그만 먹어야 한다는 걸 안다. 그러나 언제나 그렇듯이, 그만 먹는 조치를 취하기 전에 몇 개의 땅콩을 더 집어 먹기란 너무도 쉽다.

정신과 의사 조지 에인즐리George Ainslie는, 둘 중 더 일찍 달성할 수 있는 목표가 눈앞에 있을 때는 더 열등하지만 더 일찍 달성할 수 있는 목표를 선호하도록 하는 프로그램이 인간과 동물의 신경계에 내장되어 있다고 주장하였다.[7] 이 패턴은 원래 에인즐리의 공동 연구자이자 지금은 고인이 된 심리학자 리처드 헨스타인Richard Herrnstein이 입증한 것이다. 그는 더 일찍 먹을 수 있으나 양이 더 적은 음식 조각과 약간 더 늦게 나오고 양이 더 많은 음식 조각 중 하나를 고르도록 했을 때 비둘기가 무엇을 고르는지 연구했다. 헨스타인의 비둘기가 한쪽 버튼을 누르면 약간의 시간이 지난 뒤 작은 음식 조각을 얻을 수 있었고, 다른 쪽 버튼을 누르면 다소간 더 긴 시간이 지난 뒤에 더 큰 음식 조각을 얻을 수 있었다. 양이 더 많은 음식 조각은 약간의 더 긴 기다림을 보상하기에 충분한 추가적인 영양분을 제공해주었으므로 영양의 관점에서 올바른 선택이다. 헨스타인은 작은 음식 조각을 받기 전의 시간 지체가 충분히 길 경우에는, 그 새는 "합리적"으로 행동해서 항상 더 큰 음식 조각을 위해 더 작은 음식 조각을 나오게 하는 버튼을 지나쳤다. 그러나 두 음식 조각을 얻기 위해 기다리는 시간이 모두 점점 더 짧아져 어느 지점에 이르자, 새는 쪼는 버튼을 어김없이 바꿨다. 더 작지만 더 일찍 나오는 음식 조각이 즉각 활용 가능해지면 거기에 저항할 수 없게 되는 것이다.

선호의 유사한 역전 현상이 인간의 일상사에도 널리 퍼져 있다. 예를 들어 다이어트를 하는 사람은 저녁 식사 전에는 디저트는 생략하기로 맹세하지만, 막상 디저트를 나르는 손수레trolley가 도착하면 마음을 바꾸게 된다. 그렇게 하고서 뒤이어지는 후회의 표현이 정말로 후회하는 마음에서 나온 것이라는 점은 자신의 부엌에서 디저트를 먹으라고 유혹하는 음식들을 의도적으로 치워버린다는 사실에 의해 뒷받침된다. 같은 맥락에서 아침에 점심식사를 주문하는 경영자들은, 정오가 되어서야 주문하는 경영자들보다 작은 양만 시키는 것을 볼 수 있다.

마약 남용은 많은 부분 열등하지만 이른 보상을 안겨주는 선택지의 겉보기만 그럴듯한 매력의 결과처럼 보인다는 의혹을 많은 증거들이 확인시켜준다. 예를 들어 실험자들은, 알코올 중독자들이 술을 마시기 전에 일을 약간 해야 하거나 약한 전기 충격을 받아야 할 경우에는* 술을 훨씬 덜 마시려고 한다는 사실을 밝혀냈다.[8] 이들은, 술을 마

---

* 실험 설계상, 술을 마시려면 실험 참여자가 일을 하거나 전기 충격을 받는 대가를

신 후에 훨씬 엄청난 비용이 확실히 발생한다는 점을 알면서도 술 마시는 것을 그만두지 못하는 바로 그 알코올 중독자이다.

자기 통제의 문제가 널리 퍼져 있다는 것은 그것을 풀려고 개인들이 시도하는 수단이 다양하게 눈에 띈다는 사실만으로도 입증된다. 예를 들어 출근하기 위해 시간에 맞춰 침대에서 일어나고 싶어 하지만 막상 알람이 울렸을 때 의지가 약해서 그러지 못하는 사람을 살펴보자. 다음날 아침에도 그는 알람 정지 버튼을 누르고 돌아누워서 계속 잔다. 경제학자 토머스 셸링 Thomas Schelling은 많은 사람들이 손이 닿지 않는 곳에 시계를 놓아두어 침대에서 나오지 않고서는 알람을 끄는 것을 불가능하게 만들어 이 문제를 해결한다는 사실을 관찰했다.[9] 같은 이치로, 도박을 지나치게 많이 할지 모른다는 걱정 때문에 사람들은 애틀랜틱시티*에 가져갈 수 있는 돈의 액수를 제한한다. 너무 늦은 시간까지 자지 않고 텔레비전을 볼까봐 사람들은 침실에서 텔레비전을 치워버린다. 애인즐리는 정도는 다르지만 우리 모두는 음식, 담배, 알코올, TV 스포츠 중계, 탐정 소설을 비롯한 많은 유혹적인 활동과 싸우고 있는 중독자라고 논한다.

앞서 언급한, 적응을 예측하지 못하는 문제에서 살펴본 것과 마찬가지로, 자기 통제 문제가 모든 활동에 동일한 정도로 작용한다면 우리의 소비 패턴에는 아무런 편향도 생기지 않을 것이다. 그러나 여기서도 다시금 우리의 자기 통제 실패는 범주에 따라 달라진다. 슈퍼

치르게 했다는 뜻이다.
* 애틀랜틱시티 미국 뉴저지 주 남동부에 있는 휴양 도시. 카지노가 많다.

마켓에 경계하는 표정으로 들어서는 손님이 "주의, 포테이토칩이 앞에 있습니다."라는 경고 표지가 걸려 있는 통로에 들어서는 모습을 묘사한 『뉴요커New Yorker』의 만화를 보고 우리는 작가가 무엇을 염두에 두고 있는지 즉각 알아챈다. 반면에 "주의, 현미가 앞에 있습니다."라거나 "주의, 통밀가루가 앞에 있습니다."라는 경고 표지가 그려져 있다면 아예 무슨 소리인지 이해하지 못할 그림이 되어버린다.

현 논의의 목적에 비추어, 중요한 논점은 소비 기회가 더 과시적일수록 그에 상응하는 자기 통제 문제는 더 어려워지리라는 것이다. 보통의 재화는 그토록 유혹적이지 않다. 어떤 면에서건 독특한 것만 유혹적이다. 그리하여 은퇴를 대비해 저축을 더 많이 할 필요가 있다는 점을 아는 사람은 홍화씨유를 쌓아놓고 싶은 유혹은 느끼지 않겠지만 날렵한 신형 요트나 티타늄 골프채 세트에는 굴복할지 모른다. 독특한 상품의 매력은 이런 점에서 짭짤한 땅콩의 매력과 비슷하다. 둘 다, 그것을 좋아하는 사람들에게 강력한 욕구에 불을 붙인다. 각각의 경우에 소비를 하지 않는 것이 더 나은 결과를 낳는다는 점은 명백할지 모르나 그 점을 아는 것만으로는 필요한 자제심을 불러내지 못한다.

특히 사람들이 자기 통제 문제 때문에 저축에 관심을 거의 기울이지 않는다는 사실은, 많은 사람들이 짧은 기간조차도 구매를 미루지 못하기 때문에 발생시키는 엄청난 비용에 의해서도 입증된다. 예를 들어 총 10,000달러의 신용 카드 서비스를 받은 사람은, 이자로 일년에 1,800달러 이상 지불하는 셈이다. 만일 그 사람이 저축액 내에서 소비할 수 있을 때까지 기다렸다가 물건을 사고, 그렇게 해서 아낀 이자 비용 1,800달러로 매년 5퍼센트의 이자를 주는 국채를 산다면, 5년 뒤에는 10,443달러를, 20년 뒤에는 62,494달러를 추가로 벌게 된다.

자기 통제 문제의 숨길 수 없는 발자국은, 우리들 중 많은 수가 지나친 소비를 막기 위해 스스로 취하는 조치에서도 또한 명백하게 드러난다. 경제학자 리처드 탈러와 허셜 셰프린Herschel Schefrin이 시사했듯이 크리스마스 선물을 사기 위해 저축을 하고 싶지만 그들의 저축을 유혹적인 구매 기회가 생길 때마다 왕창 써버릴까봐 염려하는 사람들은 때때로 늦가을의 지정된 날까지 예금을 인출하지 못하게 하는 특별 저축 계좌인 "크리스마스 클럽"에 돈을 예치한다.[10] 우리는 또한 시장 수익률 이하의 수익만 주면서도 중도에 해지할 경우에는 상당한 위약금을 물어야 하는 평생 보험에도 든다. 그리고 우리는 본질적으로 우리로 하여금 연금 프로그램에 적립금을 붓도록 강제하는 고용주 밑에서 일하는 것이 매력적이라고 느낀다. 만일 자기 통제 문제가 우리의 사려 깊은 저축 목표를 달성하는 것을 어렵게 만들지 않았다면, 우리의 자율성을 이런 방식으로 반납하고 싶은 마음을 덜 느낄 것이다.

이때까지의 설명을 간단하게 요약하면, 인간의 의사 결정에는 과시적 소비를 선호하도록 우리의 선택을 편향시키는 특정한 방향으로 흠이 있는 것으로 보인다. 그 편향의 한 원인은, 우리가 비과시적 소비에 대해서보다 과시적 소비에 대해 더 많은 정보를 가진다는 것이다. 이

것은 과시적 소비가 말 그대로 눈에 더 생생하게 보이는 경우가 자주 있을 뿐 아니라 생산자들이 과시적 소비의 매력에 대한 상업적 메시지에 집중하기 때문이기도 하다. 편향의 두 번째 원인은, 서로 다른 소비 유형의 각 특성이 되는 상이한 적응 궤적을 고려하지 못하기 때문에 생긴다. 그리고 마지막으로, 과시적 소비는 단순히 비과시적 소비보다 더 유혹적이기 때문에 우리의 결정을 편향시킨다.

만일 우리의 현재 소비 패턴에 있는 편향이 앞 장에서 논의했던 종류의 군비 경쟁으로부터만 발생한 결과라면, 개인의 단독 행동을 통한 해결책remedy을 찾는 것은 헛수고일 것이다. 그러나 소비의 불균형이 부분적으로는 우리의 인간적 약점으로부터 나온다면 단독 행동의 효과는 더 희망적일 수도 있다. 그리고 바로 여기에, 출세와 물질적 재화의 축적을 향한 '치열하고 무의미한 경쟁rat race'에서 벗어나라고 촉구하는 자발적 검약 운동의 매력이 있다.

자발적 검약 운동

산업 시대의 여명기부터 좀 더 검소한 삶의 방식을 장려하고자 하는 운동이 주기적으로 조직되어왔다. 유명한 사례에는 미술 공예 운동Arts and Crafts movement이 있는데, 이 운동은 존 러스킨John Ruskin과 윌리엄 모리스William Morris가 주축이 되어 19세기 말 영국에서 삶이 과도하게 기계화된 것에 대한 반작용으로 일어난 운동이다. 그리고 미술 공예 운동의 한 분파로, 20세기 초 미국에서 구스타프 스티클리Gustav Stickley

와 엘버트 허버드 Elbert Hubbard를 비롯한 이들이 옹호했던 공예가 운동*
이 있다. 그러나 당시에는 대중과 직접 소통할 수 있는 수단이 제한되
어 있었기 때문에, 위 운동들과, 이와 유사한 운동들은 주변적 지위
이상의 것을 성취하지 못하고 역사의 뒤안길로 빠르게 사라져갔다.

듀에인 엘긴 Duane Elgin의 1981년 책 『자발적 검약 Voluntary Simplicity』
에 의해 시작된, '현재의 기초로 돌아가기 운동 back-to-basics movement' 도
시간이 지나면 비슷한 전철을 밟을 수도 있다. 그러나 아직까지는 앞
서 존재했던 운동들보다는 훨씬 많은 주의와 관심을 끌고 있다. 지난
10년간, 엘긴의 주장에 호응하는 유사한 책들이 말 그대로 10권 이상
쏟아져 나왔다. 그중에서도 비키 로빈 Vicki Robin과 고敀 조 도밍게스 Joe
Dominguez가 1992년에 출간한 『당신의 돈이냐 당신의 삶이냐 Your Money
and Your Life』는 많은 사람들에게 그 운동에서 가장 영향력이 있었던 책
으로 여겨진다. 그리고 세라 밴 브레스나흐 Sarah Ban Breathnach의 『단순
한 풍요 Simple Abundance』는 1995년 하드커버로 등장한 이래 『뉴욕 타임
스』의 여러 베스트셀러 목록에 단단히 자리 잡았다. 현재 많은 서점들
은 한 섹션을 통째로 "검약 Simplicity"이라고 이름을 붙여 운영하고 있
다. 그리고 그 섹션에는 구독자 수가 급성장하고 있는 주요 소식지 4
종류가 최소한 구비되어 있다. 첫 번째 자발적 검약 전국 대회 national
Voluntary Simplicity Conference는 1997년 5월에 워싱턴 DC에서 개최되었다.

---

* 공예가 운동 Craftman movement 구스타프 스티클리가 만든 잡지 『공예가 The
  Craftman』에서 따온 것으로, 가구와 장식 예술은 생활 양식을 따라야 한다는 신념
  하에 청교도적 검소함이 묻어나는 단순하고 소박한 디자인이 특징이다.

분주한 활동이 시사하듯, 자발적 검약 또는 다운시프팅* 운동은 인상적인 성장을 기록해왔다. 예를 들어 머크 패밀리 펀드Merck Family Fund가 후원한 1995년 조사는 응답자들의 28퍼센트가 지난 5년 동안 더 적은 시간을 일하거나 급여를 덜 주는 일로 이직하거나 집에서 일하기로 하는 인생의 변화를 이뤘다고 답했다.[11]

비록 그 운동은 미국에서 가장 활발하기는 하지만, 영국에서도 빠르게 성장하고 있다. 예측을 위한 헨리 센터Henley Center for Forecasting는 영국인 중 6퍼센트가 지난해 자발적으로 소득을 줄였으며, 다른 6퍼센트는 그렇게 할 예정이라고 보고하였다.[12] 『트렌드 저널The Trends Journal』의 편집자인 제럴드 클랭트Gerald Celente는 2005년 즈음에는 전 세계 인구의 15퍼센트 —— 현재보다 2퍼센트 늘어난 수치다. —— 가 자발적 검약에 참여하게 될 것이라고 예측한다.[13]

자발적 검약 운동이 사람들에게 촉구하는 행동은 정확히 무엇인가? 최근에 출간된 한 책 띠지의 광고 문구가 기술하듯이 그 운동의 주된 메시지는 "더 적은 것 —— 덜 일하고, 덜 서두르고, 빚을 덜 지는 것 —— 이 더 많은 것 —— 가족과 친구들과 보내고 공동체에 참여하고 자연과 지내는 더 많은 시간 —— 이다."[14] 비록 몇몇 저자들이 그들의 의제를 더 밀고 나갈 수 있는 공공 정책 수단을 이따금씩 언급하기는 하지만 검약 운동은 본질적으로 자조 운동이다. 그 운동은 단독으로 행동하는

---

* 다운시프팅downshifting 자기 의지로 스트레스가 많은 일에 대한 부담을 줄임으로써 삶의 즐거움을 추구하는 것을 의미하는 용어로 쓰이고 있다. 이 운동의 취지를 따르는 사람을 '다운시프터' 라고 한다.

개인들이 따를 수 있는 전략을 내어 놓는다. 예를 들어 일하는 시간을 줄이고 파트타임 일로 바꾸며, 집에서 사업을 운영한다. 그리고 그 운동에 관한 많은 책들(예를 들면, 로데일 출판사^{Rodale Press} 편집부에서 엮은 『청구서를 반으로 줄여라: 수천 달러를 아끼게 해주는 수천 개의 팁^{Cut Your Bills in Half: Thousands of Tips to Save Thousands of Dollars}』같은 책)이 그 과정에서 지불 능력을 유지하기 위한 구체적인 전략을 제공해준다. 우리는 저축을 늘리고 모기지에 내는 돈은 줄여야 한다. 집을 팔고 덜 비싼 동네의 더 작은 집에서 살아야 한다. 그리고 비싼 레스토랑에서 그토록 자주 식사를 하는 대신 저녁 식사는 친구들과 함께 포틀럭*으로 먹어야 한다. 등등.

열정적이고 거의 복음주의적이기까지 한 자발적 검약 운동 저자들의 촉구는 편향되거나 불완전한 정보에 기초하여 의사 결정을 내리는 일을 막으려는 냉정한 분석가의 처방과 놀라울 정도로 일치한다. 그리고 우리가 현재 과시적 소비에 집중하는 것이 나쁜 개인적 결정의 결과라면, 그 운동의 조언을 따르는 누군가는 그 결과에 만족하리라 기대할 수 있다.

자발적 검약의 다른 측면은 나쁜 결정이 단지 편향된 정보와 오류 있는 추론의 결과일 뿐 아니라, 인내심과 자제력의 결여 때문이라는 발상과도 맞아떨어진다. 그리하여 그 운동은 그 메시지를 단순히 책과 소식지를 비롯한 인쇄 매체를 통해 전파하는 데 그치지 않고, 검약 모임^{Simplicity Circles}을 만들어 그 모임에 속한 사람들이 정기적으로 만

---

* 포틀럭^{potluck} 여러 사람들이 각자 음식을 조금씩 가져 와서 나눠 먹는 식사.

나 생각을 나누고 더 단순한 생활 방식을 채택하려고 애쓰는 과정에서 서로를 도울 수 있도록 해준다. 이 모임들은 알코올중독자갱생회 Alcoholics Anonymous 및 다른 다양한 12단계 프로그램들과 무서울 정도로 닮아 있다. 이 프로그램들은 정보를 주고, 사상을 주입하며, 정서적인 지지를 보낸다. 알코올 중독자가 술을 마시지 않는 것이 힘들다고 느끼면, 그는 갱생회 회원들에게 기댈 수 있다. 마찬가지로, 시장의 유혹을 이겨내는 일에 어려움을 겪고 있는 검약 운동 참여자는 동료 모임의 구성원에게서 위로와 지지를 얻을 수 있다.

그렇다면 순수하게 실용적인 관점에서 자발적 검약 운동은 불균형한 소비 패턴에 이르게 하는 개인 수준의 문제를 공략할 수 있도록 잘 고안된 것처럼 보인다. (비록 내가 아는 한에서는 검약 운동의 지지자들 중 어느 누구도 이 같은 용어로 목표를 표현한 적은 없지만 말이다.) 더욱이 그 운동이 권고하는 바는 —— 만일 모든 사람들이 이 권고를 따른다면 —— 소비 패턴의 변화가 삶의 만족에 어떻게 영향을 미치는지에 관하여 우리가 살펴본 증거들과 딱 들어맞는다. 비록 여기서 다시금 운동의 지지자들은 이런 관점에서 그들의 주장을 개진하지는 않지만 말이다.

다운시프팅의 역설

만일 개인의 결정 오류가 우리의 지출 불균형의 유일한 또는 가장 중요한 원인이라면, 자발적 검약 운동의 프로그램을 따르는 사람들은 한결같이 좋은 결과를 경험할 것이다. 그들의 성공 사례가 서서히 퍼져나가면서 그 운동이 요원燎原의 불길처럼 번져나가리라고 기대할 법하다. 그러나 비록 다운시프팅 운동이 인상적인 성장을 하긴 했지만 여전히 그 규모는 작은 채로 남아 있다. 그리고 비록 많은 개인적 사례에서 그 운동이 소비 습관을 극적으로 변경시키기는 했지만, 사회의 전반적인 소비 패턴에는 사실상 많은 영향을 끼치지 못했다. 오히려 그와는 반대로 국가 전체로 보면 그 이전보다 많은 시간을 직장에서 보내고 있으며 더 높은 비율의 돈을 소비에 쓰고 있다.

검약 운동이 시간이 지나면서 운동의 불을 지피는 일에 어려움을 겪는 데는 그만한 이유가 있다. 우리가 앞 장에서 살펴보았듯이 모두가 다른 방식으로 지출하면 모두가 나아지지만, 혼자 그렇게 하는 경우에는 그 사람만 나빠지는 많은 경우가 있다. 흥미로운 일, 즉 도전적이고 일하면서 많은 것을 배우며 성장할 수 있는 일을 원하는가? 다른 많은 사람도 그렇다. 그리고 이러한 일 중 아주 드문 경우만 파트타임으로만 일하려는 사람들에게 돌아간다. 많은 다운시프터들은 파트타임 일로 바꾸어 생긴 추가적인 여가 시간이 일을 할 때 경험하는 낮은 수준의 업무 참여도를 보상하지 못한다는 것을 알게 된다.

좋은 파트타임 직업의 결여는 많은 다운시프터들을 만물박사*로 만든다. 그리하여 자발적 검약 운동의 참여자이자 일리노이 주 블루밍턴에서 남편과 같이 살고 있는 27세의 내니 너링 블리스는 "부엌에서 비용이 많이 들지 않는 주식主食을 만들고, 지하실에서 지렁이 퇴비

---

* 만물박사jack of all trades 여러 종류의 일을 할 줄 알지만 전문적으로 특화되어 잘하는 일이 없는 사람.

를 살피고, 인터넷에서 벼룩시장을 검색하면서 하루를 보내고, 이따금씩 돈을 벌기 위해 짧은 글을 쓰거나 요리 프로젝트에 참여하곤 한다."[15] 전문화는 명백한 단점이 있고, 특히 지나치게 전문화되었을 때는 그렇다. 그러나 전문화를 하지 않는 것도 비용을 수반하며 그중 가장 뚜렷한 결과는 생산성의 저하다. 전문화되지 못한 일은 일반적으로 비생산적이기 때문에 그것은 사실상 극단적으로 시간을 많이 들이게 된다. 시간을 더 가지는 것이야말로 다운시프터들이 그토록 열망하는 바였는데 말이다.

너링 블리스(그녀의 실제 이름)가 모든 요리를 직접 하면서 "빵 한 덩이를 만들기 위해 다섯 시간을 들이는 것을 긴 시간이라고 생각되지는 않아요."라고 말하기는 하지만, 그것은 실제로 매우 긴 시간이다. 최저 임금만 받는 노동자도 필자가 살고 있는 집 근처의 베이커리에서 15분치 임금만 가지고도 훌륭한 빵 한 덩이를 살 수 있다. 전문적인 제빵사는 다른 사람들보다 빵을 만드는 데 진짜로 훨씬 효율적이며, 그들에게 그 일을 맡기면 우리가 상대적으로 더 잘하는 일들에 더 많은 시간을 쓸 수 있게 된다. 나의 논점은 전문 제빵사만 빵을 구워야 한다는 것이 아니라, 먹을 빵을 스스로 굽는 것은 그 시간을 다른 일에 쓰는 것보다 더 즐거울 때에만 이치에 닿는다는 것이다. 이와 유사하게, 테니스를 치거나 악기를 연주하는 일에 많은 시간을 보내는 것이 우리가 그 분야의 전문가들과 경쟁하리라고는 결코 기대할 수 없다고 하더라도, 우리들 중 많은 이들에게는 시간 낭비가 아니다.

그러나 이런 식으로 모든 일이 이루어졌을 때, 우리는 청구서에 적힌 돈을 낼 여력이 있어야 한다. 그리고 우리 모두는 우리가 가장 잘하는 일에 최선을 다해 적어도 노력의 상당 부분을 집중한다면, 가장 짧은 시간에 그 돈을 다 낼 만큼 벌 수 있고, 그리하여 우리가 원하는 것이라면 무엇이든 할 수 있는 자유 시간을 더 많이 확보할 수 있게 된다. 전문화가 꼭 엄격하게 분절화되고 정신을 둔하게 만드는 반복적인 작업을 의미할 필요는 없다. 전문화는 실제로는 우리가 특별히 잘하지도 않는 일을 하느라 일하는 시간 대부분을 쓰지 않게 한다.

특별히 잘하지도 않는 일들을 오가며 시간을 보내기로 선택하는 사람들은 이런 저런 종류의 대가를 치러야만 한다. 너링 블리스는 분명히도 빵을 굽고 지렁이 퇴비를 살필 시간은 있다. 그러나 그녀와 남편은 의료 보험이 없고 은퇴 후를 대비한 재정 계획도 없다. 그리고 그들은 아이를 갖지 않을 계획이기 때문에 좋은 학군에 있는 집을 모기지로 사는 것에 관심을 둘 필요가 없다.

기초로 돌아가기 운동은, 거의 한결같이, 높은 생산성이 우리가 가장 원하는 일을 할 수 있는 자유 시간을 더 많이 줄 수 있기 때문에 좋다는 점을 이해하지 못하고 있다. 파트타임 일자리로 현재 제시되는 목록에서 기술과 능력을 온전히 발휘할 기회를 발견하기 어려운 정도까지, 파트타임 일로 바꾸면 이중의 페널티를 부여받는 일이 계속될 것이다. 적은 시간 일하기 때문만이 아니라 일하는 시간에도 덜 생산적인 일을 하기 때문에 더 적은 급여를 받는 불이익 말이다. 첫 번째 페널티는 추가적으로 생긴 자유 시간이라는 혜택에 의해 상쇄된다. 그러나 두 번째 페널티는 순 손실pure loss이다. 결국 낮은 생산성은 불가피하게 나은 삶을 추구하려는 고유의 기획을 추구하는 데 필요한 자유가 더 적어지는 것을 의미하게 된다.

물론 일부 사람들은 시간당 임금을 그리 크게 줄이지 않고서도 노동 시간을 줄일 수 있다. 그러나 그 사람들조차 예상하지 못했던 어려움을 겪는다. 예를 들어 더 많은 자유 시간은 여행하는 등의 여가 활동의 기회가 더 늘어나는 것을 의미하는데, 이 활동은 비용이 많이 든다. 그리하여 집에서 일하는 한 프리랜서 작가는 "당신이 참가할 시간이 생긴 삶의 즐거움이 많아질수록, 그 비용은 더 커진다."[16]고 표현했다.

심지어 자발적 검약 운동의 돈을 아끼는 방법 중 많은 것들이 그 조언을 실제로 따르는 사람의 수가 적다는 조건이 충족되지 않으면 실행할 수 없는 종류에 속한다. 예를 들어 한 저자는, 식품 잡화점에서 물건을 살 때는 "즉각, 큰 할인 기회를 찾아야 한다. 멍이 든 과일, 날짜가 오래된 빵, 움푹 들어간 깡통과 찢어진 라벨들 말이다."[17]라고 썼다. 그러나 과일, 빵, 통조림 그리고 다른 상품들의 아주 작은 비율만이 그런 상태이며, 그런 종류의 할인 기회를 찾는 사람이 일정 수를 넘어서게 되면, 그 상품들에 대한 할인은 빠르게 사라지게 된다.

또 다른 문제는 많은 사람들이 이미 한계선상에서 살고 있어서 예산을 축소하는 것은 아이들과 병든 부모의 생활 수준의 고통스러운 저하를 수반하게 된다는 것이다. 그리하여 저자인 메리 맥카티Mary McCarty는 "나는 진심으로 속도를 늦추고, 자발적으로 검약하고, 가족들이 정신없이 서두르지 않게 되었으면 하고 바란다. 그러나 직장을 잃지 않고, 아이들을 방치하지 않고, 보건국board of health에 집 상태를 고발당하지 않으면서도 그렇게 하는 방법을 도무지 생각해낼 수 없을 뿐이다. 나는 (이미) 10년 된 차를 몰며, 적당한 가격의 집에 살며, 점

330

심 도시락을 손수 싼다."[18]

우리들 대부분에게 물론 덜 비싼 동네의 더 작은 집으로 이사하는 선택지는 항상 존재한다. 문제는 그런 이사가 더 적당한 생활 수준에 익숙해지는 것 이상의 훨씬 더 고통스러운 비용을 안겨준다는 것이다. 더 싼 동네는 예를 들어 덜 안전하고 더 오염되어 있다. 그리고 그 동네의 학교는 지금 살고 있는 동네의 학교보다 많이 좋지 않을지도 모른다. 무엇보다 가장 싼 집은 지리적으로 더 고립되어 있고, 통근 시간이 상당히 증가하게 된다.

파트타임이나 재택근무로 바꾸는 개인적 결정은 다른 이들로 하여금 그 사람의 시간에 추가적인 요구를 더 하게 만든다. "당신이 집에서 일하기 때문에 사람들은 그걸 진짜 일로 생각하지 않는답니다." 하고 메릴린 골드스타인은 말했다. 그녀는 집에서 글을 쓰기 위하여 회사를 그만두었다. "그래서 그들은 당신의 여가를 일부 내어달라는 부탁을 하는 데 거리낌이 없어요. 자신들은 직장에서 너무 바쁘기 때문에, 암 치료를 위한 모금 활동을 대신 해달라거나, 정비를 위해 서비스 센터에 차를 놓아둔 다음에 집까지 제 차로 바래다달라거나, 공항까지 태워달라거나, 여름휴가 동안 신문 끊는 것을 잊었으니 현관에 꽂혀 있는 신문을 가져가달라거나, 비디오 가게에 어제 빌린 비디오를 반납해달라거나, 고양이를 돌봐달라거나 하는 일말이에요. 단순화된 삶이 갑자기 예전의 돈 벌고 돈을 쓰며 바쁘게 돌아갔던 나빴던 생활보다 해야 할 일의 목록이 훨씬 더 길어진 삶이 되어버렸어요."[19]

다시 한 번,
개인으로서는 똑똑하지만 전체로서는 멍청한

자발적 검약과 관련된 어려움을 과장하지는 말아야겠다. 우리의 불균형한 소비는 의심할 여지 없이 부분적으로는 우리가 제대로 된 정보를 갖지 못하고, 상이한 경험에 어떻게 적응할지 예측하지 못하며, 심사숙고해서 잘 만든 소비 계획을 실행할 인내심과 의지력이 결여되어 있기 때문에 생긴다. 자발적 검약 운동은 이 모든 문제들을 완화시키는 데 도움이 될 수 있다.

그러나 우리의 소비 불균형은 우리가 완벽하게 정보를 갖추고 있고, 합리적 의사 결정을 내리며, 무한한 인내심과 의지력을 갖고 있다고 하더라도 지속될 것이다. 문제는 삶의 많은 중요한 보상이 다른 사람들에 비해 얼마나 많이 소비하는가에 달려 있다는 점이다. 우리 모두가 예산을 축소한다면 우리 모두 나아진다. 그러나 혼자서만 예산을 감축하는 사람은 더 나빠지는 경우가 자주 있다. 개인에게는 똑똑한 결정이 전체로선 멍청한 정도만큼, 개인의 행동만으로는 충분치 않을 뿐이다.

|

13장

실패한 다른 해결책들

LUXURY
FEVER

군비 확충이 개별 국가를 현혹하는 매력이 있는 것처럼, 과시적 소비는 개인과 가족을 현혹하는 매력이 있다. 그러나 우리가 핵전쟁의 홀로코스트를 피할 수 있을 만큼 충분히 운이 좋다고 한다면, 과시적 소비에 지나치게 많은 돈을 써서 발생한 낭비는 군비 확충에서 오는 낭비보다 어마어마할 정도로 더 클 것이다. 그리고 과시적 소비 성장률의 전반적인 감소는 일정한 시간이 지나면 매년 수조 달러 가치의 자원을 아끼게 해준다. 그리고 우리가 살펴보았듯이, 이 자원들은 가족 및 친구와 더 많은 시간을 보내고, 교통 혼잡과 오염을 줄이고, 작업장에서 더 높은 자율성과 유연성을 누리게 하는 일에 쓰일 수 있고, 우리의 삶의 질을 높여줄 다양한 유형의 비과시적 소비를 증가시킨다.

사회 전체적으로는 과시적 소비에 돈을 덜 지출함으로써 더 나아진다는 생각은 전혀 참신한 생각이라고는 할 수 없다. 실제로 인간이 사회 집단을 이루고 산 기간만큼이나 —— 즉, 우리가 인간이라는 종으로 이 땅 위에 서게 된 이래로 —— 우리는 과시적 소비를 억제하기 위한 이런저런 대책을 강구해왔다. 이 대책 중 일부는 사치 단속법이나 사회 규범처럼 다른 훨씬 더 심각한 문제를 발생시킴으로써만 목표했던 사치 소비를 감소시킬 수 있었다. 그리고 다른 대책 —— 예를 들어 사치세 —— 들은 작은 개선은 가져왔지만, 그 정책을 시행하는 것 자체가 비용이 너무 많이 들었고, 그래서 얻은 이익은 대체로 그 비용 때문에 소멸해버렸다. 과시적 소비를 억제하고자 하는 시도의 역사는, 짧게 말해서, 대체로 실패하였다.

그러나 희망의 근거는 있다. 예를 들어 환경 오염을 감소시키고자 하는 초기의 많은 시도들은 이득보다 더 큰 비용을 발생시킨 음울한 실패였지만, 최근 몇 년 동안 고도로 비용 대비 효율적인 환경 문제의 해법이 채택되기 시작했음을 우리는 주목할 수 있다. 이 진보의 열쇠는 애초에 지나친 환경 오염에 이르게 하는 인센티브에 대해 더 잘 이해하게 되었다는 것이다. 같은 이치로, 과시적 소비를 억제하려는 우리의 이전의 시도가 실패한 것은 대체로 그 문제를 발생시키는 인센티브 구조를 이해하지 못했기 때문이다. 이 인센티브 구조는, 곧 살펴보겠지만, 환경 오염 문제를 일으키는 인센티브와 매우 유사하다. 그리고 이 통찰이, 우리가 볼 바와 같이 더 균형 잡힌 소비의 조합을 달성하는 매우 간단한 방법을 시사한다.

자유 지상주의자의 반대

여러 사회가 과시적 소비를 제한하기 위해 시도한 다양한 집단적 수단collective step을 살펴보기 전에, 그러한 조치는 정치적 민주주의하에서는 정당성을 가지고 시행될 수 없다고 주장하는 반대 의견에 대응해야겠다. 이 입장은 철학자 로버트 노직을 비롯한 현대의 자유 지상주의libertarianism 사상가들과 가장 두드러지게 연관되어 있지만, 그 결론을 지지하는 논거는 훨씬 더 광범위한 정치 스펙트럼에서도 영향력이 있었다. 이 논거들이 자원의 좀 더 분별 있는 배분을 달성하는 정책을 추진하는 데 남은 두 가지 주된 장애물 중 하나이기 때문에 주의 깊게 살펴볼 가치가 있다. (두 번째 장애물은 우리가 15장에서 살펴볼 주장인, 불평등이 심할수록 경제 성장이 증진된다는 그릇된 신념이다.)

간단명료하게 말해서, 자유 지상주의 입장은 다음과 같다. 물질적 생활 수준에 따르는 만족이 맥락에 크게 의존한다는 점을 반박하지 않고, 자유 지상주의자는 빌이 소비를 증가시킴으로써 톰이 불행해졌다는 것은 단순히 빌의 소비를 억제할 정당성 있는 근거^{legitimate ground}가 되지 못한다고 한다. 톰은 어쩌면 불행할지도 모르지만, 그것은 톰 스스로 대처해야 할 일인 한 톰의 책임이다. 자유 지상주의자는 톰을 불행하게 만들기 때문에 빌의 소비를 제한해야 한다는 것은 본질적으로 톰이 보라색을 싫어하기 때문에 빌보고 보라색 셔츠를 입지 말라고 하는 것과 동일하다고 한다. 불행해도 싸다, 톰! 빌은 보라색 셔츠를 입을 권리가 있고, 그걸 싫어하는 사람이라도 거기에 익숙해져야 한다.

이 반대는 상당한 수사적 힘을 가지고 있다. 어쨌거나 우리들 대부분은 부모로서 자녀들에게 다른 사람이 무엇을 소비하는지 신경 쓰지 말라고 가르친다. 언제나 더 많이 가진 사람들이 있을 것이므로, 그게 불쾌하게 느껴지면 곤란해질 것이라고 아이들에게 말해준다. 국가가 취해야 할 최선의 태도도 이와 마찬가지라고 하는 것은 설득력이 있어 보인다.

그러나 이 입장은, 보라색 셔츠를 입는 것과는 달리 많은 소비 유형類型은 다른 사람들의 감정을 상하게 할 뿐만 아니라 더 유형有形적인 손실을 가져온다는 사실을 무시하고 있다. 다시금 맞춤 양복을 입고 구직 면접에 나와서 경쟁자의 발목을 잡는 구직자의 경우를 생각해보자. 개인적인 관점에서 그의 경쟁자의 대응은 그 역시 맞춤 양복을 입고 나타나는 것이다. 비록 모든 구직자들이 그들의 직업과 관련한 의상에 덜 소비하는 선택지를 강하게 선호하지만 그들은 추가적인 지출을 요구하는 상태에 갇히게 된다.

모든 구직자들이 그 이슈에 대해 만나서 토론하는 것이 어떻게든 실제로 가능하게 되었다고 해보자. 그리고 그들이 만장일치로 예를 들어 300달러 이상의 옷을 입고 구직 면접에 나타나는 일을 금지했다고 해보자. 어떤 근거에서 우리는 이 제한이 정당성이 없다고 결론내릴 것인가? 그것이 구직자의 개인의 자유를 침해했기 때문인가? 각 구직자들이 실제로 그 제한에 모두 찬성하여 투표했다면 그것은 기이한 반대가 된다. 만일 각 개인이 모두 자신의 자유를 정확히 이런 방식으로 제한하기를 바랐다면 그 합의를 실행하지 못하게 만드는 건 단지 그들 모두를 더 나빠지게 하는 것이다.

아마도 어떤 사람들은 그런 합의는 애초에 만장일치의 지지를 얻지 못할 것이라는 이유에서 반대할지 모르겠다. 그리하여 맞춤 양복을 입는 목적이 다른 구직자들에 비해 유리해지려고 하는 것과는 아무 관계가 없는 누군가 —— 예를 들어 패션광fashion buff —— 가 항상 존재할 것이다. 그리고 그 제한은 그 사람들을 더 나빠지게 하기 때문에 그들이 그 제한을 지지하리라고는 거의 기대할 수 없다고 한다. 그렇다면 이 실제적인 문제 때문에, 의상에 지출액을 제한하자는 제안은 과반수의 표를 얻을지는 몰라도 결코 만장일치의 표는 얻지 못할 것이다.

그러나 우리는 만장일치를 달성하지 못하는 것이 다른 영역에서의 정당성 있는 집단적 조치*의 장벽이라고 보지 않는다. 예를 들어, 우리들 대부분이 깨끗한 공기를 좋아하기 때문에 자동차 운전자에게 그들의 차에 배기가스 정화 장치를 달라고 요구한다. 심지어 일부 자동차 운전자들은 공기 청정도에 신경 쓰지 않고 그 장치를 다는 추가 비용을 피할 수만 있다면 기뻐할 것이지만 말이다. 이 예를 비롯해서 중요한 공동 목표가 걸려 있는 많은 경우에 우리는 대의라는 이름으로 개인의 자유를 제한할 준비가 되어 있다.

사람들이 바라는 바대로 자유를 제한하는 것이 때때로 정당화되기는 하지만, 다른 이들은 그것이 환경 오염의 경우와 같이 삶과 죽음의 문제가 되는 극단적인 사례에서만 그럴 뿐이라고 한다. 그러나 우리가 보았듯이 공동체의 소비 기준에 따라가기 위한 사람들의 행동 역시 중대한 결과를 자주 낳는다. 예를 들어 많은 부모들은 그것이 좋은 학교가 있는 안전한 동네에 집을 구하는 유일한 방법이기 때문에 스트레스가 쌓이는 일을 오랜 시간 동안 하는 것을 마지못해서 받아들인다. 우리는 이런 일들이 주는 스트레스나 친밀한 인간관계를 유지하기에는 부족한 시간, 충분한 잠을 잘 수 없는 상태가 더러운 공기와 물이 가하는 손상보다 수명을 덜 단축시킨다는 증거를 갖고 있지

---

* **집단적 조치**collective action 사회학에서는 통상 '집합 행동'으로 번역되나 이 책의 맥락에서는 집단적인 차원에서 대응 조치를 의미하므로 집단적 조치로 번역했다.

못하다. 모든 부모들이 스트레스를 덜 주는 직장에서 더 짧은 시간만 일해도 괜찮다고 느낀다면, 이것은 집단적 조치를 통해 원칙적으로 달성할 수 있는 결과 —— 많은 사람들의 수명이 늘어나고 그 삶도 풍요로워질 것 —— 이다. 따라서 걸린 이익이 너무 작기 때문에 소비 억제를 위한 집단적 조치가 정당성이 없다는 주장은 이치에 닿지 않는다.

이와는 다르게, 또 어떤 이는 구직자들이 의상에 쓰는 지출을 제한하는 합의는 실행 불가능하다는 이유로 반대할지도 모르겠다. 어쨌거나 다른 이들보다 더 나은 옷을 입는 것이 정말로 직장을 구하는 데 도움을 준다면 지출 한계를 위반하려는 강력한 인센티브가 있는 셈이다. 예를 들어 당신은 기성복을 사서 몰래 재단사에게 돈을 주고 그것을 맞춤 양복으로 재단할지도 모른다.

이 반대는 정말로 결정적인 논거가 될 수도 있다. 그러나 그 논거는 제안의 **실행 가능성**에 관한 것이지 정치적 정당성에 관한 것은 아니다. 어떤 종류의 조치는 대부분의 역사에서 실행 불가능한 것으로 드러났기 때문에, 그것을 단순히 정당성 없는 것으로 기각해버림으로써 반복해서 그 제안들을 고려하는 것을 피하고 싶은 유혹을 느낄지는 모르겠다. 그러나 이 유혹에 굴하는 것은 유사한 조치가 실행 가능성의 심사를 통과할 가능성을 아예 검토하지 못하게 하기 때문에 비싼 대가를 치르는 셈이 된다. 이것은 이론적인 관심을 처리하는 것 이상의 문제다. 왜냐하면 우리가 살펴볼 바와 같이 과시적 소비에 대한 집단적 제한은 본질적으로 실용성의 문제로 실패했기 때문이다. 그런 제한이 비실용적인 것으로 드러났을 때 우리는 그 정책을 거부해야 한다. 그러나 우리는 그것을 비실용성을 이유로 거부해야지, 정당성

없음을 이유로 거부해서는 안 된다.

마지막으로 인간의 행동을 제한하려는 시도에 반대하는 "미끄러운 경사길" 논변을 검토해보아야 한다. 이 논변은, 비록 행동을 규제하는 조치의 혜택이 비용을 능가할 수는 있으나 좋지 않은 선례가 확립되기 때문에 규제는 여전히 나쁘다고 한다. 일단 우리가 사람들의 행동을 사소한 경우에 제한하게 되면, 사람들은 그런 제한에 익숙해지게 될 것이고, 그것은 개인의 자유를 더욱 더 침해하는 다음 단계의 준비가 되는 토대를 쌓는 것이다. 그렇게 조금씩 조금씩 오웰^{Orwell}의 『1984년』의 악몽은 현실이 된다고 한다.

규제는 실제로 미끄러운 경사길일 수도 있지만, 거듭해서 일부 구간은 꼭 내려가야만 하는 경사길인 경우가 많다. 그리고 많은 사례에서, 경사길의 일부 구간을 내려가는 것이 꼭 경사길 바닥까지 죽 내려가는 결과를 낳지는 않는 것 같다. 예를 들어 비록 우리 대부분이 혼잡한 극장에서 불이 나지도 않았는데 '불이야'라고 외치는 것을 금지하는 법의 필요성은 인정하겠지만, 여전히 계속해서 표현의 자유를 억제하는 그 이상의 시도에 대해서는 저항한다. 아마도 미끄러운 경사길 문제는 의원들이 법안을 토론할 때 지나치게 적은 관심을 받고 있는지도 모른다. 그러나 그렇다고 해서 과시적 소비를 억제하는 작은 집단적 움직임이 정치적으로 정당성이 없다는 점을 함의하지는 않는다.

중요한 경제적, 심리적, 그리고 심지어 신체적 결과가 다른 사람의 소비에 상당한 영향을 받는다는 점을 인정하는 것은 단순히 인간 조건의 명백한 사실에 주목하는 것일 뿐이다. 각 개인들의 소비가 다른 사람들이 중요한 결정을 내릴 때 기준이 되는 준거 틀에 영향을 미치기 때문에 이 준거 틀은 공기나 물의 청정도에 대한 공공의 관심에 비해 정당성이 적은 대상이라 할 수 없다. 개인의 인센티브를 바꾸는 집단적 조치가 없으면, 우리의 시간과 돈을 더 분별 있게 배분한다는 목적을 달성할 가능성은, 환경 규제를 두지 않으면서 더 깨끗한 공기와 물을 향유할 가능성보다 높지 않다.

정치적 정당성이 없다는 수사修辭를 삼가고 구체적인 제안의 실제적 결과에 초점을 맞춘다면, 우리는 과시적 소비를 억제할 집단적 조치에 대해 더 생산적으로 사고할 수 있다. 급진적인 사회 변화를 지지하는 많은 사람들은 이런 입장을 까다롭고 심지어 혐오스러운 것으로 여길지도 모른다. 대부분의 급진적 사회 변화는 어쨌거나 이데올로기가 세계를 비춰보는 훨씬 더 자연스러운 렌즈라고 여기는 정치적 극단주의자의 주창에서 시작되었다. 우리의 현재 소비 조합을 변형시키는 데 필요한 사회 정책의 변화는 그 형식에서는 아닐지 몰라도 그 결과에서는 진정으로 급진적인 사회 변화다. 그럼에도 불구하고 그것은 이데올로기에 뿌리를 두고 있는 것이 아니라 **급진적 실용주의**radical pragmatism라고 부를 만한 것에 근거를 두고 있다. 우리는 제대로 **효과**를 내는 변화를 원한다. 그리고 무엇이 제대로 작동하는 정책인지를 이해하기 위해서는 우리는 우선 어떤 정책들이 실패했고 왜 실패했는가를 이해해야 한다.

사치 단속법

예수가 탄생한 시기로부터 수세기도 더 전에, 로마법은 장례식 비용을 비롯하여 광범위한 범주의 지출을 제한하려고 시도했다. 장례식에서 나오는 식사에 지출되는 액수, 묘의 크기와 비용을 제한하는 것에 더하여 이 법들은 화장을 할 때 쓰는 나무는 "가공이 완료되지 않은 나무를 써야 하며 광택을 낸 나무를 써서는 아니 된다."고 요구하였다.[1] 청 왕조의 법은 송골매를 평민이 길들이는 것을 금지하였다. 그것은 엘리트들에게만 허락된 특권이었기 때문이다.[2] 중국의 평민들은 그에 더하여 비단으로 짠 옷을 입거나 집안의 가구나 안장에 금박이나 은박을 쓰는 것이 금지되었다.[3] 오스만제국 상인들은 모피 옷을 입는 것이 금지되었다. 반면에 정부 관리들에게는 그 금지가 적용되지 않았다.[4] 그리고 중세 유럽의 많은 곳에서는 왕족을 제외하고는 리넨과 레이스를 입는 행위가 불법이었다.

이런 법들을 비롯한 많은 사치 단속법들은 과시적 소비를 억제하기 위한, 초기 시대의 잘못 고안된 형태의 집단적 조치였다. 그 법이 한 유형의 지출이 증가하는 것을 금지할 때마다 거의 항상 그와 동등한 정도로 비싼 지출 행위를 조장했다는 것이 문제였다.

그러므로 리넨과 레이스에 대한 금지는 비싼 단추가 달린 옷을 입음으로써 사회적 지위를 드러내려는 시도를 하게끔 했다. 14세기에는 "팔꿈치부터 손목까지 그리고 목부터 허리까지 장신구와 단추를 달았다."[5] 금색, 은색, 아이보리색 단추를 달고 나타나는 일은 재빨리 부와 서열의 표지標識가 되어 몇몇 관할 구역에서는 단추 부착을 금지

하는 추가적인 사치 단속법을 통과시키기도 하였다.[6]

1500년대 말, 북유럽 일부 지역의 사치 단속법은 사람들이 오직 단색 옷만 입도록 하였다. 사람들은 단색으로 염색된 옷을 입고 그 안에 다른 단색으로 염색된 옷을 겹쳐 있는 방식으로 이 법을 피해 갔다. 그들은 겉옷을 잘라 그 안쪽에 있는 옷이 보이게 했는데, 이 모든 것은 법의 규정을 어기지 않는 것이었다. 거기다가 그들은 겉옷을 자른 곳으로 안감을 끄집어내어 강조를 위해 부풀리곤 했다.[7]

도쿠가와 막부 시절(1603~1867년) 일본에서는 날이 갈수록 번영하던 상인 계급의 구성원들은 "사치 단속법에 의해 보석류를 걸치는 행위와 특정한 종류의 옷을 입는 것, 특정한 종류의 전통 예술 작품을 소장하는 일이 금지되었는데, 이 모든 활동은 사무라이 이상의 서열에만 인정된 특권이었다."[8] 이에 대응하여 상인 계급은 그들만의 고유한 예술을 발전시켰는데, 그중에서는 네츠케*라고 불린 정교하고 세밀한 미니어처 조각상이 있었다. 그리고 더욱 더 정교하게 세공된 네츠케에 지출하는 돈에는 아무런 제한이 없었다.

중세 피렌체에서는 저녁 식사 동안 나오는 음식 수를 제한하는 사치 단속법이 있었다. 이 법은 파이에 고기와 파스타를 넣어 감싼 토르테를 비롯한 많은 일품요리를 재빨리 유행시켰다. 이 일품요리는 그것이 대체한 코스 요리에 비해 결코 먹는 시간이 적게 들거나 비용이 적게 들지 않았다.[9] 베네치아의 원로원이 1443년에 은색과 금색

---

* 네츠케ねつけ 담배쌈지·돈주머니 등을 허리에 찰 때 허리띠에서 미끄러지지 않도록 하는 조그만 세공품.

옷감으로 만들어진 옷을 여성들이 입는 것을 금지하자, 많은 이들이 금지된 옷감으로 소매를 붙였다 떼었다 할 수 있는 옷을 지어 입는 것으로 대응했다.[10]

금지된 활동에 가까운 대체물이 사치 단속법이 의도했던 효과를 무력화시켰다는 점을 제쳐두더라도, 이러한 법들은 더 큰 문제를 발생시켰기 때문에 좋지 않았다. 예를 들어 그 법들은 어떤 이들에게는 금지된 활동을 하지 않는 데 드는 비용이 극단적으로 크다는 점을 전혀 참작하지 않았다. 많은 사람들이 단지 부를 과시하는 편리한 수단으로 비싼 조각상을 사긴 했지만, 조각상에 진심으로 열정을 느끼기 때문에 사는 사람들도 있었다. 이 사람들은 훌륭한 조각상을 얻기 위해서라면 일상의 많은 즐거움을 기꺼이 포기하고자 하는 사람들이었으므로, 그런 활동을 금지한 것은 그들에게 심대한 타격을 주었다.*

다른 어려움은 사치 단속법이 전형적으로 심히 비민주적이었으며, 권력과 특권을 가진 사람들을 사회적으로 열등한 이들이 모방하지 못하도록 하기 위해 입안된 것이었다는 점이다. 이런 문제 때문에 애덤 스미스는 그 법을 경멸했다. 스미스는 『국부론』에서 다음과 같이 썼다.

사치 단속법에 의해서건 아니면 외국 사치품의 수입 금지를 통해서

---

* 즉, 도쿠가와 막부 시절, 상인들이 소장했던 미니어처는 사회적 지위를 표시하는 대용품에 불과했을 뿐, 원래 전통 예술 작품을 소장하고자 했던 상인의 자유에 입은 타격은 회복이 되지 않는다는 것이다.

건, 백성들의 지출을 감시하고 제한하려는 척하는 것은 가장 뻔뻔한 짓이다. 그 조치들은 그 자체로 예외 없이 사회에 가장 큰 낭비를 가져온다. 왕과 장관들은 자신들의 지출을 관리하는 일이나 잘해야 할 것이다. 그러면 자신들의 지출 관리 능력을 신뢰하는 것처럼 다른 사람들의 사적인 지출도 안심하고 신뢰할 수 있을 것이다. 왕과 장관들 자신의 과도한 소비가 나라를 망치지 않는다면 그들이 통치하는 사람들의 소비가 나라를 망치는 일은 결코 없을 것이다.[11]

결국, 사치 단속법에 따르는 여러 어려움 때문에 많은 곳에서는 사치 단속법을 법전에서 지웠다. 그리하여 사회학자 앨런 헌트[Alan Hunt]는 "17세기 초와 18세기 말 사이에 전형적인 사치 단속법은 동양에서도 서양에서도 모든 나라에서 사라졌다."[12] 그러나 사치 단속법의 유산은 기억 속에 살아 있다. 그 기억은 너무도 강렬해서 과시적 소비를 억제하려는 그 이후의 시도들은 이전의 사치 단속법을 연상시킴으로써 그릇된 정책이라는 무거운 추정을 받게 되었다.

사회 규범

아직 잘 이해되고 있지 않은 과정을 통해, 인간 사회는 전 역사에 걸쳐 다양한 활동에 대한 개인의 인센티브를 변경시키는 사회 규범을 실시해왔다.[13] 이 규범들 중 많은 것들의 구체적인 공격 대상은 바로 과시적 소비에 과도하게 집중하는 우리의 경향성이었다. 예를 들어 많은 종교 교리는 이웃의 물건을 시기하거나 탐하지 말라고 가르친다. 청교도, 아미시교도, 퀘이커교도 들은 이보다 상당히 더 나아갔다. 예를 들어 18세기 저명한 퀘이커교도 지도자였던 존 울먼은 "지나치게 긴 노동 시간을 비난했으며 너무 가혹하게 일을 시키는 고용주들에게 경고를 보냈다."[14]

비록 사회 규범은 종교 기관에 의해서 가장 분명하게 표현되었지만, 세속적인 원천에서 도래하기도 하였다. 그리고 그 원천도 다양해서 하나의 행위가 때로는 둘 이상의 상이한 사회 규범의 규제 대상이 되기도 한다. 예를 들어 어떤 동네에서 사는 부유한 사람은, 동물의 권리에 대해 관심을 촉구하는 사회 규범뿐만 아니라 모피 코트를 입는 것을 대놓고 과시하는 행위라고 보는 사회 규범도 있기 때문에 모피 코트 입는 것을 삼갈 수 있다.

많은 관찰자들은, 사치 소비를 규제하기 위해 국가 권력을 동원하는 공식적인 사치 단속법을 비롯한 다른 규제들과 같은 대안보다 강제성이 훨씬 덜한 이런 종류의 비공식적인 집단적 조치를 선호한다. 그러나 어떤 면에서는 강제성이 약하다는 것은 단점으로 볼 수도 있다. 왜냐하면 사치 단속법의 핵심적인 문제가 그것을 빠져나가기가 너무 쉽다는 것이기 때문이다. 그런데 실제로 사회 규범은 어떤 환경에서는 사치 단속법에 비해 빠져나가기가 훨씬 더 어렵다. 덜 형식적이고 덜 명시적으로 규정되어 있기 때문에, 사회 규범은 법이 쓸 수밖에 없는 문구에 얽매이는 형식적 책략을 따르지 않아도 된다. 예를 들어 사회 규범의 타깃이 ("우리가 그걸 보면 그거라는 걸 안다."는 익숙한 방식으로 정의된) 과시하는 소비ostentatious consumption라면 단순히 레이스에서 금 단추로 옮겨감으로써 사람들의 외면을 피할 수는 없다.

이 동전의 다른 측면은 물론, 사회 규범이 사치 단속법과 같은 정도로 쓸데없이 지나친 강제력을 발휘한다는 점이다. 그리하여 스포츠 카에는 열광하지만 일반적인 물품은 보통의 수준으로만 소비하는 사람은, 그의 경험을 진정으로 가장 풍부하게 해줄 그 하나의 사치품을 사지 못하게 하는 사회적 압력 때문에 그것을 포기할 수도 있다.

사회 규범은 때로 너무 잘 작동하는 경우가 있는가 하면, 다른 시기에는 전혀 작동하지 않기도 한다. 특히 현재 우리들 대부분이 속해 있는 규모가 크고 상대적으로 유동적인 사회에서는 그렇다. 정치학자 로버트 퍼트넘Robert Putnam이 강조했듯이, 우리의 사회적 유대social tie는 최근 몇 십 년 동안 약화되어 왔으며, 그리하여 사람들의 삶은 다른 이들의 좋은 평가에 덜 의존하게 되었다.[15] 작은 동네에서도, 과시적 소비에 반대하는 오래된 사회 규범은, 증가한 유동성 및 소득과 부의 심해져만 가는 양극화의 무게에 견디지 못하고 그 효력을 잃고 있다. 예를 들어, 1980년대 말 내가 포르셰를 사지 못하게끔 만들었던 그 규범은, 1990년대 중반에 내가 BMW를 사는 것을 막지 못했다.

그 차를 산 동기가 나의 풍부한 경제적 부를 과시하려고 한 것이 아니라 더 실용적인 이유에서였다는 것을 다른 사람들이 알아준다면 확실히 마음이 더 편했을 것이다. 내가 7년 된 중고차를 대학을 졸업한 아들에게 주고 난 뒤 그것을 대체할 폭스바겐 제타를 새로 사려고 할 때, 나는 중고 BMW 세단을 팔려고 하는 사람을 만나게 되었다. 그가 요구하는 가격은 제타의 표시 가격과 같았고, 3년이 남은 견인 서비스는 새 제타를 구입했을 때의 서비스 보증 기간과 동일했다. 무

348

엇보다도, BMW는 더 기분 좋게 가속되고, 핸들도 더 잘 먹고, 더 부드럽게 정지되며, 충돌 테스트에서도 훨씬 더 좋은 점수를 받는다. 시운전을 비교해보고 나서, 나는 즉각 BMW를 사지 않는 유일한 이유는 다른 사람들이 날 어떻게 볼까 하는 염려뿐이라는 걸 깨달았다.

1980년대 말에는 그 염려만으로 충분했을 것이다. 그러나 오늘날에는 이타카의 거리에 그때보다 더 많은 고급 차들이 돌아다니고 있으며, 이 차들이 여전히 사람들의 분노를 불러일으키긴 하겠지만 오늘날에는 몹시 옅어져버렸다. 완전히 사라진 것은 아니다. 예를 들어, 포르셰 컨버터블을 모는 화학 교수인 내 친구는 아직도 교통 정체로 멈추어 섰을 때 사람들이 간간히 욕설을 날리는 몸짓을 취한다고 말해주었다. 그러나 어쨌든 과시적 소비를 규제하는 사회 규범이 작은 대학촌에서조차 느슨해지기 시작했다면, 현대 산업 국가에서 출현하는 소비 패턴을 규제하는 데 사회 규범은 전망이 거의 없다고 할 수 있다.

사치세

사치 소비를 억제시키는 다른 분명한 방법은 사치 소비에 과세하는 것이다. 그리고 이 전략은 과거나 현재나 많은 사회에서 광범위하게 채택되어왔다. 예를 들어, 아우구스투스 치하의 로마제국은 노예 구입 때마다 가격의 4퍼센트를 세금으로 부과하였다.[16] 식민지 아메리카의 초기 사치세 중 하나는 거의 전적으로 부유한 가정만 소유할 수 있었던 개인용 마차에 대한 과세였다. 이 마차들은 장착된 바퀴 수에 따라 과세되었는데, 이는 그 소유주가 마차에 얼마나 돈을 쏟아부었느냐를 간접적으로 대략 측정하는 방식이었다.[17] 1차 세계 대전 말미에, 프랑스는 가격에 상관없이 25개의 소비 품목에 10퍼센트의 사치세를 부과하였으며, 다른 77개의 품목에 대해서는 그 가격이 일정한 문턱 수준을 넘어서면 과세하였다.

이 초기의 사치세들은 많은 현대 사회에서 부과하고 있는 대규모 과세에 비해서는 상당히 작은 규모다. 예를 들어 얼마 전에 알제리는 향수와 소형차에 66.7퍼센트의 세금을, 대형차, 캐비아, 그리고 "값비싼 물건"들에 150퍼센트의 세금을 부과하였다. 오스트레일리아는 향수, 보석, 차, 오토바이에 40퍼센트의 세금을, 오디오와 사진 장비에 50퍼센트의 세금을 부과하고 있다.[18]

미국 정부가 최근에 시도한 사치 과세는 1991년에 추진되었다. 이 법은 모든 차, 보트, 비행기, 모피, 보석이 정해진 기준 가격을 넘어설 경우에 10퍼센트의 세금을 물렸다. 기준 가격은 차는 3만 달러, 보트는 10만 달러, 비행기는 25만 달러, 모피와 보석은 1만 달러. 이 제도하에서는, 예를 들어, 5만 달러짜리 차에 대한 사치세는 2,000달러가 될 것이다. 즉 차의 가격과 기준 가격의 차액에 대해 10퍼센트의 세금이 부과되는 것이다.

과시적 소비를 억제하는 수단으로서, 사치세는 사치 단속법이나 사회 규범에 비해 한 가지 중요한 장점을 갖고 있다. 즉, 사치세는 훨씬 덜 강제적이다. 우리의 문제는 자동차광이 그의 차에 너무 많은 돈을 쓴다는 것이 아니라, 국가 전체로 보아 만족도가 뚜렷하게 줄어들지 않으면서도 차에 쓰는 돈을 상당히 줄일 수 있다는 것이다. 차에 부과되는 사치세는 우리에게 —— 자동차광이건 아니건 똑같이 —— 차에 쓰는 돈을 줄이게 하는 인센티브를 부여한다. 그러나 노골적인 법적 금지와 엄격한 사회 규범과는 달리, 세금은 열광적 애호자가 그의 진심에서 우러나오는 열정에 탐닉할 수 있는 선택권을 남겨준다.

애덤 스미스는 사치세를 좋아했다. 그것은 스미스가 사치세가 사람들의 행동을 유의미하게 바꿀 것이라고 생각했기 때문이 아니라, 정부는 무엇인가에 과세를 해야 하는데 사치품은 특히 과세하기 쉬운 대상이라고 생각했기 때문이다. 그래서 스미스는 집에 부과되는 세금을 선호했다. 왜냐하면 부자의 호화로운 맨션은 "인생의 사치이자 허영"[19]의 주된 사례였기 때문이다. 그는 또한 개인용 마차를 "부자의 나태와 허영"[20]의 사례로 보면서 상업용 교통수단보다 높은 세율로 과세하는 것을 선호하였다.

그러나 광범위하게 활용되고 있긴 하지만, 구체적인 제품에 부과되는 사치세는 실용적인 측면에서 적어도 두 가지 중요한 단점이 있다. 하나는 어떤 제품에 어떤 세율로 세금을 부과할지 결정하는 정치적 과정을 진행해야 한다는 점이다. 이 문제가 공적 토론*에 일단 부쳐지면 우대를 받기 위한 추한 투쟁이 불가피하게 시작된다. 미국을 비롯한 대부분의 민주주의 국가에서 기업들은 몸값이 높은 로비스트와 컨설턴트를 고용하여 선출된 대표에게 자신들의 입장이 가능한 한

---

* 공적 토론public debate 공공의 사안에 관하여 제도적 결정권을 쥐고 있는 장에 입장을 제출하는 등으로 이루어지는 정치적 토론.

주목받을 수 있도록 해야 한다. 그리고 당연하게도 모든 생산자들은 그들이 생산한 특정한 제품을 필수품으로 분류해달라는 이유가 적힌 긴 목록을 들고 나온다. 그 전형적인 결과로, 엄청나게 많은 비용이 들고 분별 있는 공공 정책의 요건에 크게 어긋나는 사태가 초래된다.

예를 들어 소유주가 직접 살고 있는 집에 대한 미국 정부의 태도를 살펴보자. 그런 집들은 주택 소유가 공동체에 대한 유대를 강화한다는 이유로 면세나 감세 같은 관대한 조치를 취하고 있다. 그러나 동일한 면세나 감세가 수백만 달러짜리 맨션에도 적용되지 않을 이유가 있는가? 아니면 해변에 있는 휴가용 집은 어떤가? 왜 보통 수준의 선상 가옥에 사는 사람들이 수천만 달러의 가격이 붙은 배를 사는 사람들과 같은 사치세를 내야만 하는가?

중고 비행기에 부과되는 미국의 사치세는, 그 비행기를 80퍼센트 이상 사업 목적으로 쓸 경우에는 면세를 해준다. 따라서 3,700만 달러가 나가는 자신의 걸프스트림 제트기*를 타고 뉴욕에서 홍콩까지 사업차 왔다 갔다 하는 사람은 주말마다 뉴욕에서 플로리다까지 가족을 데리고 놀러 다녀도 세금을 전혀 내지 않는다. 반면에, 50만 달러짜리 세스나**를 타고 매주 똑같이 뉴욕에서 플로리다로 여행을 하는 사람은 사치세를 전부 다 내야 한다.[21]

구체적인 상품별로 과세되는 사치세의 또 다른 문제점은, 우리가 살펴보았던 사치 단속법의 경우 발생했던 것과 동일한 회피 반응을

---

* 걸프스트림 제트기Gulfstream Jet 자가용 제트 항공기.
** 세스나Cessna 경비행기의 일종.

불러일으킨다는 것이다. 예를 들어 차에 부과되는 미국의 사치세는 형식적으로 트럭으로 분류되어 있는 SUV에는 적용되지 않는다. 세제가 이런 태도를 취하고 있는데, 최근 SUV 판매가 폭발적인 성장을 보이는 것은 전혀 놀라운 일이 아니지 않는가?

허점과 비일관성은 결코 미국 세제만의 문제점은 아니다. 예를 들어 영국에서는 남자의 면도 도구는 소비세 면세 대상이지만 여성의 탐폰은 그렇지 않다. 영국은 또한 음식에는 소비세를 면제해주고 있는데, 예외적으로 "아이스크림, 초콜릿 제품이 함유된 단 음식, 감자칩, 가공된 견과"는 면세 품목이 아니다. 예외로 분류된 그 음식들은 사치의 범주에 들어간다는 발상이다. 이 때문에 "츄이 바*" 생산업체들은 자기들의 제품도 면세 대상이라면서 소訴를 제기하게 되었다. 면세 대상인 아침 식사용 시리얼과 본질적으로 동일한 재료로 만들어진데다가, 어쨌거나 츄이 바의 설탕 함유량은 그 법에서 말하는 단 음식으로 분류되기엔 지나치게 낮다는 근거를 제시하면서 말이다. 법원은 생산업체의 손을 들어줬지만, 이 제품들에 다시 과세가 가능하도록 세법이 곧 개정되었다.[22] 무엇이 과세되어야 하는지를 둘러싼 이 모든 트집 잡기와 핑계 대기는 엄청나게 낭비적인 것이다. 너무나 낭비적이어서 아마도 과시적 소비가 감소해서 생긴 저축을 그런 짓으로 다 날려버릴 정도다.

위 단점과 관련된, 품목별로 개별화된 사치세의 두 번째 문제점은 그것이 공적 토론에 자의성과 변덕스러움을 필연적으로 집어넣게

---

* 츄이 바chewy bar 초콜렛, 견과류 등으로 만들어진 바 형태의 간식.

된다는 것이다. 메트로폴리탄 오페라*의 300달러짜리 저녁 공연 티켓은 잘난 척하는 사치에 불과한가? 일부 사람들에게는 그렇겠지만 그 티켓을 산 사람이 일생에 한 번뿐인 황홀경을 위해 20년간 돈을 모아 온 디모인**에 사는 학교 교사의 경우라면 어떤가? 우리 중 어느 누구도 서로 똑같지는 않으며 한 사람에겐 사치인 것이 다른 사람에게는 필수품일 수 있다. 사치에 대해 논리적으로 옹호할 수 있는 정의定議를 정책 시행의 과정에서 실용적으로 고안해보려는 시도는 헛수고로 끝나게 된다. 자의성과 변덕스러움의 짐을 진 입법가들은 정부의 통합성에 대한 공중의 신뢰를 침식시킬 것이 틀림없다. 그러나 다행히도 훨씬 단순하고 나은 해결책이 가까이에 있다.

---

* 메트로폴리탄 오페라Metropolitan Opera 뉴욕에 위치한 유명한 오페라 공연장.
** 디모인 아이오와 주의 주도州都.

—

14장

떳떳한 사치

LUXURY
FEVER

과도한 환경 오염의 문제는 과도한 과시적 소비 문제와 실질적으로 동일한 인센티브 간극 때문에 발생한다. 우리가 이 두 문제 사이의 연결 관계를 일단 이해하고 나면, 우리는 환경 영역에서의 경험으로부터 과시적 소비 문제에 대한 더 나은 해결책을 고안하는 데 도움을 주는 교훈을 얻을 수 있다.

설명을 위해 차를 운전해 출근할지 버스를 타고 갈지에 대한 개인의 결정을 예로 살펴보자. 이 사람은 그의 결정이 그가 사는 도시에 어떤 주목할 만한 영향을 주리라고 믿을 아무런 이유가 없다. 즉 그가 차를 몰고 출근할 때의 스모그 수치는, 버스를 타고 출근할 때의 수치와 본질적으로 같다. 따라서 운전해서 출근하는 것이 훨씬 더 싸거나 좀 더 편리하다면 그는 차를 몰고 출근할 것이다. 그런데 수백만 명의 자동차 운전자들이 이러한 근거에서 동시에 같은 결론에 도달하기 때문에 문제가 생기고, 이런 결정이 공기 청정도에 미치는 영향은 결코 무시할 수 없는 것이 된다. 만일 동일한 이슈를 개인적으로 결정하는 것이 아니라 국민 투표로 결정했다면 사람들은 각자 운전하는 선택지보다는 다들 버스를 타고 가는 선택지를 강하게 선호했을 것이다.

환경 영역에서 근본적인 인센티브 간극은 운전이 사회 전체로서는 매력적이지 않지만 개인에게는 매력적이라는 것이다. 문제는 개별 소비자들이 편리함에만 신경 쓰고 공기 청정도에는 관심을 기울이지 않는다는 것이 아니다. 비록 공기 청정도에 대해 매우 많이 염려한다 하더라도 단독 행동은 스모그에 아무런 주목할 만한 영향을 주지 않는다.

사실상 동일한 인센티브 간극이 맞춤 양복을 살지에 관한 구직자의 결정에 존재한다는 점을 주목하라. 그는 맞춤 양복이 원하는 직장에 취업할 확률을 높여 그 양복을 구입하는 비용을 충당하고도 남는지에 자연스럽게 초점을 맞추게 된다. 그 일자리를 향한 경쟁에 참여하는 구직자들은 서로 근소한 능력 차이만 있을 것이기 때문에, 그 사람이 그 직장을 정말로 원한다면 더 나은 양복을 살 가치가 있을 것이다. 그러나 다른 모든 구직자들 역시 동시에 동일한 결론에 이르기 때문에 이 결정은 문제를 발생시킨다. 아무도 앞서 나가지도 못하기 때문에 추가적인 지출은 헛돈을 써버린 셈이 된다. 환경 영역에서와 마찬가지로 소비의 영역에서, 인센티브 문제는 많은 활동들이 개인에게는 매력적이지만 사회적으로는 그렇지 않다는 점에 있다. 환경 영역에서 개인의 행동은 전반적인 공기 청정도에 무시할 만한 영향만을 미친다. 소비 영역에서도 개인의 지출 결정은 공동체의 소비 표준에 무시할 만한 영향밖에 끼치지 않는다. 그러나 각 경우에 개별 행위를 합한 총 효과는 결코 무시할 만한 수준이 아니다.

과도한 공해 문제를 해결하려는 우리의 초기 시도는 과도한 과시적 소비 문제를 해결하려는 초기 시도와 많이 닮아 있었다. 예를 들어 1971년의 청정수질법Clean Water Act 은 모든 생산자들이 국유 하천으로 배출하던 유독성 폐기물의 양을 기준 연도 배출량의 90퍼센트를 줄이도록 한계선을 설정해놓았다. 또한 이 법은 구체적인 오염 행위를 전반적으로 금지함으로써 구체적인 소비 유형을 전반적으로 금지했던 초기 사치 단속법과 본질적으로 동일한 모습을 보였다. 그리고 예상하는 것처럼, 두 접근 방식은 두드러지게 유사한 문제를 발생시켰다.

예를 들어 사치 단속법의 낭비적인 측면은 심지어 금지된 제품이나 서비스에 열정적인 애착을 가지고 있는 사람에게까지 무차별적으로 소비를 금지한다는 점이었다. 원래의 청정수질법은 정확히 같은 방식으로 낭비적인 결과를 낳았다. 분별 있는 환경 정책의 목표란 최소의 비용으로 공해를 감소시키는 것인데, 청정수질법은 오염 감축 비용이 별로 들지 않는 생산자와 비용이 많이 드는 생산자 모두에게 90퍼센트의 감축을 명하고 있었다.

초기의 다른 환경 규제는, 규제 기관이 일일이 기업이 사용해도 되는 장비와 연료의 종류를 정했다. 예를 들어 일부 규제위원회는 석탄을 동력으로 한 발전기의 굴뚝에서 나오는 검댕을 비롯한 많은 오염 물질을 제거해주는, 비용이 많이 드는 세척기*를 설치하도록 명하기도 했다. 다른 위원회에서는 저탄소 석탄만 태울 것을 요구하기도 하였다.

비록 이 조치들이 좋은 의도로 실시된 것은 분명하지만, 극단적으로 낭비적인 결과를 자주 낳았다. 정부 규제 기관은 무엇이 사치재에 속하는지 분별 있는 정의를 내릴 수 없는 것처럼, 오염을 억제하기 위한 정교한 기술에 관하여 기업에 분별 있는 조언을 할 위치에 있지

---

* 세척기scrubber 액체를 사용해서 기체 속에 포함되어 있는 미세한 먼지를 씻어 제거하는 장치.

도 않았다. 저탄소 석탄은 어떤 경우에는 산성비를 감소시키는 가장 저렴한 방법일 수도 있었으나, 다른 경우에는 더 철저한 세척기를 굴뚝에 설치하는 것이 적절한 방법이었다. 이 기업들에서 매일의 운영을 책임지고 있는 사람들은 정부 규제 기관보다 기술 선택지에 대해 훨씬 더 많이 알고 있을 가능성이 높았다. 여기서도 동일한 비율로 오염 감축을 명한 시도의 경우와 교훈은 동일하다. 개별 기업의 공해 감소 노력을 세세한 점까지 관리하려는 시도는 낭비적인 결과를 낳았다.

환경 정책 분석가와 그들에게서 조언을 구하는 입법자들은 이 교훈을 마침내 받아들였다. 각 기업에 동일한 비율로 공해 감축을 요구하거나 개별 기업의 공해 감소 전략을 세세하게 지시하고 관리하는 대신, 이제는 각 기업의 오염 인센티브를 감소시키는 정책에 초점을 맞추고 있다. 기업은 환경을 망치면 기쁨을 얻기 때문이 아니라 청정한 생산 공정이 항상 더러운 공정보다 비용이 많이 들기 때문에 공해를 발생시킨다. 기업이 공해를 발생시키는 것을 금지하는 대신 또는 구체적인 오염 통제 기술을 요구하는 대신, 단지 그들이 얼마나 공해를 발생시켰는지에 따라 과세를 하는 것(또는 이와 동일한 효과를 내는, 폐수 배출권을 구입하도록 요구하는 것)이 증가 추세에 있다.

그런 정책을 시행하자, 각 기업은 가장 비용 효율적인 방식으로 공해를 감축할 인센티브를 갖게 되었다. 왜냐하면 매년 내는 세금이 그 기업이 걸러내는 오염 물질의 양에 따라 줄어들 수 있기 때문이다. 저렴하게 오염을 줄일 수 있는 기업은 공해를 감소하는 쪽을 선택했다. 그러나 공해 감소가 비용이 많이 드는 기업은 공해 수준을 낮추는 비용보다는 환경세를 내는 쪽이 비용이 적게 된다는 것을 깨닫고는 계속해서 오염 물질을 방출했다. 환경에 관한 관심에 비추어 볼 때, 이러한 사태는 완전히 수용할 수 있는 것이다. 왜냐하면 중요한 것은 공해의 총량이지 누가 오염 물질을 쏟아내느냐가 아니기 때문이다.

공해 억제를 위한 세금 접근법은 공정성에 대한 우리의 관심과도 일치한다. 예를 들어, 공해 감소에 많이 투자하는 기업은 환경세를 그만큼 적게 내는 형태로 보상을 받는다. 그리고 공해 감소가 지나치게 비용이 많이 드는 기업으로서는 환경세의 가장 큰 몫을 내는 방식으로 곤경에서 벗어날 수 있게 된다.

세금 접근법의 다른 장점은 새로운 공해 감소 기술을 발전시킬 강한 인센티브를 부여한다는 것이다. 예를 들어, 굴뚝에 세척기를 설치하거나 저황탄low-sulfur coal을 사용할 것을 요구받은 기업은 그 지시 사항만 따르면 더 이상 오염을 줄이는 노력을 하지 않아도 되지만, 배출하는 오염 물질 매 톤마다 과세당하는 기업은 공해를 줄이는 더 값싼 방법을 찾으려는 압력을 계속 받게 된다.

이제 환경 규제는 점점 더 비효율적인 명령-통제 접근 방식을 버리고 배출 부담금effluent tax을 비롯한 인센티브에 기반 한 정책을 채택하는 경우가 잦아졌다. 그리고 그 결과는 정확히 예측한 대로였다. 새로운 인센티브 기반 체제하에서는 오염 수준을 일정하게 낮추는 비용이 더 ──때로는 극적으로── 낮아졌다.[1]

과시적 소비재가 한 품목 ──예를 들어, 차 ──만 존재하는 가상 세계에서는 사치세와 환경세는 사실상 정확히 일치하는 유비 관계를 갖게 된다. 각 경우의 문제점은, 집단적 조치가 없으면, 우리는 한 쪽을 지나치게 많이 갖게 된다는 것이다. 한 경우에는 과시적 소비재를, 다른 경우에는 공해를. 그리고 두 문제 모두 인센티브 간극 때문에 생긴다. 과시적 소비와 환경 오염 활동 모두 개인에게는 매력적이지만 사회 전체로서는 그렇지 않다.

사치세가 부과되면, 사람들은 소득의 좀 더 적은 부분을 과시적 소비에 쓰고 좀 더 많은 부분을 비과시적 소비에 쓸 것이다. 이는 환경세가 부과되면 기업들이 오염 물질을 덜 방출하려는 인센티브를 갖게 되는 것과 마찬가지다. 두 경우 모두 세금은 공정하고 효율적인 방식으로 부담을 조정하여 배분하게 된다는 점을 주목하라. 환경세가 적은 비용으로 공해를 줄일 수 있는 기업을 통해 집중적으로 공해를 감소시키는 것과 마찬가지로, 사치세 역시 가장 쉽게 조정을 할 준비가 된 사람들을 통해 과시적 소비의 감소를 가져온다. 차가 어떻든 사실 크게 신경 쓰지 않는 소비자들은, 그들에게 최선의 선택이란 차에 지출하는 돈을 상당히 줄여서 세금 부담을 벗는 것임을 알게 된다. 그리고 자동차에 대한 지출을 줄이는 일이 가장 고통스럽게 느껴지는 이들은 계속해서 세금을 내고 그들의 열정을 추구할 수 있게 된다.

그러나 불행히도 세상에는 한 품목의 과시적 소비재만 존재하는 것이 아니다. 우리가 브라이트 실크*로 만들어진 옷에 과세를 하면, 사람들은 중세 유럽의 사람들이 그랬던 것처럼 그저 금색 단추로 옮겨갈 것이다. 문제를 더 복잡하게 만드는 건, 한 소비자 집단에게는 과시적 소비인 것이 다른 소비자 집단에게는 그렇지 않다는 점이다.

---

* 브라이트 실크bright silk 정련을 많이 해 광택이 나는 견사.

냉정한 사실은, 우리는 과세의 목적을 위하여 무엇이 과시적 소비인가를 정의할 신뢰할 만한 공식을 전혀 가지고 있지 못하다는 것이다. 그리고 우리가 살펴보았듯이, 구체적인 재화를 사치재냐 필수재냐 분류하는 일을 정치적 과정을 통해 해결하게 되면 우리가 얻으려고 했던 이득의 대부분을 증발시켜버리는 무질서 상태*를 초래할 것이다. 그러나 운이 좋게도 과시적 소비의 문제를 개개 품목별로 사치재냐 필수재냐 따지지 않고서도 해결할 수 있는 방법이 있다.

누진 소비세

우리의 지출 행위가 수용 가능한 생활 수준을 정의하는 준거 틀에 영향을 미친다는 사실을 무시하기 때문에, 특정한 유형의 사적인 소비가 사회 전체적으로는 매력적이지 않지만 개인에게는 매력적으로 보이게 된다. 이런 유형의 소비를 덜 매력적으로 만드는 가장 간단한 해결책은 그 소비에, 과거에 그랬듯이 개별 품목이 아니라 한 가정이 매년 소비하는 총액에 기반 하여 과세를 하는 것이다. 많은 유럽 국가들은 이미, 본질적으로 판매세^{sales tax}, 또는 소비세^{consumption tax}인 부가 가치세^{value-added tax}를 시행하고 있다.

그러나 부가 가치세의 문제는 모든 판매세가 그렇듯이 매우 역진

---

* 무질서 상태 free for all   너도나도 자신이 생산하거나 좋아하는 재화를 사치재가 아니라 필수재로 분류해달라고 경쟁하며 아귀다툼을 벌이는 사태.

적이라는 것이다. 왜냐하면 부자들은 빈자들보다 소득의 상당히 더 높은 비율을 저축하는 경향이 있기 때문이다.[2] 그리고 부가 가치세는 저소득 가정에 과도한 부담을 지우기 때문에, 이 세제하에서 실현 가능한 최고의 세율을 적용하더라도 부유한 사람들의 소비 습관에 많은 영향을 미치기에는 너무 낮다. 예를 들어 대부분의 유럽 국가에서 부가 가치세의 세율은 17.5퍼센트인데, 이는 미국의 각 주의 판매세율보다 상당히 더 높은 편이기는 하지만 파텍 필립 손목시계의 판매에는 별다른 영향을 끼치지 않는다. 또 다른 문제점은 오늘날 총 소득의 점점 더 큰 몫이 계급 구조의 꼭대기에 있는 사람들에게 흘러들어가고 있는 상황에서, 오로지 판매세에만 의존해서는 지방을 가장 많이 뺀 정부 예산조차도 시행할 만한 충분한 자원을 확보하지 못하게 된다는 점이다.

물론 원칙적으로는 구체적인 필수품들을 면세하고 특정한 사치재에 대해서는 추가적인 세금을 물려서 판매세를 덜 역진적으로 만드는 일이 가능하긴 하다. 그리고 실제로 대부분의 유럽 국가들은 음식, 어린이들의 옷을 비롯한 여러 품목에 대해서는 세금을 면제하고 있으며, 영국은 고급 제품에 대해서는 추가적인 세금을 물리고 있다. 그러나 우리가 살펴보았듯이, 이러한 조치는 한결같이 우리가 제대로 사용하고자 했던 자원의 많은 부분을 증발시켜버리는 값비싼 정치 투쟁을 낳는다.

금전 등록기에 모인(또는 부가 가치세처럼 생산자에게서 받은) 돈에 대한 일률 판매세flat sales tax의 자연스러운 대안은 매년 각 가정의 총 소비액에 과세되는 단일한 누진세다. 바로 이 세금에 대한 제안이야말로 지난 300년 동안 많은 시기에 등장했으며, 그때마다 한결같이 그 시대의 지도적인 경제·정치 사상가에게서 찬사를 끌어내었던 제 안이다. 예를 들어 토머스 홉스^{Thomas Hobbes}는 『리바이어던^{Leviathan}』에서 내가 여기서 시사했던 여러 이유들을 근거로 소비세야말로 바람직한 세제라는 견해를 명확하게 표현했다.

> 많이 일하고 그 노동의 과실을 저축하고 적게 소비하는 사람에게 게 으름을 피워 번 돈이 별로 없고 벌어들인 모든 걸 소비하는 사람보 다 더 많은 세금을 물리는 데 어떤 이유가 있을까? 성실한 사람이 게으른 사람보다 공화국의 보호를 더 받지는 못한다는 걸 본다는 것? 그러나 소비에 과세를 하면, 모든 사람들이 그가 사용한 것에 비례해서 세금을 내게 된다. 또한 공화국은 민간인의 사치스러운 낭 비 때문에 갈취당하지 않아도 된다.[3]

그러나 소비세에 대한 이 초기의 열광은 거의 해결 불가능해 보 이던 실행상의 어려움 때문에 빠르게 꺾였다. 이 중에서 가장 두드러 지던 것은, 납세자가 얼마나 소비했는지 문서로 증명하려면 소비자 스스로 과세 기간 동안 구매할 때마다 회계 영수증을 받아두는 것이 유일한 방법이라는 기죽이는 소리가 있었다. 만일 이렇게 기록된 소 비 액수에 따라 과세가 결정된다면, 절세를 하려는 사람이 최소한의 영수증을 제외하고는 그것을 다 모을 이유가 어디 있겠는가? 여러 차 례에 걸쳐, 경제학자들은 마지못해 총 소비에 대한 누진적 과세는 결 코 실현될 수 없으리라고 결론지었다. 그리하여 존 메이너드 케인스

John Maynard Keynes는 비록 총 지출에 대한 과세라는 아이디어가 "이론적으로 건전하지만, 실행하기 불가능하다."고 썼다. 존 스튜어트 밀John Stuart Mill, 앨프리드 마셜Alfred Marshall, 아서 피구Arthur Pigou도 19세기에 비슷한 우려를 표명했다.[4]

그러나 이 회의론자들은 틀렸다. 경제학자 어빙 피셔Irving Fisher가 1940년대 초에 명확하게 이해했듯이, 누진적 소비세 체계는 연방 조세법을 단 한 줄만 수정 —— 즉, 저축을 면세하는 것이다. —— 해도 실행 가능하다. 기본적인 회계 관계 때문에 그럴 수밖에 없다는 점을 피셔는 깨달았다. 거칠게 말하자면, 한 가구가 소득으로 할 수 있는 일에는 오직 두 가지가 있을 뿐이다. 소비하거나 아니면 저축하거나. 가족이 매년 소비한 액수는 소득에서 저축액을 뺀 차액이다.

사실을 말하자면, 이보다는 더 복잡하지만 아주 약간만 더 복잡할 뿐이다. 어빙 피셔와 그의 형 허버트 피셔Herbert Fisher는 1942년에 출간한 책에서 다음과 같이 썼다.

하루에 쓴 돈의 액수를 어떻게 알아낼 수 있는가? 우리가 필요한 자료는 오직 두 가지다.

1. 우리가 지출할 수 있는 돈의 액수. 즉, 하루 동안 벌어들인 소득.
2. 우리가 지출하지 않은 금액. 즉, 하루가 끝날 때 수중에 남아 있는 돈.

그렇다면 우리는 과세되는 지출을 파악하기 위하여 음식, 의복, 임대료, 오락비 등등의 각 항목에 쓴 돈을 각각 파악해서 합할 것이 아니라, 모든 소득을 다 더한 다음 "지출"되지 않은 모든 항목의 금액을 공제할 것을 제안한다. 이 제도하에서 공제되는 주요 항목은 다음과 같다. 투자, 과세 기간 동안 납부한 세금, 납세자와 부양가족에 따라 적절하게 결정되는 공제액.[5]

'투자'라는 용어로 피셔가 의미한 것은 순 저축이었다. 여기서 말하는 투자는 오늘날의 IRA*나 401(k) 퇴직 연금**과 많이 유사하겠지만 중요한 차이점이 있다. 소비세제하에서 면세되는 저축은 은퇴자에게 언제든지 필요할 때 인출할 수 있다. 따라서 행정적으로, 누진 소비세는 대부분의 국가에서 현재 시행되고 있는 누진 소득세와 본질적으로 동일할 것이다. (소비세, 소득세 어느 경우든 대부분의 국가들의 현재 세제는 더 단순해질 수 있으며 더 단순해져야 하지만, 이것은 다른 이슈다.)

피셔가 인식했듯이, 위와 같이 정의된 누진 소비세는 본질적으로 사치세지만 구체적인 개별 재화별로 무엇이 사치재인지 얼마를 과세할지 정하는 대단히 파괴적인 비용을 수반하지 않는다. "그러한 사치 지출 세금은, 비싼 자동차, 오페라 티켓, 동양산産 융단 같은 구체적인 재화에 부과하는 어떤 사치세보다도 더 진정한 사치세라 할 수 있다.

---

* IRA:Individual Retirement Account 개인 퇴직금 적립 세정. 잦은 이직과 비정규직의 확산이라는 사회적 변화를 반영한 것으로, 노동자가 직장을 옮기더라도 퇴직금을 계속 적립한 뒤 은퇴 후 노후 자금으로 활용할 수 있도록 하는 계좌. 세제 혜택이 있고 확정 기여형 연금과 유사하다.
** 401(k) 퇴직 연금 매달 일정량의 퇴직금을 회사가 적립하되, 그 관리 책임은 노동자에게 있는 방식의 연금이다. 따라서 운용 방식에 따라 불입한 원금에 손실이 발생할 수도 있다.

구체적인 재화를 '사치'라고 분류할 만족스러운 정의定義는 불가능하다. 반면에 무엇이 사치스러운 지출인지를 측정하는 것은, 분명한 단계로 분류해서 측정하는 것은 쉬운 일이다."[6] 세금 문제를 이 방식으로 접근하면 어느 재화는 면세되어야 하고 어느 재화는 추가 세율로 과세되어야 하는지를 둘러싼, 비용이 많이 드는 투쟁을 완전히 제거할 수 있다. 그 단순하고 우아한 아이디어는, 각 가정이 가장 필요한 것을 사는 일에 제일 우선적으로 돈을 쓰고 그 다음에 그 가정의 관점에서 덜 중요한 일에 돈을 추가로 지출한다는 점에 착안한 것이다.

다음 사례는 기본 공제액이 일인당 7,500달러라면 4인 가족의 경우, 누진 소비세가 어떤 식으로 과세되는지 설명해준다. 이 경우 4인 가족의 연간 총 소득 공제는 30,000달러가 될 것이므로, 그 가족의 과세 대상이 되는 소득은 총 소득에서 30,000달러, 저축, 세금을 모두 뺀 금액이 될 것이다. 여기서 연간 저축액은 401(k) 퇴직 연금 같은 저축 계좌의 순 예금액을 말한다. 따라서 (기본 소득 공제 때문에 — 옮긴이) 그 가족의 기본적인 필수품 소비는 본질적으로 면세된다. 그리고 무엇이 필수품인지는 입법자가 정하는 것이 아니라 그 가족이 정한다. 총 소비액이 일단 기준선을 넘어 과세 대상이 되면, 적용되는 세율은 총 소비액이 증가함에 따라 점차 올라간다. 예를 들어 과세되는 소비가 존재하는 가족에 대한 세율은 20퍼센트에서 시작해서 아래 표에 나와 있는 것처럼 점차 증가하게 된다.

과세되는 소비에 대한 세율

과세되는 소비(단위: 달러)	한계 세율(단위: 퍼센트)
0~39,999	20
40,000~49,999	22
50,000~59,999	24
60,000~69,999	26
70,000~79,999	28
80,000~89,999	30
90,000~99,999	32
100,000~129,999	34
130,000~159,999	38
160,000~189,999	42
190,000~219,999	46
220,000~249,999	50
250,000~499,000	60
500,000~999,999	70

다음 표는 위의 세율표를 따르면, 소득과 저축액 수준이 서로 다른 가족들이 세금을 얼마나 내는지를 보여준다.

누진 소비세하에서의 소득, 저축, 세액을 설명하는 사례(단위: 달러)

소득	저축	과세되는 소비	세금
30,000	1,500	0	0
50,000	3,000	14,167	2,833
100,000	10,000	49,836	10,164
150,000	20,000	81,538	18,462
200,000	40,000	104,328	25,672
500,000	120,000	258,000	92,000
1,000,000	300,000	458,000	212,000
1,500,000	470,000	654,588	345,412

예를 들어 이 세금표의 두 번째 줄에서, 그 가구의 과세되는 소비액(14,167달러)은 소득(50,000달러)에서 저축(3,000달러), 표준 공제액(30,000달러), 세금(2,833달러)을 뺀 금액임을 주목하라. 그 가족의 과세되는 소비가 20,000달러 미만이었기 때문에, 국세청은 과세되는 소비액(14,167달러)에 20퍼센트 과세율을 적용하여 2,833달러를 과세한다. 이와 마찬가지로, 표 세 번째 줄에 있는 가족의 납부할 세액은, 과세 대상이 되는 소비액 중 처음 40,000달러에 대해서는 20퍼센트(8,000달러)의 세금, 그 뒤 남은 9,836달러 소비액에 대해서는 22퍼센트(2,164달러)의 세금을 내므로 이 둘을 더한 총 10,164달러가 된다.*

언뜻 보기에는 혼란스러울 수도 있다. 왜냐하면 한 가구가 과세되는 소비액을 계산하기 위해서는 납세액을 먼저 알아야 하는 것처럼 보이기 때문이다. 그러나 다행히도, 납세자들은 과세되는 소비액을 계산하느라 수학적 루프 속으로 말려들어갈 필요는 없다. 지금도 그러는 것처럼, 국세청의 회계 직원들이 필요한 방정식을 풀어서 각 가구가 그 소득과 저축의 차액 수준에 기초해서 얼마나 세금을 내야 하는지를 알려주는 책자를 배포할 것이기 때문이다. 그리하여 50,000달러의 소득과 3,000달러의 저축을 신고한 두 번째 줄의 가구는 47,000달러의 차액**에 대해서 2,833달러의 납세액을 정한 과세표를 바로 찾아보면 된다.

---

* 소비액이 증가함에 따라 그 추가 소비액에 대해서만 한계 세율이 올라가므로, 낮은 단계의 정해진 금액부터 세율을 곱하여 더하여 나가는 방식이다.
** 소비액.

부가 가치세나 판매세와는 달리 이 세금은 누진세다. 소비액의 증가에 따라 한계 세율이 증가하고 큰 범위의 액수가 표준 공제되기 때문에, 소득이 증가함에 따라 그 소득에서 세금이 차지하는 비율은 고소득 가구에서 저축률이 급격히 높아진다고 하더라도 점차적으로 증가하게 된다. 그리고 더 높은 누진성은 부유한 가구가 은퇴 기간 동안 저축을 인출해서 높은 소비 수준을 누리면 그만큼 더 달성되는 셈이다.

만일 누진 소비세가 과시적 소비의 지나친 지출에서 초래되는 낭비를 억제할 수 있으려면, 높은 수준의 소비에 대한 세율은 충분히 가파르게 높아져서 소비 피라미드 꼭대기에 있는 사람들에게 의미 있는 인센티브를 제공해야 한다. 왜냐하면 그들의 지출이 변하지 않는다면 그 아래에 있는 사람들의 지출도 변하지 않을 것이고, 이처럼 패턴이 변하지 않는 일이 소비 피라미드 아래에까지 계속될 것이기 때문이다.

경제학자가 아닌 대부분의 사람들도 경제학자들의 수요 법칙 —— 재화의 가격이 오르면 우리는 그것을 덜 산다. —— 을 보통 사람들의 행동을 기술하는 원칙으로 받아들이는 데 아무런 어려움을 겪지 않는다. 그러나 많은 사람들은, 수십억이나 수조 달러의 부를 보유하고 있는 사람들에게도 가격이 그토록 많은 영향을 미치는지에 대해 회의적이다. 이 거부들 중 상당수는 계속 쉬지 않고 소비한다 해도 그들이 버는 소득을 다 쓰기도 힘든 것은 사실이다. 그러나 가장 부유한 사람들도 가격 신호에 반응한다.

예를 들어 부동산 가격이 대부분의 다른 미국 도시에서보다 같은 면적당 몇 배 이상 비싼 맨해튼에서는 부유한 사람들도 다른 동네에서 샀을 집보다 작은 집을 산다. 450제곱미터 면적의 브라운스톤*도 어퍼 이스트사이드**의 부유한 주민의 기준에서 보면 광활하지만, 비슷한 소득을 올리는 로스앤젤레스의 부자는 900에서 심지어 1,400제곱미터 집을 사는 경우가 흔하다. 그리고 이 집들도 상대적으로 토지 가격이 싼 도시들의 가장 큰 집들과 비교하면 그 규모가 무색해진다. 앞에서 언급했듯이 마이크로소프트사의 회장 빌 게이츠는 얼마 전 시애틀의 바로 동쪽에 있는 워싱턴 호의 호숫가에 4,140제곱미터의 집을 지었다.

게이츠가 현재 보유하고 있는 자산은 400억 달러가 넘는다. 그가 맨해튼으로 이사할 경우, 뉴욕의 가격이 시애틀의 가격의 다섯 배라 할지라도 시애틀에 있는 집만큼이나 큰 집을 얼마든지 지을 재력은 있다. 그런데도 그는 확실히 맨해튼에는 그렇게 큰 집을 짓지 않을 것이다. 맨해튼의 부자들이 상대적으로 작은 규모의 집에 살고 있기 때문에(그리고 이것 역시도 그곳의 높은 부동산 가격의 결과다.) 맨해튼에 4,140제곱미터의 집을 짓는 것은 억만장자에게도 **꼴사나운** 일이다.

누진 소비세가 부자와 중상 계급 가구가 더 작은 집을 짓게 만들어서 아낀 자원은 진짜 자원들이다. 그리고 우리가 살펴보았듯이 그 자원들은 좋은 용도에 쓰일 수 있고, 정말로 현재 쓰이고 있는 곳보다

---

* **브라운스톤**brownstone　전면을 갈색 사암brownstone으로 마감을 한 테라스하우스 (아랫집 지붕을 윗집 마당처럼 쓸 수 있도록 만든 집).
** **어퍼 이스트사이드**　뉴욕의 센트럴 파크의 동쪽 지역으로, 고급 주택이 즐비하고 유명한 미술관과 박물관이 몰려 있는 곳이다.

는 훨씬 나은 곳에 쓰일 수 있다.

미국의 CEO는 단지 그와 비슷한 지위에 있는 사람들이 다들 그만 한 크기의 집에서 살기 때문에 1,400제곱미터의 맨션이 필요한 것이다. 그보다 더 작은 집을 사는 것은 사회적으로 당황스러운 상황을 초래할 위험을 감수하게 하거나 그가 운영하는 사업의 건전성에 의문을 품게 만든다. 그러나 모든 CEO들이 더 작은 집에서 산다면 최소한 어느 누구도 당황스러운 상황을 겪을 필요가 없다. 실제로 많은 CEO들은 더 작은 집을 선호한다. 어쨌거나 거대한 맨션을 유지·보수 할 직원을 채용하고 감독하는 것은 성가신 일이니까 말이다.

비슷한 논리가 부유한 사람들의 차 구매 결정에도 적용된다. 정말로 부유하고 스포츠를 좋아하는 사람이라면, 그는 부드럽게 운전할 수 있고 빠르게 가속되며 무엇보다도 —— 아마도 가장 중요한 것이겠지만 —— 군중 속에서 돋보이는 차를 원할 것이다. 현재의 세제하에서라면 그는 아마 페라리 456 GT를 살 것이다. 437마력을 내며, 5.5리터, 48밸브, 12기통 엔진을 장착한 그 차는 정지 상태에서 5초 안에 시속 60킬로미터까지 가속할 수 있으며, 그 표시 가격 207,000달러는 이탈리안 레스토랑 스파고의 주차원들이 앞다퉈 그 차를 직접 주차하게 만들 것이다.

높은 부동산 가격이 부자들에게 더 작은 집을 사게 만드는 것처럼, 고도로 누진적인 소비세는 부자들이 차에 돈을 덜 쓰게 한다. 예를 들어 지금까지의 세제하에서는 페라리를 사려고 했던 운전자는 세금 때문에 포르셰 911 터보를 살지도 모른다. 그 차의 기본 모델은 현재 "겨우" 105,000달러에 팔리고 있기 때문이다. 911은 페라리보다 훨씬 더 빠르며 흔들림도 더 적다. 슈퍼리치의 관점에서 그 차의 유일한 단점은, 그 특별 가격* 덕택에 많은 동네의 순환 도로에서 그 차를 너무 흔하게 볼 수 있게 되었다는 것뿐이다. 누진 소비세가 실시되면 그 포르셰는 현재 페라리 구매자들이 애초에 포르셰가 매력을 가지기엔 부족하다고 생각하게 만들었던 부분, 즉 오늘날 슈퍼카와 똑같은 지위를 얻게 될 것이다.

숫자를 들어 사례를 이야기하면 이해하는 데에 도움이 될 것이다. 우리가 70퍼센트의 높은 세율로 추가적인 소비에 과세한다고 해보자. 즉, 일정 수준이 넘는 소비액에 대해 추가로 소비하는 1달러마다 70센트의 세금이 붙는다. 그리고 저축은 소비세가 면제되기 때문에 페라리에 207,000달러를 소비했을 사람이, 주식에 좀 더 많이 투자하고 차에는 덜 지출하기로 결정했다고 해보자. 그가 포르셰를 산다면 소비세를 포함한 그의 지출은 178,500달러가 될 것이다. 그에 따라 그는 페라리만큼이나 성능이 좋으면서, 다른 사람들이 비슷하게 반응한다고 가정했을 경우에 페라리만큼이나 희소한 차를 갖게 되는 것이다. 그의 차를 모는 즐거움, 그의 부를 드러내는 능력, 두 측면 모두에서 그는 이전과 같은 정도로 목적을 달성한 셈이다.

그러나 다른 측면까지 보면, 그도, 나머지 사람들도 모두 더 나아진다. 첫째, 그는 이제 뮤추얼 펀드에 투자한 28,500달러(207,000달러

---

* **특별 가격**bargain basement price 직역하면 '지하층에서 팔리는 가격'인데, 우리 식으로는 '창고 대방출' 수준의 가격이다. 여기서 'bargain basement'란 커다란 매장의 주로 후미진 지층에서 헐값에 팔리는 상품을 말한다.

에서 178,500달러를 뺀 돈)를 추가로 보유하고 있으며, 이 돈은 소비될 때까지는 과세되지 않는 배당금과 자본 이득을 그에게 안겨줄 것이다. 더군다나, 정부는 연방 채무를 갚아나갈 추가적인 세수를 얻게 되고, 중하위 소득 가구의 세 부담을 줄여주거나, 또는 줄여주면서 동시에 소홀했던 공공 서비스를 다시 제공할 수 있게 된다.

과시적 소비를 억제하게 만드는 누진 소비세의 주된 장점은, 사치 단속법이나 사회 규범과는 달리 특정한 물질적 영역에서 특별한 열정을 추구하는 마니아의 여력을 보존해준다는 것이다. 현재의 질서 하에서는, 다른 분야의 지출을 확 줄여서라도 꿈에 그리던 스포츠카나 요트를 사려는 사람도 그런 물건을 구입하면 다른 사람들이 분개할까봐 구입하지 못하는 경우가 자주 있다. 이와는 달리, 누진 소비세 하에서는 양해를 구하지 않아도 사치를 즐길 수 있다. 그가 납부하는 추가적인 세금은, 실제의 해악이건 상상된 해악이건 그의 구매가 초래한 어떠한 해악도 온전히 속죄해줄 것이다.

고통스러운 혼란?

소비를 억제하는 세금이 불황과 실업을 초래할지도 모른다는 걱정이 자연스럽게 들 수 있다. 그러나 이것은 심각한 염려 사항은 아니다. 왜냐하면 소비에 쓰이지 않는 돈은 모두 저축되어 투자되기 때문이다. 그 결과 지금은 소비재 생산에 고용되어 있던 사람이 자본재 생산에 고용됨으로써, 7장에서 살펴보았듯이, 장기적으로 경제의 생산성을 증가시킬 것이다.

누진 소비세는 우리가 생산하는 소비재의 **종류**도 바꿀 것이다. 세제가 충분히 누진적이라면 경제 피라미드 꼭대기에 있는 사람에게서는 현 제도보다 더 많은 세금을, 바닥에 있는 사람에게서는 더 적은 세금을 걷을 것이다. 이는 목수가 슈퍼리치들을 위한 맨션을 짓는 일에는 시간을 덜 쓰고 그렇지 않은 나머지 사람들을 위한 집을 짓는 데 시간을 더 쓴다는 것을 의미한다. 그리고 우리의 의료비는 지방 흡입술이나 복부 지방 절제술에 덜 쓰이고 실제로 아픈 사람들의 치료에 더 쓰일 것이다.

정부는 경기 침체가 왔을 때 경제를 활성화시키는 방법은 안다. 사실 전후 시대의 핵심 문제는 경제의 재화와 서비스 생산 능력보다 훨씬 빠르게 증가하는 수요를 초래하는 인플레이션 압력을 방지하는 것이었다. 저축과 투자를 촉진함으로써 누진 소비세는 경제의 생산 능력 증가율을 높여 인플레이션의 위험을 감소시킬 것이다.

이행transition에 관한 사실상 모든 중요한 이슈는, 누진 소비세를 점진적으로 —— 면세가 되는 가구 저축액의 범위를 단계별로 증가시키고 최고 한계 세율도 단계별로 증가시키는 방식으로 —— 도입함으로써 개선될 수 있다. 이 접근법을 따르면, 불황을 촉발할 가능성을 제거해주고 현재의 사치재 생산자들이 고통스러운 사업 축소를 견디도록 강요당하는 것을 막아준다. 그러한 점진적 도입은, 과시적 소비 생산에 투여된 자원량을 절대적으로 감소시키는 것이 아니라, 그 부문에 투여되는 자원의 **증가율**만 감소시킬 것이다. 이 접근법은 익숙해진 소비 패턴의 감축에 저항하는 우리의 자연적 성향에 내재한 현상 유지 편향을 극복하게 해준다.

누진 소비세가 슈퍼리치의 소비 결정에만 영향을 미친다면, 그 이득은 작을 것이다. 그러나 그 세금은 훨씬 더 넓은 영향을 미친다. 실제로 그 세제는 소비 피라미드의 저 아래까지, 저축하는 성향을 폭포처럼 전염시킬 것이다. 우리의 현재 궤적을 몇 십 년만 더 지속하면, 오늘날 페라리 456 GT의 대체재는 20만 7천 달러가 아니라 40만 달러 이상의 가격을 가진 차가 된다. 오늘날 10만 5천 달러 가격의 포르셰 911 터보를 몰면서 만족하는 사람은 페라리 456 GT 같은 차로 그 수준을 올리게 될 것이다. 오늘날 45,000달러짜리 포르셰 박스터의 운전자는 카레라 같은 차로 옮겨 타게 될 것이다. 오늘날 BMW Z3(약 30,000달러)의 운전자는 나중에는 박스터 같은 차를 타게 될 것이다. 그리고 오늘날 제일 가격이 낮은 스포츠카를 타는 사람은 마쯔다 미아타(약 23,000달러)에서 Z3 같은 차로 갈아탈 것이다.

상품의 적절성 평가에서 맥락이 하는 결정적 역할에 비추어 볼 때, 우리는 이러한 소비의 상향 이동이 운전자의 만족을 지속적으로 증대시키지 않으리라고 거의 확실하게 예측할 수 있다. 그러면서도 운전자가 지출하는 돈의 총액은 크게 증가할 것이다. 만일, 설명을 위하여 차 등급별 운전자 분포가 다음(378쪽) 표의 오른쪽 열에 나와 있는 것과 같다고 가정한다면, 현재의 스포츠카 위계에서 한 단계씩 위로 소비 수준을 올리는 일은, 총 지출을 50퍼센트나 증가시키는 결과를 낳는다. 즉, 왼쪽 열에 나타난 차 소비의 조합은, 오른쪽 열의 덜 비싼 차들이 그 소비의 맥락에서 볼 때 더 비싼 차들이 주는 것과 동일한 서비스를 제공함에도, 오른쪽 열보다 비용이 50퍼센트나 더 든다. 전체 집단의 관점에서 보면 오른쪽 열에서 왼쪽 열로 이동하는 것

2010년의 억제되지 않은 스포츠카 위계 (가격, 시장 점유율)	오늘날의 스포츠카 위계 (가격, 시장 점유율)
1. 미래의 슈퍼카, $414,000, 1퍼센트	1. 페라리 456 GT, $207,000, 1퍼센트
2. 페라리 456 GT, $207,000, 4퍼센트	2. 포르셰 911 터보, $105,000, 4퍼센트
3. 포르셰 911 터보, $105,000, 15퍼센트	3. 포르셰 911 카레라, $72,000, 15퍼센트
4. 포르셰 911 카레라, $72,000, 20퍼센트	4. 포르셰 박스터, $45,000, 20퍼센트
5. 포르셰 박스터, $45,000, 25퍼센트	5. BMW Z3, $30,000, 25퍼센트
6. BMW Z3, $30,000, 35퍼센트	6. 마쯔다 미아타, $23,000, 35퍼센트
평균 가격 = $64,320	평균 가격 = $41,620

은 순전히 그리고 단순히 낭비에 불과하다.

우리가 아무런 행동을 취하지 않는다면, 이러한 소비의 상향 이동은 발생할 수밖에 없다. 다른 분야의 소비도 마찬가지다. 예를 들어, 1989년산 파텍 필립 캘리버 손목시계는 현재 가격인 270만 달러의 두 배가 나갈 것이다. 그리고 악어가죽으로 된 미래의 에르메스 켈리 백은 14,000달러가 아니라 28,000달러가 나갈 것이다. 이와는 대조적으로, 점진적으로 도입된 누진 소비세를 시행하면, 이러한 재화를 생산하는 데 쓰이는 자원의 양은 오늘날에 투입되는 자원량과 거의 비슷한 수준일 것이다.

그 요체는 페라리와 파텍 필립을 망하게 하자는 것이 아니라, 단지 모든 생산품 —— 그들만의 생산품이 아니라 —— 에 투여되는 추가 자원을 더 풍부하게 만들자는 것이다. 새로운 아이디어와 기술이 출현함에 따라 이러한 생산품들은 지출 규모가 계속 늘지 않더라도 지속적으로 개선될 것이다. 그러나 진정으로 긴급한 필요가 충족되지 않고 있는 시대에, 우리는 시속 0에서 60킬로미터까지 가속하는 시간을

378

영점 몇 초 더 줄인다든지, 아니면 시계에 미치는 이미 무시할 만한 중력의 영향을 더욱 줄이는 기계 장치를 좀 더 개선하는 일에 수십억 달러를 쓰는 일이 과연 현명한지 반문해보아야 한다.

50퍼센트 절약된 지출은 진짜 돈이다. 만일 모든 사치 분야에서 단지 개선 속도만 일시적으로 느리게 함으로써, 비슷한 액수의 돈이 모인다면, 우리는 연간 소비액이 5조 달러 이상인 경제에서 연간 2조 달러치의 자원을 해방시키게 된다. 그리고 누진 소비세로의 전환은 미래의 저축율도 증가시키기 때문에(이 논점에 관해서는 다음 장에서 다룬다.) 그 정도 액수의 이득은 단지 시작에 불과하다.

시장 외 활동을 할 인센티브

누진 소비세는 또한 다양한 유형의 시장 외 활동nonmarket activity을 할 인센티브를 증가시키게 된다. 모든 인센티브는 상대적이고, 누진 소비세가 상대적인 관점에서 과시적 소비 활동에 드는 비용을 증가시키기 때문에 비과시적 소비 활동의 비용은 상대적으로 감소시키게 된다. 예를 들어, 누진 소비세제하에서는 노동자가 추가로 주어지는 현금 임금을 과시적 소비에 쓸 때 그 전보다 구매할 수 있는 물건이 적어진다는 의미다. 그러므로 고용주들은 과세되지 않는, 삶의 질에 관련된 혜택을 강조하는 방향으로 보상 패키지를 재조정할 인센티브를 갖게 된다. 소비하면 과세되는 금전 급여는 약간 덜 지급함으로써, 고용주들은 과세되지 않는 추가적인 휴가나, 추가적인 자율성과 안전, 더 많은 개인 근무 공간, 추가적인 주차 공간을 더 제시할 수 있게 된다. 사람들이 더 긴 시간 일해서 살 수 있는 과시적 소비재의 추가적인 양이 누진 소비세하에서는 적어지기 때문에, 노동자들은 더 짧은 시간 일하고 가족 및 친구들과 보내는 시간, 운동하거나 책을 읽는 시간은 더 늘릴 인센티브를 갖게 된다.

나비 효과

혼돈 이론가들은, 중국에서의 나비의 날갯짓이 어떻게 카리브 해의 허리케인으로 이어지게 하는 사건들의 연쇄에서 출발점이 되는지를 기발한 방식으로 이야기하곤 한다. 그들의 논지는, 수많은 시스템이 복잡한 방식으로 상호 연결되어 있으면, 작은 변화라도 세계를 극적으로 바꿀 수 있다는 것이다. 경제학 정설의 가정과는 반대로, 개별 가구의 지출 결정은 상호 독립적으로 내려지지 않는다. 우리가 살펴보았듯이, 개별 가구의 지출 결정들은 서로 강하게 연결되어 있다. 한 가족이 약간 더 쓰면, 다른 가족들이 따라서 더 쓰게 되고, 이들의 행동도 다시 다른 이들에게 영향을 주고, 그런 식으로 계속된다. 한 가족이 덜 쓰면, 동일한 패턴이 반대 방향으로 전개된다.

　누진 소비세에 내재한 새로운 인센티브 반응은 개별적으로는 그 규모가 작을 것이다. 그러나 한 가족이 주택과 차에 쓰는 돈의 증가율을 줄이면, 동일한 조치가 즉각 다른 가족들에게도 더 매력적인 것이 된다. 그리고 그들 또한 이전과는 다르게 소비하여 다른 사람들에게 영향을 미치고, 시간이 지나면 계속 확장되는 네트워크를 통해 전파되어 처음 영향을 미쳤던 가족에게 다시 피드백이 오게 된다. 이 파급 효과 ripple effect 덕택에, 어느 한 가정에 작은 초기 효과만 가져오는 세금도 우리의 지출 패턴을 극적으로 전환시키는 동적인 과정에 시동을 걸게 된다.

누진 소비세는 비주류의 아이디어가 아니다

고도로 누진적인 소비세하에서 미래의 소비 조합 consumption mix 은 현재의 질서가 지속되었을 때의 조합과는 극적으로 다를 것이기 때문에, 이 세금은 급진적인 사회 변화의 도구로서 자격을 갖춘 셈이다. 그러나 다른 측면에서 보면, 이보다 덜 급진적인 제안도 생각하기 힘들다. 우리는 어쨌거나 어딘가에는 과세를 해야 하며, 우리가 사는 재화와 서비스에 그 세금이 미치는 영향을 논외로 한다고 해도, 소득 대신 소비에 과세해야 하는 강력한 이유들이 여전히 존재한다. 소비세의 지지자들은 인상적인 목록을 형성한다. 데이비드 흄 David Hume, 애덤 스미스, 존 스튜어트 밀, 아서 피구, 앨프리드 마셜은 누진 소비세의 장점을 극찬했던 이전 시대의 태두泰斗들이었다.[7] 여러 정치적 성향의 현대 경제학자들도 같은 견해를 피력한 바 있다. 그리하여 보수주의자이자 노벨상 수상자인 밀턴 프리드먼 Milton Friedman 과 로널드 레이건 Ronald Reagan 행정부의 경제자문위원회 위원장이었던 마틴 펠드스타인 Martin Feldstein 은 소비세의 적극적인 지지자들이다.[8] 자유주의자이자 역시 노벨상 수상자인 케네스 애로 Kenneth Arrow, 클린턴 행정부 시절 재무부 고위 공무원이자 경제학계에서 명망 있는 상賞인 클라크 메달 수상자였던 로런스 서머스 Laurence Summers, MIT의 슬론경영대학원 MIT's

Sloan School of Management 전前 학장이자 베스트셀러 저자인 레스터 서로 Lester Thurow가 같은 견해다. 자유주의자들과 보수주의자들은 (비록 이제껏 제안된 모든 유형의 소비세들이 최소한 약간 누진적인 형태 이상이긴 했지만) 어느 정도로 누진적이어야 하는지 등 소비세의 세부 사항에 대해서는 의견이 갈린다. 그러나 소득이 아니라 소비에 과세한다는 원칙에 대해서는 의견차가 거의 없다.

누진 소비세가 주류의 아이디어라는 또 다른 증거는, 그러한 세금이 1995년 미 상원에서 양당에 속하는 의원들의 지지를 받으면서 제안된 적이 있었다는 것이다. 상원 의원 피트 도메니치Pete Domenici(공화당, 뉴멕시코), 샘 넌Sam Nunn(민주당, 조지아), 밥 커레이Bob Kerrey(민주당, 네브래스카)는 그들의 제안을 무제한적인 저축 면세 세제unlimited savings allowance tax의 줄임말인 USA 세제USA tax로 불렀다.

새로운 세제안이 다 그렇듯이, USA 세제의 세부 사항도 손 볼 데가 많다. 얼마나 신중하게 고안되건, 세금은 상이한 납세자들에게 상이한 영향을 미치고, 구체적인 법 조항을 두고 길게 늘어지는 언쟁은 불가피하다. 대출은 어떻게 다룰 것이며, 이미 존재하는 저축 및 다른 자산은 어떻게 취급할 것인가와 같은 중요한 이행의 이슈는 해결되어야 할 과제다. 이 이슈들에 대해서는 의견차가 상당히 클 수 있다. 그러나 경제학자 로런스 사이드먼Laurence Seidman이 USA 세제에 대한 그의 탁월한 책에서 설득력 있게 논했듯이, 이러한 문제들에 대한 실용적인 해결책은 존재한다.[9]

소비세로의 전환을 지지하는 현대의 논자들은, 그 세금이 저축을 증가시키고 경제 성장을 자극할 것이라는 사실에 논변을 집중했다.

이는 사실이며 전환의 충분한 이유가 된다. 그러나 USA 세제의 지지자들은 전환의 훨씬 더 중요한 이유를 본질적으로 무시하고 있다. 그 세제는 적절한 방식으로 시행되면 우리가 삶을 영위하는 방식에 급진적인^{radical} 변화를 촉진할 수 있다. 우리는 현재 낭비적인 소비 패턴의 결과 매년 말 그대로 수조 달러를 낭비하고 있다. 이 낭비의 많은 부분은 누진 소비세의 채택으로 억제될 수 있다. 이러한 조치는, 모든 시민들에게 좋은 삶에 대한 독립적 전망을 추구할 기회를 크게 향상시켜 줄 것이다.

대가는? 그런 건 없다. 누진 소비세의 비상한 아름다움은 추가적인 자원을 말 그대로 무^無에서 창출하는 능력에 있다. 그것은, 세금 부담이 가장 커지는 사람들까지도 포함하여, 모두가 승자가 되는 변화^{win-win move}다.

그런데도 왜 우리는
누진 소비세를 실시하지 않았을까?

노벨 경제학상 수상자이자 가장 뛰어난 경제학자라고 확고한 명성을 얻은 사람이며, 몇 년 동안 그에게 상당한 돈을 벌어다 준 몇 권의 베스트셀러 저자이기도 한 사람에 관해 다음과 같은 이야기가 전해지고 있다. 그가 어떤 주장을 하자 표준적인 회의론자의 반응이 나왔다. "당신이 그렇게 똑똑하다면 왜 당신은 부자가 아닌가요?" 그는 대단히 즐거워하며 대답했다. "전 부자예요!" 이 경우에는 회의론자의 질문이 역효과를 냈지만, 그런 회의론을 염두에 두는 것은 좋은 자세다. 예를 들어 우리는 명백히 재정적 어려움에 허덕이고 있는 사람이 우리에게 하는 투자 조언을 피할 만큼 신중하다.

누진 소비세를 도입하자는 나의 주장도 유사한 회의론적인 질문을 불러일으킬 법하다. 그 세금이 그토록 훌륭한 아이디어라면 왜 우리는 여태까지 실시하지 않았을까? 많은 나라들이 특정한 필수품을 면세하고 특정한 사치품에는 추가 세율을 매기는, 상대적으로 매우 누진적인 판매세를 시행하고 있다고 말하는 것은 대답을 회피하는 것에 지나지 않는다. 거기다가 이런 세금들은 총 소비 지출에 부과되는 고도로 누진적인 세금과는 결코 같지 않다는 것이 나의 주장이기도 하다.

나는 다른 사람들에게 끼치는 부정적인 영향을 이유로 누군가의 소비에 과세하는 것은 정당성이 없다는 그릇된 신념의 중요성을 이미 언급한 바 있다. 그 신념 자체로는, 누진 소비세 채택에 장애가 되지 않는다. 왜냐하면 누진 소비세는 다른 근거에서도 지지될 수 있기 때문이다. 예를 들어 상원 의원 도메니치, 넌, 커레이는 저축에 미칠 효과를 그 장점으로 내세우면서 USA 세제안을 제안했다. 그들은 과시적 소비 억제에 대해서는 아무런 언급도 하지 않았다.

그러나 USA 세제가 우리의 소비 패턴을 상당한 정도로 변경할 수 있으려면, 그 세율 구조는 상원에서 제안된 안보다 훨씬 더 누진적이어야 한다. 그렇게 가파른 누진율은 낭비적인 사치 소비를 상당히 줄여줄 것이라는 약속을 논외로 하고는 정당화하기 어려울 것이다. 그러므로 이런 측면에서 다른 사람에게 미치는 부정적 효과 때문에 어떤 이의 소비에 과세하는 것은 정당성이 없다는 신념은 실제로는 고도로 누진적인 소비세의 장애물이 되는 셈이다.

그러나 그러한 세금은 이와는 다른 더 중요한 장애물에 직면한다. 소위 나라의 가장 부유하고 생산적인 시민들에게 훨씬 더 높은 세율의 과세를 하는 것은 경제를 불구로 만드는 확실한 길이라는 신념이다. 비록 이 신념은 보수주의자들 사이에 가장 단단하고 깊이 자리를 잡고 있기는 하지만, 자유주의자들 사이에서도 광범위하게 받아들여지고 있기도 하다. 실제로 이 신념이 20세기 후반 경제 정책을 움직였던 단일 신념으로는 가장 영향력 있는 것이었다고 말해도 전혀 과장이 아니다. 예를 들어, 이 신념은 대처 시대 영국과 레이건 시대 미국 모두에서 고소득자에 대한 극적인 감세를 초래한 데에 책임이 있다.

유권자들이 세금 인상을 불쾌하게 느끼는 것은 자연스럽다. 그리고 세금 인상이 경제에 해를 끼칠 것이라는 신념은, 정치가들에게 세금 인상을 맹렬히 비난함으로써 도덕적 우위를 주장할, 저항할 수 없는 기회를 제공해왔다. 실제로 맥박이 뛰는 정치가라면 온건한 증세안조차도 그것을 제안하는 일에 내재한 위험에 주의하지 않을 수 없다. 민주당 대통령 후보 월터 먼데일Walter Mondale이 부자 증세안을 제안했다가 1981년 선거에서 압도적인 표차로 패배한 역사를 잊은 사람은 정치가들 중에 없다. 분석가들은, 조지 부시George Bush가 "내 입을 보라. 절대 새로운 세금은 없다.Read my lips, no new taxes"는 그의 공약에서 약간 후퇴하지만 않았다면 연임 대통령이 되었을 것이라고 한다.

부자에 대한 훨씬 더 고율의 세금이 경제를 불구로 만든다는 신넘은 트리클다운 경제학*의 기본 전제다. 이 전제가 그토록 널리 받아들여지고 있다는 사실이야말로 우리가 왜 고도로 누진적인 소비세를 여태껏 실시하고 있지 않았는지 설명하는 두 번째 중요한 이유다. 이 전제가 정말로 옳다면 왜 우리가 그런 세제를 실시해서는 안 되는지를 설명하는 이유가 되기도 할 것이다. 그러나 활용 가능한 최선의 증거에 근거해서 볼 때, 고도로 누진적인 소비세는 경제를 불구로 만드는 것이 아니라 활성화할 것이다.

그러나 공공 정책 결정을 지배하는 것은 현실 자체가 무엇인가가 아니라 사람들이 무엇을 현실이라고 믿느냐이다. 그리고 트리클다운 경제학의 기본 전제가 널리 받아들여진 지혜의 일부로 굳건히 자리 잡고 있는 한, 누진 소비세의 채택은 정치적으로 거의 승산이 없는 안 political long shot 으로 남아 있을 것이다.

---

* 트리클다운 경제학 trickle down economics 양동이가 넘쳐 흘러내린 물이 바닥을 고루 적시는 것처럼 정부가 대기업과 부유층의 부를 늘려주면 경기가 활성화되어 중소기업과 저소득층에게도 혜택이 고루 돌아가게 된다는 효과를 주장하는 경제 이론.

15장

형평 대 효율:
거대한 맞교환?

LUXURY
FEVER

평생 동안 공화당 지지자였던 연방준비제도이사회 의장 앨런 그린스펀 Alan Greenspan 같은 사람이, "모든 세금은 경제 성장의 발목을 잡는다. 정도가 다를 뿐이다."[1]고 이야기하는 것을 듣는다 해도 놀라는 사람이 아무도 없을 것이다. 그러나 이 견해는 더 이상 돈이 많은 보수주의자 만의 것이 아니다. 예를 들어 『뉴욕 타임스』의 많은 필진들 —— 부자에 게 무겁게 과세하자는 비타협적인 입장으로 오랫동안 알려진 사람들 —— 도 1996년 대통령 선거에서 그린스펀의 입장과 본질적으로 동일한 견해 를 옹호했다.

정말로, 트리클다운 경제학의 기본 전제는 20세기 말에 이르러 경제와 정치에 관한 전통적 지혜의 진짜 요체가 되어버렸다. 대부분 의 자유주의자들, 그리고 많은 보수주의자들조차도, 좀 더 누진적인 세금 구조가 형평의 근거에서 보면 바람직하다고 늘 생각해왔다. 그 러나 또한 대부분의 자유주의자들과 사실상 모든 보수주의자들은 현 재 더 높은 누진율은 경제 성장에 상당한 부담을 수반할 것이라고 믿 고 있다.

미국과 영국 모두에서, 효율성에 대한 관심이 형평에 대한 관심 을 누르고 승리를 거둔 것 같다. 트리클다운이라는 수사에 강한 영향 을 받아 두 나라의 입법자들은 모두 1980년대에 고소득자의 한계 세 율을 급격히 낮추었으며, 1991년과 1993년 미국에서 이뤄졌던 약간의 세율 상승을 가져온 세법 개정에도 불구하고, 미국의 고소득자에 대한 세율은 모든 산업 국가 중에서 가장 낮은 수준이다. 그러므로 고도로 누진적인 소비세를 제안하면 경제가 암울한 침체에 빠져들 것이라는 예언이 당연히 나오리라고 예상할 수 있겠다. 이런 예언을 하는 저자들 중 많은 수가 기업, 정부, 학계에서 존중받는 지위를 차지하고 있으므로, 우리는 그들의 그런 주장을 주의 깊게 검토해보아야겠다.

노력과 보상 간의 신비스러운 관계

세금 형평성을 위해서는 효율성을 희생해야 한다는 전통적인 견해는 사람이란 인센티브에 반응하기 마련이라는, 오랜 세월에 걸쳐 존중되었던 신념에 근거를 두고 있다. 그리하여 트리클다운 이론가들은 더 고율의 세금을 부과하는 것은 노력과 위험 감수에 대한 보상을 감소시킨다고 말한다. 트리클다운 이론의 표준적인 수사적 과장에 따르면, 고도로 누진적인 세금은 황금알을 낳는 거위를 죽이는 짓이다. 경제학자 벤저민 히긴스Benjamin Higgins는 같은 말을 "애초에 형평에 근거한 조치가 돕고자 했던 바로 그 가난한 이들의 복지 수준이 더 낮아지는 지점까지 발전의 속도가 느려진다."[2]고 좀 덜 요란하게 표현한 바 있다.

　트리클다운 이론가들은 인센티브 문제에 대해서는 확실히 옳다. 예를 들어 1970년대 말 가솔린 가격이 2배로 뛰었을 때, 연료 효율성이 높은 4실린더 엔진 차의 비율이 급격하게 높아졌다. 같은 원리로,

가솔린의 가격이 뒤이어진 몇 해 동안 다른 상품에 비해 상대적으로 급격히 떨어지는 궤적을 밟자, 6이나 8실린더 엔진 자동차들이 당당하게 시장에 재등장했다. 우리는 경제학의 추상적인 모델이 전제하는 합리적으로 판단하여 효용을 극대화하는 인간은 아닐지 모르지만 멍청하지도 않다. 우리 대부분이 비가 오면 비를 피할 만한 지혜는 있다. 우리들 대부분은 상대 가격이 상당한 정도로 바뀌면 그에 따라 소비 패턴을 재조정할 만큼은 알고 있는 것이다.

그러나 사람들이 자기 이익을 추구하는 방식으로 인센티브에 반응한다는 사실 자체로는 고소득자들에 대한 고율의 과세가 경제 성장을 지체시키는 원인이 됨을 뜻하지는 않는다. 트리클다운 이론의 지지자들이 주장하듯이, 고소득자들이 내는 세금의 증가가 위험 감수와 노력 투여에 대한 보상의 감소를 의미하는 것은 사실이다. 그러나 경제학 교과서가 분명하게 서술하고 있듯이, 세후 임금이 감소된다고 일률적으로 노력 투여량이 줄어들 것이라고 예측할 수는 없다. 줄어든 실질 임금은 노력에 대한 보상을 감소시키고 덜 일하게 만드는 인센티브를 부여하기도 하지만, 줄어든 손실을 보충하려고 더 일하고자 하는 인센티브도 부여한다. 이 두 상반되는 효과 중 어느 효과가 더 우세할지에 대해 경제학 이론은 완전히 침묵하고 있다. 따라서 전통적 입장을 지지하는 논거는 경험적 근거에서 찾아야만 한다.

몇 가지 에피소드는 —— 적어도 피상적으로는 —— 트리클다운 이론의 핵심적 전제를 뒷받침하는 것처럼 보인다. 아마도 그 가장 생생한 예는 국가와 지방 자치 단체의 소득세 변화에 따른 반응일 것이다. 예를 들어 뉴욕 주의 보수주의자들은 1950년대 개인 소득세와 법인

세의 세율 인상이 주^{state}의 경제적 활력에 해를 끼칠 것이라고 경고한 바 있는데, 대부분의 기준에 비추어 보면 이 경고는 놀랍도록 정확했던 것으로 드러났다. 기업들이 차례로 본사를 뉴욕 주에서 세율이 더 낮은 행정 구역으로 옮겼다. 결국 뉴욕 주의 일인당 소득은 다른 주에 비해 오랜 기간 동안 상대적 하락을 면치 못하였다. 반면, 세율이 낮은 남부 주들은 한동안 경제적 붐을 누렸다. 지역 수준에서든 주 수준에서든, 트리클다운 이론의 기본 전제는 대체로 확인된 것처럼 보인다. 더 고율의 세금은 낮은 경제 성장으로 귀결되는 것처럼 보인다. 그리고 우리는 이것이야말로 트리클다운 이론의 기본 전제가 광범위한 지지를 받는 중요한 이유라고 생각한다.

그러나 주와 지역의 세제 변화에 대한 반응을 관찰한다 해도, 사람들이 세금 인센티브에 따라 한 장소에서 다른 장소로 이동하려고 한다는 사실만을 알 수 있을 뿐이다. 그 사례들은 세금 때문에 노력 대신에 여가를 택하는지, 경제적 이득을 얻는 위험을 감수하지 않게 되는지에 관해서는 아무것도 말해주지 않는다. 고소득자에 대한 세율이 모든 행정 구역에서 상당한 정도로 다 같이 증가했다면 사람들은 일을 덜 할까, 또는 자본을 잃을 위험이 있는 투자를 덜 할까? 또는 더 중요한 질문인 오늘날의 '국가 간 노동 이동성 장벽이 낮아진 데 비추어 보아, 국가의 고소득자에 대한 세율이 높아지면 고소득자는 그에 반응해서 이민을 더 많이 가게 될까?

만약 세율이 충분히 높다면 위 질문들에 대한 답은 "예"로 보인다. 적어도 영국과 스웨덴과 같은 나라들이 이전에 겪었던 경험을 참고로 한다면 말이다. 고소득자에 대한 한계 세율이 90퍼센트에 달했

던 이 두 나라에서는, 재능 있는 사람들의 이민 때문에 많은 비용이
발생했다.

그러나 국제적인 노동력 이동은 아마도 미국과 영국에서 현재로
서는 중요한 제약 요소가 아닐 것이다. 왜냐하면 이 두 나라에서는 고
소득자에 대한 한계 세율이 40퍼센트로 다른 산업 국가들보다 훨씬
낮은 수준이기 때문이다. 이 두 나라 같은 곳에서 정책 입안자에게 중
요한 질문은 한계 세율을 더 높게 책정하면 고소득자들이 달아날까가
아니라 국내의 경제적 의사 결정이 많이 왜곡되느냐이다.

왜곡이 일어난다고 경험적인 근거를 대기는 매우 어렵다. 만일
실질 임금의 감소가 노동 공급을 유의미하게 줄인다면, 실질 임금 증
가가 발생했을 경우에는 그 반대의 현상이 나타나야만 한다. 즉, 지난
세기 동안 실질 임금의 극적인 누적적 증가는 따라서 노동 시간의 상
당한 증가를 가져왔어야만 했다. 그러나 현재의 주당 노동 시간은
1900년에 비해 상당히 짧다.[3]

앞서 언급했듯이, 노동 시간 감소 추세는 미국에서 2차 세계 대
전 이후 정점에 달했고, 지난 20년 동안에는 오히려 노동 시간이 약간
증가했다. 이러한 역사적 추이는 트리클다운 이론의 기본 전제에 의
문을 던지게 한다. 어쨌거나, 중위 소득자의 임금은 지난 20년간 약간
감소했기 때문이다. 그런데 트리클다운 이론에 따르면 이런 소득 변
화는 노동 시간을 늘리는 것이 아니라 줄였어야 맞다. 여러 측면에서
보더라도, 최근의 노동 시간 증가는, 낮아진 임금율 때문에 발생한 구
매력 저하를 보충하고자 하는 시도인 것이다.

비록 국가 간 비교는 성격상 해석하기가 어렵지만, 트리클다운

경제학의 기본 전제가 옳다면, 기본적으로 세후 실질 임금이 높은 나라에서는 그렇지 않은 나라에 비해 더 많은 노동력이 공급될 것이다. 그러나 여기서도 수치는 다른 이야기를 보여준다. 예를 들어 일본 CEO들의 급여는 미국의 CEO들이 받는 급여의 5분의 1에도 미치지 못하고 적용되는 한계 세율도 훨씬 높지만, 일본 경영자들의 주당 노동 시간이 더 짧다는 증거는 어디에도 없다.

나는 다시금, 이러한 관찰 결과 중 어느 것도 사람들이 인센티브에 반응한다는 경제학자의 주장과 모순되는 것은 아니라는 점을 강조하고자 한다. 그 증거들은, 고소득자에 대한 세율이 어느 지점을 넘어서까지 높아질 경우 그들이 덜 일하게 될 가능성을 배제하지 않는다. 그러나 전체적으로 고려했을 때 경험적 증거는, 미국과 영국의 고소득자에 대한 한계 세율의 증가가 투여되는 노력의 전반적인 감소를 가져오지 않으리라는 주장과 일치한다.

절세와 탈세

트리클다운 이론가들의 또 다른 주장은 높은 한계 세율은 생산적인 노동보다는 절세와 탈세에 재능과 노력을 투여하게 만들어서 경제적 효율성을 훼손한다는 것이다. 몇몇 저자들은 1986년 미국에서 고소득자에 대한 세율을 낮추자, 고소득자가 신고하는 소득이 크게 늘었다는 사례를 증거로 든다.[4]

어느 누구도 절세에 돈을 투여해서 얻는 이득이, 세율이 낮을 때보다 높을 때 더 크다는 사실을 부인할 수는 없다. 그러나 1986년 조세개혁법^{Tax Reform Act}이 고소득자에 대한 세율을 낮추기는 했지만, 그 법은 또한 공제와 면세가 되는 예외 조항도 많이 삭제함으로써 세수 기반을 상당히 확충시켰다. 합리적인 절세자가 합법적인 공제와 면세 기회를 알고 있다면, 적용받는 세율이 40퍼센트건 60퍼센트건 무조건 그 기회를 활용하는 것이 당연하다. 세율이 더 높을 때는 면세 조항을 찾아보는 노력을 약간 더 기울일 수는 있겠지만, 자문 세무사가 두 경우에 조언을 달리할 것이라고 생각되지는 않는다.* 따라서 1986년 이후 신고 소득의 증가는 기존에 존재했던 많은 세수 구멍들을 그 법이 메웠기 때문이라는 설명이 더 설득력 있다.

높은 세율이 불러오는 또 다른 잠재적 손실은 기업이 경영자에게 값비싼 특전으로 보상하려는 더 큰 인센티브를 갖게 한다는 점이다. 예를 들어 영국의 고소득자에 대한 한계 세율이 90퍼센트 이상이었던 시절, 운전사가 딸린 롤스로이스를 타고 다니지 않는 경영자를 보기가 드물 정도였다. 기업이 경영진에게 이 특전을 제공하는 데는 한 해 50,000달러가 들었는데, 이 금액을 경영자가 급여로 받았다면 그런 식으로 돈을 소비하는 것이 적절하다고 생각하지는 않았을 것이다. 그러나 50,000달러의 추가 소득의 세후 가치는 경영자에게 5,000달러 미만이었기 때문에, 기업이 제공하는 롤스로이스는 매력적인 옵션으로 보였다.

---

* 세율이 좀 낮아졌다고 해서 당연히 공제나 면세를 받을 수 있는 것을 세무사가 일부러 빼먹고 이야기해주지 않는 일은 보통 없다.

탈세는 심각한 문제다. 그러나 현물 급여 같은 행위들은 현재 상대적으로 낮은 세율에서도 감시되고 통제되어야 하는 대상이다. 더 중요한 점은, 소득이 아니라 소비에 과세한다면 모든 종류의 탈세는 급격히 감소할 것이라는 사실이다. 경영자에게 운전사 딸린 롤스로이스를 제공하느라 50,000달러를 쓰니 회사는 경영자에게 현금으로 50,000달러를 추가적으로 주면 되고, 그 돈을 뮤추얼 펀드에 맡겨놓기만 하면 경영자는 아무런 세금을 내지 않아도 된다. 이로써 우리는 탈세를 하려는 인센티브의 많은 부분을 제거할 수 있다. 실제로, 오늘날의 완만한 기울기의 누진 소득세하에서보다 가파른 기울기의 누진 소비세하에서 탈세 문제가 덜 심각하리라고 생각할 만한 충분한 이유가 있다.

전체적으로 살펴보면, 형평과 경제 성장 사이의 고통스러운 맞교환 관계에 관하여 트리클다운 이론이 주장하는 바는 설득력과 거리가 멀다. 이런 맞교환 관계가 존재함을 입증하는 탄탄한 이론적 근거가 전혀 없을 뿐더러, 경험적 증거도 변변치 못해서, 그 관계에 대한 회의론자의 마음을 결코 돌려놓지 못할 것이다.

트리클다운 경제학의 기본 전제가 완전히 잘못된 것은 아니다. 다만, 누진 소비세는 트리클다운 경제학이 고율의 세금의 효과라고 일컫는 것의 정확히 반대 효과, 즉 경제 성장을 촉진하는 효과를 가져올 것이다. 즉, 세 가지 독립적인 이유 때문에 누진 소비세로의 변경은, 경제 성장을 저해하지 않고 오히려 **증진시킬** 것이다. 첫 번째 이유는 소비에 대한 과세가 저축을 증진시키고 그에 따라 생산성을 증가시키리라는 것이다.

소비세가 새로운 저축을 어떻게 촉진하는가?

소비세의 지지자들은 오래전부터 그 세제가 저축을 증가시킬 것이라고 강조해왔고, 그들은 옳다. 그러나 이 지지자들 중 많은 수는 그 저축 증가분은 작을 것이며, 따라서 그로 인해 생기는 성장과 복지의 증대는 꾸준하기는 해도 역시 작은 규모일 것이라고 예측한다.[5] 그러나 성장과 복지 증대가 작은 규모라는 예상은 상당한 오판이다.

소득세에서 소비세로 변경하면 여러 경로를 거쳐 저축에 영향을 미치게 되지만 이때까지 소비세 지지자 대부분은 오직 두 가지 경로에만 초점을 맞추어왔다. 인센티브 효과라 불리는 첫 번째는, 저축을 하면 생기는 금전적 이익의 증가로부터 나온다. 이 효과는, 은행이 예금 이자를 올리면 저축이 늘어나는 효과와 원리가 같다. 두 번째 경로는 연기 효과 postponement effect이다. 이것은 현재의 소득세와 비교했을 때, 소비세는 납세자의 일생 중 소비액이 소득액에 비해 상대적으로 큰 은퇴 후의 세수 비중이 더 크다는 사실에서 비롯된다. 따라서 소비세는 납세자들이 직업을 갖고 일하는 동안 더 많은 저축을 할 능력을 부여할 뿐만 아니라, 또한 그렇게 하는 것을 그에게 꼭 필요한 일로 만든다. 그리고 각 개인이 더 많은 저축액을 갖고 은퇴하게 된다면 사회 전체의 저축액은 더 늘어날 것이다.

그러나 소비세에 대한 과거의 지지자들도 동의했듯이, 이 두 효과는 상대적으로 작은 영향만 줄 뿐이다.[6] 그러나 소비세가 추가적인 저축을 촉진시키는 훨씬 더 중요한 경로들이 또 존재한다. 하나는 소위 수평적 재분배 효과 horizontal-redistribution effect로, 소비세는 저축을 많이 하는 사람에게 더 많은 자원을 쥐어주므로, 저축을 촉진하게 된다는 것이다. 덜 소비할수록 세금을 적게 내며, 그래서 저축할 수 있는 여유는 더 많아지게 된다. 사람들의 저축 성향은 서로 엄청나게 다르므로, 이 효과는 중요하다. 그 효과는 경제학자 로런스 사이드먼과 켄 루이스Ken Lewis가 주의 깊게 조사한 바 있다. 그들은, 수평적 재분배 효과 자체만으로도 미국의 총 저축을 약 11퍼센트 증가시킬 것이라고 추정하였다. 더군다나, 이 추정치는 현재 USA 세제안이 취하고 있는 상대적으로 완만한 수준의 누진율로 계산한 결과이다.[7]

소비세가 저축에 어느 정도나 영향을 미칠까에 대한 기존의 추정치가 갖는 더 중대한 결점은, 그 추정 방식이 저축률에 영향을 미치는 공동체의 소비 기준consumption standard 효과를 무시했다는 것이다. 이것은 누진 소비세가 저축을 촉진하는 경로 중 단일 경로로는 무엇보다 가장 중요한 것이다. 앞서 논의했듯이, 소비세는 직접적으로는 어떤 가정의 소비를 약간만 줄이게 하는 데 그칠지라도, 간접적으로는 자기 증폭적 연쇄를 개시하도록 할 것이다. 예를 들어 다른 사람들이 덜 소비한다면 우리가 소비하는 돈은 더 줄어들 것이고, 우리의 이러한 반응은 다시 다른 사람들에게 영향을 미친다는 식이다. 그리고 이 승수 효과가 일단 고려되면, 저축률의 매우 작은 초기 변화도 상당히 큰 폭의 변화를 초래한다는 결론이 나온다.

일부 경제학자들은 과거 저축에 과세가 되지 않던 시절 —— 미국 납세자들이 매년 2,000달러의 저축액에 한해서는 면세 받았던 IRA 정책을 시행하던 시기 —— 에도 저축률은 그다지 뚜렷한 영향을 받지 않았다고 논한다. 예를 들어 일부 저자들은 이 면세 제도가 사람들이 저축하는 돈의 액수는 바꾸지 못하고 단지 저축하는 형태만 바꾸었다고 주장한다.[8] 다른 논자들은 그 프로그램이 최소한 총 저축에 약간의 긍정적 효과는 미쳤다고 한다.[9] 그러나 그 어느 누구도 개인 퇴직금 적립 계정이나 그와 비슷한 면세 조치가 저축에 큰 영향을 미쳤다고 주장하지는 않는다. 따라서 전통적인 지혜가 이야기하듯이, 현재의 소득세제에서 소비세제로 바꾼다고 해도 저축에 미치는 영향은 상대적으로 작을 가능성이 높다고 한다.

그러나 과거 IRA에 대한 반응에 기초한 회의론은 설득력이 없다. 첫째, IRA나 이와 유사한 면세 조치는 저축액에 상관없이 주어지는 무제한적인 면세와는 정말로 매우 다른 것이다. 저축을 하는 대부분의 미국 사람들은 연간 2,000달러보다는 훨씬 많이 저축한다. 따라서 IRA가 제공한 면세는 개인이 직면하는 인센티브를 실제로 바꾸지 못했다.

또 다른 중요한 차이점은 IRA와는 달리 무제한적인 저축 면세 제도는 은퇴 전에 저축액을 소비한다고 해서 무거운 위약금을 부과하지 않는다는 점이다. 많은 사람들이 IRA를 온전히 활용하길 꺼렸던 까닭은, 은퇴 전에 갑자기 돈이 필요한 상황이 발생할지 모른다고 염려했기 때문인데, 이는 충분히 이해가 가는 일이다. 소비세하에서 이 두려움은 발생하지 않는다. 저축은 어느 때라도, 원래 소비하면 당연히 부과되는 세금을 제외하고는, 아무런 위약금 없이 인출할 수 있다.

소비세가 저축에 상당한 영향을 미칠 수 있기 위해서는 그 세율이 가파르게 누진적이어야 한다. 우리는 부자들조차 그들이 직면하는 가격에 반응해서 소비를 조정한다는 사실을, 매우 부유한 가족조차 맨해튼 같은 도시로 이사 갈 때에는 예전에 살던 임대료가 낮았던 동네의 집보다 상당히 더 작은 크기의 집을 산다는 증거를 통해 이미 잘 알고 있다. 소비의 과시 효과에 미치는 중요성 때문에 부자는 새로운 인센티브에 반응하여 덜 쓰고 더 저축할 것이고, 소득 사다리 바로 아래에 있는 사람도 그렇게 할 것이다. 그리고 그 아래에 있는 사람도 그렇게 할 것이다. 모든 측면에서 보아 누진 소비세는 여러 경로를 통해 순 저축률을 크게 증가시키는 데 필요한 수단을 제공해줄 수 있을 것이다.

소비세가 소비 패턴을 바꾼다

누진 소비세가 경제 성장을 촉진하는 두 번째 이유는 이 책에서 우리의 주된 관심사였던 낭비적인 소비 패턴과 관련이 있다. 만일 고도로 누진적인 소비세가 현재의 장시간 노동 추세에 역전을 가져온다면, 국가의 복지를 일인당 소득으로 측정하는 트리클다운 이론은 그 결과를 나쁘다고 간주할 것이다. 그러나 삶의 만족 요인에 관해 우리가 살펴본 증거들이 타당하다면 이 결론은 정당화될 수 없다. 오히려 세금이 더 과시적인 소비에서 덜 과시적인 소비로 소비 형태를 바꾼다면 그 결과는 전반적인 복지의 하락이 아니라 상승일 것이다. 그리고 이런 개선은 전통적인 방식으로 측정되는 일인당 소득의 증가로 표현되지 않을 수는 있겠지만, 우리가 생산하는 것의 가치는 실제로 증가하는 셈이다. (이 측정 이슈에 관해서는 나중에 다루기로 한다.)

승자 독식 경제에서의 직업 선택

고소득자들에 대한 더 높은 세율이 경제를 촉진시키는 세 번째 경로는 트리클다운 이론이 크게 간과하고 있는 관계 —— 즉, 조세 정책과 직업 선택 사이의 관계 —— 에서 시작된다. 경제학 정설은, 자유 시장의 인센티브가 사회적으로 유익한 방식으로 재능을 상이한 직업에 배분한다고 주장한다. 이 주장은 일에서 얻는 개인의 보상이 절대적 성취에 따라 결정된다는 가정에 의존하고 있다. 그러나 3장에서 논의했듯이 승자 독식 시장은 점점 더 현대 경제의 많은 부분에 침투하고 있다. 이 시장에서는 상대적 성취의 작은 차이가 보상에서의 거대한 차이를 낳게 된다.

이 시장들에서 보이는 특유한 인센티브 구조는 순전히 시장 인센티브에 의해서만 이루어지는 직업 선택의 사회적인 차원의 매력도에 관한 우리의 전통적인 신념에 의문을 불러일으킨다. 상이한 직업에서의 보상이 절대적 성취 수준에만 의존한다면 애덤 스미스의 보이지 않는 손은 꽤 잘 작동할 것이다. 그러나 일부 직업에서의 보상이 상대적 성취에 강하게 의존한다면 개인에게는 똑똑한 직업 선택이 전체로서는 멍청한 짓이다. 이러한 관찰은 고소득자들에게 부과되는 고율의 세금이 모든 사람에게 이로운 방식으로 직업 간 재능 분배를 변경하게 됨을 시사한다.

점점 더 많은 젊은이들이 법, 금융, 컨설팅처럼 지원자가 넘쳐나는 분야에서 최고의 자리를 쫓고 있으며, 그 때문에 재능 있는 사람들이 더 들어온다면 거대한 이익을 산출할 수 있는 공학, 제조업, 공공 부문, 교직을 비롯한 다른 직업들을 저버리고 있다. 예를 들어 한 연구는 공대 입학자의 수가 2배가 되면 국민 소득 성장률이 0.5퍼센트 상승하는 반면, 로스쿨 입학자의 수를 2배로 늘리면 0.3퍼센트 하락할 것이라고 추정했다.[10] 그러나 변호사 시험을 통과하여 시장에 들어오는 새로운 변호사들의 수는 1970년에서 1990년 사이에 두 배로 증가했다. 그 기간은 공립 학교 교사의 SAT 점수가 많이 하락한 기간이기도 하다.[11] 간단히 말해, 문제는 다른 중요한 많은 노동 시장들이 재능 있는 사람이 없어 허덕이고 있을 때조차 승자 독식 시장은 수많은 경쟁 참가자들을 끌어들인다는 것이다.

어떤 이는, 그러한 불균형은 노동력이 부족한 부문의 임금은 상승하고 과밀한 노동력이 몰리는 부문의 임금은 하락하게 되면서 사라질 것이라고 희망한다. 그리고 실제로 최근 로스쿨 지원자들의 수는 줄어들었다. 그러나 두 가지 이유로, 그런 식의 조정은 장기적으로 필요한 정도에 미치지 못할 수밖에 없다.

첫째, 정보 문제가 있다. 자신의 능력을, 그 분야의 슈퍼스타 자리를 놓고 경쟁하는 다른 사람들의 대체로 잘 알려지지 않은 능력과 비교하는 일은 분명히도 정보를 잘 갖춘 상태에서 승리의 확률을 계산할 것을 요구하는 과업이다. 그러나 이 확률에 대한 사람들의 계산은 부정확하기로 악명이 높다. 예를 들어 응답 조사 결과는, 우리들 중 90퍼센트 이상이 평균적인 운전자보다 더 낫다고 생각하고, 90퍼센트 이상의 노동자들이 자기가 평균적인 동료 노동자들보다 생산적이라고 생각한다는 사실을 일관되게 보여준다.

심리학자들은 이를 워비곤 호수 효과*라고 칭한다. 현 논의의 목적에 비추어 이 현상이 중요한 까닭은, 그 효과 때문에 사람들이 자신이 슈퍼스타의 자리를 차지할 확률을 과대평가하게 되기 때문이다. 실제로 과잉 확신은 직업 선택 영역에서 특히 강력한 영향을 미칠 가능성이 높다. 왜냐하면 그런 과잉 확신을 떠받치는 통상의 동기에 더해, 최고의 승리자가 너무나도 도드라지기 때문이다. 수백만 달러의 연봉을 받는 NBA의 스타는 매주 텔레비전에 여러 번 나오지만, 리그에 들어가지도 못하는 수천 명의 선수들은 잠깐의 주목도 받지 못한다. 승리의 확률을 과대평가할 때, 승자 독식 시장에서 경쟁하기 위해 전통적인 시장의 생산적인 직업을 저버리는 사람들의 수는 전통적인 비용-편익 분석에서 정당화될 수 있는 지점을 넘어서 늘어날 것이다.

승자 독식 시장에 사람들이 계속 몰리는 두 번째 이유는 우리가 10장에서 살펴본 인센티브의 구조적 문제, 즉 공유지의 비극 때문이다. 논의했듯이, 이 인센티브 문제는 연안의 남획을, 공유 초원의 지나친 방목을, 숲의 남벌을 설명해준다. 그것은 또한 금광꾼들은 왜 그토록 많은지 이해하는 데 도움을 준다. 이 문제는 지금 우리가 다루는 문제와 매우 가깝다. 비록 새로이 발견된 금광을 개발하는 초기 단계에는 금광꾼의 수가 늘어나면 캐내는 금의 총량을 상당히 증가시킬 수도 있으나, 어느 지점을 넘어서면 금광꾼의 수가 발견되는 금의 양에 거의 아무런 기여도 하지 못한다. 수많은 금광꾼들이 붐비는 금광

---

* (앞쪽) **워비곤 호수 효과**Lake Wobegon Effect 워비곤 호수는 작가이자 라디오 진행자인 개리슨 테일러가 자신의 라디오 쇼에서 "워비곤 호수 뉴스News from Lake Wobegon"라는 코너를 내보내면서 알려진 가상의 마을이다. 이 마을 사람들은 다들 근거도 없이 자기가 잘났다고 생각한다.

지대^{goldfield}에서 신참내기가 발견한 금은 대체로 어차피 다른 사람들이 발견했을 금이라고 할 수 있다.

1년에 10,000달러를 받는 공장에서 일할지 금광꾼이 될지 결정하는 사람을 상정해보자. 두 직업이 보수를 빼놓고는 똑같이 매력적이라고 할 때, 그는 1년에 최소한 10,000달러어치의 금만 캐낼 수 있다면 금광꾼이 되고자 할 것이다. 그가 11,000달러어치의 금을 캐낼 것이 예상되고 그중 9,000달러어치 금은 그가 공장 일을 택했더라도 어차피 다른 누군가 캐내었을 양이라고 해보자. 그럴 경우, 비록 그가 금광 지대로 뛰어들었기 때문에 증가되는 금의 총량은 2,000달러어치에 불과하지만, 그 개인으로서는 금광꾼이 되는 것이 괜찮은 선택이다. 그러나 사회의 총 소득은 그가 금광에 가는 대신 공장으로 갔더라면 8,000달러 더 많았을 것이다.

승자 독식 시장의 잠재적인 경쟁자들도 유사한 방식으로 선택을 오도하는 인센티브에 직면한다. 그리하여 어느 지점을 지나면 출세 지향적인 M&A 전문 변호사 수가 한 명 더 증가해도 그런 종류의 거래에서 생기는 수임료는 그만큼 새로 증가하지 않는다. 월 스트리트에 있는 회사에 취직한 법학도의 행운은 같은 자리를 원했지만 실패한 경쟁자의 불운으로 그 가치가 상쇄되어버린다.

여기서 시장 실패를 초래하는 인센티브 간극은 금광꾼 사례에서 문제를 발생시켰던 것과 유사하다. 개별 금광꾼은 그들이 발견할지도 모를 금의 대부분은 자신이 그 일을 안 했어도 어차피 다른 사람이 발견했을 금이라는 점을 전혀 고려하지 않는 것처럼, 슈퍼스타가 되려는 사람들은 그들의 존재가 다른 경쟁자들의 성공 확률을 낮춘다는

404

사실을 무시하는 경향이 있다.

재능의 잘못된 분배를 초래하는 효과에 더해, 승자 독식 구조는 다른 형태의 낭비도 부추긴다. 왜냐하면 그 구조는, 성공의 전망을 높이기 위해 경쟁자들이 비용이 많이 드는 조치를 취하게끔 요구하기 ——사실상 강제하기—— 때문이다. 우리가 앞서 살펴보았듯이 프로 운동선수들의 스테로이드 복용은 심각한 위험을 수반하면서도, 제공되는 오락의 가치에는 아무것도 더하는 바가 없다. 전미풋볼리그의 팬들은 서로 기량을 겨루는 라인맨들의 평균 체중이 120킬로그램이기보다는 150킬로그램이기를 바랄 이유가 거의 없다. 그러나 몸집이 더 큰 선수가 갖는 유리한 점은 개별 팀으로서는 승패를 가르는 결정적인 요인일 수 있다. 그래서 효과적인 약물 테스트가 없는 경우에 복용하는 모든 사람들에게 건강상의 위험을 가져오는 스테로이드 주사가 광범위하게 퍼지는 현상은 불가피하다. 승자 독식 시장은 재능의 쏠림 현상에 더해 이와 유사한 군비 경쟁을 수도 없이 불러일으켜 손실을 더 확장시킨다.

승자 독식 시장에서 최고의 성취를 이룬 사람에게 주어지는 최고의 보상은, 계속해서 지나치게 많은 경쟁자들을 그 분야로 끌어들이고 있다. 경제적 인센티브가 조금이라도 작동한다면(그리고 이것은 트리클다운 이론 자체가 주장하는 바의 초석이기도 하다.) 그 정도만큼, 고소득자에 대한 더 높은 세금은 제한된 최고의 자리를 두고 경쟁하는 사람들의 숫자를 줄이게 된다. 더군다나, 경쟁을 포기하는 사람은 처음부터 승자 집단에 들어갈 확률이 가장 낮았던 사람들일 것이다. 따라서 승자 독식 시장에서 생산하는 가치는 승자의 소득에 더 높은 세금이 부과된다 하여도 그다지 감소하지 않을 것이다. 그리고 어떤 감소가 일어난다고 해도 전통적인 시장*에서의 산출 증가로 상쇄되고 남음이 있을 것이다.

더욱이 고소득에 대한 더 많은 세금은 경쟁자들이 최고의 자리를 놓고 스테로이드를 주사하는 등의 비용이 많이 드는 경쟁을 할 인센티브를 둔화시킨다. 승자 독식 시장의 계속되는 확산은, 따라서 좀 더 누진적인 세금 구조가 더 큰 평등뿐 아니라 더 큰 경제 성장을 달성하게 해주는 길임을 시사하는 또 하나의 이유다.

성장과 불평등 간의 다른 관련성들

트리클다운 이론의 기본 전제를 의문시할 또 다른 이유도 남아 있다. 그중 하나는 팀에 속하는 어떤 사람의 생산성은 그 팀의 다른 사람들의 생산성에 의존한다는 사실과 관련 있다. 그래서 숙련 기술자나 경영자가 투여하는 노력으로 늘어나는 국민 소득의 총량은, 다른 노동자들이 거의 훈련을 받지 못한 경제에서보다 고도로 숙련된 노동력을 확보한 경제에서 몇 배나 더 클 것이다. 마찬가지로, 가난한 나라의 의사는 동일한 업무를 수행하는 부유한 나라의 의사보다 돈을 훨씬 덜 버는 것이 보통이다. 생산성 사다리의 꼭대기에 있는 사람들은 가능한 한 최고로 우수한 사람들과 함께 일하길 바랄 것이다. 그러나 소

---

* 승자 독식이 아닌 시장.

득 불평등이 일정한 지점을 넘어서면, 소득 사다리의 아래쪽에 있는 사람들은 기술과 능력을 온전히 계발할 수 없게 된다. 그리고 이는 소득 사다리의 아래쪽에 있는 사람들뿐만 아니라 위에 있는 사람들에게도 불이익을 준다.

그로 인해 발생하는 손실은, 많은 사람들이 살아가고 있는 절대 빈곤 환경에서 가장 잘 드러난다. 절대 빈곤 상황에 처한 사람들은, 불평등이 더 증가하면 아이들을 적절히 교육시킬 수 있는 능력은 물론이고 아이들을 적절히 먹이고 입히고 재우는 능력까지도 훼손되고 만다. 그러나 불평등의 비용은 절대 빈곤 영역에만 한정되지 않는다. 예를 들어 리처드 윌킨슨과 마이클 마멋을 비롯한 여러 학자들이 입증했듯이, 심지어 부유한 국가에서도 소득 불평등의 정도와 다양한 스트레스 관련 질병의 발병률 사이에는 강한 연결 관계가 있다(9장을 보라.). 이 질병은 그 질병에 걸린 사람들에게만 부담을 지우는 데 그치지 않는다. 대개 그런 질병은 공공 비용으로 의료 서비스가 제공되어야 하는데, 이는 건강한 사람들에게 추가적인 세금 부담을 의미하는 것이다. 그리고 많은 질병 때문에 사람들이 잠재력을 온전히 발휘하지 못할 때, 건강한 사람들 역시 더 생산적인 동료와 함께 일했다면 얻었을 간접적인 혜택을 상실하게 된다.

여기서 다시금 우리는 초기 조건의 작은 변화가 최종 결과에 큰 변화를 가져오는 경우가 자주 있다는 점을 명심할 필요가 있다. 필립 쿡과 내가 다른 곳에서 논한 바 있듯이 노동 시장에서는 작은 사건도 중요하다. 왜냐하면 보통 직업 경력의 발전 과정은 스포츠의 토너먼트 경기 과정과 닮은꼴이기 때문이다.[12] 다음 단계로 올라가기 위해서는 현재의 단계에서 좋은 성과를 내야 한다. 그리고 현재의 단계에 애초에 올라서려면 직전 단계에서의 성과가 좋았어야 한다. 이런 식으로 계속 이어진다. 어떤 이유에서건 한 단계에서 성공하지 못하면, 그 결과 추가적인 훈련을 받고 경험을 쌓는 등 다음 단계로 이동하기 위해 필요한 자원을 얻는 일이 자주 불가능해진다. 더군다나, 특정 단계에서의 실패는 스포츠에서 그런 것처럼 아주 사소한 수행의 결함 때문에 생길 수도 있다. 그리하여 성공을 위해 적절한 위치에서 동등하게 인생의 첫걸음을 내디딘 두 사람이라고 해도, 그들의 직업 경력은 극적으로 다른 궤적을 그릴 수 있다. 소득 불평등에서 초기의 작은 증가는 당시에는 교육, 건강에서 큰 차이를 만들어내지 않아도 종국에는 생산성에 대규모의 광범위한 부정적 효과를 낳을 수 있다.

소득 불평등의 증가는 일부 사람들이 합법적인 경력 기회를 활용하는 것을 더 어렵게 만들기 때문에, 그만큼 법 바깥에서 추구할 수 있는 선택지의 매력을 높인다. 적어도 그러한 결과는 인센티브가 중요하다는 점을 받아들이는 모든 이론에서 예측하는 바다. 이러한 이론들은 합법적인 기회의 결여는 사람들을 범죄로 몰아가며, 그 사람들이 선택한 범죄는 재산 범죄 ── 주거 침입, 절도, 마약 거래 등 ── 가 될 것이라고 예측한다. 비록 많은 연구에서 가난과 재산 범죄 간의 유의미한 연결 관계를 발견하긴 했지만,[13] 같은 주제를 다룬 또 다른 많은 연구에서는 그 관련성이 유의미하지 않은 것으로 드러나기도 한다.[14] 그러나 가난과 폭력 범죄 사이에는 강한 연결 관계가 정말로 존재하는 것으로 보인다.[15] 이러한 발견은 일부 사람들은 감소된 합법적 기회에 좁은 의미에서 자기 이익을 추구하는 합리적 행동으로 반응하지만, 다른 사람들은 그저 좌절 속에서 다른 이들을 맹렬히 공격하려 한다는 사실을 시사한다.

어느 경우든, 경제 성장에 미치는 부정적 영향은 너무나 명백하다. 두려움에 찬 약 400만 명의 미국인들이 현재 외부인의 출입이 통제된 동네에 스스로 틀어박혀 있으며, 이는 10년 전의 2배나 되는 숫자다.[16] 민간 보안 제품과 서비스에 대한 미국 내의 총 지출은 1996년에는, 사상 최고이자 1991년에 비해 46퍼센트나 증가한 570억 달러를 찍었다.[17] 법무부에 따르면, 민간 경비 산업private security industry은 현재 법 집행 공공 인력의 2.5배인 150만 명의 인력을 고용하고 있다.[18]

사람들이 범죄를 저지르거나 그 범죄의 희생자가 되지 않기 위해 노력하느라 바쁜 정도만큼, 그들의 노력은 합법적인 재화와 서비스를 생산하는 일이 아니라 다른 곳에 쓰이고 있는 셈이다. 따라서 범죄의 증가는 전통적으로 측정된 일인당 소득 수치의 측면에서 보아도 경제 성장률을 낮춘다. 그러나 그 수치의 감소분은, 범죄가 성장에 미치는 진정한 영향을 상당히 과소평가한 것이다. 왜냐하면 범죄를 저지르거나 피하는 과정에서 발생되는 많은 비용 —— 총기, 주거 침입 도구, 외부인 출입 통제 마을, 잠금장치, 침입 경보장치, 경비 요원, 지역 경찰 등등 —— 이 현재 방식으로 산정되는 국민 소득 수치를 증가시키기 때문이다. 다른 논자들도 시사했듯이, 경제 성장에 대한 더 정확한 그림은 그런 종류의 지출을 배제해야 한다.[19] 이 논리를 따라 수정된 계정 체계에서는 평등과 경제 성장 사이의 긍정적 연결 관계가 더 강조되어 드러날 것이다.

전체 소득

경제 성장과 주관적 복지의 측정치로 일인당 소득을 사용하는 일의 또 다른 중요한 결점은 여가의 가치를 전혀 고려하지 못한다는 점이다. 자발적 검약 운동의 권고나 고도로 누진적인 소비세가 바꾼 인센티브 덕택에 모든 사람들의 노동 시간이 10퍼센트 준다면, 단기적으로는 일인당 소득이 10퍼센트 감소할 것이다. 그러나 늘어난 여가의 가치가 포기한 임금의 가치보다 더 크다면, 국민 소득 계정 감소만 보고 경제가 침체되었다는 신호라고 해석하는 것은 명백히 오류다. 말하자면, 일인당 소득은 경제적 복지에 대한 훌륭한 측정치가 아니다.

일인당 소득은 활용 가능한 측정치 가운데서 가장 편리하기 때문에, 그 측정치는 경제가 얼마나 잘 돌아가고 있는지에 대한 우리의 이해에 과도한 영향을 미쳤고, 일인당 소득의 극대화가 사회 목표 그 자체가 되는 일도 자주 있다. 만일 우리가 전통적인 국민 소득 계정 산정 방식accounting procedure을 수정하여 단순히 시장에서 벌어들인 돈만 집계하는 것 아니라 우리가 "전체 소득whole income" [20]이라고 부를 수 있는 수치의 증가를 집계한다면, 재화를 추가된 여가 시간과 교환하는 일이 더 쉬워질 것이다. 개인의 연간 전체 소득은 그 사람의 시간당 임금에 2,000시간을 곱한 것으로 상정하거나, 1년 동안 전일제로 일한다고 가정했을 때 벌 돈의 액수로 상정한다. 이 방식에 의하면 시간당 임금이 동일한 두 사람 중, 한 사람은 전일제로 일하고 다른 사람은 파트타임으로만 일한다고 해도, 이 둘은 동일한 전체 소득을 버는 것으로 산정된다. 우리의 소득 계정을 이런 방식으로 측정하게 되

410

면, 전반적인 노동 시간의 자발적인 감소를 경제 침체의 신호로 잘못 해석하는 일은 없어질 것이다. 그리고 우리가 살펴볼 증거에 의하면 이러한 수정은 전적으로 정당한 조치다. 왜냐하면 인간의 복지는 우리가 소비하는 재화의 양에만 달려 있는 것이 아니고, 원하는 대로 보낼 수 있는 시간에도 달려 있기 때문이다.

———————

간략하게 요약하자면, 고소득자들에 대한 더 높은 세율의 과세가 전통적인 방식으로 측정된 경제 성장에 상당한 감소를 가져올 것이라는 증거는 거의 없으며, 게다가 설사 그런 감소가 있다고 해서 그것을 경제 침체의 신호로 해석할 증거는 더더욱 없다. 따라서 다음과 같은 질문이 명백하게 제기된다. 만일 트리클다운 경제의 기본 전제에 내가 주장하듯이 그토록 심각한 결점이 있다면, 어찌하여 그토록 널리 받아들여지고 있는가?

내가 이 장의 서두에서 밝힌 바와 같이, 이 전제가 갖는 호소력의 많은 부분은 인센티브가 중요하다는 신념과 긴밀한 관련성을 가지고 있는 듯이 보이기 때문에 생긴다. 인센티브는 정말로 중요하며, 지난 수십 년간 많은 사회 정책 입안자들은 이 사실에 주의를 충분히 기울이지 않았다. 그러나 어떤 인센티브가 중요한지 명확히 해야 한다. 트리클다운 경제학은 절대적 보상 수준이 진짜 중요한 인센티브라고 전제한다. 그러나 활용 가능한 최선의 증거에 비추어 볼 때, 상대적 보상이 절대적 보상보다 더 중요하지는 않다 하더라도 최소한 그만큼은 중요하다.

　이 증거들이 나온 지는 시간이 꽤 지났기 때문에, 왜 그에 기반하여 트리클다운 경제학의 기본 전제에 대한 체계적인 도전이 어떤 형태로든 제기되지 않았는지 어리둥절할 수도 있다. 사실 바로 그러한 도전이 지난 수년간 탄력을 받고 있다. 이 운동에 속하는 학자들은 국가 내, 국가 간 경제 성장과 불평등 사이의 관계를 검토해왔다. 그리고 그들이 발견한 사실은 한결같이 트리클다운 이론이 예측한 바와는 명확히 어긋나는 것이었다.

국가 간 성장과 불평등 관계

국가 간 비교 자료에서 소득 불평등과 경제 성장 사이의 부의 상관성을 발견하는 실증 연구 문헌이 쏟아져 나오고 있다. 예를 들어 경제학자 앤드루 글린Andrew Glyn과 데이비드 밀리밴드David Miliband는 세계은행World Bank과 경제협력개발기구OECD의 산업 국가 표본 자료를 활용하여 소득 불평등과 경제 성장 사이의 관계를 검토했다(그들은 임금 불평등 정도를 1980년 상위 20퍼센트 소득과 하위 20퍼센트 소득 비율로 측정했으며, 경제 성장의 정도는 1979년과 1990년 사이의 노동 생산성 연간 성장률로 측정했다.).[21] 그들이 발견한 사실은 아래 그림에 나와 있는데, 소득 불평등과 성장 사이의 유의미한 음의 관련성을 보여준다.

　다른 연구에서, 알베르토 알레시나Alberto Alesina와 D. 로드릭D. Roderick은 65개 국가에서 상위 5퍼센트나 상위 20퍼센트에게 돌아가는 국민 소득의 몫이 더 많아질수록 국민 소득 성장률은 낮다는 사실을 발

국가 간 비교 자료에서 나타난 경제 성장 대 불평등

출처: Glyn and Miliband, 1994년, 3쪽.

견했다. 그리고 이와는 반대로, 중·하위 소득 집단에 돌아가는 국민 소득의 몫이 많아질수록 성장률은 높았다.[22] 몇몇 이와는 독립된 연구에서도 본질적으로 동일한 패턴이 확인되었다.[23]

물론, 불평등과 성장이 부의 상관성을 보인다는 사실만으로는 더 큰 불평등이 필연적으로 느린 경제 성장의 원인이라고 말할 수는 없다. 경제 성장률에 영향을 미치는 수많은 다른 요소들이 국가에 따라서로 매우 많이 다르지만, 이 요인들 중 가장 중요한 요인 중 몇 가지가 소득 불평등과 정의 상관성을 가진다면, 그것을 통해 이 패턴을 설명해낼 수도 있기 때문이다.* 그럴 가능성이 있는지 심사하는 한 가지 방법은, 불평등과 성장 사이의 부정적인 관계가 이 두 변수를 시간이

---

* 아이스크림 소비량 증가가 자살률을 증가시키는 것이 아니라, 아이스크림 소비와 정의 상관성을 갖는 여름 기온이 진정한 원인이라는 설명 같은 것을 뜻한다.

지난 뒤 국가 내에서 검토했을 때에도 동일하게 유지되는지 살펴보는 것이다.

성장과 불평등의 통시적 관계

최근 몇몇 연구가 불평등과 경제 성장 사이의 통시적 상관관계 역시 부정적임을 밝혀냈다. 예를 들어 경제학자 돈 코리$^{Don Corry}$와 앤드루 글린은, 그들의 최근 조사에서, 선진 산업 국가에서의 전후 경험은 경제 성장과 소득 불평등의 편차를 설명하기 위한 목적에서 두 시기로 구분될 수 있다고 한다.[24] 첫 번째 시기는 대략 제2차 세계 대전 종전 후부터 1973년까지로, 통상 경제 성장의 황금시대로 불린다. 그 기간 동안 국민 소득 성장은 평균 5퍼센트였으며 많은 선진국에서는 그 이상의 성장률을 보였다. 이와는 대조적으로, 1973년 이후 시기 OECD 국가의 국민 소득 성장률은 이전 시기의 반밖에 되지 않았다. 코리와 글린은 또한 사실상 어떤 측정 방식을 통해서 보아도, 황금시대의 소득 불평등은 역사적 기준에서 낮은 편이었으며, 그 시기 동안에는 대부분의 국가에서 불평등 정도가 감소했다고 한다. 그들은 더 나아가, 비록 국가별로 그 시작 시기는 달랐지만, 대부분의 국가에서 1974년 이후 소득 불평등 정도가 유의미하게 증가했다고 한다. 국가 간 비교 자료에서와 마찬가지로, 트리클다운 이론이 예측했던 것과는 달리, 더 높은 성장률은 더 높은 소득 불평등이 아니라 더 낮은 불평등과 연관되어 있었다.

그러나 여기서도 다시금, 부의 상관성이 관찰되었다고 해서 꼭

414

불평등 증가가 더 낮은 성장률의 원인이 되었다고 할 수는 없다. 앞서 언급했듯이, 불평등도와 정의 상관성을 가지고 있는 다른 요인이 진정한 인과적 원인일 수도 있다. 그러나 그 측정되지 않은 인과적 요인이 국가 간 비교 자료뿐만 아니라 통시적 자료까지 모두 설명할 수 있다는 것은 별로 개연성이 없어 보인다. 그럴 수도 있다. 그러나 소득 불평등을 원인에서 빼기 위해서는 한 번이 아니라 두 번의 우연이 필요하다.

자유 시장주의자의 불만

대부분의 자유 시장주의자들은 경제 성장이 좋은 것이라고 생각하며, 그들 중 소수 과격파를 제외하고는 정부는 필요하고 세금도 걷어야 한다는 점에 동의한다. 그러나 그들 중 많은 수가 원칙적으로 경제 성장을 촉진하기 위해 세금 정책을 의도적으로 활용하는 것에 반대한다. 그들은 현재 소비와 미래 소비 사이의 선택이 사과와 오렌지 사이의 선택과 다른 점이 뭐가 있냐고 묻는다. 자유 시장주의자들이 보기에는 후자의 문제와 마찬가지로 전자의 문제도 정부가 규제할 일이 아니다.

보이지 않는 손에 속박된 사람들은 최근 미국의 저성장 궤적을 개별 소비자가 현재와 미래 소비의 상대적 장점을 합리적으로 저울질해보고 결정한 결론에 따라 단지 현재 소비에 중점을 두기로 한 결과로 본다. 그 결정을 정부가 비판하는 것은 관료제적 오만의 극치라고 한다. 맞교환 문제에 대한 최선의 답을 어떻게 돈을 쓰는 본인들보다 정부가 더 잘 알 수 있단 말인가?

간섭하길 좋아하는 사회 공학자들의 유령 때문에 불안해하는 사람들은 자유 시장주의자에 한정되지 않는다. 그러나 저축을 촉진시키려는 집단적 조치는 소비자의 결정을 어림해 비판하는 오만을 저지르지 않는 여러 근거에 의하여 정당화될 수 있다. 예를 들어 가장 기본적인 수준의 이야기를 하자면, 우리는 이미 합리적 소비자들이 그 정책이 없었더라면 저축했을 돈을 저축하지 않게 만드는 부수적 효과가 있는 상당수의 정책을 시행하고 있다. 예를 들어, 은퇴 후에 소득의 상당 부분을 사회 보장 제도로 보전 받을 수 있다고 믿는 사람들은, 이 프로그램이 없었더라면 저축했을 액수보다 덜 저축하는 것이 합리적이다. 그러나 앞서 언급했듯이 사회 보장 제도는 전혀 저축 프로그램이라고 할 수 없고, 단지 노동자에게서 은퇴자에게로 소득을 이전하는 프로그램일 뿐이다. 그 프로그램은 진정한 저축으로부터 나오는 성장의 효과를 발생시키지 않는다.

메디케어*나 메디케이드,** 실업 보험 같은 다른 사회 안전망들도 비슷한 효과가 있다. 이 프로그램들이 예측할 수 없는 비상사태로부터 보호를 제공하지 않았더라면, 많은 사람들이 저축을 더 많이 했을 것이다. 전부는 아니지만 일부 자유 시장주의자들은, 이 사회 프로

---

* 메디케어Medicare 65세 이상 국민 중 일정한 요건을 갖춘 사람을 위한 공적 의료 보험.

** 메디케이드Medicaid 미국의 65세 미만 저소득층과 장애인을 위한 공적 의료 보험.

그램들이 아예 존재하지 않으면 좋을 것이라고 한다. 그러나 그 제도들은 존재하고 있고, 아무런 보장도 없는 환경과 비교했을 때 사람들은 계속 덜 저축할 것이다. 추가적인 저축을 촉진하려는 집단적 조치를 소비자의 결정을 비판하려는 시도로 이해해서는 안 되며, 진정한 자유 시장의 조건에서 사람들이 선택했을 것과 비슷한 수준의 저축률을 달성하려는 수단으로 이해해야 할 것이다.

다른 이유를 내세워서도 자유 시장주의자들의 주장을 반박할 수 있다. 내가 이 책 전반에 걸쳐 주장했던 것처럼, 개인에게 최선으로 보이는 저축 결정은 우리의 집단적 이익을 최선으로 증진시키는 결정은 아니다. 우리가 살펴보았듯이, 구직자들이 일자리 때문에 면접에 입고 나갈 옷을 사기 위해 덜 저축하는 일이나, 부모들이 더 좋은 학군의 집을 사기 위해 덜 저축하는 일은 완전히 합리적인 행위일 수 있다. 그러나 모두가 이 인센티브를 따랐을 때에는 저축의 손실만 생기고 각자가 바라던 결과는 실현되지 않는다.

이와 관련된 논점으로, 경제 성장률이 국방 같은 공공재와 중요한 공통점을 가진다는 사실이 있다. 민간 기업은 국방을 제공하는 일에 적절치 않다. 왜냐하면 그 서비스의 대가를 지불하지 않겠다는 사람에게도 국방의 혜택이 주어지는 것을 막을 방법이 없기 때문이다. 한 시민이 외국의 침략으로부터 보호를 받으려면 모든 사람들이 다같이 보호를 받는 수밖에 없다. 대가를 지불하지 않는 사람을 배제할 수 없다는 어려움을 깨달았기 때문에, 자유 시장주의자들조차도 국방을 비롯한 공공재 생산을 위해 과세하는 것은 정당하다고 인정한다. 고성장 경제에서 민주적 가치와 사회 조화가 더 쉽게 유지된다는 벤저민 프리드먼의 주장이 옳다면(7장을 보라.) 높은 성장률 역시 공공재이며 세금 정책으로 경제 성장률을 증진시키는 일은 정당성을 갖는다.

로런스 사이드먼은 높은 국가 성장률을 공공재로 볼 수 있는 또 하나의 측면을 제시했다.[25] 그는, 국가 간 서열에서 높은 지위를 차지하고 있는 나라는 사람들 간의 서열에서 높은 지위를 차지한 개인이 누리는 이득과 유사한 이점을 누린다는 점에 주목한다. 예를 들어 정치적 자율성은 상대적인 군사력에 긴밀하게 의존하고, 군사력은 상대적인 경제력에 크게 의존한다. 이와 마찬가지로 많은 세계 시장에서 경쟁력 있는 위치를 유지하는 능력은 과학 연구의 최전선을 확대할 수 있는 능력에 의존하고, 이 능력은 다시 상대적 부에 의존한다. 많은 사람들은 그들이 속한 나라의 생활 수준이 으뜸이라는 사실에서도 많은 위안을 얻는다.

더 높은 저축률이 가능하게 해주는 더 높은 성장률은 이 모든 이점을 증가시킨다. 그러나 한 개인의 저축 결정은 국가 성장률에 어떤 유의미한 영향도 미치지 않는다. 집단으로서 우리는 현재의 일부 소비를 포기할 것을 보상하기에 충분할 정도만큼 더 높은 성장률이 가능하게 해주는 사회 분위기의 개선이나 국가 서열의 상승을 가치 있게 생각할지 모른다.

그런 상황에서, 친성장 정책이란 간섭하길 좋아하는 사회 공학자들의 의지를 나머지 공중들에게 관철시키려는 사례라고 보는 것은 전혀 이치에 닿지 않는다. 효과적인 국가 방어 능력에서 나오는 이점을 누리기 위하여 정부가 세금을 걷길 원하는 것처럼, 빠른 경제 성장이

418

수반하는 공적인 혜택을 받기 위해 조세 정책을 활용하길 원할 수 있는 것이다.

호모 레알리스티쿠스

더 많은 저축을 촉진하는 집단적 조치는 모든 사람이, 자유 시장주의자가 호모 에코노미쿠스의 특성이라고 하는 엄청난 인지 능력과 자제력을 갖추고 있을 경우에도 정당화될 수 있다. 더군다나, 우리가 살고 있는 세계는 정통 경제 이론이 상정하는 무미건조한 풍경과는 매우 많이 다르다. 우리 세계에서 원형原型적인 행위자는 호모 에코노미쿠스가 아니라 이와는 매우 다른 동물인 호모 레알리스티쿠스*라고 부를 수 있는 존재다. 호모 에코노미쿠스에 비해 호모 레알리스티쿠스는 인지 처리 능력이 약간 떨어지고 자제력이 특히 취약하다. 그리고 이미 살펴보았듯이 바로 거기에 우리의 저축률이 이론적인 이상에 크게 못 미치는 또 하나의 이유가 놓여 있다.

개인들의 구체적인 상황에 최적인 저축 계획을 정식화하는 것은 매우 복잡한 문제다. 설사 그런 계획을 정식화할 수 있다 하더라도, 그것을 실행하는 것도 엄청난 문제다. 좋은 의도를 가지고 설계된 많은 저축 계획이 수많은 유혹 때문에 실패하고 만다. 실행이 어려운 것은, 저축이 주는 보상은 미래가 되어야만 오는 데 비해 수많은 유형의

---

* 호모 레알리스티쿠스Homo Realisticus 현실적 인간.

소비의 매력은 즉각적이면서도 강력하기 때문이다. 따라서 고도로 누진적인 소비세는 과시적 소비를 덜 매력적으로 만들어서, 많은 이들이 저축해야 된다고 느끼는 만큼 실제로 저축하는 일에 도움을 줄 것이다.

만일 지나친 소비의 유혹이 저축을 너무 적게 하는 유일한 원인이라면 소비를 억제하는 집단적 조치는 정당화하기 어려울지도 모른다. 어쨌거나 개인들은 자유롭게 자기 통제 문제를 개선하는 조치를 취할 수 있다. 많은 사람들은 예를 들어 급여 공제 저축 계좌에 가입해서 소득의 일부가 자동적으로 저축되게 만들어 맘껏 지출할 수 있는 돈의 액수를 제한하기도 한다.

그러나 더 많은 저축을 증진하기 위한 집단적 조치를 취하는 유일한 문제가 유혹뿐이라고는 결코 말할 수 없다. 우리가 살펴보았듯이, 고도로 누진적인 소비세는 그 문제 이외에도 다른 많은 그럴듯한 근거를 갖고 옹호할 수 있다. 그렇다고 해도 세금은 많은 소비자들이 자신의 저축 목표를 달성하려는 개인적인 투쟁을 도와주는 부수적인 효과가 있다. 그리고 이 효과가 그 자체로는 누진 소비세로의 제도 변화를 정당화하지는 않지만 그래도 긍정적인 효과임은 분명하다.

트리클다운 경제학의 기본 전제가 비록 널리 확고하게 받아들여지고 있지만, 그 전제에 대한 이론적 뒷받침이나 실증적 뒷받침은 거의 없는 것 같다. 그와는 반대로, 고소득자들에 대한 고율의 과세가 더 낮

은 경제 성장률이 아니라 더 높은 경제 성장률을 달성하게 해주리라고 기대할 수 있는 일관성 있는 이론적 근거들이 있다. 소득이 아니라 소비에 과세하면 추가적인 저축을 촉진시킨다. 고도로 누진적인 소비세는 또한 낭비적인 소비 패턴을 억제한다. 그리고 이 세금은 참여자가 지나치게 집중된 슈퍼스타 시장에서 꼭 필요한 가치를 생산하는 직업으로 재능을 이동시킨다. 누진 소비세는 또한 최근 몇 십 년 동안 증가하고 있는 양극화를 완화시켜, 가난한 가정에서도 아이들에게 더 나은 교육을 제공할 수 있고 아이들을 잘 돌볼 수 있도록 하고, 육체적 정신적 건강을 더 강건하게 유지하도록 하며, 범죄를 저지를 확률을 줄임으로써 성장을 촉진시킨다.

이런 이론적 가능성들 중 어떤 부분이 얼마만큼 효과를 내는지의 문제와 상관없이 다음과 같은 점은 명확하다. 자료에서 관찰되는 패턴은 트리클다운 이론의 기본 전제와 명확히 어긋난다. 국가 간 비교 자료에서도, 시계열 자료에서도, 보상의 불평등이 커지면 경제 성장률이 높아지는 것이 아니라 낮아진다. 트리클다운 경제학의 기본 가정은 누진 소비세를 거부할 지적인 기반을 전혀 제공해주지 않는다. 그리고 우리가 살펴보았듯이, 사적 소비 결정은 공공 정책의 정당한 관심사가 될 수 없다는 주장도 마찬가지로 그런 기반을 제공해주지 못한다.

고도로 누진적인 소비세는 사치 열병에서 벗어나는 데 도움을 준다. 점진적으로 도입되는 누진 소비세는, 가능한 한 가장 덜 강제적인 방식으로 과시적 소비 지출 증가율을 전반적으로 감소시킬 것이다. 과시적 소비로부터 사람들이 얻는 만족은 대체로 맥락 의존적이기 때문에, 이러한 조치는 고통스럽지 않을 것이다. 더군다나, 그 조치는 매년 말 그대로 수조 달러의 자원을 해방시켜 더 나은 용도에 쓸 수 있게 해준다. 더 누진적인 조세 구조가 더 느린 경제 성장을 가져온다는 잘못된 신념 때문에 이러한 조치를 향한 의욕이 꺾여서는 안 될 것이다.

16장

그럴 돈이 없다고?

LUXURY
FEVER

이제까지 우리의 초점은 우리의 현재 소비 패턴에 내재한 심대한 낭비에 맞추어졌었다. 그리고 이는 가장 긴급한 필요가 충족되지 않는 사람들의 눈에 비추어서만 낭비가 아니라, 소비를 가장 많이 하는 사람들에게도 낭비임을 살펴보았다. 그러나 낭비가 있는 곳에 기회도 있다. 소득의 사다리 전반에 걸쳐 우리가 시간과 돈을 더 유용하게 쓸 수 있는 대안적인 길이 존재한다. 우리가 살펴본 증거들은 모든 사람들이 과시적 소비에 돈을 덜 쓰고 다양한 유형의 비과시적 소비에 돈을 더 쓴다면 심지어 고소득자조차도 더 오래도록 더 만족스러운 삶을 살 수 있다는 사실을 시사한다.

비록 내가 사적 영역^{private sphere}에서의 대안적인 소비 기회의 매력 —— 가족 및 친구와 보내는 더 많은 시간, 직장에서의 더 큰 자율성, 운동, 수면 등 회복하는 활동에 쓸 수 있는 더 많은 시간을 할애하는 느슨한 일정 —— 에만 주로 초점을 맞추어왔지만, 우리는 공적 영역^{public sphere}의 중요한 기회 역시도 놓쳐왔다. 우리는 최근 몇 십 년 동안 빠르게 성장한 노인들을 위한 복지 제도^{entitlement program}를 제외한 모든 종류의 공공재와 공공 서비스 지출을 바쁘게 대폭 줄여왔다. 그러나 비록 감축된 프로그램 중 많은 수가 명백히 낭비적이기는 했지만, 다른 많은 프로그램들은 지출된 돈에 비해 좋은 가치를 제공하고 있었다. 그리고 가장 큰 타격을 받은 프로그램은 가난한 시민들에게 도움을 주는 것들이었다.

이 변화 자체보다 더 충격적인 사실은 공공 서비스 감축이 비판적인 심사를 거의 받지 않고 이루어져왔다는 것이다. 아, 끝까지 버티고 있는 한줌도 안 되는 사회 운동가들은 사회 안전망의 감축안이 통과될 때마다 한탄해온 것은 사실이다. 그러나 대부분의 경우 미국의 주류 정치적 담론은 광범위한 예산 감축의 필요성을 자명한 것으로 받아들였다.

실제로, 가장 헌신적인 자유주의자들조차 최근 국가 채무의 폭발적인 증가를 제한하기 위하여 어떤 조치를 취해야 한다는 사실은 반박하지 않는다. 로널드 레이건 시절 미국 연방 정부의 총 부채는 대략 1조 달러였는데, 그 뒤 이어진 기간 동안 매년 재정 적자 규모는 평균 2,000억 달러가 넘었고, 현재까지 총 5조 달러의 적자가 추가되었다. 이 채무의 이자만 해도 매년 3,000억 달러가 넘게 나오고 있으며, 그 대부분이 다른 나라의 국민들에게 지급되고 있다. 좌우파의 논평자들이 올바르게 강조했듯이, 이 부담 때문에 우리의 자녀들은 부모 세대보다 생활 수준이 더 낮은 첫 세대가 될 위협에 처해 있다. 그리고 이 불행한 전망은 잠시 동안 연방 예산 적자를 없앴던 예산 감축의 배후에 있는 중요한 추동력이 되고 있다.

그러나 역사는 우리가 이 목표를 추구하는 방식을 지지하지 않는 것 같다. 예산 적자를 없애는 방법에는 본질적으로 두 가지가 있다. 재정 지출을 줄일 수도 있고, 세금을 늘릴 수도 있다. 부시 행정부 말기가 되자, 1981년에서 1986년에 그토록 급격히 감축되었던 고소득자에 부과되는 세율을 약간 올린 예산안이 통과되었고, 1993년에도 그 세율은 약간 더 올라갔다. 그러나 이 세율 증가에도 불구하고, 고소득자에 대한 세율은 1985년의 세율인 25퍼센트를 밑도는 수준으로 남아 있다. 그리고 적자 감소 노력의 대부분은 1997년에 통과된 예산안을 포함해 지출 감소에 중점을 뒀다. 1997년의 예산안은 실제로 2002년까지 총 1,270억 달러의 감세를 요구했고, 그 혜택의 많은 부분이 고소득 가정을 위한 것이다. 예를 들어, 11만 달러 이상을 버는 가정은 부양 자녀 1인당 500달러의 세금이 환급된다. 이런 감세는 무려 25년 이상이나 고소득자들의 소득이 전례 없이 증가한 기간 바로 뒤에 실시되는 것이다. 그리고 앞서 언급했듯이, 가장 소득이 낮은 사람들을 돕는 프로그램들의 예산이 집중적으로 감축되었다.

이 패턴에 대해 반대해온 몇 안 되는 사람들 중 일부는 정부에 가장 영향력이 있는 사람들의 탐욕스럽고 비열한 정신에 의해서만 이런 정책이 이해될 수 있다고 비판하였다. 그러나 이 묘사에 들어맞는 영향력 있는 사람이 존재할 수는 있겠지만, 이 설명은 발생한 일의 본질을 놓친다. 현재의 추세는 탐욕이나 더러운 성격이 주된 원인이 되어 생긴 것이 아니라, 고율의 세금이 낳는 결과에 대한 잘못된 신념 때문에 발생된 것이다.

더 고율의 세금으로 예산 적자를 없애려고 한다면, 이 세금의 대부분을 중위나 상위 소득 납세자에게 부과해야 한다. 어쨌거나 이 사람들이 더 많은 세금을 낼 여력이 있는 유일한 사람들이니까 말이다. 그러나 1990년대에 자유주의자와 보수주의자를 불문하고 정치 지도자들이 합의한 견해는, 고소득자들에게 고율의 세금을 매기면 도리어 이들의 노력과 위험 부담에 대한 의지를 꺾게 되어서 실제로는 예산 적자를 확대하게 된다는 것이다. 이 신념은 너무나 확고하게 자리를 잡아서 1997년 예산안 협상 당시에 부자들에게 더 고율의 세금을 부과하는 안은 진지하게 논의되는 정책안으로 올라오지도 않았다.

그러나 우리가 15장에서 살펴본 바지만, 고소득자들에 대한 높은 세율 —— 특히 그 세금이 소득이 아니라 소비에 부과되었을 경우 —— 은 건강한 경제 활동과 양립 가능할 뿐만 아니라 튼튼한 경제 활동을 증진시킬 가능성이 높다. 우리는 지출 세목에서 마지막 한 푼까지 깎지 않아도 예산 적자를 꽤 쉽게 해결할 수 있었다. 우리가 이 전략을 따랐을 때 발생했을 주된 비용은 사치 소비 지출의 성장률이 감소하는 것뿐이었다.

그렇다고 해서 많은 정부 프로그램이 감축되거나 폐지되어야 한다는 점을 부정하는 것은 아니다. 그러나 가장 완고한 보수주의자들도 기꺼이 동의하듯이, 다른 많은 프로그램들은 그 비용을 훨씬 넘는 혜택을 창출하였다. 그러나 오늘날 불모가 되어버린 정치 담론에서 우리는 예산 감축이 계획된 프로그램들이 진정으로 비용 효율적인가를 살펴보았다는 이야기를 거의 듣지 못한다.

그 대신, 좋건 나쁘건 상관없이 모든 정부 프로그램에 대해 단지 "우리는 그럴 돈이 없다."는 말만 반복하면서 예산상의 압력을 넣는다. 당연히도, 영향력 있는 선거구민들이 지지하는 프로그램은 이 압력에 다른 경우보다 쉽게 저항할 수 있다. 그러나 고소득 유권자들이 강하게 선호하는 프로그램들, 예컨대 공영 텔레비전이나 라디오 방송에 관한 예산조차도 감축을 벗어나지 못했다.

지금으로부터 한 세기 정도가 지난 후에, 우리 시대의 역사를 읽는 사람은 예산 감축이나 그토록 유용한 공공 프로그램에 대한 재정 지출을 거부하면서 들었던 논거들에 대해 당혹감을 감추지 못할 것이다. 예를 들어, 그들은 왜 우리가 낡은 수도 시설을 교체하지 않고 수백만 가정을 독극물 수준의 납, 망간을 비롯한 중금속에 노출시키는지 의아해할 것이다. 그들은 왜 우리가 더 엄격한 공기 청정 기준을 택하여 수백만 명의 사람들이 심각한 질병에 걸리는 것을 막고 수천 명의 때 이른 죽음을 막지 않았는지 이해하지 못할 것이다. 또한 왜 우리가 치명적인 대장균 O-157 박테리아의 위협이 증가하는데도, 더 많은 소고기 검사관을 고용하지 않았는지도 이해하지 못할 것이다. 그들은 우리가 거리, 도로, 다리를 유지 보수하는 일에 그토록 작은 돈만 쓴 것에 대해 혼란스러워 할 것이다. 상당한 정도의 부에도 불구하고, 공립 학교에 최고이며 가장 똑똑한 교사들을 영입하기 위해 충분한 급여를 지불하지 못했는지 그 이유를 알지 못할 것이다.

내가 사는 동네에서도, 이 지역 사람들은 모두의 삶을 덜 즐거운 것으로 만드는 추가적인 지출 감축을 겪고 있다. 우리 동네의 공공 도서관은 다른 동네의 도서관과 마찬가지로 더 이상 일요일에 문을 열지 않으며 예산 감축 때문에 그렇다고 말한다. 시의 공공사업 부서는 거리에 쓰레기가 쌓이고 있는 이유가 예산 압박 때문이라며 변명한다. 학교는 더 이상 지원할 돈이 없다는 이유로 음악과 예술 수업을 급격히 줄이고 있다. 청소년국Youth Bureau은 심지어 여름의 가장 더운 날에도 시립 수영장 문을 1시간 일찍 닫으면서 예산 감축 때문이라고 한다. 그리고 경찰서는 왜 더 이상 경찰관들이 가장 혼잡한 시간에 특히 복잡한 교차로의 교통 흐름을 통제하지 않는지에 대해서 같은 설명을 한다.

정부 운영의 모든 수준에서, 비용 효율적인 공공 투자를 거부하는 태도는 광범위하게 퍼져 있고 점점 커져가는 문제가 되고 있다. 현재 건강 보험에 가입되어 있지 않은 4천만 명에 달하는 미국인들은 갑자기 아플 경우 비용이 많이 드는 응급실 서비스에 기대는 경우가 자주 있다. 그리고 그렇게 지출된 많은 비용이 고율의 세금과 건강 보험료율로 전가된다.[1] 연방 정부 차원에서 재정이 지원되는 건강 보험에 모두를 가입시키는 것이 지금보다 더 낫고 더 싸게 먹힐 것이다. 여름에 열리는 도시의 레크리에이션 프로그램은 상대적으로 비용이 싸고 범죄율을 많이 낮춘다.[2] 이 프로그램들은 숫자를 줄일 것이 아니라 늘여야 한다. 교육 기회 평등을 보장하려는 노력의 결정적인 요소인 학생 대출 프로그램은 늘어나야 하지 줄어들어서는 안 된다. 이런 정부 활동의 크고 작은 부분들은 우리가 쓴 돈의 가치를 훌륭하게 대변한다. 그런데도 우리는 돈이 없어서 못한다는 이야기를 듣고 있다.

가난한 집 아이들

우리의 공공 사회 기반 시설에 비용 효율적인 투자를 하지 못하는 것보다 훨씬 더 큰 문제는 가장 가난한 시민의 아이들에게 적절한 기회를 제공하지 못한다는 것이다. 사회 기반 시설을 소홀히 한 것에 대해 우리의 후손들은 선조들이 어떻게 그렇게 멍청할 수 있었는가 하고 생각할 것이다. 그러나 적절한 기회를 제공하지 못한 것에 대해서는 선조들이 어떻게 그토록 냉담했는가 하고 반문할 것이다.

　도심의 빈민가에서 태어난 대부분의 아이들은 폭력과 마약 중독이 난무하는 열악한 환경의 집에 산다. 그 아이들은 제대로 된 영양 섭취를 못하는 경우도 자주 있다. 그리고 그들의 부모들 ── 그 아이들이 부모가 있다면 ── 은 아이들을 제대로 양육할 능력이 없다. 이 아이들의 많은 수가 여러 가지 고질적인 신체적 질병 때문에 망가진다. 천식을 앓는 아이들의 비율은 충격적일 정도로 많고, 썩은 이와 잇몸 질환, 곪아터졌는데도 치료를 받지 못한 염증을 달고 다니는 아이들도 흔히 볼 수 있다.

　저녁에 잘 만한 조용하고 안전한 곳이 없기 때문에 많은 가난한 아이들이 고질적인 피로에도 시달린다. 사우스브롱크스의 한 여성은 이웃의 7달 된 남자아이가 아기 침대에서 쥐에게 여러 번이나 다른 곳을 물렸다는 이야기를 해준다. "그 아기의 손가락이 전부 피로 물들었어요. 쥐가 그 아기를 공격한 게 아마 세 번째일 거예요. 아이의 엄마는 공포에 질렸지만 이사 갈 수도 없어요. 시에서 그녀를 이 빌딩에 있게 했고, 그녀는 다른 곳으로 옮길 돈이 전혀 없거든요."[3] 그리고 쥐만이 가난한 아이들의 잠을 방해하는 유일한 존재는 아니다. 그들이 사는 곳은 여름에는 땀이 쏟아지게 덥고 겨울에는 덜덜 떨릴 정도로 춥다. 그리고 불이 너무 자주 나기 때문에 화재로 죽을지도 모른다는 생각이 많은 사람들의 마음을 무겁게 짓누르고 있다.

　그러나 수많은 빈민가의 아이들에게 아마도 가장 문제가 되는 장애는, 저체중의 조산아로 태어나 자궁에서부터 마약에 노출되고 집과 학교에서 납에 광범위하게 노출되기 때문에 겪는 상당한 신경 손상이다. 쥐가 물어뜯은 것은 낫겠지만, 이 손상들 중 많은 부분은 회복이 불가능하다.

많은 가난한 아이들이 살아가는 주변 환경에 비추어 볼 때, 사회가 그들의 학교에 투자를 많이 해서 이를 보상해주도록 특별한 노력을 기울이는 것이 당연하다고 생각될 것이다. 그러나 많은 도심 빈민가 학교들의 환경은 집보다 더 나은 것이 아니라 심지어 나쁜 경우가 흔하다. 그리하여 조너선 코졸Jonathan Kozol은 그의 1995년 책 『놀라운 은혜Amazing Grace』에서 그런 학교의 상태를 다음과 같이 쓰고 있다.

내가 지난번 방문했을 당시 모리스고등학교의 여러 교실에서는 새는 빗물을 통으로 받고 있었다. 학생 지도 상담사가 활기 없는 아이들을 만나고 있던 교실에는 녹색 곰팡이가 구석에서 자라고 있었다. 이 학교들의 많은 수가 말 그대로 악취가 난다. 여학생들은 학교에서는 화장실을 가지 않는다고 말해주었다. 그들은 학교가 끝나는 즉시 집으로 달려가서 일을 본다. 용변이 급히 보고 싶으면 그냥 집으로 빨리 가버린다. 사우스브롱크스의 어느 고등학교에서는 54명의 교사 중 15명만 교사 자격이 있었다. 이 학교들의 아이들은 과밀 학급뿐만 아니라 인사人事 관리상의 어려움이 발생시킨 혼돈에도 짓눌리고 있다. 어떤 학교에서는 가난한 아이들의 수가 늘어나서 계단참,* 화장실, 벽장 같은 곳에서 수업을 하고 있었다. 그러나 언론에

---

* 계단참 방향을 바꾸거나 휴식을 위해 계단 중간에 단을 없애고 비교적 넓고 편평하게 만든 부분.

따르면 돈이 없기 때문에 그들을 위해 학교 건물을 지을 수 없다고 한다.[4]

이런 환경을 보면, 사우스브롱크스 같은 동네에서 자란 아이들의 80 퍼센트가 고등학교를 졸업하지 못한다는 게 전혀 놀랍지 않다.

　뉴욕대학교의 정치학자인 로런스 미드 Laurence Mead 교수는, "가난한 사람들이 합리적으로 행동한다면 애초에 오랫동안 가난한 상태에 머물러 있는 경우가 드물 것이다."[5]라고 말했다. 그러나 조금만 숙고해보면, 가장 합리적이고 정력적이고 재능 있는 사람조차도 사우스브롱크스 같은 환경에서 자란다면 성인이 되었을 때에도 어렸을 때 겪은 끝도 없이 계속되는 가난을 겪을 확률이 매우 높다. 오히려 그 가난에서 빠져나오는 사람이 있다는 것이 정말로 놀라운 일이다. 그런 환경에 처한 사람에게 "합리적으로 행동"하면 사태가 많이 달라질 것이라고 말하는 건 바보스럽다. 그런데도 현재 예산을 심사하는 회기에 우리의 초점은 가난한 이들에게 제공되는 얼마 남지도 않은 프로그램을 더 감축하는 일에 집중되고 있다. 그리고 찬사를 받은 근로 소득 지원 세제 Earned Income Tax Credit: EITC 도 그 공격을 피할 수 없었다.

근로 소득 지원 세제

근로 소득 지원 세제 EITC 는 1969년 리처드 닉슨 Richard Nixon 대통령이 입안한 후 1975년 제럴드 포드 Gerald Ford 대통령이 서명하여 법으로 발효되었다. 그 제도의 목적은 공식 빈곤선 이하에서 살고 있는 1천만 명 이상의 미국 노동자들에게 추가적인 구매력을 제공해주는 것이다. 그 프로그램은 소득이 기준선 이하인 가정에 소득세를 감면해 환급해준다. 소득이 애초에 충분히 낮은 가정은 연방 정부로부터 아예 수표── 납부 세액이 마이너스로 표시된 고지서 ──를 지급받는다. 예를 들어 플로렌스 쇼터가 사설 양로원에 일하면서 격주마다 받는 471달러의 급료에는 근로 소득 지원 세제에서 환급받은 40.60달러가 포함되어 있다.[6]

　　근로 소득 지원 세제는 오래전부터 보수주의자들에게 인기가 있었다. 왜냐하면 그 제도는 급여를 주는 직장에 계속 다닐 인센티브를 증가시키기 때문이다. 일하지 않는 사람은 아예 근로 소득 지원 세제의 혜택을 받지 못한다. 이 프로그램은 도움이 필요한 가정에 추가적인 자원을 이전해주기 때문에 자유주의자들에게도 인기가 좋았다. "근로 소득 지원 세제는 아이들을 위해 더 나은 삶을 부모들이 제공할 수 있게 도와주고, 일하는 가정이 가난으로 빠져드는 것을 막아준다." 고 전직 상원 의원이자 이 프로그램을 강하게 지지하는 빌 브래들리 Bill Bradley는 말했다. "이 돈은 사치스러운 저녁 식사나 리무진 탑승에 쓰이지 않는다. 방세 납부 같은 데 쓰이는 돈이다. 사람들은 이 돈으로 전기료를 내고, 아이들이 입을 옷을 산다."[7] 심지어 낭비적인 정부 지출은 전혀 찬성하지 않았던 로널드 레이건조차 근로 소득 지원 세제를 소리 높여 지지했다.

　　그런데도 1995년 하원과 상원 모두에 제출된 예산안은 근로 소득 지원 세제에 지출되는 재정을 대폭 삭감하는 내용을 담고 있었다.

즉, 상원 안에서는 7년간 430억 달러, 하원 안에서는 7년간 230억 달러 삭감을 요구하고 있었다. 오직 예산 교착 상태*만이 이 프로그램에 대한 엄청난 규모의 삭감을 저지시킬 수 있을 지경이다. 근로 소득 지원 세제가 가난한 가정이 복지 제도에 의존하지 않고 일함으로써 더 높은 생활 수준을 누릴 수 있게 해주기 때문에, 이것은 인도적인 정책일 뿐만 아니라 훌륭한 투자이기도 하다. 그런데도 우리의 선출된 대표들은 이 제도를 운영할 돈이 없다고 말하고 있다.

복지 개혁

많은 국가들의 가난한 이들의 음울한 삶이 대체로 통제력이 박탈된 환경의 결과지만, 가난한 이들의 문제를 다루는 우리의 국가 정책은 점점 더 단지 그들에게 정신 차리라고 훈계하는 데 그치고 있다. 도움이 가장 필요한 동료 시민들에게 더 나은 기회를 제공하는 실질적인 시도를 하는 대신, 우리는 그들의 생활 조건이 더 이상 공공의 관심사가 아니라고 선언해버렸다. 그리하여 1996년 하원은 2년 이상 복지 제도의 지원을 받은 가정은 더 이상 지원을 받을 수 없게 한 복지 "개혁" 법안을 통과시켰다.

이 법안을 지지한 사람들 중 최소한 일부는 그 법이 가난한 사람

---

* **예산 교착 상태**budget impasse   의회가 과반수로 통과시킨 예산안에 대해 대통령이 거부권을 행사함으로써 예산이 발효가 안 되는 사태.

들에게 취업하려는 좀 더 강한 인센티브를 주고 그리하여 "의존의 문화culture of dependency"를 없앨 것이라고 진지하게 믿었기 때문에 그랬을 것이다. 그러나 그 법으로 생길 단기적으로 확실한 효과는, 현재 이미 비참한 상태에 놓여 있는 수백만 가정의 처지를 더 비참하게 만드는 것이다. 많은 가난한 이들이 교육을 거의 받지 못했고 경력도 없으며 심지어 가장 기본적인 노동 습관*조차 없기 때문에, 민간 고용주들이 사우스브롱크스 같은 동네 출신의 노동자를 새로 고용하지 않는 것도 이해할 만한 일이다. 이런 동네에는 일자리를 필사적으로 원하지만 아직 구하지 못한 사람들이 이미 많이 존재하고 있다. 수백만 복지 수혜자들을 이 실업자 대열에 쏟아붓는 행위는 사태를 별로 개선시킬 것 같지 않다.

나의 논지는, 현재의 복지 제도가 사회나 자신에게 해가 되는 행동 패턴을 조장한 적이 없다는 것이 아니다. 그리고 자유주의자들 또한 우리가 복지 급여를 더 많이 주기만 하면 빈민가의 가난이 영원히 사라지리라고 믿어서는 안 된다. 사회 과학계에서 광범위하게 입증했듯이, 우리의 현재 제도가 인센티브를 훼손하는 바람에 문제를 해결하기보다 좀 더 심각한 문제를 일으키는 경우가 많다.

결국 지속적인 고용만이 가정을 가난에서 영원히 벗어나게 해줄 수 있는 희망을 제공한다. 그러나 정부에서도 학계에서도, 가난한 이들을 위한 취업 기회를 어떻게 창출한 것인가에 대해서 진지한 논의가 거의 진행되고 있지 않다. 민간 기업이 고용하는 빈민가 노동자의

* 노동 습관work habit 통제를 받는 것에 익숙하고 진득하게 일을 하는 태도를 말한다.

수가 크게 증가하리라 기대하는 것은 비현실적이다. 그리고 정부 지출이 증가하는 일은 무조건 안 된다는 거의 보편화된 가정 앞에서는 가난한 이를 위해 공적인 취업 지원을 진지하게 제안하려는 이가 아무도 없을 것이다.

대안: 공공 서비스 고용과 보편적 소득 보조

예산 적자라며 돈을 쓸 때마다 손을 부들부들 떠는 것을 멈추고 있지 못하고 있는 이 나라가, 실은 모든 아이들이 인생에서 적절한 출발점에 설 수 있도록 보장해줄 광대한 자원을 가지고 있다는 것이야말로 아이러니다. 21세기가 다가오는 현재, 미국은 여전히 지구상에서 가장 부유한 나라다. 그런데 우리는 부의 많은 부분을 '내 것이 더 커' 하며 헛된 군비 경쟁식 소비에 낭비하고 있다. 우리가 더 유익하거나 인도적인 방식으로 이 자원을 쓰기를 원하기만 한다면 그렇게 할 수 있다. 따라서 저런 중요한 문제가 그 일에 쓸 자원이 부족하기 때문에 해결되지 않은 채로 남아 있어야 한다는 것은 순전히 거짓 믿음이다. 일단 그 족쇄를 풀면, 우리는 도움이 가장 필요한 시민들에게 더 나은 기회를 주는 과제가 겉으로 보이는 것만큼 겁먹을 일이 아니라는 걸 곧 알게 된다.

　첫 번째 필요한 단계는 우리가 사회 복지 프로그램으로 역사적으로 시도했던 것들이 왜 그렇게 비참할 정도로 실패하였는지를 명확하게 이해하는 것이다. 모든 사회적 지원 제도가 직면하는 근본적인 어려움은, 도움이 정말로 필요한 사람들에게 적절한 수준의 지원을 해 주면서도 동시에 직장을 그만두고 실업 수당을 받는 상태를 조장하지 않을 수 있는가 하는 문제다. 현재의 복지 체계는 이 문제를 해결하지 못했기 때문에 실패했다.

일할 수 있는 사람들이 공적 지원에 기대는 것을 억제하기 위해 현 제도는 두 가지 전략을 쓰고 있다. 그중 하나는 단순히 극단적으로 낮은 수준의 지원만 제공하는 것이다. 우파의 화려한 수사와는 반대로, 캐딜락을 모는 복지 여왕*이 많이 있었던 적은 한 번도 없었다. 대부분의 지역에서 지원되는 돈은, 가난에서 벗어나기 위해 최소한으로 필요한 액수보다 적었다. 그보다 더 많이 지원하는 것은 나태를 조장할지도 모른다는 두려움 때문이었다.

나태를 억제하는, 현 제도의 두 번째 전략은, 잠재적 신청자 집단과 시스템 사이에 엄청난 관료적 장애물을 세우는 것이다. 대부분의 행정 구역에서 가난한 사람들이 지원을 받기 위해서는 여러 시간 동안 줄을 서서 많은 숙련된 변호사들조차도 겁먹게 만드는 관공서의 불필요한 요식red tape들의 겹겹을 모두 뚫고 나가야만 한다. 그리고 복지 지원을 받는 것 자체가 많은 이들에게 낙인찍기로 받아들여진다. 예를 들어 많은 수혜자들은 식품 쿠폰으로 슈퍼마켓에서 물건 값을 지불할 때 다른 고객들이 경멸적인 말을 던진다고 한다.

비록 낮은 지원 수준과 복잡한 관료적 절차가 의문의 여지 없이

---

* **복지 여왕**welfare queen 레이건 같은 우파 정치인들이 부정적으로 상징화한, 실제로는 도움이 필요하지 않으면서 복지 제도를 통해서 놀고먹는 가상적 인물.

많은 사람들이 오랫동안 공적 지원을 구하지 못하게 만들었지만, 그럼에도 불구하고 그 제도는 인센티브에 치명적인 영향을 끼쳤다. 극좌파의 정치적 수사와는 반대로, 사람들은 실제로 여러 행동 경로의 비용과 편익을 저울질한다. 그리고 보상이 변하면 행동도 그에 따라 자주 변경한다. 복지 제도가 직면하는 한 가지 문제는, 많은 수혜자들에겐 유급 일자리에 취업하는 것이 오히려 총소득 면에서 불리해지는 효과가 생긴다는 것이다. 복지 급여는 서로 분리된 복지 기관을 통해 지급되기 때문에 —— 한 기관은 식권을 주고, 다른 기관은 주거 보조비를 주고, 또 다른 기관에서는 동력 지원비를 주고 하는 식으로 —— 수혜자가 일을 해서 돈을 벌면 벌수록 지원 혜택이 상당한 비율로 감소하는 것이 보통이다. 그리하여 네 군데의 분리된 복지 프로그램의 지원을 받고 있는 사람은 1달러를 추가로 벌면 50센트의 혜택을 잃게 된다. 이는 한계 세율이 200퍼센트인 셈이다.

더군다나, 복지 수혜자가 임금이 낮은 직장에 취업했을 때, 메디케이드의 수혜 자격을 잃고, 자녀들이 더 이상 헤드 스타트나 학교 급식 보조를 받지 못하게 되는 경우가 흔하다. 이런 환경에선 취업이 득이 되지 않는다. 중간 계급 동네에서는, 자기 이익을 합리적으로 추구하는 것만으로 대부분의 사람들이 가난을 피할 수 있는 충분한 예방책이 될 수 있다. 그러나 현재의 인센티브 구조에 합리적으로 반응하는 것은 많은 빈민가에서는 그런 효과를 내지 못한다. 이런 동네의 복지 수혜자의 생활 수준은 비참하지만, 그 대안*은 더 나쁘다.

---

* 취업하는 것.

현 시스템의 문제는 한마디로 도움이 정말로 필요한 사람들에게 적절한 지원을 해주면서도 자활하고자 하는 다른 이들의 인센티브를 파괴하지 않는 과업에 실패했다는 것이다. 이 문제에 대한 매우 간단한 해결책이 있다. 지원을 받을 만큼 충분히 가난하고, 관료제의 허들을 기꺼이 뛰어넘을 준비가 되어 있는 사람들에게 복지 급여를 그냥 지급하는 대신에, 공공 서비스 일자리에 그들을 고용해서 급료를 지불하는 것이다. 노동을 해야 급료를 줌으로써, 사람들이 일을 그만두고 납세자의 희생으로 여가를 즐기는 삶을 살지 모른다는 모든 염려를 단번에 영원히 제거한다.

비록 민간 고용주들이 오늘날 가난한 이들을 많이 고용하는 것이 이윤에 도움이 된다고 생각하고 있진 않지만, 그럼에도 불구하고 훈련을 거의 받지 않고 경력이 별로 없는 사람이라도 할 수 있는 유용한 일들이 많이 존재한다. 예를 들어 적절한 감독하에서 공공장소에 새 관목灌木이나 꽃을 심어 정원을 만들 수 있다. 도로를 따라 새로 나무를 심어 조경을 할 수도 있고, 정부의 건물에 새로 페인트칠을 할 수도 있으며, 신문과 알루미늄 캔을 재활용하는 일을 할 수도 있다. 건물과 도로, 육교에 그려진 낙서를 지우는 일을 할 수도 있다. 시 도로의 노면에 난 구멍을 메울 수 있다. 불이 나간 가로등을 교체할 수 있다. 숲을 녹화綠化하는 사업과 사방 사업*에 참여할 수 있다. 노인과 장애인을 운송하는 밴과 버스를 운전할 수 있다. 등등.

---

* **사방**砂防 **사업** 산, 강가, 바닷가 등에서 흙, 모래 따위가 비바람에 씻기어 무너져서 떠내려가는 것을 막기 위하여 시설하는 일.

필사적으로 공공 서비스를 필요로 하는 공동체에 아무런 기여를
하지 못하는 현재 복지 제도 예산과는 달리, 이러한 직업들은 지역에
진정한 가치를 생산하는 일이다. 동시에, 지원을 받으면 생활의 변화
가 실제로 생길 가능성이 가장 높은 사람들에게 구매력을 쥐어주게
된다. 더 중요한 점은, 유용한 일을 함으로써 그 사람들이 경제의 참
여자로서 온전한 자격을 갖추게 된다는 것이다. 이런 일이 발생하면
환경 전체가 바뀌게 된다. 사회학자 윌리엄 줄리어스 윌슨^{William Julius}
^{Wilson}이 강조했듯이, 방치된 아이들과 기준에 미달하는 학교는 대부분
의 사람들이 돈벌이가 되는 직장에 취업하고 있는 동네에서는 보기
드문 현상이다.[8]

복지 급여에 대비되는 공공 고용의 장점은 과거부터 이미 많은
주목을 받았다. 그러나 진지한 제안이 이루어진 바는 없는데, 그건 바
로 단지 그럴 돈이 없다는 선입관 때문이었다. 그리고 실제로 대규모
공공 서비스 고용은 비용이 적게 드는 편은 아니다. 그러나 미국은 매
우 부유한 나라로 상당한 정도의 경제적 여력을 갖추고 있다. 때가 되
면 우리는 단지 사치재의 지출 성장률을 억제함으로써 매년 말 그대
로 수조 달러를 되찾을 수 있게 될 것이다.

사치재 소비에서 돌린 자원이 공공 서비스에 고용된 모든 사람들
의 생활 임금을 보장해줄 만큼 충분한가? 우리가 지원해야 할 일자리
수가 현재 미국 경제에서 고질적으로 실업 상태에 놓여 있는 사람들
의 수보다 많지 않다면, 그 질문에 대한 답은 분명한 "예"다. 그러나
공공 서비스의 일자리가 민간 부문에서 현재 일하고 있는 사람들을
끌어들인다면, 그 프로그램에서 지출되는 급여의 부담은 상당히 더

커지게 될 것이다. 불행히도, 정부가 제공하는 미숙련 일자리* 광고는 항상 실제로, 이미 민간 부문에서 저임금으로 일하고 있던 사람들을 끌어들이는 것 같다.

그러나 이 문제는 상대적으로 간단하게 해결할 수 있다. 정부의 미숙련 일자리가 그토록 많은 지원자를 끌어들이는 이유는, 그 일자리들이 민간 부문의 전형적인 미숙련 노동자보다 급여가 더 높기 때문이다. 프로그램을 재정적으로 지탱할 수 있기 위한 첫 단계는 공공 서비스 일자리를 민간 부문 일자리의 최저 임금보다 상당히 낮게 책정하는 것이다. 예를 들어 민간 부문의 미숙련 일자리가 1년에 10,000달러의 급여를 준다면 공공 서비스 일자리는 8,000달러 정도의 급여만 줘야 한다.

그러나 최저 임금보다 낮은 임금을 주면, 공공 서비스 일자리로 옮기고자 하는 민간 부문 노동자들의 수를 줄이는 효과를 내는 데 그치지 않고, 공공 서비스 일을 하는 사람들이 가난의 마수에서 벗어나는 일도 막을 것이다. 이런 결과를 피하기 위해 두 번째 조치가 필요하다. 즉, 고용상의 지위와 관계없이 모든 사람들에게 소액의 돈을 지급하는 것이다. 물론 이 돈 자체만 가지고는 생활하기엔 너무 부족하기 때문에 —— 예를 들어 1인당 연간 2,000달러 정도 —— 사람들이 일하는 것을 그만두고 실업 상태에서 이 돈만 받아서 살지는 않을 정도로 지급한다. 그러나 공공 서비스 일을 해서 받는 급여와 합쳐지면 그 정

---

* 미숙련 일자리entry level job 업무 경험이 없더라도 최소한 일정 기간의 훈련과 교육만 이수하면 할 수 있는 직무.

도 규모의 금전적 보상은 그 사람들을 빈곤선 위로 올려줄 것이다.

예를 들어 연간 8,000달러의 급여를 주는 공공 서비스 일을 하는 이가 가장인 4인 가족은 총 가처분 소득이 16,000달러가 될 것이므로,* 가난에서 벗어나 위로 올라가기에 알맞은 소득을 갖게 된다. 소득 보조금은 고용상의 지위에 상관없이 주어지므로, 같은 가족의 가장이 연간 10,000달러를 받는 민간 일자리에서 일하고 있다면, 가처분 소득은 총 18,000달러가 될 것이다. 이 소득 차이는, 공공 일자리 취업자들이 가능한 한 빨리 민간 부문으로 이직하도록 하는 인센티브를 부여해서, 공공 서비스 일자리 기간이 늘어지는 일이 없도록 억제한다.

비록 이 간단한 일자리 더하기 소득 보조 접근은 비용이 많이 들겠지만, 우리의 능력 범위 내에 있다. 가장 도움이 필요한 가정에 가능한 한 최선의 기회를 제공해야 한다는 도덕적 책임을 완전히 논외로 하더라도, 잘 실행되는 공공 서비스 고용 프로그램은 들인 돈에 비해 높은 가치를 생산할 것이다. 연방 복지 개혁 법안은, 우리의 도심 내에 사는 사람들 중 정부의 복지 정책 대상자의 수를 줄일 뿐 아니라 이 암울한 환경에서 그들 자신의 힘만으로 헤쳐 나가기엔 갖춘 것이 없는 많은 수의 사람들을 계속 양산할 것이다. 그리고 그들이 복지 급여를 받지 못하게 되었다는 것이 그들의 상황이 사회에 큰 비용을 치르지 않아도 된다는 것을 의미하지는 않는다.

---

* 4인×2,000달러 + 8,000달러 = 16,000달러. 연간 2,000달러의 소득 보조금은 아이들에게도 나온다는 것에 주의하라.

복지 급여만 안 주면 사회는 돈을 아낀다고 생각하는 것은, 마치 4천만 명의 사람들이 건강 보험이 없으므로 사회가 돈을 아끼고 있다고 상상하는 것과 똑같은 오류를 저지르는 것이다. 보험에 가입이 되어 있든 아니든 사람들은 다치고 병들며, 그들의 의료 비용은 비효율적인 치료 방식으로 자주 인플레가 되어 나머지 사회 구성원들에게 거의 항상 전가된다. 마찬가지로, 낮은 복지 지원 수준은 특히 단기간에 사회에 높은 비용을 전가하게 된다.

그리하여 가난, 마약 중독, 절망이 도심 빈민가를 뒤덮게 되었으며, 우리는 감옥에 갇힌 사람들의 수가 폭발적으로 늘어나는 것을 목도하게 되었다. 뉴욕 시의 라이커 아일랜드 교도소^{Riker's Island Facility}의 수감자는 1982년에는 6,000명이었는데 이제는 20,000명을 넘어서고 있다. 뉴욕 시는 수감자 1인당 매년 거의 60,000달러를 지출하며, 청소년 수감자에게는 매년 70,000달러 —— 공립 학교에서 학생 1인에게 지출되는 비용의 약 10배 —— 를 지출한다. 그리고 작금의 분위기에도 불구하고, 의회는 마약 중독으로 신경 체계가 손상된 아이들에게 영원히 등을 돌릴 것 같지는 않다. 우리가 4장에서 살펴보았듯이, 이 어린 이들이 출생 직후 필요한 치료 비용은 그 이후에 드는 총 치료 비용의 빙산의 일각에 불과한 경우가 흔하다.

공공 서비스 고용 보장 프로그램으로 복지 제도를 바꾸는 것은 가난한 이들의 부담을 덜기 위해 제공되는 조잡하고 잘못된 노력이 현재 발생시키고 있는 여러 가지 다른 비용도 제거해준다. 예를 들어 1970년 에너지 위기 당시에 가난한 사람들의 복지에 대한 염려 때문에 가솔린 가격을 통제하는 바람에 배급이 필요한 가솔린 공급 부족

현상이 일어났다. 많은 도시의 주유소에서 가스를 사려고 매연을 내뿜으며 연료를 낭비하면서 아주 조금씩 전진하며 기다리는 차량의 줄이 몇 블록이 넘게 뻗어 있었다. 가난한 이의 부담을 덜기 위해선 그냥 가솔린이 시장 가격만큼 오르게 내버려두고, 보조금의 액수를 늘리는 것이 모두에게 훨씬 나았을 것이다.

마찬가지로 임대료 통제나 보조금을 받아 건설되는 공공 주택 역시 가난한 이들에게 소득을 더 주고 공개 시장에서 스스로 임대 주택을 구하게 내버려두었을 때보다 어설프고 낭비적인 결과를 가져왔다. 우리가 현 제도를 공공 서비스 고용을 늘리는 접근법으로 바꿀 돈이 있느냐고 묻는 것은 정말로 잘못된 질문이다. 우리의 현재 복지 체계는 엄청나게 돈이 많이 들 뿐 아니라 대체로 역효과를 낳는다. 훨씬 더 적절한 질문은 우리가 현재의 방식을 바꾸지 않을 돈이 있느냐는 것이다.*

자칭 가난한 이들의 대변자라는 사람들은 공공 서비스 고용이 노예제에 가깝다는 이유로 반대한다. 사람들이 복지 급여를 받기 위해 일하게 만드는 것은 정부가 그들의 존엄을 박탈하는 짓이라고 그들은 말한다. 그러나 공동체를 위해 유용한 일을 하고서 급료를 받는 것이 어떻게 하여 존엄을 박탈시키는가? 어느 누구도 공공 서비스 일을 할 것을 강제당하지 않을 것이다. 그것은 단지 기회이며, 현재 가난한 사람들이 직면하는 기회보다 훨씬 나은 것이다.

공공 서비스 고용에 반대하는 어떤 사람들은 가난한 이들은 아무

---

* 지금 낭비적인 제도를 유지하면서 계속 돈을 내다 버릴 여력이 있느냐는 반문이다.

런 조건 없이 관대한 현금 급여를 받을 수 있어야 한다고 믿는다. 그러나 그런 제도는 명백히 우리의 선택지에 올라와 있지 않다. 우리 앞에 놓인 실용적인 선택지는 그들의 불행 —— 우리의 현재 시스템 —— 을 거의 경감시키지도 못하는 지원을 받기 위해서 쓸모없는 고생을 계속 시킬 것인가 아니면 공동체에 유용한 일을 하여 생활 임금을 받게 해줄 것인가이다. 부유한 사람과 가난한 사람 모두의 관점에서, 후자의 대안이 명백히 낫다. 그리고 그것에 반대하는 사람은 사실상 현 상태를 옹호하는 것이다.

일자리는 소득을 제공할 뿐만 아니라 사람들을 공동체로 통합시킨다. 오랜 기간 동안 실업 상태로 있는 사람에 비해 일을 하고 있는 사람은 상당히 더 큰 자존감과 심리적 복지를 누린다. 심각한 우울증은 장기 실업자에게 흔한 증상이다. 예를 들어 모든 해에 걸쳐 영국의 남성 실업자들은 20명 중 1명꼴로 자살을 시도했다.[9]

실업과 관련된 거대한 비용은 거의 완전히 피해갈 수 있는 문제다. 해야만 하는 중요한 일들이 있으며, 현재 일을 하지 않는 사람들을 고용할 막대한 자원도 있다. 이 제도가 시행되기 위해 우리가 치러야 할 유일한 희생은 과시적 소비 지출의 증가율을 일시적으로 낮추는 것뿐이다.

그렇게 아낀 자원으로 공공 서비스 부문에 노동자를 고용하여 그렇지 않았더라면 공급 부족에 시달렸을 많은 형태의 비과시적 소비재를 생산할 수 있게 된다. 그리고 미숙련 일자리에서 업무를 수행하며 경험을 쌓을수록 많은 이들이 더 복잡한 일로 이직할 수 있는 능력을 갖추게 될 것이다. 어떤 이들은 낡은 도로와 다리를 보수하는 일을 도울 수 있다. 어떤 이들은 구식 수도 공급 설비를 교체하거나, 마약 치료 프로그램의 동료 상담가*가 되거나, 레크리에이션 센터의 관리자가 될 수도 있다. 이보다 더 필요와 기회가 조화로운 합일을 이루고 있는 상태를 생각하기란 어려운 일이다.

---

* **동료 상담가**peer counselor 마약 중독을 겪고 이를 극복한 경험이 있으면서 상담가 교육을 받고 현재 마약 중독을 극복하는 사람들의 재활을 돕는 역할을 하는 사람.

17장

더 나은 사회를 만드는
스마트한 대안

LUXURY
FEVER

이타카에서는 여름이 항상 빨리 지나가는 것처럼 느껴져서, 올해 나는 부서진 프로판 그릴을 야외 요리의 계절이 끝나기 전에 바꿀 수가 없었다. 그 일은 물론 다음 봄까지 기다리면 되는 것이지만, 얼마 안 있어 더 긴급한 조치를 요하는 몇 가지 문제가 우리 집의 부엌 레인지에 발생했다. 두 레인지의 타이머와 오븐 자가 청소 장치가 동시에 고장 —— 수년에 걸친 일련의 고장이 정점에 달한 것 —— 이 났다. 아내와 나는 레인지에 더 이상의 돈을 쏟아부어 고치지 않기로 일찍이 약속한 바 있었다. (그러나 내가 네팔에 살던 시절이었다면, 레인지 고장을 이토록 긴급한 문제로 바라보는 것 자체가 얼마나 이상하게 보였을지 생각하지 않을 수 없다.)

그래서 이제 우리는 새 레인지를 갖게 되었다. 분하게도, 그 새 레인지는 그것이 갈아치운 옛 레인지 가격의 4배나 나갔고, 4.5킬로와트 화력을 갖춘 버너가 두 개 —— 이것은 1990년대에 전형적인 과잉 superfluity의 상징과도 같은 것이었다. —— 나 달려 있었다. 그러나 나는 저항하는 일이 헛되다는 것을 즉각 깨달았다. 어쨌거나 멋진 레인지임은 사실이다. 그리고 그 레인지는 내 친구들 중 많은 이들의 부엌을 장식한 4.5킬로와트 버너가 두 개가 아니라 네 개나 달린 바이킹 모델보다는 가격이 상당히 낮다. 나는 몇 년이 지나면 기본 모델 레인지조차 4.5킬로와트 버너를 제공할 것이라는 생각으로 쓰린 마음을 달랬다.

우리가 가전제품에 지출하는 액수의 증가는 미국, 유럽, 그리고 다른 곳에서 발생해왔던 소비 패턴의 더 광범위한 변화의 일부분이다. 그 어느 때보다 우리의 집은 더 커졌고 우리의 차는 더 빨라지고 더 사치스러운 장비들을 갖추게 되었다. 그러나 이것들을 사기 위해서 우리는 직장에서 더 많은 시간을 보내고, 더 짧은 휴가만을 간다. 가족과 친구와 보낼 시간, 잠자고 운동할 시간은 적어졌다. 매년 성형수술을 하는 미국인의 수가 신기록을 갱신하며, 개인 파산을 신청하는 사람들의 수도 마찬가지다. 사치재에 대한 우리의 소비가 전체 소비 증가에 비해 네 배나 빨리 증가하고 있는 이 시대에 저축률은 그 어느 때보다 낮다. 우리의 거리는 더럽고 혼잡하다. 도로와 다리는 보수를 받지 않은 상태로 셀 수 없이 많은 생명을 위험에 빠뜨리고 있다. 그리고 도심 빈민가의 비참한 상황은 조금도 수그러들지 않은 상태로 계속 방치되고 있다.

설명의 결여, 잘못된 설명

관념은 중요하다. 우리의 현재 소비 패턴 —— 우리가 실제로 그것에 대해 생각해본다면 말이다. —— 에 대해 어떻게 생각하느냐는 우리의 이론적 선입관에 강하게 의존한다. 예를 들어 나와 같은 경제학 교수들은 이 소비 패턴에 대해 말할 것 자체가 거의 아무것도 없었다. 애덤 스미스의 '보이지 않는 손' 이론 —— 개인이 공개 시장에서 각자 자기 이익을 추구하면 모두에게 가장 큰 선을 가져다준다는 관념 —— 으로 무장한 덕택에 많은 경제학자들은 단순히 뭐가 잘못되었는지를 보지 못한다. 정통 경제학 이론에서는 자유 시장 교환이 인간의 필요와 욕망을 가능한 최대 한도로 충족시켜준다고 주장하기 때문에, 이 경제학자들은 평가적인 관점에서 우리의 소비 패턴을 엄밀히 조사하는 것을 꺼려한다. 그들이 이 패턴들에 관심을 기울인다면 그건 사람들이 무엇을 선호하는지에 관하여 추론할 자료로 사용하기 위해서일 뿐이다. 그리하여 우리가 비싼 자동차들이 돌아다니는 지저분한 도시에 살고 있다면, 자유 시장 경제학자들은 그런 사태를 우리가 원했음이 틀림없다고 결론짓는 것이다.

현대 보수주의자들은 18세기 자유방임 경제 이론에서 영감을 얻는다. 그리고 이 지적 토대가 우리의 현재 소비 패턴에는 아무것도 잘못된 것이 없다고 이야기하기 때문에, 그들이 이 상황을 바꾸기 위해 정부 개입을 제안하는 일이 거의 없다는 점은 전혀 놀랍지 않다. 이와는 반대로 자유 시장주의자들의 슬로건은 추가 감세였다. 그들은, 어쨌거나 개인의 소비 결정의 결과가 좋다고 추정된다면, 같은 결과가 더 많이 초래되는 것은 더 나은 일이라고 추론한다.

보수주의자들이 자유 시장의 선입관이 무엇이 잘못되었는지를 보지 못하게 눈을 멀게 한다면, 많은 자유주의자들은 반대편의 문제 때문에 어려움을 겪고 있는 것으로 보인다. 착취와 시장 권력이라는 그들의 이론으로 무장한 채, 그들은 현재 우리의 소비 패턴에서 결점을 보충할 만한 장점을 전혀 발견하지 못한다. 그들의 눈에 소비자와 노동자들은 무력한 희생자들이다. 부족한 정보에 자제력도 거의 없어서, 그들은 단순히 매디슨 가의 정교한 조작이나 부유한 고용주의 노골적인 권력과는 도저히 상대가 되지 못한다. 불평등은 계급과 특권의 배타적인 결과로 생각되고, 엄청난 부는 부정하게 얻은 시장 권력의 결과일 뿐이다.

고삐 풀린 자본주의의 자유 시장 경제에 대해 좌파가 선호하는 대안은 한때는 구舊 소련처럼 집단적으로 관리되는 경제와 유사한 것이었지만, 역사적 사건들*로 인하여 이 전망은 결정적으로 거부되고 말았다. 최근 좌파는 선헤엄立泳 중이다. 보수주의적 정책의 구체적인 특성에 대하여는 일일이 비판하고 있지만, 그들만의 일관된 전망을 내놓지는 못하고 있다.

좌파가 현재 선호하는 해결책은 규제 —— 사람들과 기업들이 어떻게 할지에 대해 빈번히 세세하게 간섭하면서 지시하는 규제 —— 인데, 만약 그런 규제가 먹히지 않으면 같은 종류의 더 엄격한 규제를 실시한다. 좌파의 사상이 미국에서보다 전통적으로 더 큰 지배력을 가지고 있었던 유럽에서는, 이러한 관점 때문에 미국보다 훨씬 더 광범위한 규제가 많이 있다. 그러나 미국에서도 이미 지시적인 규제prescriptive regulation 는 필요 이상으로 많고, 그런 종류의 규제가 득보다는 실이 더 많다고 우려할 타당한 이유가 있다.

명예스럽게도, 좌파 진영의 사회 개혁가들은 우리의 현재 소비 패턴이 심각하게 문제가 있다는 점을 인식하여온 것으로 보인다. 그러나 그들은 이 패턴을 강한 자가 약한 자를 착취하기 때문에 생겨난 결과로 이해하여 그 핵심을 간과한다. 자세히 살펴보면 실제로 우리

---

* 역사적 사건들 과거 동구권의 집산주의 경제가 붕괴한 사실을 의미한다.

의 현재 소비 패턴은 계급 특권이나 독점 권력의 남용과는 거의 관계가 없음이 드러난다. 물론 고소득 가정의 자녀는 저소득 가정의 자녀보다 더 높은 소득을 가질 확률이 높은 것은 사실이다. 그러나 우리가 부모의 경제적 지위를 통제했을 때에도 여전히 소득에는 엄청난 불균등이 존재한다. 승자 독식 시장이 재능의 사소한 차이도 보상의 큰 차이로 확대시킨다는 점을 감안할 때, 모든 이들이 절대적으로 같은 인생의 출발점에서 시작한다고 해도 상당한 불평등은 여전히 남아 있으리라는 건 슬픈 진실이다.

좌파가 우리를 불운한 소비자로 그려내는 것에 관하여 말하자면, 우리는 정말로 자주 관련된 정보와 자제력을 결여하고 있을지는 모르겠으나, 좌파들이 우리를 규제하는 일을 맡기려고 하는 입법자와 관료들에 대해서도 같은 말을 할 수 있다. 어느 쪽이 사실이건, 우리는 대부분의 경우에는 개인으로서 우리 자신의 이익을 추구하는 데 놀랍도록 뛰어나다. 독점이나 독점에 가까운 많은 시장에 존재하지만, 특정한 재화나 서비스의 유일한 공급자조차 잠재적인 경쟁자가 진입할지 모른다는 위협에 의해서 견제를 받는다. 더욱이, 좌파가 독점 권력을 탓하는 많은 병폐들 —— 안전하지 못한 노동 조건, 긴 노동 시간, 낮은 급여 —— 은 독점의 문제가 아니라, 미숙련 노동자를 주로 고용하는 노동 시장의 문제로 보인다. 그리고 이런 시장은 경제 전체에서 가장 격렬하게 경쟁이 벌어지는 곳이다. 미숙련 노동자들이 상대적으로 안전하지 못한 직장에서 일을 하는 이유는 시장 권력을 가진 고용주들이 그들을 착취하기 때문이 아니라, 그들이 필사적으로 더 많은 돈을 필요로 하기 때문이다. 가장 강력한 회사에 고용된 사람들은 일반적으로 훨씬 더 잘 번다. 마이크로소프트는 많은 중요한 소프트웨어 시장에서 독점에 가깝지만, 재능 있는 프로그래머들에게 마이크로소프트가 필요한 만큼이나 마이크로소프트에도 재능 있는 프로그래머들이 필요하다.

비록 현재의 소비 패턴이 심대하게 낭비적이라는 주장과 일관된 증거의 실질적 본체를 많이 보았지만, 우리는 그 패턴이 왜 낭비적인지에 대해서 의견이 같아지기 전에는 이 패턴을 바꿀 방법에 대해 합의에 이르지 못할 것이다. 정확히 무엇이 보이지 않는 손을 빗나가게 만드는가?

'보이지 않는 손' 다시 보기

내가 보이지 않는 손에 대해 이런 관점에서 의문을 제기한다고 해서 애덤 스미스의 보이지 않는 손이라는 관념이 인류사에 부정적인 영향을 끼쳐왔다고 말하는 것은 아니라는 점을 먼저 강조하고 싶다. 그와는 반대로 그 관념에 영감을 얻어 제도화된 모든 지구상의 자유 시장 경제는 스미스 자신도 상상하지 못했을 정도로 번영해왔다. 이는 구소련을 비롯한 집단 관리 경제의 경험과는 대조되는 것이다. 이 사회들은 정부 소유와 정부의 생산 수단에 대한 관리가 사회적 목표에 가장 잘 부응할 것이라는 원칙에 기초하여 조직되었으나, 이 실험들은 하나같이 참담한 실패로 돌아갔다.

그러나 우리는 이 대조에서 지나치게 많은 것을 추론하지 않도록

456

조심해야 한다. 그 대조적인 경험은 만인에게 자유로운 경제가 가능한 모든 질서 중에 최선이라는 것이 아니고, 단지 관료 위원회에 의해 운영되는 경제보다는 훨씬 잘 작동한다는 것만 이야기해줄 뿐이다. 가장 열성적인 자유 시장 경제학자도 보이지 않는 손이 항상 기대했던 바를 달성해주지는 못한다는 것을 깨달은 지 오래되었다. 특히 각 개인의 복지가 다른 사람들이 취하는 행동에 달려 있을 때에는 개인의 자기 이익 추구가 모두를 위한 최대의 선을 낳지 못한다.

이러한 문제는 한때 매우 제한된 수의 영역 —— 가장 중요하게는 환경 오염의 규제 —— 에서만 집단적 조치를 정당화하는 근거로 생각되어 왔다. 그러나 우리는 이제 우리들 사이의 상호 의존성interdependency이 기존에 생각되었던 것보다 훨씬 더 만연해 있다는 점을 알게 되었다. 현 논의의 목적에 비추어, 그중 가장 주된 부분은 일부 개인의 소비 결정이 다른 사람들이 중요한 선택을 하는 데 기준으로 삼는 준거틀에 영향을 미친다는 것이다.

인생의 많은 중요한 보상 —— 최고의 학교 진학, 가장 바람직한 배우자 만나기, 심지어 굶주리던 시절에도 생존에 필요한 음식 입수 —— 이 다른 사람들이 하는 선택과 비교하여 우리가 어떤 선택을 하느냐에 결정적으로 달려 있다. 더 좋은 학군에 있는 집을 살 돈을 마련하기 위해 매일 두 시간 더 직장에 머무르는 사람은 자신의 행동이 다른 사람들이 동일한 목적을 달성하는 것을 더 어렵게 만든다는 의식적인 자각이 없을 것이다. 그럼에도 불구하고 그것은 그의 행동의 불가피한 결과다. 다른 사람들이 그의 행동에 대응하는 최선의 방식은 아마도 마찬가지로 더 긴 시간을 일해서 지금의 위치를 보존하는 것이 된다. 그러

나 콘서트홀 의자의 피할 수 없는 수학적 논리* 때문에, 그들의 부모
가 얼마나 많은 시간을 일하건 상관없이 모든 아이들 중 10퍼센트만
이 상위 10퍼센트의 학교에 진학하게 된다.

많은 재화가 다른 사람들도 가지고 있을 때 우리에게 더 매력적
으로 보인다는 사실은, 소비 지출이 전염병과 공통점이 많음을 의미
한다. 우리가 만일 각 개인의 소비 선택은 다른 사람들이 내리는 선택
에 아무런 영향을 끼치지 않는다는 정통적인 견해를 받아들이는 경우
에는, 미국의 주차장에 SUV가 폭발적으로 증가한 것은 이해할 수 없
는 현상이 된다. 다르게 설명하고자 고집하는 경제학자들은 병에 대
한 세균설**을 인정하기를 거부한 내과 의사와 같은 부류로 취급될
것이다.

맥락이 결정적인 경우가 흔한 세계에서는, 부자가 마신 1,000달
러짜리 와인이 그보다 약간 못한 부자가 100달러짜리 와인을 마시는
것이 더 이상 적당하지 않다고 생각하게 만들고, 그런 식의 일이 소득
의 사다리 아래로 계속 이어지게 된다. 비록 한 개인의 소비가 다른
사람의 소비에 영향을 미치는 통로는 심리학적인 경우가 흔하지만,
부자가 모는 2,700킬로그램 무게의 레인지로버***는 나머지 사람들에
게 그들만의 SUV에서 안식처를 얻게끔 만든다. 우리의 현재 소비 패

---

* 10장을 참조하라.
** 세균설germ theory 현미경을 통해서만 볼 수 있는 미생물이나 유기체가 몸에 들어
   옴으로써 병이 생긴다는 의학 이론. 루이 파스퇴르와 로베르트 코흐 등이 이 이론
   을 발전시키고 수용하여 유명해졌다.
*** 레인지로버Range Rover 영국 랜드로버Land Rover사가 제작한 사륜구동 SUV.

턴이 사치 열병의 과시적인 요소를 모두 지니고 있다는 사실은 말 그대로 그것이 사치 열병이라는 것 이외에는 설명할 도리가 없다.

억제되지 않은 경쟁의 힘이 모두를 위한 최대의 선을 낳지 못하는 경우가 자주 있다는 것은 새로운 관념도 아니고 급진적인 관념도 아니다. 경쟁이 개별 동물과 그 동물 집단 사이의 이익의 근본적인 갈등을 빈번하게 발생시킨다는 사실을 이해했던 찰스 다윈의 저작에서 이 점은 이미 분명하게 표현되었다. 수컷 엘크는 모든 수컷이 더 좁은 폭의 뿔을 가진다면 더 나아질 것이고, 수컷 공작은 모두가 더 짧은 꼬리 깃털을 가진다면 더 나아질 것이다. 그러나 지배적인 기준에서 벗어나는 개체는 어느 것이나 가망 없는 불리한 처지에 놓일 것이다. 이와 정확히 유사한 방식으로, 개인에게는 적응적인 많은 지출 결정은 사회 전체적으로 보아서는 부적응적이다. 대부분의 환경에서 그 원칙이 적용되기는커녕, 보이지 않는 손은 각 개인의 보상이 다른 사람들이 내린 선택에 전적으로 독립적인 특수한 경우에서만 유효하다. 우리가 사는 경쟁적인 세상에서 귀한 몇 안 되는 사례만이 마음에 떠오를 뿐이다.

이것은 나쁜 소식이다. 좋은 소식은 간단한 해결책이 있다는 것이다. 만일 과시적 소비가 우리를 현혹할 정도로 매력적인 것이 문제라면, 가장 간단한 대응은 세금을 매겨서 그것을 덜 매력적으로 만드는 것이다. 환경세가 과도한 오염을 억제하는 최선의 방식이라는 점을 경제학자들에게 납득시켰다는 사실은, 동일하게 소비세가 과시적 소비를 억제하는 최선의 길이라는 점을 시사한다. 단계적으로 도입한 가파른 누진율의 누진 소비세는 더 큰 집과 더 빠른 차에 대한 지출의 현재의 급격한 성장을 억제하고, 그 과정에서 더 나은 용도에 쓰일 수 있는 많은 자원들을 아끼게 해줄 것이다. 그런 세금은 과세하기에도 더 단순할 것이다. 실제로 소득에서 저축을 뺀 차액에 누진적으로 과세하는 제도는 현재 우리의 소득세보다 더 단순하게 만들 수 있다.

다른 모든 세금과 마찬가지로, 물론 누진 소비세는 특정한 선택지에 관해서는 그것을 추구하는 우리의 능력을 제한시킬 것이다. 그러나 현재의 소득세와는 달리, 그것은 다른 선택지를 추구하는 능력을 증가시키기도 할 것이다. 40만 달러를 들여 2010년에 나올 차 중에서 가장 성능이 좋은 차를 살 계획이었던 사람은 더 이상 그 돈으로 그 차를 사지는 못할 것이다. 그러나 다른 사람들 역시 같은 영향을 받기 때문에, 그와 다른 사람들이 선택하게 될 그보다는 값싼 차라도 같은 흥분을 안겨줄 것이다. 그리고 모든 저축이 면세되기 때문에 그와 다른 사람들은 원하기만 한다면 더 일찍 은퇴할 수도 있을 것이다. 같은 이치로, 그 세금이 공동체의 소비 기준을 따라가는 데 필요한 지출이 늘어나는 것을 감소시킬 것이므로, 사람들은 가족과 친구와 더 많은 시간을 보내고 운동할 시간도 더 많아질 것이다. 더욱이, 과시적 소비에 쓰일 자원을 다른 용도에 돌림으로써 우리는 오랫동안 소홀히 했던 공공 사회 기반 시설을 정비하고 다 망가진 사회 안전망을 다시 고칠 수 있을 것이다.

밀턴 프리드먼을 비롯한 자유 시장주의자들은 어떤 형태의 세금이든 고율의 세금에는 반대했을 것이다. 어떤 정부 관료도 사람들이 스스로 돈을 쓸 때만큼 주의를 기울이지 못한다고 말하면서 말이다. 이 관점에서 최선의 사회는 지출 결정의 가능한 한 가장 많은 부분이 개인의 수준에서 이루어지는 사회다.

　　대부분의 사람들이 관료들보다는 스스로를 즐겁게 하려면 무엇을 해야 하는지 잘 알고 있다는 프리드먼의 주장을 의문시해야 할 이유는 거의 없다. 그러나 이 주장은 단순히 시장의 인센티브가 개인들로 하여금 그들에게 가장 최선인 선택을 하게끔 한다는 점을 함의하지는 않는다. 실제로, 프리드먼조차도 적어도 일부 결정의 경우 —— 다시금, 가장 흔하게 인용되는 사례인 환경 오염을 일으키는 활동 등 —— 에는 개인의 손에 맡겨두어서는 최선의 결과를 내지 못한다는 점을 인정했다. 그런데 보통의 소비 지출 역시도 환경 오염을 발생시키는 활동들과 정확하게 유사한 방식으로 작용한다. 구직자들이 맞춤 양복을 입고 구직 면접에 나갔을 때 그들이 다른 구직자들에게 해를 입히는 것은, 자동차 운전자가 촉매 컨버터를 떼버리고 운전을 했을 때 다른 사람들에게 해를 끼치는 것과 마찬가지다. 그러나 각각의 경우에 시장 인센티브에 대한 합리적인 개인의 반응은 그 해로운 행동을 하는 것이다. 그리고 우리는 사람들이 공동체의 올라가는 소비 기준을 따라가기 위해 애쓰느라 경험하는 스트레스가 사람들이 들이마시는 공기 속의 검댕과 오존보다 건강과 수명에 해를 덜 끼치리라고 믿을 아무런 이유가 없다.

　　전통적인 자유주의자들은 계속해서 온정적 간섭주의*의 근거에

---

* 온정적 간섭주의paternalistic ground　paternalism은 부권주의, 온정주의 등으로 번역하기도 하나, 이 글에서는 간섭의 논거에 대한 일정한 철학적 입장을 지지하므로 온정적 간섭주의라고 옮겼다. 참고로 간섭주의에 관한 입장에는 반간섭주의antipa-

서 밀턴 프리드먼에 반대하여 논할 것이다. 그들은 착취와 우리 자신의 약점으로부터 보호를 해줄 정부의 도움이 필요하다고 말한다. 그러나 이것은 지는 논변이다. 비록 우리 대부분이 경제학 정설에서 가정하는 완전 정보를 갖춘 합리적 행위자는 되지 못하지만, 우리 자신의 이해를 분별하고 그에 근거해서 행동하는 일에는 꽤나 능숙한 편이다. 자유주의적 사회 비판가들이 고발하듯이 확실히 광고는 인간행동에 영향을 미친다. 그러나 과시적 소비는 매디슨 가나 정보 시대가 있기 훨씬 전부터 존재했었다.

문제는 우리가 개인으로서 이익이 되는 것을 인식하지 못한다는 것이거나 그것을 충분히 성실하게 추구하지 못한다는 것이 아니다. 오히려 그와는 반대로 개인으로서의 이익을 너무 잘 추구한다는 것이 문제다. 우리가 직면하는 경제적 의사 결정의 종류에 비추어 볼 때, 개인에게는 똑똑한 행동이 자주 전체로서는 멍청한 짓이 된다. 전통적인 자유주의자들은 그들이 환경 오염과 마찬가지로 우리의 왜곡된 소비 패턴의 진정한 원천은 개인과 집단 이익 사이의 간극이라는 점을 깨달을 때까지는 계속해서 밀턴 프리드먼의 논변과 대결하여 지고말 것이다.

---

ternalism, 약한 간섭주의weak paternalism, 강한 간섭주의strong paternalism가 있는데, 이 가운데 약한 온정적 간섭주의는 개인의 의사 결정이 기망이나 착오 등으로 왜곡되었을 때 그 이익을 극대화하기 위해 개인의 결정에 간섭할 수 있다고 본다.

잘못된 생각을 고집하는 경제 정책

문제의 진단이 엉터리일 경우에는 그 진단에 기초한 해결책이 실패하더라도 놀랍지 않다. 그런 일이 우파와 좌파가 제안한 많은 해결책에서도 벌어졌으며, 그 결과로 최근 몇 년간 엄청난 비용을 치러야 했다.

1980년대 이래로 보수적 경제 정책의 초석은 감세였다. 낮은 세율은 경제 성장을 자극함으로써 상쇄될 것이고 개인의 지출 결정은 한결같이 똑똑하다는 두 신념의 지원을 받아, 미국과 영국의 보수 정부는 고소득자들에 대한 대규모의 감세를 시행했다. 이 조치는 결과적으로 정부 재정 적자를 급격히 확대하고 사치 소비의 모닥불에 추가로 기름을 부은 셈이 되었다. 놀랍게도 지금 미국의 보수주의자들은 고소득자들의 세율을 반 이상 낮추는 소위 비례세를 채택할 것을 주장하고 있다.

비록 우파의 정책 못지않게 그 취지가 좋다고 하더라도, 좌파가 좋아하는 경제 정책 역시 역효과를 낳는 것으로 드러났다. 트러스트에 대한 공소公訴는 소비자들에게 더 값싼 제품을 제공하거나 우리의 소비 패턴의 불균형을 제거하기보다는 성공적인 생산물의 개발자에게 페널티를 부과하는 효과가 더 많았다.

민간 노동 시장에 대한 유럽 국가들의 복잡한 규제를 살펴보면, 이 규제들이 —— 실업 상태에 있는 사람들에 대한 공적 부조의 관대한 수준과 결합하여 —— 유럽 대륙의 실업률을 계속 두 자릿수로 만드는 중대한 요소임을 알 수 있다. 노동 규제는 단순히 노동자를 고용하고, 적

법하게 사용하고, 필요할 때 해고하는 일을 너무나 비싸고 복잡한 일로 만들어서, 많은 고용주들은 예전에는 직접 만들었던 물건들을 외주 계약을 통해 조달하는 방식으로 전환해버렸다. 유럽 시장이 계속 그런 상태의 취업률을 보이고 있는 동안, 상대적으로 규제를 덜 받는 미국의 노동 시장은 1995년 이래로 1,400만 개의 새 일자리를 만들어 냈으며, 그 기간 동안 실업률은 5퍼센트 정도이거나 그 이하 수준을 유지했다.[1]

이 통계 수치들을 보고 많은 유럽 정부 관리들은 미국의 취업률 증가는 주로 저임금 일자리로 이루어진 반면, 유럽의 규제는 모든 직장이 질 높은 직업이 되도록 보장해준다고 불평하였다. 그들이 미국의 일자리(새로 미국에서 생겨난 일자리의 많은 수가 하이테크 벤처 기업이 제공하는 넉넉한 임금과 혜택을 주는 것이다.)의 특성을 이런 식으로 묘사한 것이 부정확하다는 점은 차치하고서라도 유럽의 반응은 기이한 것이다. 클린턴 행정부의 경제자문위원회 위원장이었던 조지프 스티글리츠 Joseph Stiglitz 는 이를 두고 "그들은 '우린 새 일자리를 전혀 만들지 않았어요. 하지만 우리가 새 일자리를 창출한다면 그건 좋은 것이었을 거예요.' 라고 말하는 것처럼 보인다."[2]라고 했다.

이유는 잘못됐지만 결과는 좋았던 정책

물론, 문제를 올바르게 진단하지 못한다고 해서 꼭 잘못된 해결책을 취하리라는 법은 없다. 단지 잘못된 결과를 낳을 가능성을 더 높인다는 얘기다. 좌파들이 제안한 해결책 중에서 본질적으로 그릇된 이유로 채택되었음에도 불구하고 어느 정도 좋은 결과를 가져왔던 경우가 최소한 몇몇은 된다. 이는 작업장 안전 규제와 노동 시간 제한 규제와 같은 규제가 그 예가 될 것이다. 자유주의자들은 기업과 시장 권력의 착취로부터 노동자들을 보호할 필요성을 들어 이 규제들을 옹호한다. 그러나 살펴보았듯이, 이 규제들은 모든 객관적인 측정치에 의해서 고도로 경쟁적이라고 생각되었던 노동 시장에서 가장 큰 효과를 가져오는 경우가 빈번했다. 만일 이 산업들에 속한 노동자들이 지나치게 많은 시간을 일하거나, 받아들일 수 없을 정도로 위험한 여건에서 일하기 쉽다 하더라도 그것은 시장 권력을 가진 고용주의 손아귀에서 놀아나고 있기 때문은 아니다.

그러나 우리가 살펴보았듯이, 지나치게 많은 시간을 일하게 하거나 너무 많은 안전상의 위험을 받아들이게끔 하는 다른 이유들이 존재한다. 어쨌거나 두 방식 모두 돈을 더 많이 버는 방법이기는 하다. 그러나 모든 사람들이 더 많은 시간을 일하거나 더 큰 위험을 감수하게 되면, 절대 소득이 증가하더라도 상대적인 지위는 변하지 않은 채로 남게 된다. 법이 노동 시간을 제한하고 건강과 안전상의 위험에 노출되는 정도를 제한하면 사태는 개선된다. 이는 그 규제가 개인과 집단 간의 인센티브 차이discrepancy의 악영향에 대응하는 것이기 때문이다.

휴가 규제에 관하여 살펴보자면, 증거들은 유럽인들이 미국인들보다 훨씬 더 제대로 된 균형에 가까운 상태에 있다고 시사한다. 미국에서는 휴가 기간이 전적으로 고용주와 노동자들에게 맡겨져 있기 때문에, 초임 노동자에게는 연간 10일 이상의 휴가를 주는 경우가 거의 없고, 1주일짜리 휴가는 흔하다. 반대로, 많은 유럽 국가들은 초임 노동자들의 경우 매년 4주 이상의 휴가를 노동법으로 보장하고 있다. 휴가를 줄여 추가적으로 더 일해서 얻는 소비의 전반적인 증가가 효용이 없음이 명백하기 때문에, 유럽 모델 쪽으로 가자는 논거가 설득력을 얻을 만하다.

우리의 현재 궤적

비록 현 상태를 바꾸는 일은 항상 어렵긴 하지만, 우리가 현재 따르고 있는 경로로 계속 가는 것은 구미가 당기는 전망이라고는 보기 힘들다. 최근 몇 십 년 동안 소득 불평등의 급격한 증가를 낳았던 힘들은 그 강도가 약해질 기미가 보이지 않는다. 통신 네트워크는 계속해서 개선되고, 운송 비용은 계속 감소하며, 세계적 경쟁은 점점 더 격렬해짐에 따라, 승자 독식 시장에서 유리한 위치에 있는 선수들은 세계의 경제 파이에서 점점 더 많은 부분을 가져갈 것이다. 그리고 승자들이 점점 더 부유해짐에 따라, 그들은 자연스럽게 그들의 새로운 부 중 많은 부분을 더 큰 집과 더 사치스러운 차를 비롯한 과시적 소비 품목에 쓰게 될 것이다. 지금으로부터 10년 뒤 날아드는 메일에 첨부된 고급 시장 카탈로그에서 광고되는 가스 그릴의 가격은 5,000달러가 아니라 10,000달러가 될 것이다. 두 개의 보조 레인지 버너 대신 세 개나 네 개의 버너를 달 것이고 그 화력도 4.5킬로와트가 아니라 6킬로와트일 것이다. 최고 경영자들은 그들의 부와 지위를 4,600제곱미터의 거주 면적을 가진 집이 아니라 9,200제곱미터의 집으로 드러낼 것이다. 손목시계는 25,000달러가 아니라 50,000달러가 될 것이다. 등등.

이렇게 높아진 지출 수준은 다른 사람들이 따라가야 한다고 느끼는 공동체의 소비 기준을 계속 더 높일 것이다. 연체 채무와 개인 파산은 늘어만 갈 것이다. 공공 사회 기반 시설에 대한 투자는 훨씬 더 줄어들 것이다. 그리고 이미 비참한 지경에 있는 우리의 빈민가의 생활 수준은 계속해서 퇴락할 것이다. 우리가 이런 사태를 불평하면, 우리가 선출한 지도자들은 예산 부족 —— 베이비 붐 세대의 은퇴로 인해 퇴직자 수가 기록을 경신하며 치솟고 있다. —— 때문에 조치를 취할 수 없다고 말할 것이다. 그런 상태에서도 우리는 주체하지 못할 정도로 돈이 많은 사람처럼 사치재를 계속 사들일 것이다.

얼마나 부조리한가. 현재 연간 8조 달러 이상의 국민 소득 —— 모든 남자, 여자, 아이들에게 1인당 평균 3만 달러의 소득이다. —— 을 가진 미국이 사회 기반 시설을 보수할 돈이 없고, 가난한 이들에게 더 나은 기회를 제공해줄 수 없으며, 가족과 친구들과 보낼 시간을 더 낼 수 없는 척하는 것은 터무니없는 일이다. 이 목표들과 다른 여러 목표들은 손쉽게 달성할 수 있는 범위에 있다. 필요한 유일한 희생은 사치재 지출의 증가율을 일시적으로만 낮추는 일이다. 우리가 현재의 경로에 남아 있기를 선택한다면, 그것은 사실상 사치 소비의 계속된 증가야말로 무엇보다 중요한 사회적 목표라고 공언하는 셈이다.

현재의 경로를 바꿀 우리의 대안은 누진 소비세를 채택하여 사치품에 대한 미래의 지출을 대략 현재의 수준으로 일시적으로 묶어두고 이를 통해 아낀 자원을 훨씬 긴요한 필요를 충족시키는 데 쓰는 것이다. 현 상태의 옹호자들은 이러한 변화가 사람들로 하여금 자신의 돈을 쓸 가장 좋은 방법을 결정할 권리를 박탈하게 될 것이라는 이유로 반대할 것이다. 그러나 이러한 반대는 환경을 오염시키는 사람들이 독극물을 얼마나 많이 내다버릴지를 결정할 권리를 박탈한다는 이유에서 환경세를 반대하는 논리만큼이나 말이 안 된다. 두 경우 모두다, 개인의 선택은 다른 사람들에게 부정적인 결과를 가져오며, 인센티브를 바꾸면 더 나은 결과를 얻으리라고 믿을 만한 명확한 이유가 존재한다. 더욱이, 정부가 이런 조치를 취하는 것은 현 상태의 옹호자들이 습관처럼 말하는 것과는 달리 낯선 일이 아니다. 오히려, 우리의 선출된 대표들에게 오염과 관련된 인센티브를 바꾸라고 촉구했던 동일한 논리가 소비 지출과 관련된 인센티브를 바꾸는 근거를 제공해준다.

누진 소비세를 채택한다고 해서 연방 관료제가 더 비대해지는 것은 아니다. 또한 자기 부인의 고통스러운 행위에 참여하는 것도 아니다. 적절한 방식으로 측정된 새로운 부를 창출하는 인센티브와 충돌하는 것도 아니다. 그리고 마지막으로, 우리가 소중히 여기는 경제적·정치적 자유 중 어느 것도 훼손할 필요가 없다. 누진 소비세는 단지 우리의 시간과 돈을 사용하는 다른 방식에 비해 사치 소비의 추가적인 증가를 덜 매력적인 것으로 만들 뿐이다.

그렇다면 어떤 근거에서 우리가 현재 따라가고 있는 궤적에 남아 있기로 하는 결정을 옹호할 수 있을까? 우리의 손자, 손녀들에게 우리가 더 안전한 도로와 깨끗한 공기를 희생하면서 야외 요리 기구를 더 잘 갖추는 일을 계속한 이유를 어떻게 설명할 것인가? 또는 우리가 더 깨끗한 식수와 안전한 식품보다 파텍 필립 손목시계나 에르메스 핸드백에 더 많이 지출하는 것이 중요하다고 생각한 이유를 무엇이라고 둘러댈 것인가? 또는 우리가 도심의 빈민가 아이들에게 더 나은 기회를 제공할 돈이 없다고 생각한 이유는 무엇이라고 말할 것인가?

눈먼 돈

눈먼 돈은, 사람들이 이득을 얻을 수 있는 기회를 그냥 지나치고 있는 것처럼 보이는 상황에 대한 경제학자의 익숙한 은유다. 미국에서만 해도, 우리는 현재 소비 패턴에 내재된 낭비의 결과로 매년 수조 달러의 눈먼 돈을 테이블 위에 그냥 올려놓고 있다. 이 낭비 중 많은 부분이 매우 간단한 정책 변화 —— 본질적으로, 연방 소득세에서 저축을 면세하는 단 한 줄의 법 개정 —— 를 통해 억제될 수 있다. 이 변화를 채택함으로써 좋은 삶에 대한 우리 각자의 전망을 추구할 능력을 크게 향상시켜 줄 자원을 해방시켜 줄 것이다.

현재의 상태에 갇혀 있는 것을 선택할 유일하게 이해할 만한 이유는 아직까지 우리가 명확하게 소비 패턴의 원인을 이해하지 못하였으며 그것을 바꾸는 일이 어느 정도나 고통 없이 가능한지 알지 못하기 때문이라는 논거일 것이다. 그러나 우리는 이 논점에 기반 하여 합당하게 요구할 수 있는 모든 증거를 지금은 다 가지고 있다. 엄청난 액수의 눈먼 돈과 그것을 쓸 수많은 좋은 용도에 비추어 보면, 현대 역사상 가장 흥미로운 경제 사회 정책을 펼칠 기회를 움켜쥘 준비가 되어 있다.

그 변화는 조만간 이루어질까? 내가 훨씬 더 젊었을 때라면 나는 확실히 "그렇다."고 답했을 것이다. 즉, 관련된 증거들이 가장 최소한의 기회를 통해서라도 일단 알려지고 나면, 입법가들은 법을 만들려고 달려들 것이라고 말이다. 그러나 내가 오래전에 이미 깨달았듯이, 세상사가 그렇게 간단하게 돌아가지는 않는다.

당신이 하원 의원이고, 누진 소비세의 장점에 설득되어 그것을 시행하는 법안을 지지하려고 생각 중이라고 해보자. 10초짜리 텔레비전 사운드 바이트*로 정치적 입장이 소통되어야 하는 시대에 선거구민 중 극소수만이 당신이 그런 입장을 취한 이유를 들을 기회가 있으리라 생각될 것이다. 반면에 당신이 그 입장을 계속 밀고 나가면 다음 선거에서 맞붙는 상대는 당신이 더 고율의 세금을 옹호했다는 점을 유권자들에게 상기시키는 일에 수고를 아끼지 않을 것이라는 점은 확신할 수 있다. 당신은 또한, 소비세가 소득세와 어떻게 다른지 최선을 다해 설명한다고 해도, 경쟁자의 이러한 비난은 당신에게 대가를 치르게 한다는 점을 알고 있다. 왜냐하면 많은 유권자들의 마음속에 고

---

* 사운드 바이트sound bite 뉴스 인터뷰나 연설 등의 핵심 내용을 축약한 문구. 정치 토론이 사운드 바이트로 이루어진다는 것은 예를 들어 부자 감세안에 대하여 "부자가 잘되어야 경기가 활성화된다.", "부자 감세를 하면 조세 형평성에 어긋난다."는 식으로 간단한 내용만이 교환될 뿐 진정한 논의라고 할 수 있는 규범 측면과 사실 측면에서 체계적이고 정교한 검토가 이루어지지 않음을 의미한다.

율의 세금을 지지하는 것은 정부의 낭비를 옹호하는 것을 상징하기 때문이다.

이런 현실에 맞닥뜨려, 하원 의원인 당신이 그 제안을 밀고 나가기 전에 몇 년 동안 더 당신의 정치적 입지를 단단하게 하는 데 애쓰는 것이 가장 신중한 자세라고 생각하기 쉬울 것이다. 그리고 누진 소비세에 대한 다른 잠재적 지지자들도 동일한 인센티브에 직면할 것이기 때문에, 이 세제를 지지하는 것은커녕 공적으로 이야기하는 것조차도 어려울 것이 명백하다.

누진 소비세 도입의 단기적 전망에 대한 낙관주의가 보증되지 않는다 해도, 지나친 비관도 실수일 것이다. 결국에는, 장기적으로는 좋은 아이디어가 나쁜 아이디어에 승리를 거두는 역사의 경향이 계속되리라 기대할 수 있을 것이다. 때때로 변화는, 민감한 이슈에 대한 입장이 사람들에게 너무나도 분명하게 각인되어 있어서, 오해를 살 위험을 감수하지 않아도 되는 행위자들이 주도할 때만 일어나기도 한다. 예를 들어 전후 미국 대통령 가운데 오직 한평생 공산주의를 혐오하던 리처드 닉슨만이 중국과 외교 관계를 재개할 만한 위치에 있었다. 그리고 이스라엘의 지도자들 가운데에서는 매파 중의 매파였던 메나헴 베긴Menachem Begin만이 팔레스타인과 평화적 대화를 추진할 수 있었다. 같은 이치로, 누진 소비세는 낭비적인 정부 지출에 대해 한평생 목소리 높여 반대했던 집단이 정치적으로 주도할 가능성이 가장 큰지도 모르겠다.

공짜로 얻는 돈

누진 소비세의 정치적 미래가 어떠하건 간에, 최선의 활용 가능한 증거에 비추어 볼 때 그것은 강력하게 좋은 아이디어다. 즉, 매년 말 그대로 수조 달러의 자원을 아껴 우리의 삶의 질을 지속적으로 개선할 수 있는 방식으로 쓸 수 있게 해주는 아이디어다. 이것은 우리가 지속되는 가치의 어느 것도 희생할 필요 없이 거저 얻을 수 있는 돈이다. 우리가 살펴보았던 증거들이 정확하다면, 우리는 조만간에 누진 소비세를 받아들이게 될 것이 확실하다. 그러나 정치 담론의 현실은 그 실현이 곧이 아니라 조금 나중에 일어날 가능성을 높게 만든다. 그때까지는, 현재의 인센티브로 인해 우리는 점점 더 많은 돈을 헛되이 계속 쓰고 있을 것이다.

472

1장 돈 잘 썼다?

1. Strauss, 1997, p. 7A.
2. Ibid.
3. Wallis, 1997, p. 17.
4. Campbell, 1981, p. 68.
5. Takahashi, 1997, p. A6.
6. Ibid.

2장 사치 열병

1. Cantrell, 1996, p. 290.
2. Ibid.
3. Starr, 1995, p. 7B.
4. Cantrell, 1996.
5. Veblen, 1899, p. 74.
6. Klepper and Gunther, 1996.
7. Spayd, 1996, p. C1.
8. Whitaker, 1997, p. 10F.
9. Canedy, 1996, p. D6.
10. Kuczynski, 1998, p. 3.
11. Keates, 1997, p. B1.
12. Ibid.
13. Ibid.

14. Ibid. p. B10.

15. Pressler, 1997. p. H1.

16. Kuczynski, 1998, p. 3.

17. Presler, 1997, p. H1.

18. Carrier, 1998, p. D1.

19. Ibid.

20. Canedy, 1996.

21. Shnayerson, 1997, p. 190.

22. Ibid.

23. Ibid., p. 188.

24. Ibid.

25. Heath, 1997, p. 38.

26. Shnayerson, 1997, p. 194.

27. Ibid.

28. Heath, 1997, p. 37.

29. Canedy, 1996, p. A1.

30. Keates, 1997, p. B10.

31. Heath, 1997, p. 37.

32. Suris, 1996, p. B1.

33. Associated Press, 1998, p. CN3.

34. Lienert, 1998, p. W3.

35. Healey and Eldridge, 1996, p. B1.

36. Henderson, 1998, p. B1.

37. Ibid.

38. Brooke, 1996, p. A10.

39. Fatsis, 1997, p. B10.

40. Ibid.

41. Ibid.

42. Ibid., p. B10.

43. Brown, 1996, p. 39.

44. Molpus, 1997.

45. Harte, 1997, p. G2.

46. West, 1998, p. B1.

47. Ibid.

48. Ibid.

49. Ibid., p. B6.

50. Paik, 1998, p. W10.

51. Moonan, 1998, p. E37.

52. Sharpe, 1996, p. B1.

53. Ibid., p. B1.

54. Ibid.

55. Daspin, 1997, p. B10.

56. Ibid.

57. Ibid.

58. Shnayerson, 1997, p. 200.

59. Carrier, 1998, p. D1.

60. Ibid.

61. Ibid.

62. Hardy, 1996, p. A12.

63. Ibid.

64. Uchitelle, 1997, p. A1.

65. Carrier, 1998, p. D1.

66. Bird, 1996, p. B4.

67. Snead, 1996, p. D2.

68. *The Economist*, January 11, 1992, p. 25.

69. Snead, 1996.

70. Ibid.

71. Ibid.

72. Ibid., p. D2.

73. Berton, 1997, p. B1.

74. Ibid.

75. Snead, 1996, p. D2.

76. Fletcher, 1997, p. B8.

77. Ibid.

78. Ibid.

79. Paik, 1996, p. B1.

80. Ibid, p. B14.

81. Hardy, 1996, p. A1.

82. Ibid.

83. Hardy, 1996에서 재인용.

84. Brown, 1996, p. 39.

85. Ibid.

86. Hardy, 1997, p. A1.

87. Peers, 1997, p. B8.

88. Meltzer, 1997, p. 32.

89. Ibid.

90. Ibid.

91. Hardy, 1997, p. A1.

92. Ibid.

93. Ibid.

94. Hardy, 1997, p. A1.

95. Hubbard, 1997, p. 5.

96. Buzz Online, 1996.

97. Associated Press, 1997, p. 6B.

98. Ibid.

99. Pacenti, 1996, p. 6.

100. Ibid.

101. Shnayerson, 1997, p. 188.

102. Canute, 1997. p. 54.

103. Brooks, 1996, p. D1.

104. Ibid.

105. Ibid.

106. Ibid.

107. Pitt, 1991, p. 83.

108. 예를 들어 Chanda, 1997; Faruqi, 1997; Lucier, 1997; Moin, 1998; Singer, 1998을 참조하라.

109. Galuszka, 1993, p. 40.

3장 왜 지금인가?

1. Heath, 1997, p. 33.

476

2. Krugman, 1992.

3. Frank and Cook, 1995, p. 88.

4. Burtless, 1996b.

5. Hacker, 1995.

6. Bates, 1997, p. D4.

7. Shnayerson, 1997, p. 188.

8. Heath, 1997, p. 33.

9. West, 1998, p. B6.

10. Hardy, 1996, p. A12.

11. Peers, 1997, p. B8.

12. Gabriel, 1997, p. B8.

13. Truell, 1997, p. D1.

14. Shnayerson, 1997, p. 182.

15. Truell, 1997, p. D1.

16. Ibid.

17. McGeehan, 1997, p. A6.

18. Gabriel, 1997.

19. Berton,1997, p. B1.

20. Frank and Cook, 1995.

21. LeBlanc, 1995.

22. Frank and Cook, 1995, p. 70.

23. Bertrand, 1997; Gokhal et al., 1995.

24. Crystal, 1991.

25. *The Economist*, November 5, 1994, p. 19.

26. *The Guardian*, November 25, 1996, p. 12.

27. *The Economist*, November 5, 1994, p. 19.

28. Perez-Pena, 1997, p. A1.

29. *The Economist*, December 20, 1997, p. 28.

4장 사치의 대가

1. Berner, 1997, p. A2.

2. *Business Wire*, 1997.

3. Ibid.

4. Ibid.

5. Canner, et al., 1995, p. 323.

6. Hays, 1996, p. B1.

7. Simmons, 1995, pp. 207, 208.

8. Hays, 1996, p. B1.

9. Ibid., p. B6.

10. Koss-Feder, 1997, Sec. 3, p. 10.

11. Selz, 1997, p. A1.

12. Ibid.

13. Ibid.

14. DeMarrais, 1997, p. B1.

15. Hays, 1996.

16. Cobb, Halstead, and Rowe, 1995.

17. Crossen, 1996, R4.

18. Selz, 1997.

19. Hays, 1996, p. B6.

20. Ibid.

21. Ibid.

22. Barker, 1997, p. D1.

23. Schlesinger, 1998, p. A1.

24. *Business Wire*, 1997.

25. Barker-Benfield, 1997, p. D1.

26. Cross, 1993.

27. Linder, 1970, p. 143.

28. Schor, 1991, p. 29.

29. Mueller, 1997, p. 6에서 재인용.

30. Dauten, 1997, p. 11.

31. Shellenbarger, 1998, p. B1에 보고.

32. Juster and Stafford, 1990와 Roberts and Rupert, 1995를 참조하라.

33. Wallich, 1994.

34. Wuthnow, 1996, p. 22에 보고.

35. Wuthnow, 1996, Chapter 1, n. 8.

36. Hugick and Leonard, 1991, p. 10.

37. Shellenbarger, 1997, p. D3에 보고.

38. Ibid., p. D3.

39. Green, 1996, p. 8A.

40. Gallup Poll, Withnow, ch. 1, n. 15에서 재인용.

41. Troufexis, 1990, p. 78.

42. Maas, 1998.

43. Alston, 1997, p. A22에 보고.

44. Hochschild, 1997. Leete and Schor, 1994도 참조하라.

45. Hugick and Leonard, 1991, p. 10.

46. Ward, 1997, p. 12에 보고.

47. Ibid.

48. Schellhardt, 1996, p. B1에 보고.

49. Ibid.

50. Ibid.

51. Shellenbarger, 1997, p. B1.

52. Carrns, 1997, p. B1.

53. Ibid.

54. Pacelle, 1996, p. B1.

55. Ibid.

56. Ibid.

57. Masters et al., 1998에서 재인용.

58. Cohen et al., 1996, p. 1.

59. Bryce-Smith, 1986.

60. Bryce-Smith, 1983.

61. Hester, 1996.

62. 관련된 문헌 조사로는 Masters et al., 1998을 참조하라.

63. Ibid.

64. Gottschalk et al., 1991; Brody et al., 1994.

65. Fairhall and Neal, 1943.

66. Donaldson et al., 1981; Masters et al., 1993.

67. Pope, 1989.

68. Consumers Union, 1997.

69. Ibid.

70. Ibid.

71. Ibid.

72. Lobsenz, 1997

73. Myers, 1997.

74. Manning, 1997, p. 1A.

75. Manning, 1997, p. 1A에서 재인용.

76. Bor, 1997, p. 1A.

77. Marwick, 1997, p. 1341.

78. Gerth and Weiner, 1997, p. A10.

79. Ibid., p. A1.

80. Harty, 1996, p. 47.

81. Ibid

82. Loeb and Page, 1997.

83. Bok, 1993.

84. Loeb and Page, 1997.

85. Steinberg, 1997, p. A40.

86. Simmons, 1997, p. A1.

87. Sjostrom, 1997, p. 1.

88. Van Voorst, 1992, p. 64.

89. DOT, 1991, Smith and Bush, 1997에서 재인용.

90. Sjostrom, 1997에서 재인용.

91. Ibid.

92. PR Newswire, 1997.

93. McGuire, 1997, p. A3.

94. Wheeler, 1997, p. 1A.

95. Ibid.

96. Ibid.

97. Rice et al., 1991.

98. Copple, 1997.

99. Ibid.

100. Ibid.

101. Ibid.

102. Copple, 1997에서 재인용.

5장 돈으로 행복을 사는가?

1. Nozick, 1974, p. 42.
2. Ibid., p. 43.
3. Cobb, Halstead, and Rowe, 1995.
4. Galbraith, 1967.
5. Bradbum, 1969; Diener and Emmons, 1985.
6. Hoebel, 1998.
7. Diener and Emmons, 1985.
8. Diener and Lucas, 1998.
9. Kahneman, 1998.
10. Easterlin, 1974를 참조하라.
11. Goleman, 1996, p. C3.
12. Davidson, 1992.
13. Goleman, 1996에 보고.
14. 이 증거를 조사한 연구로는 Frank, 1985b, chapter 2와 Clark and Oswald, 1996을 참조하라.
15. Myers, 1993.
16. Bradbum, 1969.
17. Diener and Lucas, 1998.
18. Bradbum and Caplovitz, 1965.
19. Myers and Diener, 1995, p. 11.
20. Seidlitz and Diener, 1993.
21. Headey and Weanng, 1992; and Sandvik et al., 1993.
22. Diener and Lucas, 1998.
23. Diener and Lucas, 1995.
24. Ibid.
25. Smolensky, 1965.
26. Rainwater, 1990.
27. Kapteyn and van Praag, 1976. Duncan, 1975-76도 참조하라.
28. Galbraith, 1958, p. 1.

1. Townsend, 1979.

2. Loewenstein and Frederick, 1998.

3. Bulman and Wortman, 1977.

4. Cameron, 1972; Cameron, Titus, Kostin and Kostin, 1976.

5. Brickman, Coates, and Janoff-Bulman, 1978.

6. Myers, 1993, p.36.

7. 조사 결과에 관하여는 Koslowsky et al., 1995를 참조하라.

8. Glass, et al., 1977.

9. Ibid.

10. Weinstein, 1982.

11. Glass, 1977.

12. Ibid., figures 5 and 6.

13. Long and Perry, 1985.

14. Ragland et al., 1987; Pikus and Tarranikova, 1975; and Evans et al., 1987.

15. Evans et al., 1987.

16. Evans and Carrere, 1991.

17. Evans, 1994.

18. Glass and Singer, 1972; Sherrod, 1974.

19. Stokols et al., 1978.

20. Ibid., table 3.

21. DeLongis et al., 1988; and Stokols et al., 1978.

22. Koslowsky et al., 1995, chapter 4.

23. Koslowsky et al., 1995.

24. Taylor and Pocock, 1972; Koslowsky and Krausz, 1993

25. European Foundation for the Improvement of Living and Working Conditions, 1984.

26. Clark, 1994, p.387.

27. Ibid.

28. 조사 결과는 Plante and Rodin 1990를 참조하라.

29. Fontane, 1996.

30. Blair, 1989.

31. Palmer, 1995.

32. Greist et al., 1979.

33. Lichtman and Poser, 1983.

34. Palmer, 1995.

35. Sharp, 1996, p. 4M.

36. Argyle, 1998.

37. Burt, 1986.

38. Perkins, 1991.

39. Manning and Fullerton, 1988.

40. Colon et al., 1991.

41. Berkman and Syme, 1979.

42. House et al., 1982.

43. Argyle, 1996.

44. Rubenstein, 1980.

45. Ibid.

46. Weiss, 1991, p. 141.

47. Ibid.

48. 조사 결과는 Warr, 1998 및 Agho et al., 1993; Fried, 1991; Kelloway and Barling, 1991; Spector and O'Connel, 1994; Spector et al., 1988; Wall et al., 1996; Xie and Johns, 1995를 참조하라.

49. Deci, 1971.

50. Campion and McClelland, 1993: and Warr, 1990.

51. Agho et al., 1993; Fried, 1991; Kelloway and Barling, 1991; Warr, 1990; and Xie and Johns, 1995.

7장 우리가 잊은 미래

1. Lowenstein, 1995.

2. 순 저축은 가구, 기업, 정부가 과세 기간 동안 저축한 액수에서 그 기간 동안 감가 상각된 자본 가치를 뺀 값으로 계산된다.

3. Wuthnow, 1996, chapter 1, n. 6.

4. Cantor and Yuengart, 1994.

5. Joint Economic Committee, 1988.

6. U.S. Bureau of the Census, 1996, p. 856.

7. Shin, 1980; and Frank and Hutchens, 1993 참조.

8. Tierny, 1997, p. 47.

9. Energy and Environmental Analysis, Inc., 1997.

10. Friedman, 1999, chapter one.

11. Thaler, 1980.

12. Thaler, 1982. pp. 178-79.

13. Ibid., p. 179.

14. Ibid.

15. Friedman, 1999, chapter 5.

8장 상대적으로 우수한

1. Campbell, 1981.

2. Diener, Sandvik, Seidlitz, and Diener, 1993, p. 214.

3. Myers, 1993, p. 47에서 재인용.

4. Lykken and Tellegen, 1996.

5. Tellegen et al., 1988.

6. Noonan, 1997.

7. Neumark and Postlewaite, 1998.

8. Ibid., table 3.

9. Guth et al., 1982를 보라.

10. Kahneman et al., 1986, table 1.

11. 이 해석을 지지하는 증거로는 특히 Kahn and Murnighan, 1993을 참조하라.

12. 예를 들어, Kahneman et al., 1986; Fehr et al., 1993; Fehr and Kirchsteiger, 1994; Babcock et al., 1996; Rees, 1993; Frey and Bohnet, 1995와 Guth et al., 1993를 참조하라. 상대적 위치에 대한 관심이 존재한다는 점을 입증하는 최근 경제학 연구들을 탁월하게 요약한 글로는 Zizzo, 1997을 참조하라.

13. 이어지는 논증이 좀 더 완전하게 발전된 글로는 나의 1985년 책을 참조하라.

14. Ball et al., 1994, 1996.

15. Koford and Tshoegl, 1998.

16. Zahavi, 1995.

17. Frank, 1985b, chapter 8.

18. Frank, 1985b, chapter 8. Frank, 1985a도 참조하라.

19. Dynan et al., 1996; Carroll, 1998.
20. 특히 이것은 항상 소득 가설(Friedman, 1957)과 생애 주기 가설(Modigliani and Brumberg, 1955)과 불일치하는 증거다.
21. Duesenberry, 1949과 Kosicki, 1987을 참조하라.

9장 왜 맥락과 지위가 그토록 중요한가?

1. McEwan, 1997, p. 73.
2. 더 정확히 말해서, 20세기의 다윈 해석가들은 각 유기체의 유전자는, 그 유전자의 복제자를 미래 세대에 퍼뜨릴 확률을 극대화하는 행위를 파악하고 그 행위의 동기를 부여하는 뇌를 창출하게 된다고 말한다. 예를 들어 Dawkins, 1976; Barkow,Cosmides and looby, 1992; Pinker, 1997을 참조하라.
3. Cosmides and Tooby, 1987.
4. 이에 관한 설명으로는 Damasio, 1994를 참조하라.
5. Ibid, pp. 193, 194.
6. 이 논점에 관한 확장된 논의는 나의 1988년 책을 참조하라.
7. Damasio, 1994., p. 172.
8. 예를 들어 Solnick and Hemenway, 1998을 참조하라.
9. Helson, 1964.
10. Strack et al., 1990.
11. Sen, 1981, chapter 1.
12. Smith, 1952(1776), p. 383.
13. Hirsch, 1976, Sen, 1983, 1987.
14. Layard, 1980, p. 741.
15. Dawkins, 1976.
16. Wright, 1994.
17. Ibid.
18. Elias, August 19, 1997.
19. Diener and Lucas, 1998.
20. Kuczynski, 1998, p. 3에서 재인용.
21. McGuire, Raleigh, and Brammer, 1982을 참조하라.
22. Ibid.
23. Raleigh et al., 1986.

24. McGuire, 개인적 의견 교환.

25. Madsen, 1994.

26. Coppen, 1973와 Barchas and Usdin, 1973의 요약된 논의도 참조하라.

27. Coccaro, 1995.

28. 예를 들어 Mazur, 1983, Mazur and Lamb, 1980, and Elias, 1981을 참조하라.

29. Rose, Bernstein, and Gordon, 1975를 참조하라.

30. Wilkinson, 1994, p. 27.

31. Wilkinson, 1986, 1990.

32. Marmot et al., 1984.

33. Wilkinson, 1994, pp. 31, 32.

34. Marmot, 1995는 두 주요 화이트홀 연구의 결과를 연구한 것이다.

35. Marmot et al. 1978.

36. Marmot et al, 1991.

37. Wilkinson, 1996.

38. Marmot, 1997.

10장 개인으로서는 똑똑하지만 전체로서는 멍청한

1. 이러한 예외에 대한 매력적이고 명쾌한 설명으로는 Cronin, 1991을 참조하라.

2. Cronin, 1991.

3. Hamilton and Zook, 1982

4. Noonan, 1997.

5. Windsor and Dumitru, 1988.

6. Frank and Cook, 1995, chapter 8을 참조하라.

7. Bauder, 1997, p. C1.

8. Hardin, 1968.

11장 과시적 소비 이해하기

1. Landers, Rebitzer, and Taylor, 1996.

2. Solnick and Hemenway, 1998.

3. Eherenberg and Schuman, 1982; Roche et al., 1996.

4. Frank, 1985b, chapters 7 and 8.를 참조하라.

5. Smith, *Wealth of Nations*, Book IV, chapter 2.

12장 과시적 소비에서 스스로 벗어나기?

1. *The Standard Directory of Advertisers*, various volumes.

2. Bandura, Ross, and Ross, 1963를 참조하라

3. Cannon, 1993에 보고.

4. Tversky and Kahneman, in Kahneman, Slovic, and Tversky, 1982.

5. 이에 관한 논의로는 Loewenstein and Schkade, 1998를 참조하라.

6. Shin, 1980와 Frank and Hutchens, 1993를 참조하라

7. Ainslie, 1992, chapter 3.

8. Pattison, Sobell, and Sobell, 1977.

9. Schelling, 1980.

10. Thaler and Shefrin, 1981.

11. Fergus, April 6, 1997.

12. Thynne, Feb. 2, 1997.

13. Fergus, April 6, 1997.

14. Andrews, 1997.

15. Fergus, April 13, 1997.

16. Goldstein, 1997, p. B2

17. Continelli, 1997, p. 1F.

18. McCarty, 1997.

19. Goldstein, 1997, p. B2.

13장 실패한 다른 해결책들

1. Scott, 1973, p. 74, Hunt, 1996, p. 19에서 재인용.

2. Hunt, 1996, p. 23.

3. Ibid., p. 24.

4. Ibid., p. 355.

5. Othman, 1997, p. 7.

6. Ibid.

7. Vincent, 1969, p. 47.

8. Knaff, 1997, p. E2.

9. Kessler, 1997, p. E1.

10. Hunt, 1996, p. 353.

11. Smith, 1952(1776), p. 150

12. Hunt, 1996, p. 357.

13. 이 논점에 관하여는 Elster, 1989를 참조하라.

14. Segal, 1996, pp. 20ff.

15. Putnam, 1995.

16. Coffield, 1970, p. 24.

17. U.S. House of Representatives, Committee on Ways and Means, 1918.

18. Cnossen, 1977, p. 134.

19. Smith, 1952(1776), p. 370.

20. Ibid., p. 316.

21. DiRe, 1991.

22. Berry, 1994, p. 214.

14장 떳떳한 사치

1. 탁월한 응답 조사로는 Dorris, 1996를 참조하라.

2. Carroll, 1998.

3. Hobbes, 1651, chapter 30, *Leviathan*, Seidman, 1997, p. 12에서 재인용.

4. Kaldor, 1955, pp. 11-13.

5. Fisher and Fisher, 1942, pp. 3-6, Seidman, 1997, p. 14에서 재인용.

6. Ibid., Seidman, 1997, p. 12에서 재인용.

7. 뛰어난 논평으로는 Seidman, 1997을 보라.

8. 실제로 프리드먼은 누진적 소비세로 2차 세계 대전의 재정 적자를 메울 것을 촉구한 웅변적인 논문의 저자다. (Friedman, 1943.)

9. Seidman, 1997.

15장 형평 대 효율: 거대한 맞교환?

1. Greenspan, 1997, p.A1.

2. Higgins, 1992, p. 38.

3. Ehrenberg and Smith, 1994, p. 33. 참조하라.

4. 예를 들어 Feldstein, 1995. 참조하라.

5. Auerbach and Slemrod, 1997, Hubbard and Skinner, 1996, Poterba et al., 1996와 Slemrod, 1990를 참조하라.

6. 특히 Engen et al., 1996를 참조하라. 인센티브 효과는, 전통적인 방식으로 측정했을 경우, 세금의 증가가 사람들의 노동 시간에 별 영향을 미치지 않는 것 같다는 유사한 이유 때문에[이유로] 작은 것으로 드러난다. 저축을 면세하는 것은 저축에서 얻는 효과적 보상을 증가시키는 것과 유사하기 때문에, 그 세제는 저축에 두 가지 상이한 경로로 영향을 미친다. 다른 활동에 비해 상대적으로 저축에서 오는 보상을 증가시킴으로써, 그 세제는 저축을 더 많이 하게 하는 인센티브를 제공한다. 그러나 동시에, 특정한 수준의 저축 목표를 달성하기 위해서 필요한 저축량은 더 적어지게 만들기도 한다[더 적은 돈을 저축하고도 주어진 저축 목표를 달성할 수 있도록 해준다]. 경험적 연구는 이들 두 효과가 대체로 서로 상쇄하리라는 가설을 반박하지 못한다. (예를 들어, Elmendorf, 1996를 참조하라.)

7. Seidman and Lewis, 1996a, 1996b.

8. Engen, Gale, and Scholz, 1994.

9. Venti and Wise, 1990.

10. Murphy, Schleifer, and Vishny, 1991.

11. 더 온전한 논의를 보려면, Frank and Cook, 1995를 참조하라.

12. Frank and Cook, 1995, chapter 5.

13. 이에 대한 평석(評釋)으로는 Chincos, 1987을 참조하고, Land et al., 1990도 참조하라.

14. Bursik and Grasmik, 1993.

15. 예를 들어 Curry and Spergel, 1988와 Taylor and Covington, 1988를 참조하라.

16. Blakely and Snyder, 1997.

17. Barron, 1997, p. 66.

18. Munk, 1994, p. 106에서 재인용,

19. Cobb, Halstead, and Rowe, 1995.

20. 이 용어는 Robert Hall, 1972에서 만들어졌다.

21. Glyn and Miliband, 1994.

22. Alesina and Rodrick, 1992.

23. Garrison and Lee, 1992; and Persson and Tabellini, 1992.

24. Corry and Glyn, 1994.

25. Seidman, 1997, chapter 2.

16장 그럴 돈이 없다고?

1. Stewart, 1995.

2. Huston, 1996, p. 1.

3. Kozol, 1995, p. 114.

4. Ibid., pp. 151, 152, 155.

5. Kozol, 1995, p. 21에서 재인용.

6. Cooper, 1995.

7. Cooper, 1995, p. 4에서 재인용.

8. Wilson, 1996.

9. Clark and Oswald, 1996.

17장 더 나은 사회를 만드는 스마트한 대안

1. Raines, 1998.

2. Pearlstein, 1997, p. A12에서 재인용.

490

참고문헌

Aaron, Henry J., and William G. Gale. *Economic Effects of Fundamental Tax Reform*, Washington, DC: Brookings Institution, 1996.

Agho, Augustine O.; Charles W. Mueller; and James L. Price. "Determination of Employee Job Satisfaction," *Human Relations*, August, 1993: 1011-19.

Ainslie, George. *Picoeconomics*, New York: Cambridge University Press, 1992.

Alesina, Alberto, and Dani Rodrik. "Distribution, Political Conflict, and Economic Growth: A Simple Theory and Some Empirical Evidence," in *Political Economy, Growth, and Business Cycles*, ed. A. Cuckierman, Z. Hercowitz, and L. Leiderman, Cambridge: MIT Press, 1992: 23-50.

Alston, Chuck. "Comp Time's Time Has Come," *Wall Street Journal*, May 15, 1997: A22.

Andrew, Cecile. *The Circle of Simplicity: Return to the Good Life*, New York: Harper Collins, 1997.

Argyle, Michael. "Causes and Correlates of Happiness," in *Understanding Well-Being: Scientific Perspectives on Enjoyment and Suffering*, ed. Daniel Kahneman, Ed Diener, and Norbert Schwartz, New York: Russel Sage, 1998.

Argyle, Michael. *The Social Psychology of Leisure*, New York: Penguin, 1996.

Associated Press. "Americans Are Spending More on Cars," *Chicago Tribune*, March 15, 1998: CN3.

Associated Press. "Good Cigars Grow Hot," *Cincinatti Post*, February 27, 1997, 6B.

Auerbach, Alan, and Joel Slemrod. "The Economic Effects of the Tax Reform Act of 1986," *Journal of Economic Literature* XXXV, June 1997: 589-632.

Babcock, Linda; X. Wong; and George Loewenstein. "Choosing the Wrong Pond, Social Comparison in Negotiations That Reflect a Self-Serving Bias," *Quarterly Journal of Economics* 106, 1996: 3-19.

Bagwell, Laurie Simon, and B. Douglas Bernheim. "Veblen Effects in a Theory of Conspicuous Consumption," *American Economic Review* 86, June 1996: 349-73.

Ball, Sheryl, and Catherine Eckel. "Status and Discrimination in Ultimatum Games: Stars Upon Thars," Virginia Polytechnic Institute Department of Economics, mimeographed, 1994.

Ball, Sheryl; Catherine Eckel; Philip Grossman; and William Zame. "Status in Markets," Department of Economics Working Paper, Virginia Polytechnic Institute, January 1996.

Bandura, A., D. Ross, and S. A. Ross. "Imitation of Film-Mediated Aggressive Models," *Journal of Abnormal and Social Psychology* 66, no. 1, 1963: 3-11.

Barchas, J., and E. Usdin, eds. *Serotonin and Behavior*, New York: Academic Press, 1973.

Barker-Benfield, Simon. "Booming Bankruptcies," *Florida Times-Union*, March 9, 1997: D1.

Barkow, J. H.; L. Cosmides; and J. Tooby, eds., *The Adapted Mind: Evolutionary Psychology and the Generation of Culture*, New York: Oxford University Press, 1992.

Barron, Kelly. "Your Money or Your Life," *Forbes*, November 17, 1997: 66.

Bates, James. "Company Town: Getting to the Bottom of Michael Eisner's $565-Million Payday," *Los Angeles Times*, December 4, 1997: D4.

Bauder, Don. "Banning Ads May Not Snuff Out Teen Smoking," *San Diego Union-Tribune*, July 12, 1997: C1.

Berkman, L. F., and S. L. Syme. "Social Networks, Host Resistance, and Mortality: A Nine-Year Followup of Alameda County Residents," *American Journal of Epidemiology*, 109, 1979: 186-204.

Berner, Robert. "Personal Savings Continue Steady Climb," *Wall Street Journal*, March 24, 1997: A2, A12.

Berry, Christopher. *The Idea of Luxury*, Cambridge: Cambridge University Press, 1994.

Berton, Lee. "A Rising Stock Market also Lifts Faces, Noses, Tummies, and Necks," *Wall Street Journal*, February 24, 1997: B1.

Bertrand, Marianne. "From the Invisible Handshake to the invisible Hand? How Product Market Competition Changes the Employment Relationship," Harvard University Department of Economics, mimeographed, 1997.

Bird Laura. "Forget Ties: Catalogs Now Sell Mansions," *Wall Street Journal*, November 7, 1996: B1, B4.

Blair, S. N. "Physical Fitness and All-Cause Mortality: A Prospective Study of Healthy Men and Women," *Journal of the American Medical Association* 262, 1989: 2396-2401.

Blakely, Edward J., and Mary Gail Snyder. *Fortress America: Gated Communities in the United States*, Washington, DC: Brookings Press, 1997.

Blankman, Susan. "Money Does Buy Happiness Proves New Poll," *Business Wire*, January 22, 1998.

Bok, Derek. *The Cost of Talent*, New York: The Free Press, 1993.

Bor, Jonathan. "Scientists Delve into Dangers in Hamburger," *Baltimore Sun*, June 24, 1997: 1A.

Boskin, Michael, and E. Sheshinski. "Optimal Redistributive Taxation When Individual Welfare Depends on Relative Income," *Quarterly Journal of Economics* 92, 1978: 589-601.

Bosworth, Barry, and Gary Burtless. "Effects of Tax Reform on Labor Supply, Investment, and Saving," *Journal of Economic Perspectives* 6, Winter 1992: 3-25.

Boutcher, Stephen H., and Daniel M. Landers. "The Effects of Vigorous Exercise on Anxiety, Heart Rate, and Alpha Activity of Runners and Nonrunners," *Psychophysiology* 25, 1988: 696-702.

Bradburn, N., and D. Caplovitz. *Reports on Happiness*, Chicago: Aldine, 1965.

Bradburn, Norman. *The Structure of Psychological Well-Being*, Chicago: Aldine, 1969.

Bradford, David F. "The Case for a Personal Consumption Tax," in *What Should Be Taxed?*, ed. Joseph Pechman, Washington, DC: Brookings Institution, 1980: 75-113.

Breathnach, Sara Ban. *Simple Abundance*, New York: Warner Books, 1995.

Brickman, P. *Commitment, Conflict, and Caring*, Englewood Cliffs, NJ: Prentice

Hall, 1987.

Brickman, P, and R. J. Bulman. "Pleasure and Pain in Social Comparison." in *Social Comparison Processes: Theoretical and Empirical Perspectives*, ed. J. M. Suls and R. L. Miller, Washington, DC: Hemisphere Publishing, 1977.

Brickman, P.; D. Coates; and R. Janoff-Bulman. "Lottery Winners and Accident Victims: Is Happiness Relative?" *Journal of Personality and Social Psychology* 36, August 1978: 917-27.

Brody, D., et al. "Blood Lead Levels in the U.S. Population," *Journal of the American Medical Association* 272, 1994: 277-83.

Brooke, James. "Tourists Win Cultural Shootout in Jackson Hole, Wyoming," *New York Times*, August 14, 1996: A10.

Brooks, Nancy Rivera. "Burning Ambition: Cigar Club Owners See Bright Future in Smoke-Filled Rooms," *Los Angeles Times*, October 25, 1996: D1.

Brown, Patricia Leigh. "Techno Dwellings for the Cyber-Egos of the Mega-Rich," *New York Times*, August 4, 1996: A1, A39.

Bryce-Smith, D. "Environmental Chemical Influences on Behaviour and Mentation," *Chem. Soc. Review* 15, 1986: 93-123.

Bryce-Smith, D. "Lead Induced Disorder of Mentation in Children," *Nutrition and Health* 1, 1983: 179-94.

Bulman, R. J., and C. B. Wortman. "Attributes of Blame and 'Coping' in the 'Real World': Severe Accident Victims React to Their Lot," *Journal of Personality and Social Psychology* 35, May 1977: 351-63.

Bursik, Robert, and Harold Grasmick. "Economic Deprivation and Neighborhood Crime," *Law and Society Review* 27, 1994: 263-83.

Burt, R. S. *Strangers, Friends, and Happiness*, GSS Technical Report No. 72, Chicago: National Opinion Research Center, University of Chicago, 1986.

Burtless, Gary. "Worsening American Income Inequality," *Brookings Review* 14, Spring 1996a: 26-31.

Burtless, Gary. "Trends in the Level and Distribution of U.S. Living Standards: 1973-1993," *Eastern Economic Journal* 22, Summer 1996b: 271-90.

Business Wire, "Credit Card Debt Reaches All-Time High Among Lower-Income Americans," *Business Wire*, Inc., March 24, 1997.

Buzz Online. May 1996: http://www.buzmag.com.

494

Cameron, P.; D. Titus; J. Kostin; and M. Kostin. *The Quality of American Life*, New York: Russell Sage, 1976.

Cameron, P. "Stereotypes about Generational Fun and Happiness Versus Self-Appraised Fun and Happiness," *The Gerontologist* 12, Summer 1972: 120-23.

Campbell, Angus. *The Sense of Well-Being in America*, New York: McGraw-Hill, 1981.

Campion, M., and C. McClelland. "Follow-up and Extension of the Interdisciplinary Costs and Benefits of Enlarged Jobs," *Journal of Applied Psychology* 78, 1993: 339-51.

Canedy, Dana. "In Retailing, Biggest Gains Come from Big Spenders," *New York Times*, December 12, 1996: A1, D6.

Canner, Glenn, Arthur Kennickell, and Charles Luckett. "Household Sector Borrowing and the Burden of Debt," *Federal Reserve Bulletin* 81, April 1995: 323-38.

Cannon, Carl. "Honey, I Warped the Kids: Television, Violence, and Children," *Mother Jones*, July 1993: 16ff.

Cantor, Nancy, and Catherine A. Sanderson. "Life Task Participation and Well-Being," in *Understanding Well-Being: Scientific Perspectives on Enjoyment and Suffering*, ed. Daniel Kahneman, Ed Diener, and Norbert Schwartz, New York: Russell Sage, 1998.

Cantor, Richard, and Andrew Yuengart. "The Baby-Boom Generation and Aggregate Savings," *Federal Reserve Bank of New York Quarterly Review*, June 22, 1994: 76ff.

Cantrell, John. "The Vanderbilts," *Town & Country*, October 1996: 290ff.

Canute, James. "Cigars at Home in Dominican Republic," *The Financial Post* (Toronto), February 26, 1997: B1, B8.

Carey, Susan. "Why This Winter Travel Season Is Sizzling," *Wall Street Journal*, February 26, 1997: B1, B8.

Carrier, Jim. "Sailing the High-End Seas," *New York Times*, January 24, 1998: D1.

Carrns, Ann. "Office Workers Rub Elbows as More Work places Shrink," *Wall Street Journal*, May 7, 1997: B1, B10.

Carroll, Christopher D. "Why Do the Rich Save So Much?" in Joel Slemrod, ed., *Does Atlas Shrug: The Economic Consequences of Taxing the Rich*, New

York: Oxford University Press, 1998.

Carson, Cary. ed. *Of Consuming Interests*, Williamsburg, VA: Colonial Williamsburg, 1997.

Caspersen, Erik, and Gilbert Metcalf. "Is a Value-Added Tax Regressive? Annual Versus Lifetime Incidence Measures," *National Tax Journal* XLVII, no. 4, 1994: 731-46.

Chanda, Abhik Kumar. "Indians Go on Spending Spree as Critics Cry Danger," *Agence France Presse*, February 6, 1997.

Chiricos, T. G "Rates of Crime and Unemployment: An Analysis of Aggregate Research Evidence," *Social Problems* 34, 1987: 187-212.

Clark, Andrew, and Andrew Oswald. "Satisfaction and Comparison Income," *Journal of Public Economics* 61, 1996: 359-81.

Clark, Charles S. "Traffic Congestion," *The CQ Researcher*, May 6, 1994: 387-404.

Cnossen, Sijbren. *Excise Systems: A Global Study of the Selective Taxation of Goods and Services*, Baltimore: Johns Hopkins University Press, 1977.

Cobb, Clifford; Ted Halstead; and Jonathan Rowe. "If the GDP Is Up, Why Is America Down?" *The Atlantic Monthly* 276, no. 4 October 1995: 59ff.

Coccaro, Emil F. "The Biology of Aggression," *Scientific American*, January-February, 1995: 38-47.

Coffield, James. *A Popular History of Taxation*, London: Longman, 1970.

Cohen, Brian A.; Richard Wiles; Erik Olson; and Chris Campbell. "Just Add Water," Report for Natural Resources Defense Fund, Environmental Working Group Online, http://www.ewg.org, May 1996.

Cole, H. L.; G. J. Mailath; and A. Postlewaite. "Social Norms, Savings Behavior, and Growth." *Journal of Political Economy* 100, 1992: 1092-1125.

Coleman, Mary, and John Pencavel. "Changes in the Work Hours of Male Employees, 1940-88," *Industrial and Labor Relations Review* 46, 1993: 262-83.

Colon, E.; A. Callies; M. Popkin; and E McGlave. "Depressed Mood and Other Variables Related to Bone Marrow Transplantation Survival in Acute Leukemia," *Psychosomatics* 32, 1991: 420-25.

Condry, John. "Enemies of Exploration: Self-Initiated Versus Other-Initiated Learning," *Journal of Personality and Social Psychology* 35, 1977: 459-77.

Consumers Union. "Air Quality: Special Report," *Consumer Reports* 62, 1997:

36ff.

Continelli, Louise. "Cheap Thrills in an Era of Downsizing," *Buffalo News*, May 25, 1997: 1F.

Cooper, Mary H. 'The Working Poor: Will Funding Cuts Make Their Future Grimmer?" *CQ Researcher*, November 3, 1995: 969-92.

Coppen, Alec. "Role of Serotonin in Affective Disorders," in *Serotonin and Behavior*, ed. J. Barchas and E. Usdin, New York: Academic Press, 1973.

Copple, James. "Prepared Testimony before the Senate Committee on Labor and Human Resources," *Federal News Service*, April 18, 1997.

Corry, Dan, and Andrew Glyn. "The Macroeconomics of Equality, Stability, and Growth," in *Paying for Inequality: The Economic Cost of Social Injustice*, ed. Andrew Glyn and David Miliband, London: Rivers Oram, 1994.

Cosmides, Leda, and John Tooby. "From Evolution to Behavior: Evolutionary Psychology as the Missing Link," in *The Latest on the Best: Essays on Evolution and Optimality*, ed. John Dupre, Cambridge: MIT Press, 1987.

Courant, Paul, and Edward M. Gramlich. "The Expenditure Tax: Has the Idea's Time Finally Come?" in *Tax Policy: New Directions and Possibilities*, Washington DC: Center for National Policy, 1984.

Cronin, Helena. *The Ant and the Peacock*, New York: Cambridge University Press, 1991.

Cross, Gary S. *Time and Money: The Making of Consumer Culture*, New York: Routledge, 1993.

Crossen, Cynthia. "Americans Have It All (But It Isn't Enough)," *Wall Street Journal*, September 20, 1996: R1, R4.

Crystal, Graef. *In Search of Excess*, New York: W. W. Norton, 1991.

Csikszentmihalyi, Mikhail. *Flow: The Psychology of Optimal Experience*, New York: Harper and Row, 1990.

Curry, G. D., and Irving Spergel. "Gang Homicide, Delinquency, and Community," *Criminology* 26, 1988: 381.

Damasio, Antonio R. *Decartes' Error: Emotion, Reason and the Human Brain*, New York: G. P. Putnam and Sons, 1994.

Daspin, Eileen. "Hoarding Land as the New Weekend Hobby," *Wall Street Journal*, April 18, 1997: B10.

Dauten, Dale. "We Have No Time for Nothing, But Nothing Counts," *St. Louis Post-Dispatch*, August 4, 1997: 11.

Davidson, Richie J. "Anterior Cerebral Asymmetry and the Nature of Emotion," *Brain and Cognition* 6, 1992: 245-68.

Dawkins, Richard. *The Selfish Gene*, New York: Oxford University Press, 1976 (『이기적 유전자』, 홍영남 옮김, 을유문화사, 1993년).

deCharms, R. *Personal Causation*, New York: Academic Press, 1969.

Deci, E. L., and R. M. Ryan. *Intrinsic Motivation and Self-Determination in Human Behavior*, New York: Plenum, 1985.

Deci, E. L.; N. H. Spiegel; R. M. Ryan; R. Koestner; and M. Kaufman. "The Effects of Performance Standards on Teaching Styles: The Behavior of Controlling Teachers," *Journal of Educational Psychology* 74, 1982: 853-59.

Deci, Edward L. "Effects of Externally Mediated Rewards on Intrinsic Motivation," *Journal of Personality and Social Psychology* 18, 1971: 105-15.

DeLongis, Anita; Susan Folkman; and Richard S. Lazarus. "The Impact of Daily Stress on Health and Mood: Psychological and Social Resources as Mediators," *Journal of Personality and Social Psychology* 4, 1988: 486-95.

DeMarrais, Kevin G. "Credit Study Downplays Fears," *Bergen Record*, March 13, 1997: B1.

Dember, William N.; Traci L. Galinsky; and Joel S. Warm. "The Role of Choice In Vigilance Performance," *Bulletin of the Psychonomic Society* 30, 1992: 201-4.

Diener, E., and R. A. Emmons. "The Independence of Positive and Negative Affect," *Journal of Personality and Social Psychology* 50, 1985: 1031-38.

Diener, Ed. "A Value Based Index for Measuring National Quality of Life," *Social Indicators Research* 36, 1995: 107-27.

Diener, Ed, and Carol Diener. "The Wealth of Nations Revisited: Income and the Quality of Life," *Social Indicators Research* 36, 1995: 275-86.

Diener, Ed; Marissa Diener; and Carol Diener, "Factors Predicting the Subjective Well-Being of Nations," *Journal of Personality and Social Psychology* 59, 1995: 851-64.

Diener, Ed, and Eunkook Suh. "Measuring Quality of Life: Economic, Social, and Subjective Indicators," *Social Indicators Research*, forthcoming.

498

Diener, Ed, and Eunkook Suh. "National Differences in Subjective Well-Being," in *Understanding Well-Being: Scientific Perspectives on Enjoyment and Suffering*, ed. Daniel Kahneman, Ed Diener, and Norbert Schwartz, New York: Russell Sage, 1998.

Diener, Ed, and Frank Fujita, "Social Comparisons and Subjective Well-Being," in *Health, Coping, and Social Comparison*, B. Buunk and R. Gibbons, Hillsdale, NJ: Erlbaum, forthcoming.

Diener, Ed, and Richard E. Lucas. "Personality and Subjective Well-Being," in *Understanding Well-Being: Scientific Perspectives on Enjoyment and Suffering*, ed. Daniel Kahneman, Ed Diener, and Norbert Schwartz, New York, Russell Sage, 1998.

Diener, Ed; Ed Sandvik; Larry Seidlitz; and Marissa Diener. "The Relationship Between Income and Subjective Well-Being: Relative or Absolute?" *Social Indicators Research* 28, 1993: 195-223.

DiRe, Elda. "Luxury Tax," *CPA Journal*, October 1991: 59-62.

Dominguez, Joe, and Vicki Robin. *Your Money or Your Life*, New York: Viking, 1992.

Donaldson, J.; F. S. Labella; and H. Gesser. "Enhanced Autooxidation of Dopamine as a Possible Basis of Manganese Neurotoxicity," *Neurotoxicology* 2, 1981: 2, 53.

Dorris, Gary W. *Redesigning Regulatory Policy: A Case Study in Urban Smog*, Ph.D. diss., Cornell University Press, 1996.

Duesenberry, James. *Income, Saving, and the Theory of Consumer behavior*, Cambridge: Harvard University Press, 1949.

Duncan, Otis. "Does Money Buy Satisfaction?" *Social Indicators Research* 2, 1975-76: 267-74.

Dynan, Karen E.; Jonathan Skinner; and Stephen R. Zeldes. "Do the Rich Save More?" Columbia University Graduate School of Business, mimeographed, 1996.

Easterlin, Richard. "Does Economic Growth Improve the Human Lot?" in *Nations and Households in Economic Growth: Essays in Honor of Moses Abramovitz*, ed. Paul David and Melvin Reder, New York: Academic Press, 1974.

Easterlin, Richard. "Will Raising the Incomes of All Increase the Happiness of All?" *Journal of Economic Behavior and Organization* 27, 1995: 35-47.

Economist, The. "Bumper Profits, Sticker Shock," February 11, 1995: 57.

Economist, The. "Rising Tide, Falling Boats," December 20, 1997: 28.

Economist, The. "For Richer, For Poorer," November 5, 1994: 19-21.

Economist, The. "The Price of Beauty," January 11, 1992: 25-26.

Ehrenberg, Ronald G., and Paul Schuman. *Longer Hours or More Jobs? Amending Hours Legislation to Create Employment,* Ithaca, NY: ILR Press, 1982.

Ehrenberg, Ronald G., and Robert S. Smith. *Modern Labor Economics,* 3rd ed., New York: Harper Collins, 1994.

Elgin, Duane. *Voluntary Simplicity,* New York: Morrow, 1981.

Elias, M. "Serum Cortisol, Testosterone and Testosterone Binding Globulin Responses to Competitive Fighting in Human Males," *Aggressive Behavior* 7, 1981: 215-24.

Elias, Marilyn. "Looks Are a Plus, but Cash Is the King of Hearts," *Ithaca Journal,* August 19, 1997: B1.

Elmendorf, Douglas W. "The Effect of Interest-Rate Changes on Household Saving and Consumption: A Survey," Working Paper Number 96-27, Finance and Economics Discussion Series, Division of Research and Statistics, Division of Monetary Affairs, Federal Reserve Board, Washington, DC, July 1996.

Elster, Jon. "Social Norms and Economic Theory," *Journal of Economic Perspectives,* Fall 1989: 99-117.

Energy and Environmental Analysis, Inc., "Clearing the Air: An Updated Report on Emission Trends in Selected U.S. Cities," Washington, DC: AAA Association Communication, 1997.

Engen, Eric; William Gale; and John Karl Scholz. "The Illusory Effects of Saving Incentives on Savings," *Journal of Economic Perspectives* 10, Fall 1996: 113-38.

Engen, Eric; William Gale; and John Scholz. "Do Savings Incentives Work?" *Brookings Papers on Economic Activity* 1, 1994: 85-151.

European Foundation for the Improvement of Living and Working Conditions. "The Journey from Home to the Workplace: The Impact on the Safety and Health of the Commuters/Workers," Dublin: European Foundation for the Improvement of Living and Working Conditions, 1984.

Evans, G.; M. Palsane; and S. Carrere. "Type A Behavior and Occupational Stress: A Cross-Cultural Study of Blue-Collar Workers," *Journal of Personality and Social Psychology* 52, 1987: 1002-7.

Evans, Gary W. "Working on the Hot Seat: Urban Bus Drivers," *Accident Analysis and Prevention* 26, 1994: 181-93.

Evans, Gary W., and S. Carrere. "Traffic Congestion, Perceived Control, and Psychophysiological Stress Among Urban Bus Drivers," *Journal of Applied Psychology* 76, 1991: 658-63.

Fairhall, L. T., and P. A. Neal. "Industrial Manganese Poisoning," National Institute of Health Bulletin No. 182: Washington, DC: U. S. Government Printing Office: 1943.

Faruqi, Anwar. "Gulf Is Big Market for Luxury Cars," *AP Online*, November 10, 1997.

Fatsis, Stefan. "Boomers Return to the Ski Slopes? To Nest," *Wall Street Journal*, January 17, 1997: B1, B10.

Fehr, Ernst, and G. Kirchsteiger "Insider Power, Wage Discrimination, and Fairness," *Economic Journal* 104, 1994: 571-83.

Fehr, Ernst; G. Kirchsteiger; and A. Riedl. "Does Fairness Prevent Market Clearing? An Experimental Investigation," *Quarterly Journal of Economics* 108, 1993: 439-59.

Feldstein, Martin. "Taxing Consumption," *New Republic*, February 28, 1976: 14-17.

Feldstein, Martin. "The Effect of Marginal Tax Rates on Taxable Income: A Panel Study of the 1986 Tax Reform Act," *Journal of Political Economy* 103, June 1995: 551-72.

Fergus, Mary Ann. "Life Unplugged: Americans Seek More Balance, Less Money," *The Pantagraph*, April 6, 1997: C2.

Fergus, Mary Ann. "Simple Living: Part II; Finding 'bliss' in Simplicity; Living for a Simple Future," *The Pantagraph*, April 13, 1997: C1.

Fisher, Irving, and Herbert W. Fisher. *Constructive Income Taxation*, New York: Harper and Brothers, 1942.

Fletcher, June. "Withering Heights: Vying for the Views," *Wall Street Journal*,

March 28, 1997: B8.

Fontane, Patrick E. "Exercise, Fitness, and Feeling Well," *American Behavioral Scientist* 39, January 1996: 288-305.

Frank, Robert H. "The Frame of Reference as a Public Good," *Economic Journal* 107, November 1997: 1832-47.

Frank, Robert H. "What Price the Moral High Ground?" *Southern Economic Journal*, July 1996: 1-17.

Frank, Robert H. "Positional Externalities," in *Strategy and Choice: Essays in Honor of Thomas C. Schelling*, ed., Richard Zeckhauser, Cambridge: MIT Press, 1992: 25-47.

Frank, Robert H. *Passions Within Reason: The Strategic Role of the Emotions*, New York: W. W. Norton, 1988.

Frank, Robert H. "The Demand for Unobservable and Other Nonpositional Goods," *American Economic Review* 75, March 1985a: 101-16.

Frank, Robert H. *Choosing the Right Pond*, New York: Oxford University Press, 1985b.

Frank, Robert H. "Are Workers Paid Their Marginal Products?" *American Economic Review* 74, September 1984: 549-71.

Frank, Robert H., and Philip J. Cook. *The Winner-Take-All Society*, New York: The Free Press, 1995 (『승자 독식 사회』, 권영경 옮김, 웅진지식하우스, 2008년).

Frank, Robert H., and Philip J. Cook. "Winner-Take-all Markets," Cornell University, 1993.

Frank, Robert H., and Robert Hutchens. "Wages, Seniority, and the Demand for Rising Consumption Profiles," *Journal of Economic Behavior and Organization* 21, 1993: 251-76.

Frey, Bruno, and Iris Bohnet. "Institutions Affect Fairness: Experimental Investigations," *Journal of Institutional and Theoretical Economics* 151, 1995: 286-303.

Fried, Y. "Meta-analytic Comparison of the Job Diagnostic Survey and Job Characteristics Inventory as Correlates of Work Satisfaction and Performance," *Journal of Applied Psychology* 76, 1991: 690-97.

Friedman, Benjamin. *Why Growth Matters: The Moral Consequences of Economic Growth* (working title), New York: Random House, forthcoming.

502

Friedman, Milton. *A Theory of the Consumption Function*, Princeton, NJ: Princeton University Press, 1957.

Friedman, Milton. "The Tax as a Wartime Measure," *American Economic Review* 33, March 1943: 50-62.

Frijda, Nico. "Emotions and Hedonic Experience," in *Understanding Well-Being: Scientific Perspectives on Enjoyment and Suffering*, ed. Daniel Kahneman, Ed Diener, and Norbert Schwartz, New York: Russell Sage, 1998.

Fronstin, Paul; Lawrence Goldberg; and Philip Robins. "An Analysis of the Decline in Private Health Insurance Coverage between 1988 and 1992," *Social Science Quarterly* 78, March 1997: 44-65.

Gabriel. Trip. "Six Figures of Fun," *New York Times*, February 12, 1997: B1, B8.

Gadomski, Nina. "Haute Couture; Harper College's Fashion Department Turns Out Winners," *Chicago Tribune*, March 2, 1997: 1.

Galbraith, John Kenneth. *The Affluent Society*, Boston: Houghton Mifflin, 1958 (『풍요한 사회』, 노택선 옮김, 한국경제신문사, 2006년).

Galbraith, John Kenneth. *The New Industrial State*, Boston: Houghton Mifflin, 1967.

Gallup, George, and Frank Newport. "Time at a Premium for Many Americans," *Gallup Poll Monthly*, November 1990: 43-56.

Galuska, Peter. "BMW, Mercedes, Rolls-Royce — Could This Be Russia?" *Business Week*, August 2, 1993.

Garrison, C., and F.-Y. Lee. "Taxation, Aggregate Activity and Growth," *Economic Inquiry* 20, 1992: 172-76.

Gerth, Jeff, and Tim Weiner. "Imports Swamp U.S. Food-Safety Efforts," *New York Times*, September 29, 1997: A1, A10.

Glass, D. C., and J. Singer. *Urban Stressors: Experiments on Noise and Social Stressors*, New York: Academic Press, 1972.

Glass, David C.; Jerome Singer; and James Pennegaker. "Behavioral and Physiological Effects of Uncontrollable Environmental Events," in *Perspectives on Environment and Behavior*, ed. Daniel Stokols, New York: Plenum, 1977.

Glyn, Andrew, and David Miliband, eds. *Paying for Inequality: The Economic Cost of Social Injustice*, London: Rivers Oram, 1994.

Gokhale, Jagdeesh; Erika Groshen; and David Neumark. "Do Hostile Takeovers Reduce Extramarginal Wages? An Establishment-Level Analysis," *Review of Economics and Statistics*, 1995: 713-40.

Goldstein, Marilyn. "It's Really Very Simple: Less Is Not always More," *Newsday*, May 27, 1997: B2.

Goleman, Daniel. "Forget Money; Nothing Can Buy Happiness, Some Researchers Say," *New York Times*, July 16, 1996: C1, C3.

Gottschalk, L.; T. Rebello; M. S. Buchsbaum; H. G. Tucker; and E. L. Hodges. "Abnormalities in Trace Elements as Indicators of Aberrant Behavior," *Comprehensive Psychiatry* 32, 1991: 229-37.

Green, Douglas. "The Price of Being Too Busy," *Ithaca Journal*, June 1 1996: 8A.

Green, Francis, and Michael Potepan. "Vacation Time and Unionism in the U.S. and Europe," *Industrial Relations* 27, Spring 1988.

Greenspan, Alan, "Notable and Quotable," *Wall Street Journal*, March 26, 1997: A1.

Greist, J. H.; M. Klein; R. Eischens; J Faris; J. Gurman; A. Gurman; and W Morgan. "Running as a Treatment for Depression," *Comparative Psychology* 20, 1979: 41-54.

Guardian, The. "Inequalities Rule Out Tax Cuts: Time to Help the Dispossessed," November 25, 1996: 12.

Guth, Werner; P. Ockenfels; and M. Wendel. "Efficiency by Trust in Fairness? Multiperiod Ultimatum Bargaining Experiments with an Increasing Cake," *International Journal of Game Theory* 22, 1993: 51-73.

Guth, Werner; Rolf Schmittberger; and Bernd Schwarze. "An Experimental Analysis of Ultimatum Bargaining," *Journal of Economic Behavior and Organization* 3, 1982: 367-88.

Hacker, Andrew. "Who They Are: The Upper Tail," *New York Times Magazine*, November 19, 1995: 70, 71.

Hagan, John. "Crime, Inequality, and Inefficiency," in *Paying for Inequality: The Economic Cost of Social Injustice*, ed. Andrew Glyn and David Miliband, London: Rivers Oram, 1994.

Hall, Robert E. "Why Is the Unemployment Rate So High at Full Employment?"

Brookings Papers on Economic Activity, no. 3, 1970: 369-402.

Hall, Robert E., and Alvin Rabushka. *The Flat Tax*, 2nd ed., Stanford, CA: Hoover Institution, 1995.

Hamilton, W. D., and M. Zook. "Heritable True Fitness and Bright Birds: A Role for Parasites?" *Science* 218, 1982: 384-87.

Hardin, Garrett. "The Tragedy of the Commons," *Science* 162, 1968: 1243-48.

Hardy, Quentin. "Wine and Women," *Wall Street Journal*, April 7, 1997: A1, A5.

Hardy, Quentin. "Digital Gentry: Hot Young Companies, New Millionaires Fuel Silicon Valley Boom," *Wall Street Journal*, October 8, 1996: A1, A12.

Harte, Susan. "Today's Topic: Residential Real Estate," *Atlanta Journal*, January 31, 1997: G2.

Harty, Rosalynne. "Lack of Funds Cutting Meat Inspections," *State Journal-Register*, June 23, 1996: 47.

Hays, Laurie. "Banks' Marketing Blitz Yields Rash of Defaults," *Wall Street Journal*, September 25, 1996: B1, B6.

Headey, B., and A. Wearing. *Understanding Happiness*, Melbourne: Longman Cheshire, 1992.

Healey, James R., and Earle Eldridge. "Sport Utilities' Big Road Show," *USA Today*, January 5, 1996: 1B.

Heath, Rebecca Piirto. "Life on Easy Street," *American Demographics*, April 1997: 32-38.

Hedges, Janice Niepert. "Work and Leisure," *Monthly Labor Review*, May 1992: 43-54.

Helson, Harry. *Adaptation-Level Theory*, New York: Harper and Row, 1964.

Henderson, Angelo B. "U-Turn on Caddy Truck Detours GM Strategy," *Wall Street Journal*, March 26, 1998: B1, B13.

Hester Luke C. "EPA Administrator Releases New Report on Environmental Health Threats to Children," Environmental Protection Agency, http://www.epa.gov, September 11, 1996.

Higgins, Benjamin. "Equity and Efficiency in Development," in *Equality and Efficiency in Economic Development*, ed. Donald J. Savoice and Irving Breecher, London: Intermediate Technology Publications, 1992.

Hirsch, Fred. *Social Limits to Growth*, Cambridge: Harvard University Press, 1976.

Hochman, Harold M., and J. D. Rogers. "Pareto Optimal Redistribution," *American Economic Review* 59, 1969: 542-57.

Hochschild, Arlie. *The Time Bind*, New York: Metropolitan Books, 1997.

Hoebel, Bartley. "Neural Systems for Reinforcement and Inhibition of Behavior," in *Understanding Well-Being: Scientific Perspectives on Enjoyment and Suffering*, ed. Daniel Kahneman, Ed Diener, and Norbert Schwartz, New York, Russell Sage, 1998.

House, James S.; C. Robbins; and H. M. Metzner. "The Association of Social Relationships and Activities with Mortality: Prospective Evidence from the Tecumsah Community Health Study," *American Journal of Epidemiology* 116, 1982: 123-40.

Hubbard, R. Glenn, and Jonathan Skinner. "Assessing the Effectiveness of Savings Incentives," *Journal of Economic Perspectives* 10, Fall 1996: 73-90.

Hubbard, Russell. "Forecast 1997: Luxury Purveyors Cater to Small Indulgences," *Birmingham Business Journal*, January 6, 1997: 5.

Hugick, Larry, and Jennifer Leonard. "Job Dissatisfaction Grows; 'Moonlighting' on the Rise," *Gallup Poll*, September 2, 1991.

Hunt, Alan. *Governance of the Consuming Passions*, New York: St. Martin's Press, 1996.

Huston, Margo. "Future Dim for Summer Stars," *Milwaukee Journal Sentinel*, June 10, 1996: 1.

Ireland, Norman. "On Limiting the Market for Status Signals," *Journal of Public Economics* 53, 1994: 91-110.

Ireland, Norman. "Status-Seeking, Income Taxation and Efficiency," *Journal of Public Economics*, forthcoming.

Joint Economic Committee. "U.S. Foreign Debt," hearing before the Joint Economic Committee of the United States, September 13, 1988.

Juster, F. Thomas, and Frank R Stafford. "The Allocation of Time: Empirical Findings, Behavioral Models, and Problems of Measurement," *Journal of Economic Literature* 29, 1990: 471-522.

Kahn, Lawrence M., and J. Keith Murnighan. "A General Experimentation

Bargaining," in Demand Games with Outside Options, *American Economic Review* 83, December 1993: 1260-80.

Kahneman, Daniel. "Assessments of Individual Well-Being: A Bottom-Up Approach," in *Understanding Well-Being: Scientific Perspectives on Enjoyment and Suffering*, ed. Daniel Kahneman, Ed Diener, and Norbert Schwartz, New York: Russell Sage, 1998.

Kahneman, Daniel; Jack Knetsch; and Richard Thaler, "Perceptions of Unfairness: Constraints on Wealth-Seeking," *American Economic Review* 76, September 1986: 728-41.

Kahneman, Daniel; P. Slovic; and A. Tversky, eds. *Judgment Under Uncertainty: Heuristics and Biases*, New York: Cambridge University Press, 1982.

Kaldor, Nicholas. *An Expenditure Tax*, London: Allen and Unwin, 1955.

Kapteyn, Arie, and F. G. van Herwaarden. "Interdependent Welfare Functions and Optimal Income Distribution," *Journal of Public Economics* 14, 1980: 375-97.

Kapteyn, Arie, and B. M. S. van Praag. "A New Approach to the Construction of Family Equivalence Scales," *European Economic Review* 7, 1976: 313-35.

Keates, Nancy. "Sold-Out Swanky Resorts Chill Holidays for the Rich," *Wall Street Journal*, September 26, 1997: B1, B10.

Kelloway, E., and J. Barling. "Job Characteristics, Role Stress, and Mental Health," *Journal of Occupational Psychology* 1, 1991: 291-304.

Kessler, John. "From Nonna's Kitchen to Yours Cookbook: A Sampler from Italy," *Denver Post*, June 4, 1997.

Klepper, Michael, and Robert Gunther. *The Wealthy 100*, New York: Carol Publishing, 1996.

Knaff, Devorah. "Amazingly Intricate Miniature Sculptures," *Riverside Press-Enterprise*, March 16, 1997: E2.

Koford, Kenneth, and Adrian Tshoegl, "The Market Value of Rarity," *Journal of Economic Behavior and Organization* 34, March 1998: 445-58.

Kosicki, George, "Savings as a Nonpositional Good," *Eastern Economic Journal* 14, 1988: 271-76.

Kosicld, George. "A Test of the Relative Income Hypothesis," *Southern Economic Journal* 54, 1987: 422-34.

Koslowsky, Meni; Avraham N. Kluger; and Mordechai Reich. *Commuting Stress,*

New York: Plenum, 1995.

Koslowsky, Meni, and Moshe Krausz. "On the Relationship Between Commuting, Stress Symptoms, and Attitudinal Measures," *Journal of Applied Behavioral Sciences*, December 1993: 485-92.

Koss-Feder, Laura. "6 Islands, 7 Days, 48 Monthly Payments: A Cruise Loan Buys a Dream, but at What Price?" *New York Times*, April 13, 1997: sec. 3, p. 10.

Kozol, Jonathan. *Amazing Grace*, New York: Crown, 1995.

Krugman, Paul. "The Right, the Rich, and the Facts," *The American Prospect* 11, Fall 1992: 19-31.

Kubovy, Michael. "Pleasures of the Mind," in *Understanding Well-Being: Scientific Perspectives on Enjoyment and Suffering*, ed. Daniel Kahneman, Ed Diener, and Norbert Schwartz, New York: Russell Sage, 1998.

Kuczynski, Alex. "A Benz for the Wrist," *New York Times*, March 8, 1998: sec. 9, pp. 1, 3.

Land, Kenneth; P. McCall; and L. Cohen. "Structural Co-variates of Homicide Rates: Are There Any Invariances Across Time and Space?" *American Journal of Sociology* 95, 1990: 922-63.

Landers, Renee M.; James B. Rebitzer; and Lowell J. Taylor. "Rate Race Redux: Adverse Selection in the Determination of Work Hours in Law Firms," *American Economic Review* 86, June 1996: 329-48.

Landers, Robert K. "America's Vacation Gap," *Congressional Quarterly's Editorial Research Reports* 1, no. 23, 1988: 314-22.

Lane, Robert E. *The Market Experience*, New York: Cambridge University Press, 1991.

Layard, Richard. "Human Satisfactions and Public Policy," *The Economic Journal* 90, December, 1980: 737-50.

LeBlanc, Aileen. "Historic Theater Sound Makers Found in Old Opera House," *Morning Edition*, National Public Radio, September 12, 1995.

Leete, L., and J. B. Schor. "Assessing the Time-Squeeze Hypothesis: Hours Worked in the United States, 1969-89," *Industrial Relations* 33, 1994: 25-43.

Lichtman, Sharla, and Ernest G. Poser. "The Effects of Exercise on Mood and

Cognitive Functioning," *Journal of Psychosomatic Research* 27, 1983: 43-52.

Lienert, Anita. "Crowning Touch: Learning the Intracacies of Achieving, Maintaining the Sales Reign," *Chicago Tribune*, February 12, 1998: W3.

Linder, Staffan. *The Harried Leisure Class*, New York: Columbia University Press, 1970.

Lobsenz, George. "Erstwhile Ally Chafee Tells EPA to Back Off Soot Standards," *Energy Daily*, February 13, 1997.

Loeb, Susanna, and Marianne E. Page. "Examining the Link Between Wages and Quality in the Teacher Workforce," University of Michigan Department of Economics mimeograph, October 1997.

Loewenstein, George, and David Schkade. "Wouldn't It Be Nice? Predicting Future Feelings," in *Understanding Well-Being: Scientific Perspectives on Enjoyment and Suffering*, ed. Daniel Kahneman, Ed Diener, and Norbert Schwartz, New York: Russell Sage, 1998.

Loewenstein, George, and Shane Frederick. "Hedonic Adaptation: From the Bright Side to the Dark Side," in *Understanding Well-Being: Scientific Perspectives on Enjoyment and Suffering*, ed. Daniel Kahneman, Ed Diener, and Norbert Schwartz, New York: Russell Sage, 1998.

Long, L., and J. Perry. "Economic and Occupational Causes of Transit Operator Absenteeism: A Review of Research," *Transport Review* 5, 1985: 247-67.

Lowenstein, Roger. *Buffet: The Making of an American Capitalist*, New York: Random House, 1995.

Lucier, James P. "The Past and Future Collide in Moscow," *Washington Times*, December 1, 1997: 22.

Lykken, David, and Auke Tellegen. "Happiness Is a Stochastic Phenomenon," *Psychological Science* 7, May 1996: 186-89.

Maas, James. *Power Sleep*, New York: Villard, 1998.

Madsen, Douglas. "Serotonin and Social Rank Among Human Males," in *The Neurotransmitter Revolution: Serotonin, Social Behavior, and the Law*, ed. Roger Masters and Michael McGuire, Carbondale: Southern Illinois University Press, 1994: 146-58.

Manning, Anita. "Deadly Strain of Food Poisoning Is Hard to Defeat, Difficult to

Track," *USA Today*, May 13, 1997: 1A.

Manning, F. J., and T. D. Fullerton. "Health and Well-Being in Highly Cohesive Units of the U.S. Army," *Journal of Applied Social Psychology* 18, 1988: 503-19.

Marmot, Michael G. "Contribution of Job Control and Other Risk Factors to Social Variation in Coronary Heart Disease Incidence," *Lancet*, July 26, 1997: 235.

Marmot, Michael. "Social Differentials in Mortality: The Whitehall Studies," in *Adult Mortality in Developed Countries: From Description to Explanation*, ed. A. Lopez et al., New York: Oxford University Press, 1995.

Marmot, Michael; Martin Bobak; and George Davey Smith. "Explanations for Social Inequalities in Health," in *Society and Health*, ed. B. C. Amick et al., Oxford University Press, 1995.

Marmot, Michael; G. Rose; M. Shipley; and P. J. S. Hamilton. "Employment Grade and Coronary Heart Disease," *British Medical Journal* 2, 1978: 1109-12.

Marmot, Michael; George Davey Smith; S. Stanfield, et al. "Health Inequalities among British Civil Servants: The Whitehall II Studies," *Lancet* 337, 1991: 1387-93.

Marmot, Michael G. "Social Differentials in Health Within and Between Populations," *Daedalus* 123, Fall 1994: 197-216.

Marmot, M. G.; M. Shipley; and G. Rose. "Inequalities in Death — Specific Explanations or General Pattern?" *Lancet* 1, 1984: 1003-6.

Martinsen, E. W. "Therapeutic Implications of Exercise for Clinically Anxious and Depressed Patients," *Journal of Sport Psychology* 24, 1993: 185-99.

Marwick, Charles. "Putting Money Where the U.S. Mouth Is," *Journal of the American Medical Association*, May 7, 1997: 1340-43.

Masters, Roger D.; Brian Hone; and Anil Doshi. "Environmental Pollution, Neurotoxicity, and Criminal Violence," in *Environmental Toxicology*, ed. J. Rose, London and New York: Gordon and Breach, 1998.

Mazur, Allan. "A Biosocial Model of Status in Face-to-Face Primate Groups," *Social Forces* 64, no. 2, December 1985: 377-402.

Mazur, Allan. "Physiology, Dominance, and Aggression in Humans," in *Prevention and Control of Aggression*, ed. A. Goldstein, New York: Pergamon,

1983.

Mazur, Allan, and T. Lamb. "Testosterone, Status, and Mood in Human Males," *Hormones and Behavior* 14, 1980: 236-46.

McCarty, Mary. "A Quick Look at the Slow Down Manifesto," *Cox News Service*, March 5, 1997.

McEwan, Ian. "Us or Me?" *The New Yorker*, May 19, 1997: 72-77.

McGeehan, Patrick. "Now Suddenly Rich, Wall Streeters Spark a Very Fancy Boom," *Wall Street Journal*, April 10, 1997: A1, A6.

McGuire, Mark. "A Rumble and Everything Went," *Albany Times Union*, March 30, 1997: A3.

McGuire, Michael; M. Raleigh; and G. Brammer. "Sociopharmacology," *Annual Review of Pharmacological Toxicology* 22, 1982: 643-61.

Meltzer, Peter D. "Grand Totals: Year-end Results for 1996 Show that Wine Auctions Are Still Booming and Prices Continue to Rise," *Wine Spectator*, February 28, 1997: 32-35.

Modigliani, Franco, and R. Brumberg. "Utility Analysis and the Consumption Function: An Interpretation of Cross-Section Data," in *Post-Keynesian Economics*, ed. K. Kurihara, London: Allen and Unwin, 1955.

Moin, David. "Europe-Bound Buyers Eager to Open Wallets for More Daring Styles," *Capital Cities Media*, March 2, 1998: 1.

Molpus, David. "Voluntary Simplicity," *Morning Edition*, National Public Radio, February 25, 1997.

Moonan, Wendy. "Palm Beach High Rollers Get a Fair," *New York Times*, January 23, 1998: E37.

Mueller, Mark. "Americans Have Beaten the Clock," *Boston Herald*, June 5, 1997: 6.

Munk, Nina. "Rent-a-Cops," *Forbes*, October 10, 1994: 104-6.

Murphy, Kevin M.; Andrei Schleifer; and Robert W Vishny. "The Allocation of Talent: Implications for Growth," *Quarterly Journal of Economics* 106, May 1991: 503-30.

Myers, David G. "Close Relationships and Quality of Life," in *Understanding Well-Being: Scientific Perspectives on Enjoyment and Suffering*, ed. Daniel Kahneman, Ed Diener, and Norbert Schwartz, New York: Russell Sage, 1998.

Myers, David G. *The Pursuit of Happiness: Who Is Happy and Why?*, New York: Avon, 1993.

Myers, David G., and E. Diener. "Who Is Happy?" *Psychological Science* 6, 1995 10-19.

Myers, Jim. "Inhofe Introduces Bill to Strangle Air Rules," *Tulsa World*, July 31, 1997: A1.

Nesse, Randolph. "Evolutionary Functions of Enjoyment and Suffering," in *Understanding Well-Being: Scientific Perspectives on Enjoyment and Suffering*, ed. Daniel Kahneman, Ed Diener, and Norbert Schwartz, New York: Russell Sage, 1998.

Neumark, David, and Andrew Postlewaite. "Relative Income Concerns and the Rise in Married Women's Employment," *Journal of Public Economics*, forthcoming.

Ng, Yew-Kwang. "Diamonds Are a Government's Best Friend: Burden-Free Taxes on Goods Valued for Their Values," *American Economic Review* 77, 1987: 186-91.

Noonan, David. "Really Big Football Players," *New York Times Magazine*, December 14, 1997: 64ff.

Nozick, Robert. *Anarchy, State, and Utopia*, New York: Basic Books, 1974.

Okun, Arthur. *Equality and Efficiency: The Big Tradeoff*, Washington, DC: 1975.

Oswald, Andrew J. "Happiness and Economic Performance," University of Warwick, Department of Economics mimeograph, September 1996.

Oswald, Andrew J. "Altruism, Jealousy, and the Theory of Optimal Nonlinear Income Taxation," *Journal of Political Economics* 20, 1983: 77-87.

Othman, Muharyani. "Bright as Buttons," *New Straits Times*, April 12, 1997: 7.

Pacelle, Michelle. "In the Suburbs, Job Strife Starts in the Parking Lot," *Wall Street Journal*, October 25, 1996: B1, B18.

Pacenti, John. "Forbidden Fruit: With the Popularity of Cigars, the Legendary But Illegal Variety Is Increasingly Being Smuggled into the United States," *Tampa Tribune*, September 22, 1996: 6.

Paik, Felicia. "Eccentric Homes Take Years to Build, Years to Sell," *Wall Street*

512

Journal, October 4, 1996: B1, B6.

Paik, Felicia. "Huge Houses Squeeze into Tight Spaces," *Wall Street Journal*, November 22, 1996: B1, B14.

Paik, Felicia. "When Too Big Isn't Big Enough." *Wall Street Journal*, May 1, 1998: W10.

Palmer, Linda K. "Effects of a Walking Program on Attributional Style, Depression, and Self-Esteem in Women," *Perceptual and Motor Skills* 81, 1995: 891-98.

Parducci, A. *Happiness, Pleasure, and Judgment: The Contextual Theory and Its Applications*, Hillsdale, NJ: Erlbaum, 1995.

Pattison, E.; M. Sobell; and L. Sobell. *Emerging Concepts of Alcohol Dependence*, New York: Springer, 1977.

Pearlstein, Steven, and Paul Blustein. "In the Best of Both Worlds, Consider a Third Option," *Washington Post*, June 23, 1997: A12.

Pechman, Joseph. *Who Bears the Tax Burden?*, Washington, DC: The Brookings Institution, 1985.

Peers, Alexandra. "Hot Cellars: Wine Prices Are Soaring," *Wall Street Journal*, May 2, 1997: B8.

Perez-Pena, Richard. "Study Shows New York Has Greatest Income Gap," *New York Times*, December 17, 1997: A1.

Perkins, H. W. "Religious Commitment, Yuppie Values, and Well-Being in Post-Collegiate Life," *Review of Religious Research* 32, 1991: 244-51.

Persson, T., and Guido Tabellini. "Growth, Distribution, and Politics," in *Political Economy, Growth, and Business Cycles*, ed. A. Cuckierman, Z. Hercowitz, and L. Leiderman, Cambridge: MIT Press, 1992: 3-22.

Pikus, W., and W. Tarranikova. "The Frequency of Hypertensive Diseases in Public Transportation," *Terapevischeskii Archives* 47, 1975: 135-37.

Pinker, Steven. *How the Mind Works*, New York: W. W. Norton, 1997 (『마음은 어떻게 작동하는가』, 김한영 옮김, 소소, 2007년).

Pitt, William. "The Capitalists of Imagery," *Director*, November 1991: 83-86.

Plante, Thomas G., and Judith Rodin. "Physical Fitness and Enhanced Psychological Health," *Current Psychology: Research and Reviews* 9, Spring 1990: 3-24.

Pope, C. Arden, III. "Respiratory Disease Associated with Community Air

Pollution and a Steel Mill, Utah Valley," *American Journal of Public Health* 79, May 1989: 623ff.

Poterba, James; Steven Venti; and David Wise. "How Retirement Saving Programs Increase Savings," *Journal of Economic Perspectives* 10, Fall 1996: 91-112.

PR Newswire. "Oakland Road Comissioners Divert Money for 'Pothole Emergency'," April 19, 1997.

Pressler, Margaret Webb. "Hot Sales at the High End," *Washington Post*, January 26, 1997: H1.

Putnam, Robert D. "Bowling alone: America's Declining Social Capital," *Journal of Democracy* 6, 1995: 65-78.

Ragland, D.; M. Winkleby; J. Schwalbe; B. Holman; L. Morse; L. Syme; and J. Fisher. "Prevalence of Hypertension in Bus Drivers," *International Journal of Epidemiology* 16, 1987: 208-14.

Raines, Franklin D. "Prepared Statement Before the Senate Budget Committee," *Federal News Service*, February 4, 1998.

Rainwater, Lee. "Poverty and Equivalence as Social Constructions," Luxembourg Income Study Working Paper 55, 1990.

Raleigh, Michael J., and Michael T. McGuire. "Serotonin, Aggression, and Violence in Vervet Monkeys," in *The Neurotransmitter Revolution: Serotonin, Social Behavior, and the Law*, ed. Roger Masters and Michael McGuire, Carbondale: Southern Illinois University Press, 1994: 146-58.

Raleigh, Michael J.; Gary Brammer; Edward Ritvo; and Edward Geller. "Effects of Chronic Fenfluramine on Blood Serotonin, Cerebrospinal Metabolites, and Behavior in Monkeys," *Psychopharmacology*, 90, November 1986: 503-8.

Rees, A. "The Role of Fairness in Wage Determination," *Journal of Labor Economics* 11, 1993: 243-52.

Rice, Dorothy; Sander Kelman; and Leonard Miller. "Estimates of Economic Costs of Alcohol and Drug Abuse and Mental Illness, 1985 and 1988," *Public Health Reports*, May-June 1991: 280-92.

Roberts, K., and P. Rupert. "The Myth of the Overworked American," *Economic Commentary: Federal Reserve Bank of Cleveland*, January 15, 1995.

Robinson, John P., and Geoffrey Godbey. *Time for Life*, State College: Pennsylvania State University Press, 1997.

Robson, Arthur J. "Status, the Distribution of Wealth, Private and Social Attitudes to Risk," *Econometrica* 60, 1992: 837-58.

Roche, William; Bryan Fines; and Terri Morrissey. "Working Time and Employment: A Review of International Evidence," *International Labor Review* 135, 1996: 129-57.

Rose, R.; I. Bernstein; and T. Gordon. "Consequences of Social Conflict on Plasma Testosterone Levels in Rhesus Monkeys," *Psychosomatic Medicine* 37, 1975: 50-61.

Rubenstein, Carin. "Vacations," *Psychology Today*, May 1980: 62-76.

Runciman, W. G. *Relative Deprivation and Social Justice*, New York: Penguin, 1966.

Sandvik, E.; E. Diener; and L. Seidlitz. "The Assessment of Well-Being: A Comparison of Self-Report and Nonself-Report Strategies," *Journal of Personality* 61, 1993: 317-42.

Schellhardt, Timothy D. "Company Memo to Stressed-Out Employees: 'Deal With It,'" *Wall Street Journal*, October 2, 1996: B1, B7.

Schelling, Thomas. "The Intimate Contest for Self-Command," *The Public Interest* 60, 1980: 94-118.

Schlesinger Jacob M. "Card Games: As Bankruptcies Surge, Creditors Lobby Hard to Get Tougher Laws," *Wall Street Journal*, June 17,1998: A1, A9.

Schor, Juliet. *The Overworked American*, New York: Basic Books, 1991.

Schwartz, Norbert, and Fritz Strack. "Reports of Subjective Well-Being: Judgmental Processes and Their Methodological Implications," in *Understanding Well-Being: Scientific Perspectives on Enjoyment and Suffering*, ed. Daniel Kahneman, Ed Diener, and Norbert Schwartz, New York: Russell Sage, 1998.

Scitovsky, Tibor. *The Joyless Economy*, New York: Oxford University Press, 1976.

Scott, S. P. *The Civil Law, Including the Twelve Tables, the Institutes of Gains, the Rules of Ulpian, the Opinions of Paulus, the Enactments of Justinian, and the Constitutions of Leo*, New York. AMS Press, 1973.

Segal, Jerome M. "The Politics of Simplicity," *Tikkun*, July 1996: 20ff.

Seidlitz, L., and E. Diener, "Memory for Positive Versus Negative Life Events: Theories or the Differences Between Happy and Unhappy Persons," *Journal of Personality and Social Psychology* 64, 1993: 654-64.

Seidman, Laurence. *The USA Tax: A Progressive Consumption Tax*, Cambridge: MIT Press, 1997.

Seidman, Laurence, and Kenneth Lewis. "The Design of a Tax Rule for Housing Under a Personal Consumption Tax," *Public Finance Quarterly*, 1996a.

Seidman, Laurence S., and Kenneth A. Lewis. "Transition Protections During Conversion to a Personal Consumption Tax," University of Delaware Department of Economics Working Paper, 1996b.

Selz, Michael. "Lenders Find Niche in Cosmetic Surgery that Isn't Insured," *Wall Street Journal*, January 15, 1997, A1, A8.

Sen, Amartya. *The Standard of Living*, New York: Cambridge University Press, 1987.

Sen, Amartya. "Poor, Relatively Speaking," *Oxford Economics Papers* 35, July 1983: 153-67.

Sen, Amartya. *Poverty and Famines: An Essay on Entitlement and Deprivation*, Oxford: Clarendon Press, 1981.

Sharp, David. "Stress!" *The Buffalo News*, July 14, 1996: 4M.

Sharpe, Anita. "For $10 Million, It Better Have a Ballroom," *Wall Street Journal*, September 2, 1996: B1, B18.

Shellenbarger, Sue. "More Executives Cite Need for Family Time as Reason for Quitting," *Wall Street Journal*, March 11, 1998: B1.

Shellenbarger, Sue. "Work Hours Increasing? Well, More or Less," *San Diego Union Tribune*, August 10, 1997: D3.

Sherrod, D. R. "Crowding, Perceived Control, and Behavioral Aftereffects," *Journal of Applied Social Psychology* 4, 1974: 171-86.

Shin, D. C. "Does Rapid Economic Growth Improve the Human Lot?" *Social Indicators Research*, 8, 1980: 199-221.

Shnayerson, Michael. "The Champagne City," *Vanity Fair*, December 1997: 182-202.

Simmons, Matty. *The Credit Card Catastrophe*, New York: Barricade Books, 1995.

516

Simmons, Tim. "Teachers Stake Hopes on Bill," *Raleigh News and Observer,* March 29, 1997: A1.

Singer, Natasha. "The Rush to Russia; Luxury Goods Suppliers Gucci, Luis Vuitton, Hermes Establishing Presence in Moscow," *Capital Cities Media,* January 20, 1998: 6.

Sisolop, Sana. "It's Brand Over Bargain in the World of Cigars," *New York Times,* March 1, 1997: Business sec., 4.

Sjostrom, Joseph. "Projects' Delays Add to Expense Down Road; Stalled Projects Just Speed Deterioration of Crumbling Highways," *Chicago Tribune,* July 31, 1997: MC1.

Slemrod, Joel. "The Economic Impact of the Tax Reform Act of 1986," in *Do Taxes Matter? The Impact of the Tax Reform Act of 1986,* Joel Slemrod, Cambridge: MIT Press, 1990: 1-12.

Smith, Adam. *An Inquiry into the Nature and Causes of the Wealth of Nations,* Chicago: Encyclopedia Britannica, 1952 (1776).

Smith, Bruce H. "Anxiety as a Cost of Commuting to Work," *Journal of Urban Economics* 29, 1991: 260-66.

Smith, Robert L., and Robert J. Bush. "A Qualitative Evaluation of the U.S. Timber Bridge Market," *Forest Products Journal,* January 1997: 37-42.

Smolensky, Eugene. "The Past and Present Poor," in *The Concept of Poverty, Task Force on Economic Growth and Opportunity,* Washington, DC: Chamber of Commerce of the United States, 1965.

Snead, Elizabeth. "For Younger Patients, Aging Is an Unkinder Cut," *USA Today,* July 1, 1996: D1, D2.

Solnick, Sara J., and David Hemenway. "Is More always Better? A Survey on Positional Concerns," *Journal of Economic Behavior and Organization,* forthcoming.

Spayd, Liz. "In Excess We Trust," *Washington Post,* May 26, 1996: C1.

Spector, P., and B. O'Connell. "The Contribution of Personality Traits, Negative Affectivity, Locus of Control and Type A to the Subsequent Reports of Job Stressors and Job Strains," *Journal of Occupational and Organizational Psychology* 67, 1994: 1-11.

Spector, P.; D. Dwyer; and S. Jex. "Relation of Job Stressors to Affective, Health, and Performance Outcomes: A Comparison of Multiple Data Sources,"

Journal of Applied Psychology 73, 1988: 11-19.

Stafford Frank. "The Overworked American — A Book Review," *Journal of Economic Literature* 30, 1992: 1528-29.

Starr, John. "North Carolina's Grand Estate Tourists Made Biltmore a Success," *Arkansas Democrat-Gazette*. November 16, 1995: 7B.

Steinberg, Jacques. "Research Suggests the Fewer Students, the Better," *New York Times*, September 29, 1997: A40.

Stewart, Jr., Charles T. *Healthy, Wealthy, or Wise? Issues in American Health Care Policy*, Armonk, NY: M. E. Sharpe, 1995.

Stokols, Daniel; Raymond W. Novaco; Jeannette Stokols; and Joan Campbell. "Traffic Congestion, Type A Behavior, and Stress," *Journal of Applied Psychology* 63, 1978: 467-80.

Strack, Fritz; N. Schwarz; B. Chassein; D. Kem; and D. Wagner. "The Salience of Comparison Standards and the Activation of Social Norms: Consequences for Judgments of Happiness and Their Communication," *British Journal of Social Psychology* 29, December 1990: 305-14.

Strauss, Gary. "Upscale Barbecue Grills Spark Hot New Market," *Ithaca Journal*, July 16, 1997: 7A.

Summers, Lawrence H. "An Equity Case for Consumption Taxadon," in *New Directions in Federal Tax Policy for the 1980s*, ed. Charles E. Walker and Mark A. Bloomfield, Cambridge, MA: Ballinger, 1984.

Suris, Oscar. "Now, Mercedes Conveys a Sensible Image," *Wall Street Journal*, November 6, 1996: B1, B9.

Takahashi, Corey. "Crocodile Dandy: Detroiters Develop a Fetish for 'Gators'," *Wall Street Journal*, September 11, 1997: A1, A6.

Taylor, P., and C. Pocock. "Commuter Travel and Sickness: Absence of London Office Workers," *British Journal of Preventive and Social Medicine* 26, 1972: 165-72.

Taylor, Ralph, and J. Covington. "Neighborhood Changes in Ecology and Violence," *Criminology* 26, 1988: 553.

Tellegen, Auke, et al. "Personality Similarity in twins Reared Apart and Together," *Journal of Personality and Social Psychology* 54, 1988: 1031-39.

Thaler, Richard. "Precommitment and the Value of a Life," in *The Value of Life and Safety*, ed. Michael Jones-Lee, Amsterdam: North Holland, 1982: 171-84.

Thaler, Richard. "Toward a Behavioral Theory of Consumer Choice," *Journal of Economic Behavior and Organization* 1, 1980: 39-60.

Thaler, Richard, and H. Shefrin. "An Economic Theory of Self-Control," *Journal of Political Economy* 89, April 1981: 392-405.

Tharpe, Gene. "Annual Bankruptcies Cross Million Mark for First Time," *The Atlanta Constitution*, March 21, 1997: 2G.

Thynne, Jane. "The Good Life Was the Rat Race All along," *Sunday Times*, February 2, 1997.

Tierney, John. "Technology Makes Us Better," *New York Times Magazine*, September 28, 1997: 46ff.

Townsend, Peter. "The Development of Research on Poverty," in *Social Security Research: The Definition and Measurement of Poverty*, Department of Health and Social Research, London: HMSO, 1979.

Troufexis, Anastasia. "Drowsy America," *Time*, December 17, 1990: 78.

Truell, Peter. "Another Year, Another Bundle," *New York Times*, December 5, 1997: D1, D4.

Tversky, Amos, and Dale Griffen. "Endowment and Contrast in Judgments of Well-being," in *Strategy and Choice*, ed. Richard Zeckhauser, Cambridge: MIT Press, 1991: 297-319.

Tversky, Amos, and Daniel Kahneman. "Judgment Under Uncertainty: Heuristics and Biases," in *Judgment Under Uncertainty: Heuristics and Biases*, ed. Daniel Kahneman, Paul Slovic, and Amos Tversky, New York: Cambridge University Press, 1982.

Uchitelle, Louis. "As Taste for Comfort Rises, So Do Corporations' Profits," *New York Times*, September 14, 1997: A1, A34.

U.S. Bureau of the Census. *Statistical Abstract of the United States: 1996* (116th ed.), Washington, DC, 1996.

U.S. House of Representives, Committee on Ways and Means. *War Taxation of Incomes, Excess Profits, and Luxuries in Certain Foreign Countries*, Washington, DC: U.S. Government Printing Office, 1918.

U.S. National Institute on Drug Abuse and U.S. House Committee on Appropriations. *Departments of Labor, Health and Human Services, and Education Appropriation for 1996 Part 4 Hearing*, Washington, DC: 1995.

Van Praag, Bernard M. S. "The Relativity of the Welfare Concept," in *The Quality of Life*, ed. Martha Nussbaum and Amartya Sen, Oxford: Clarendon, 1993: 363-92.

Van Voorst, Bruce. "Why America Has So Many Potholes," *Time*, May 4, 1992: 64, 65.

Veblen, Thorstein. *The Theory of the Leisure Class*, New York, Modern Library, 1899 (『유한계급론』, 김성균 옮김, 우물이 있는 집, 2005년).

Veenhoven, Ruut. *Happiness in Nations: Subjective Appreciation of Life in 56 Nations*, Rotterdam: Erasmus University, 1993.

Venti, Steven F., and David A. Wise. "Have IRAs Increased U.S. Savings? Evidence from Consumer Expenditure Surveys," *Quarterly Journal of Economics* 105, 1990: 661-98.

Vincent, John Martin. *Costume and Conduct in the Laws of Basel, Bern, and Zurich*, New York: Greenwood Press. 1969: 1370-1800.

Wall, T.; P. Jackson; S. Mullarkey; and S. Parker. "The Demands-Control Model of Job Strain: A More Specific Test," *Journal of Occupational and Organizational Psychology* 69, 1996: 153-66.

Wallich, Paul. "The Workaholic Economy," *Scientific American*, August 1994: 77.

Wallis, David. "Questions for Alan Wilzig," *New York Times Magazine*, August 17, 1997: 17.

Ward, Leah Beth. "Working Harder to Obtain the Same Vacation," *New York Times*, May 11, 1997: 12F.

Warr, Peter. "Well-Being and the Workplace," in *Understanding Well-Being: Scientific Perspectives on Enjoyment and Suffering*, ed. Daniel Kahneman, Ed Diener, and Norbert Schwartz, New York: Russell Sage, 1998.

Warr, Peter. "Decision Latitude, Job Demands, and Employee Well-Being," *Work and Stress* 4, 1990: 285-94

Watson, Alan D. "Luxury Vehicles and Elitism in Colonial North Carolina," *Southern Studies* 19, Summer 1980: 147-56.

520

Weicher, John C. *The Distribution of Wealth: Increasing Inequality?*, Washington, DC: American Enterprise Institute, 1996.

Weinstein, N. D. "Community Noise Problems: Evidence Against Adaptation," *Journal of Environmental Psychology* 2, 1982: 82-97.

Weiss, Manfred. "Legislation in the Federal Republic of Germany," *International Encyclopedia for Labor Law and Industrial Relations*, ed. R. Blanpain, Boston: Kluwer, 1991.

West, Debra. "Suburbs' Mass-Market Mansions," *New York Times*, March 18, 1998: B1, B6.

Wheeler, Larry. "Trouble on the Tracks," *Ithaca Journal*, December 8, 1997: 1A, 4A.

Whitaker, Barbara. "Wrapping Their Dreams Around Their Wrists," *New York Times*, March 2, 1997: 10F.

Wilkinson, Richard. "The Epidemiological Transition: From Material Scarcity to Social Disadvantage?" *Daedalus* 123, Fall 1994: 61-77.

Wilkinson, Richard. "Health, Redistribution, and Growth," in *Paying for Inequality*, ed. Andrew Glyn and David Miliband, London: Rivers Oram Press: 1994: 24-43.

Wilkinson, Richard G. *Unhealthy Societies: The Afflictions of Inequality*, London: Routledge, 1996.

Wilkinson, Richard G. "Income Distribution and Life Expectancy," *British Medical Journal* 304, 1992: 165-68.

Wilkinson, Richard G. "Income and Mortality: A Natural Experiment," *Sociology of Health and Illness* 12, 1990: 391-412.

Wilkinson, Richard G. "Socioeconomic Differences in Mortality: Interpreting the Data on Their Size and Trends," in *Class and Health: Research and Longitudinal Data*, ed. R. G. Wilkinson, London: Tavistock, 1986.

Williams, Heathcoate. *Whale Nation*, New York: Crown, 1989.

Wilson, William Julius. *When Work Disappears: The World of the New Urban Poor*, New York: Knopf, 1996.

Windsor, Robert, and Daniel Dumitru. "Anabolic Steroid Use by Athletes: How Serious Are the Health Hazards?" *Postgraduate Medicine* 84, 1988: 37-49.

Wright, Robert. *The Moral Animal*, New York: Pantheon, 1994.

Wuthnow, Robert. *Poor Richard's Principle: Rediscovering the American Dream*

Through the Moral Dimension of Work, Business, and Money, Princeton: Princeton University Press, 1996.

Xie, J., and G. Johns. "Job Scope and Stress: Can Job Scope Be Too High?" *Academy of Management Journal* 38, 1995: 1288-1309.

Zahavi, Jacob. "Franklin Mint's Famous AMOS," *OR/MS Today* 22, 1995: 18-23.

Zizzo, Daniel J. "Relativity-Sensitive Behavior in Economics: An Overview with New Experimental Evidence," M. Phil. diss., Oxford University, 1997.

이 책의 저자 로버트 프랭크 교수는 『승자 독식 사회』의 저자로 국내에서도 잘 알려져 있다. 그는 진화 심리학을 비롯한 다른 학문의 연구 성과를 경제학 이론에 자유롭게 접목시키는 학제 간 연구의 대가이기도 하다. 그는 이 책 『사치 열병』에서 "왜 소비가 늘어나는데도 행복해지지 못하는가?"라는 흥미로운 질문을 행복과 인간의 의사 결정에 관한 최근의 연구 결과를 활용하여 파헤친다. 뿐만 아니라 저자가 학술서의 딱딱한 문투가 아니라 르포의 생생한 어조에 해학과 익살을 한껏 더해 서술하고 있어, 이 책을 읽는 독자들은 그 답을 구하는 여정에서 지루할 틈 없이 돈과 행복에 대한 흥미진진한 연구 결과들의 성찬을 맛보는 즐거움도 덤으로 얻게 된다. 그리고 저자는 그 질문에 대한 답을 규명하면서, 모두가 실제로 더 행복해질 수 있는 혁신적이면서도 간단한 아이디어, 누진 소비세라는 대안을 설득력 있게 제안하고 있다.

　신고전 경제학에서는 소비의 대상이 되는 재화와 서비스를 동일하게 취급한다. 동일한 자원을 더 큰 집을 사고 더 비싼 시계를 사는 일에 쓰건, 운동을 하거나 친구와 시간을 보내는 데 쓰건 그 소비가 자발적으로 이루어졌다면 인간의 복지에 미치는 영향은 같다. 그래서 인간의 복지를 위해 가장 좋은 것은 바로 소비를 '자발적으로 선택하게' 내버려두는 것이다. 그리고 모든 소비 활동을 동일하게 취급하는 근거로, "행위자가 그것을 소비하기로 선택했다는 것 자체가 그 대상이 가장 만족을 주는 대상이라는 증거이다."라는 명제를 든다. 그 덕택에 신고전 경제학의 틀에서는 '사치'라는 개념은 도덕적인 잔소리를 늘어놓는 사회비평가의 개념일 수는 있어도 경제학적 개념은 될 수 없는 것이다. 그러나 이러한 간단한 문제 처리는 "가장 만족을 주는 것이란 바로 행위자들이 선택하는 것이고, 행위자들은 자신에게 가장 만족을 주는 것을 독립적으로 선택한다."라는 순환 논리를 전제로 하고 있다.

이 순진한 순환 논리를 벗어나, '만족^{satisfaction}'을 실제로 경험적으로 조사해보면 전혀 다른 논리의 세계가 펼쳐진다. 즉, 과시적 소비와 비과시적 소비 사이에는 인간의 복지에 미치는 영향에서 많은 차이가 있음이 드러난다.

과시적 소비는 외부 효과가 크며, 맥락 의존도가 높고, 쉽게 적응하고 익숙해져서 어느 정도 시간이 지나면 더 이상 특별한 만족을 느끼지 못한다. 예를 들어 크고 좋은 차를 사면 그것이 다른 사람들의 소비 결정에 큰 영향을 미치는 기준이 되고, 사람들의 본성상 그 소비 기준에 따라 차를 사며, 차를 샀을 때 처음은 좋지만 얼마 안 가 좋은 차가 있는 삶에 적응해버린다.

반면에 비과시적 소비는 외부 효과가 적으며, 맥락 의존도가 낮고, 쉽게 적응할 수 없어서 계속 그로부터 만족을 얻게 된다. 어떤 사람이 친구와 많은 시간을 즐겁게 보낸다고 해서 다른 사람이 친구와 어느 정도의 시간을 보낼지에 영향을 미치지 않는다. 다른 사람의 교우 활동에 근거해서 자신의 교우 활동 시간을 결정하는 경우는 흔치 않다. 친구와 아무리 오랜 세월 동안 만나와도 그 즐거움은 줄지 않으며 시간이 지나면서 더 커지기도 한다.

이런 특성 때문에 과시적 소비에 더 많은 자원을 투여하는 일은 전체 집단의 관점에서 보아서 멍청한 일이 된다. 왜냐하면 과시적 소비의 목적 자체가 "남들보다 더 두드러지거나 최소한 뒤쳐지지 않는 것"이고, 이 목적은 그 본성상 다 같이 추구해서 다 같이 달성할 수 없는 것이기 때문이다. 프랭크의 설명을 빌리자면 과시적 소비는 마치 콘서트 장에서 무대를 더 잘 보려고 일어서는 일과 같으며, 과시적 소비에 더 많은 자원을 투여하는 것은 콘서트 장의 좌석을 다 같이 더 높이 올리는 데 많은 돈을 쓰는 것과 마찬가지이기 때문이다. 특히 과시적 소비에 돌아가는 자원 때문에 다리가 붕괴되고 가난한 어린이들이 치명적인 납 중독으로 고생하는 등 심각한 사안들이 그냥 방치되고 있다면 중대한 문제가 아닐 수 없다.

그러면 과시적 소비를 덜 하고 비과시적 소비에 자원을 더 많이 쓰면 될 것 아닌가? 더 긴 노동시간, 좋은 차와 고급 가전제품, 좋은 학군의 큰 집 대신, 더 많은 여가와 운동 시간, 친구, 가족, 건강, 안전에 자원을 쓰면 간단하게 해결되는 문제 아닌가? 그런데 그렇게 하고 있지 않다. 그것은 과시적 소비가 전체 집단의 관점에서는 '멍청한 짓'이지만 개인의 관점에서는 '똑똑한 짓'이기 때문이다. 예를 들어 격무에 시달리는 미국 로펌의 어소시에이트 변호사들은 모두가 덜 일하고 월급은 덜 받을 수 있다면 그렇게 하고 싶어 한다고 보고되고 있다. 그러나 변호사 한 명이 자기 혼자 칼퇴근을 한다면 승진의 기회도 막힐 것이요, 계약 갱신도 못한 채 쫓겨날지도 모른다. 이것은 공유지의 비극과 유사한 상황이다. 소 키우는 사람들이 모두 공유 목초지를 합리적으로 적절히 사용하면 좋겠지만, 아무런 집단적 규제가 없으면 너도 나도 마구잡이로 사용해서 결국에는 목초지를 벌거숭이로 만들어버리고 만다. 과시적 소비가 큰 외부 효과와 맥락 의존성을 갖기 때문에 환경 오염이나 남획 문제와 유사성을 보이는 것은 우연이 아니다. 그냥 내버려두면 개인들은 필연적으로 비과시적 소비는 너무 적게 하고, 과시적 소비는 너무 많이 하게 된다. 그래서 이 문제에 대한 해결도 환경 오염 문제처럼 국가 정책 차원에서 집단적인 조치가 필요하다. 그 조치는 역사적으로 좋은 결과를 내지 못했던 '사치세'나 '사치 금지법' 같은 어리석은 방법이 아니라, 효과적이면서도 인센티브를 왜곡시키지 않고 권리를 침해하지 않는 조치여야 한다. 그리고 그 조치가 바로 "누진 소비세"다.

누진 소비세는 소비 품목을 일일이 국가가 수집할 필요 없이, 소득 중에서 저축과 투자 부분을 면세하고, 누진율을 올리는 간단한 세법상의 변화로 달성할 수 있다. 누진 소비세를 실시하면 개인들이 이전보다 비과시적 소비 활동을 더 많이 해서 더 행복해질 뿐 아니라, 저축률이 높아져서 생산성이 향상되고 경제 성장도 촉진되며, 사람들의 복지에 꼭 필요한 정책을 실시하기 위한 돈도 마련할 수 있다. 거기다 소득에 대해 누진세를 실시하는 것과 달리, 소비에 누진세를 실시하는 것은 고소득자들의 주관적 복지에 거의 영향을 미치지 않는다. 왜냐하면 누진 소비세 때문에 이전보다 낮아진 소비 기준만 충족시켜도 과시적 소비로 원하는 바를 달성할 수 있기 때문이다. 그래서 이 정책을 프랭크 교수는 '공짜 돈'을 얻는 방법이라고 부르고 있다. 여기서 '공짜'란 돈으로 환산되는 자원의 이전이 없다는 뜻이 아니라, 어느 누구의 주관적 복지도 희생시키지 않으면서, 사회 다수의 주관적 복지를 현격하게 증가시키는 안이라는 뜻이다.

이 책에서 제시한 아이디어 중에 누진 소비세만큼이나 독자들이 주목해야 할 중요한 정책이 있다. 그 정책은 복지 수혜자를 요건을 정해서 칼로 무 자르듯이 딱 나눠서 정해놓고, 그 요건에서 벗어나면 혜택을 철회시키는 현재의 복지 제도의 심각한 문제점과 관련되어 있다. 이런 선별적 복지 제도는 사람들이 수급 요건 서류를 작성하지 못해 혜택을 받지 못하게 만드는 관료적인 복지 장벽을 세우고, 복지 수혜자들이 현재의 처지에서 벗어나려는 의욕을 꺾으며, 차상위 계층처럼 한계선상에 있는 사람들의 삶을 방치한다. 저자는 노동 능력이 있는 사람들은 민간의 일자리보다는 임금이 낮은 공공 서비스 일자리를 제공하면서, 모든 사람들에게 보편적인 소득 보조금을 주는 정책을 제안한다. 이 방식은 복지 제도의 정치적 안정성을 높여주고, 공공 서비스를 통해 다른 구성원들의 삶도 더 행복하게 만들며, 인센티브 왜곡 문제도 없애준다. 보편적인 소득 보조금은 재정학 산식으로 풀이해보면 모든 사람에게 음의 소득세제를 실시하는 것과 동일한 것인데, 새로운 복지 제도의 핵심 요소로 염두에 두어야 할 제도다.

노파심에 독자들이 오해할 수 있는 부분 하나를 이야기하고자 한다. 어떤 이들은 "소비를 줄이게 하는 인센티브를 부여하면 경제가 침체되니, 소비를 촉진해야지 저축을 촉진해서는 안 된다."라는 주장을 할 수 있다. 그러나 총수요에는 소비 수요와 투자 수요가 있으며, 일반적으로 소비 수요를 잠시 연기하고 투자 수요로 돌리는 것이 바로 경제성장의 발판이 된다. 다만 경제 불황의 경우에는 투자수요가 안정적이지 않고 이자율 정책으로도 쉽게 살아나지 않기 때문에 소비 수요가 중요한 때가 있다. 그런데 이런 불황을 극복하는 데에도 소득세를 시행하는 사회보다는 소비세를 시행하는 사회가 훨씬 유리하다. 왜냐하면 케인즈 학파가 적절히 지적하듯이, 불황기에 일시적으로 소득세를 줄여도 사람들은 불확실한 미래를 대비하여 소비를 늘리지 않는 데 비해, 일시적으로 소비세를 줄이면 그 감면 혜택을 받는 유일한 길은 실제 소비를 하는 방법밖에 없으므로 사고 싶은 물품을 감세 조치가 있는 동안 사두려는 인센티브가 효과적으로 창출되기 때문이다.

그리고 불황기가 아닐 경우에는 저자가 설명했듯이 저축은 많을 수록 좋다. 저축이 있어야 투자를 하고, 투자를 해야 생산성이 높아지기 때문이다. 한국은 1991년 24.4퍼센트였던 저축률이 2010년 무려 3.2퍼센트로 하락했다. 사실상 저축성향의 90퍼센트 가까이가 사라져 버린 것이다. 2010년 OECD 평균 저축률은 6.3퍼센트인데다가, 독일과 같이 견실한 국가는 1991년 12.9퍼센트에서 2010년 12.5퍼센트로 거의 변화가 없다는 사실과 비교된다. 일본의 저축률은 1980년 18퍼센트에서 오늘날 1퍼센트로 추락했는데, 부동산 버블의 붕괴와 함께 시작된 일본 경제 몰락의 경고 메시지에는 저축률의 하락도 포함되어 있음을 잊지 말아야 할 것이다. 한국인들은 더 이상 저축률이 높은 사람들이 아니며, 국민들은 빚의 많은 부분을 높아진 표준의 과시적 소비와 지위 경쟁, 특히 집, 차, 사교육에 퍼붓고 있다. 이러한 그림은 소득 양극화가 진행되고 부자들이 전체 소득과 부를 차지하는 비중을 늘려가는 가운데 과시적 소비는 늘고 저축률은 2퍼센트대로 붕괴한 미국과 너무나도 유사하다. 이 책에 등장하는 "소비 씨네"의 어리석은 이야기는 한국 사회의 자화상이라 아니할 수 없다. 이런데도 누진 소비세를 실시하면 소비가 진작되지 않아서 경제가 망할 것이라는 이야기를 하는 사람이 있다면 눈이 먼 것이리라.

사소한 부분이긴 하나, 이 책을 읽으며 주의해야 할 부분이 두 가지가 있다. 하나는 연장 근로 제한이나 산업 안전 규정이 경쟁적인 노동 시장에서 오히려 더 위력을 발휘했다는 점을 들며, 노동자들이 많은 시간 일하거나 위험한 환경에서 일하는 것은, 시장 권력을 가진 자들이 착취해서 빚어진 일이 아니라 과시적 소비에 편향된 노동자들 스스로의 선택으로 생긴 결과라 풀이하는 것이다. 그러나 저자는 "노동 시장이 경쟁적일수록 노동 수요자의 시장 권력은 약화된다."는 잘못된 전제에서 그와 같은 결론을 도출하고 있다. 미숙련 노동 시장처럼 노동 공급자의 진입 장벽이 거의 없어 공급자끼리 경쟁이 심하면 심할수록 노동 수요자인 사용자의 협상력은 강하게 된다. 그 결과 노동 시장이 공급 측에서 경쟁적일수록 노동자들은 협상에서 열위에 처하게 되고, "비과시적 소비 활동을 우선시하는 개별적인 선택"을 하기 더 어려워진다. 저자는 사실상 독점 기업인 마이크로소프트에서 노동자 대우가 좋다는 점을 상기시키면서 자신의 해석을 정당화 하는데, 회사가 만드는 제품이 독점인 것과, 그 회사가 참여하는 노동 시장에서 협상력이 어떻게 배분되어 있는지는 전혀 별개의 문제인데 이

둘을 혼동한 것으로 보인다. 예를 들어 방글라데시의 농촌에서 일자리를 구할 수 없어 죽음을 무릅쓰고 호랑이가 사는 산 속에 들어가 약용 식물을 채집하는 선택을 한다면, 그 경우 그 농부가 시장에서 차지하는 위치와 협상력의 열위와 그 생명에 가해지는 위험 사이에 아무런 관계가 없다고 보는 것이 타당할 수 있겠는가? 연장 노동을 하거나 위험한 환경에서 일하는 현상은, 여가나 안전보다 소득을 택한 개별 노동자의 의사 결정의 결과이기도 하지만, 시장 권력에서 열위에선 사람들에게는 더욱 좁은 범위의 선택지만 남는다는 점을 잊어서는 안 될 것이다. 물론 저자가 제안한 공공 일자리 보장과 보편적 소득 보조는 노동 공급자와 수요자 사이의 시장 협상력의 현격한 격차 문제도 해결하는 데 기여하리라 생각된다.

두 번째는 국민 연금은 저축이 아니라는 저자의 단정적인 설명이다. 그러나 국민 연금도 실체를 가진 기금으로 투자되고 있다면 민간에서 저축하는 것과 다를 것이 없다. 민간 저축도, 새로 예금하는 젊은이와 돈을 빼서 쓰는 노인이 항상 있다. 그래서 새로 예금되는 돈의 일정 부분은 투자되지 않고 인출하는 사람에게로 바로 이전되게 된다는 점에서 다를 바가 없다. 개인이 소비를 연기한 돈의 상당한 부분을 실제로 투자에 쓰는 제도라면 그것이 민간이 운용하건, 국가가 운용하건 차이는 없다. 다만 기금이 고갈되어서 젊은 세대에게서 걷는 돈이 조금의 투자 활동도 없이 곧바로 나이 든 세대로 이전되는 형태가 되면 저축으로서 성격은 사라지게 된다.

마지막으로, 이 책 전반의 내용에 깔려 있는 정신을 짚고자 한다. 그것은 바로 국가 정책 운영의 목표는 "GDP로 측정되는 부를 극대화하라."는 것이 되어서는 안 된다는 점이다. 부의 전체량은 늘어나지만 강자들도 딱히 전보다 더 행복해진 것은 아니면서 약자의 삶은 더 힘들어지는 경우가 오늘날 점점 더 흔한 일이 되었다. '부'는 그 자체로 가치를 갖지 아니하며, 사람들의 복지와 권리를 증진시키는 수단에 지나지 않는다. 그리고 동일한 '부'의 수치로 표기되더라도, 한 사회의 자원이 어떤 형태의 활동에 투여되느냐에 그 사회 구성원들의 복지는 엄청난 차이를 보일 것이다.

프랭크 교수는 재기발랄한 정치 철학자 로버트 노직을 자주 언급하면서, "주관적 복지"를 증진시키는 정책이 혹시 개인의 "권리"를 침해하지 않는가 하는 측면도 검토하는 세심함도 보인다. 물론 결론적으로, 누진 소비세는 환경세나 소득에 비해 그 정당성이 모자라는 측면이 조금도 없다. 어쨌거나 정치의 목적은 "권리"를 존중하는 전제에서 "주관적 복지"를 추구하는 것이며, '부'는 단지 그 과정에서 동원되는 여러 종류의 자원의 양을 뭉뚱그려 표기하는 수단일 뿐이라는 점은 훨씬 우리 사회의 정치 언어 속에 훨씬 더 강하게 각인시킬 필요가 있다. 오늘날 정치의 목표는 마치 부를 극대화시키는 것이며 주관적 복지는 그 목표에서 떨어지는 콩고물처럼 여기는 논리가 지배적이기 때문이다.

『사치 열병』이라는 책을 번역하고 있다고 하니, 주위의 많은 사람들이 "된장남, 된장녀 이야기 많이 나오냐?"고 물어보았다. 물론이다. 특히 스케일이 어마어마한 된장남들이 등장한다고, 수준도 보통 수준이 아니고 고래의 음경 포피를 의자 커버로 쓰는 슈퍼 된장남들의 세계를 엿볼 수 있다. 사실 협소한 소비 세계만을 알고 있는 역자로서는 번역이 무척 힘들 수밖에 없었다. 대단한 꼼꼼함으로 여러 번 원고를 검토해준 정미은 님의 도움이 없었다면 사치 소비의 흥미진진한 이야기가 가득 담긴 경제학 서적이 깔끔하게 한국어로 나올 수 없을 것이다. 다시 한 번 깊은 감사의 마음을 전한다. 물론 잘못된 번역이 혹시라도 있는 경우 그 책임은 전적으로 역자에게 있다. 사치의 세계에 탁월한 식견을 가진 많은 독자제현의 질정을 바라마지 않는다.

550

로버트 프랭크

코넬대학교 존슨경영대학원 경제학 교수로, 가장 유명한 경제학 교과서의 저자이자 최고의 경제학 멘토 중의 한 명이다. 캘리포니아대학교 버클리캠퍼스에서 통계학 석사 학위와 경제학 박사 학위를 받았다. 경제학의 지평을 넓힌 학자에게 주는 저명한 상인 레온티에프 경제학상을 받았고, 미국 동부경제학회장을 역임했다. 『뉴욕 타임스』칼럼「경제의 현장Economic Scene」을 통해 날카로운 분석력과 유머러스한 필치로 복잡한 경제 현상을 쉽고 서술해 전 세계 독자들의 호평을 받고 있다. 저서로 버냉키 연방준비제도이사회 의장과 함께 쓴『버냉키 프랭크 경제학』(2010년)을 비롯해, 『이코노믹 씽킹』(2007년), 『승자 독식 사회』(2008년), 『부자 아빠의 몰락』(2009년) 등이 있다.

이한

시민교육센터(www.civiledu.org)의 공동 대표로 대안 민주주의와 사회 윤리학 담론 형성을 위해 애쓰는 한편, 변호사로 노동자들을 위한 소송 대리 및 변론을 하고 있다. 정의롭고 행복한 사회란 어떤 사회인지, 그런 사회는 어떻게 만들 수 있는지를 화두로 시민교육센터에서 강의하고 있다. 저서로『너의 의무를 묻는다』,『학교를 넘어서』(2010년),『콜버그의 호프집』(2005년),『탈학교의 상상력』(2000년)이 있고, 번역서로『이반 일리히의 유언』(2010년),『포스트민주주의』(2008년),『계급론』(2005년),『성장을 멈춰라』(2004년)가 있다.

사치 열병

2011년 3월 10일(초판 1쇄)
2011년 4월 19일(초판 2쇄)

지은이 로버트 프랭크
옮긴이 이한
펴낸곳 도서 출판 미지북스
서울 마포구 서교동 332-20 402호(우편 번호 121-836)
전화 070-7533-1848 전송 02-713-1848
mizibooks@naver.com
출판 등록 2008년 2월 13일 제313-2008-000029호
책임 편집 정미은
마케팅 이지열
출력 스크린출력센터
인쇄 제본 영신사

ISBN 978-89-94142-12-8 03330
값 22,000원